甲骨拼合六集

黄天樹　主編

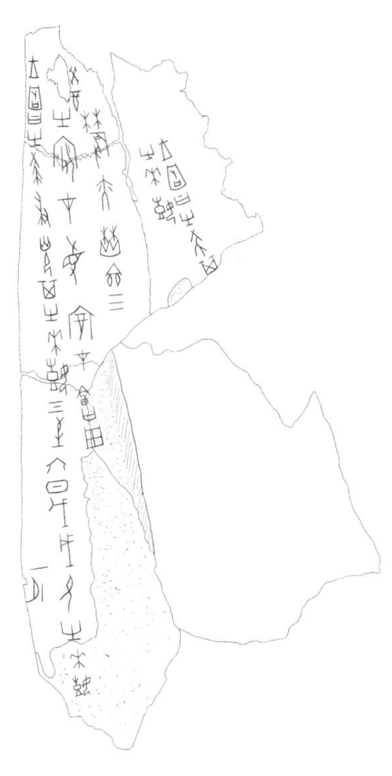

上海古籍出版社

圖書在版編目(CIP)數據

甲骨拼合六集/黄天樹主編. —上海：上海古籍出版社,2024.9

ISBN 978-7-5732-1060-9

Ⅰ.①甲… Ⅱ.①黄… Ⅲ.①甲骨学-研究 Ⅳ.①K877.14

中國國家版本館CIP數據核字(2024)第065480號

甲骨拼合六集

黄天樹 主編

上海古籍出版社出版發行

(上海市閔行區號景路159弄1-5號A座5F 郵政編碼201101)

(1)網址：www. guji. com. cn

(2)E-mail：guji1 @ guji. com. cn

(3)易文網網址：www. ewen. co

上海展强印刷有限公司印刷

開本 787×1092 1/16 印張 46 插頁 5 字數 729,000

2024年9月第1版 2024年9月第1次印刷

ISBN 978-7-5732-1060-9

K·3559 定價：298.00元

如有質量問題，請與承印公司聯繫

电话：021-66366565

綴合對甲骨本身而言，是復原，
對學者研究來講，則是創造。

李學勤　二〇〇三年一月十七日於北京清華園

（蔡哲茂：《甲骨綴合續集》序，文津出版社，二〇〇四年）

序

《甲骨拼合六集》（簡稱《拼六》）是繼《拼集》（2010年）、《拼續》（2011年）、《拼三》（2013年）、《拼四》（2016年）和《拼五》（2019年）之後的第六本甲骨綴合專書，收録2017年7月至2021年12月的綴合成果共252則（第1207則至第1458則）。至此，我們所拼綴的甲骨已達1458則。

首先，談談電腦綴合成果。

《拼六》首次收入電腦綴合成果。過去，我們都是依靠人腦來進行甲骨綴合的。利用電腦綴合甲骨，可以追溯到20世紀70年代。1973年美國加州大學周鴻翔就嘗試用電腦進行綴合。1975年四川大學童恩正等在《四川大學學報》（自然科學版）發表了《關於使用電子計算機綴合商代卜甲碎片的初步報告》。進入21世紀以後，隨着電腦技術的進步，利用電腦輔助甲骨綴合的設想逐漸變爲現實。近年來，中國社會科學院先秦史研究室網站已經發表了一批電腦輔助綴合的甲骨。《拼六》所收首都師範大學（莫伯峰）和河南大學（張重生、門藝）署名"綴多多"發表《AI新綴二十則》就是電腦綴合成果。"綴多多"爲人工智能綴合模型，莫伯峰、門藝負責模型的學術部分，張重生負責模型的技術部分。

其次，談談人腦綴合成果。

《拼六》一書人腦綴合成果内容重要者很多。下面選取一則，以見一斑。

《拼六》1207是一版大的牛肩胛骨，正反兩面都密密麻麻刻滿卜辭。爲簡明起見，今將需要討論的一條正反連讀的卜辭録之於下，然後再加以闡述。爲閱讀方便，釋文盡量用通行字。

［癸子（巳）卜，］爭［貞］：旬［亡］憂。（以上刻在正面的骨頸部位）
王占曰："有咎，叀光其有來艱，气至。"六日戊戌允有［來艱］，有寇在受 亏；在㿝（晻）田農亦焚廩三。十一月。（以上刻在反面的相應部位）

《拼五》1048［《綴集》12（《合》583 正 + 7139）+ 11454 + 40663］；《拼六》1207［《合》583 反（《寧》2.29 + 2.31）+《故宫新》180886 反］

《拼六》1207 卜骨正面即《拼五》1048，由四塊殘骨（《合》583 正 + 7139 + 11454 + 40663）綴合而成，其中，《合》583 正 + 7139 爲蔡哲茂所綴，見《綴集》12，其後，劉影加綴《合》11454 + 40663，收入《拼五》1048。蔡哲茂《綴集》（第 356 頁）説："《合》7139 現藏北京故宫博物院。"我咨詢在故宫博物院任職的李延彦博士，她告訴我，《合》7139 卜骨在《甲骨文合集》中只有正面的拓本而没有反面的拓本。2017 年故宫博物院出版的《大隱於朝：故宫博物院藏品三年清理核對成果展》（第 24 頁）一書中收録此卜骨正面和反面的彩色照片（故宫博物院編：《大隱於朝：故宫博物院藏品三年清理核對成果展》第 24 頁，故宫出版社 2017 年），反面卜骨的彩照上寫有收藏號"新 180886"（即《故宫新》180886）。從《故宫新》180886 反面的彩色照片看，反面好像没有刻字，所以《合》7139 僅拓正面，未拓背面。蔡哲茂《綴集》12 上了《合》7139 的當。其實，仔細觀察《故宫新》180886 彩照，卜骨反面左上角有一道自上而下的骨脊"疏鬆質"鋸痕，鋸痕上端隱隱約約有"㿝"和"田"兩個塗朱的殘字，讀者檢視《故宫新》180886 彩照自明。《合》583 反和《故宫新》180886 反綴合之後，斷邊密合，殘字"㿝"和"田"破鏡重圓，骨脊"疏鬆質"鋸痕也得以貫通。"田"字以下屬於"疏鬆質"鋸痕，"疏鬆質"鋸痕之處通常是不刻字的。《合》583 反是由《寧》2.29 + 2.31 拼合而成的。檢視《寧》2.31 摹本，胡厚宣摹本顯示卜骨右上角是有兩個殘字的，但摹得不太準確，我們根據彩照《故宫新》180886 反認爲該卜骨右上角是"㿝"和"田"的殘字（參看胡厚宣《戰後寧滬新獲甲骨集》第 110 頁第 31 片，來薰閣書店出版 1951 年 4 月）。甲骨文㿝字，可以隸定爲㿝，从日合聲，讀作"晻"。"合"在匣紐緝部，"晻"在影紐談部，故"晻"

可以“合”爲聲。甲骨文“晻”字用法有三種：一，用其本義，如“其晻酒”（《合》30956），《廣雅・釋詁四》：“晻，冥也。”指日入天黑之時。二，用爲人名，如“貞：晻亡（無）憂”（《合》27435）。三，用爲地名，如“戊申貞：王已步于晻”（《合》27435）。《拼六》1207的“晻”也是地名。“在晻田農”，在晻地農田的農耕者。這些農耕者因不堪商王的殘酷剥削而暴動。驗辭記載了戊戌日發生的兩次災難。第一次是“寇”在受地的建築物“穹”發生了暴亂，第二次是在晻地的農耕者焚燒了三座糧倉。

博士研究生胡東昕協助我承擔了《甲骨拼合六集》索引表等撰寫校對工作，出力甚多。莫伯峰、劉影、李愛輝等分别承擔了校對工作，十分辛苦，特此致謝。

黄天樹

2023年9月12日於清華園

凡　例

一、本書由“綴合圖版”“説明與考釋”和“附録”三部分組成。

二、本書收録綴合成果共252則，先按作者編排，然後在每位作者之下再按綴合文章發表時間的先後排序。

三、“綴合圖版”既有拓本又有摹本，以達到取長補短的效果。因受版式限制，有些綴合圖版縮小尺寸，以便使同一塊甲骨的拓本和摹本盡量排在一面上，或排在對開頁上，便於對照閲讀。

四、“説明與考釋”並非一人一時所寫，體例未能劃一，編入本書時，除了技術性修改外，盡量保持原貌。但是，爲了方便學者按流水號閲讀綴合圖版的需要，對已刊布的綴合文章，如果有若干則綴合，就分列爲若干則，並在每則流水號前加“頁下注”，首則詳細注明綴合者、題目和出處，以備查尋。原綴合文章的注解，一律改爲頁下注。如果增加新注，則用“編者按”加以説明，外加黑魚尾括號“【 】”標示。

五、本書引用甲骨著録書多用簡稱，書末附有《本書引用甲骨著録書簡稱表》備查。

六、本書所用甲骨資料主要是《合集》。凡《合集》著録號又見於他書者，詳爲注明。例如：《合》583反（《寧》2.29＋2.31）。“＋”號，表示某片與某片可以綴合。例如：《合》583反＋《故宫新》180886反，表示《合集》583反加綴《故宫新》180886反。

七、關於卜辭的分類以及各類卜辭的時代，參看黄天樹《殷墟王卜辭的分類與斷代》。類名有時用簡稱。例如：“賓一”指賓組一類。

八、本書用繁體字排印。卜辭釋文一般用寬式。卜辭釋文裏，缺一字的用“□”號表示；所缺字數目不詳的用“☐”號表示；引文有所省略的用“……”號表示；依據殘字或文例擬補的字，外加“[ ]”號表示；異體字、假借字一般隨文注明，正字和本字，外加“( )”號表示。

目　　録

附録

綴合圖版

第 1207 則：甲骨文“寇”“農”二字補釋（黃天樹）

A《合》583 反 + B《故宮新》180886 反

（縮放 60%）

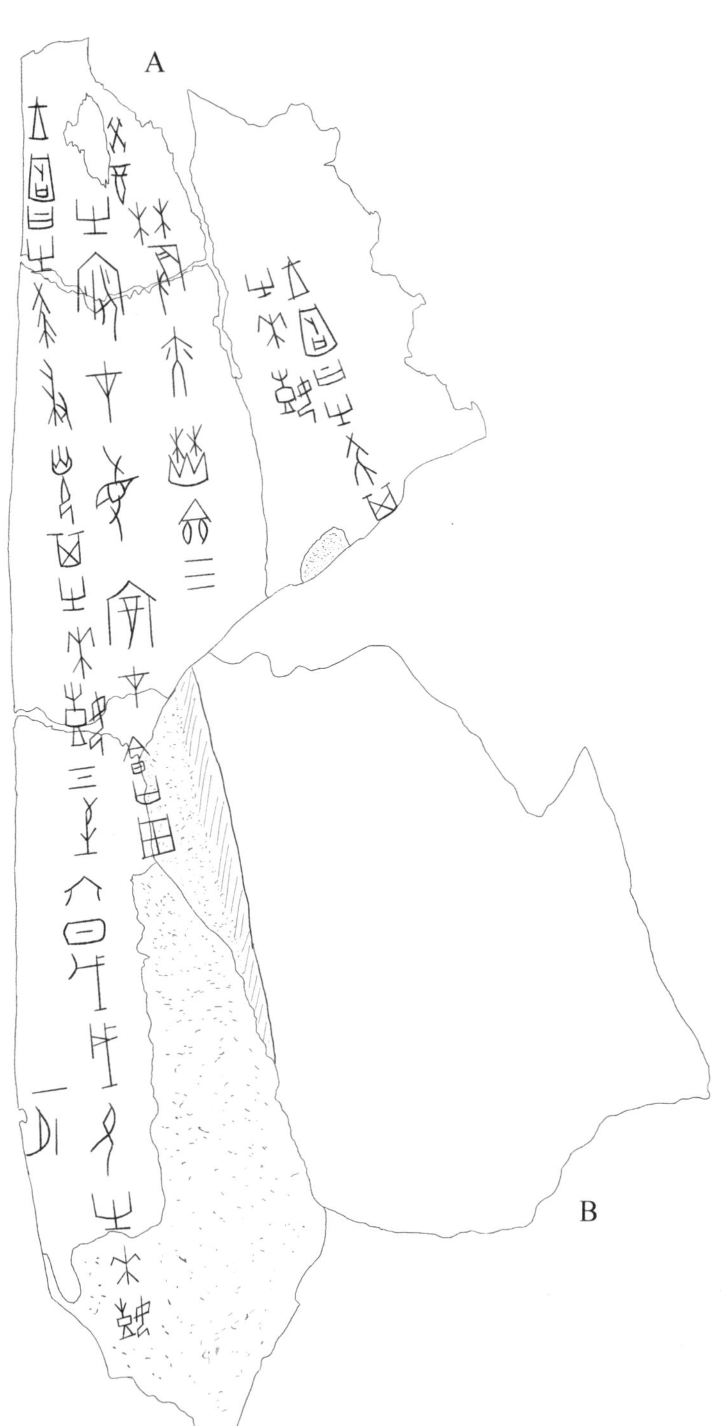

（縮放 60%）

第 1208 則：甲骨新綴第 225～226 組（劉影）

A 本書第 1257 則 + B《合》3078

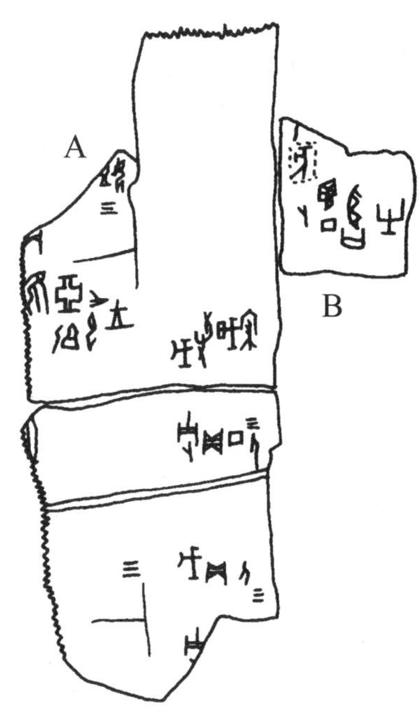

第 1209 則：形態學理論指導下的甲骨新綴（劉影）

A《合》3965 + B《合補》2018

A

B

A

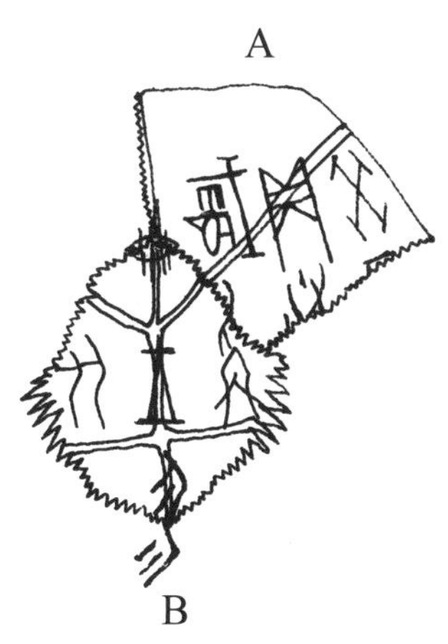

B

第 1210 則：形態學理論指導下的甲骨新綴（劉影）

A《合》26817 + B《合》24434

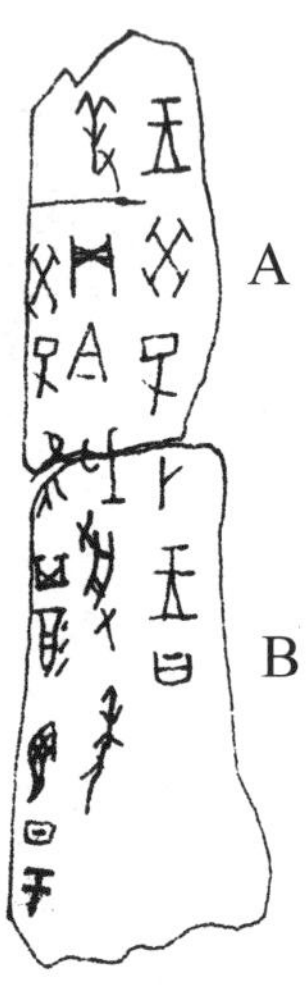

第 1211 則：形態學理論指導下的甲骨新綴（劉影）

A《合》1139 + B《合》18066

第 1212 則：形態學理論指導下的甲骨新綴（劉影）

A《合》30751 + B《合》30615 + C《合》30588

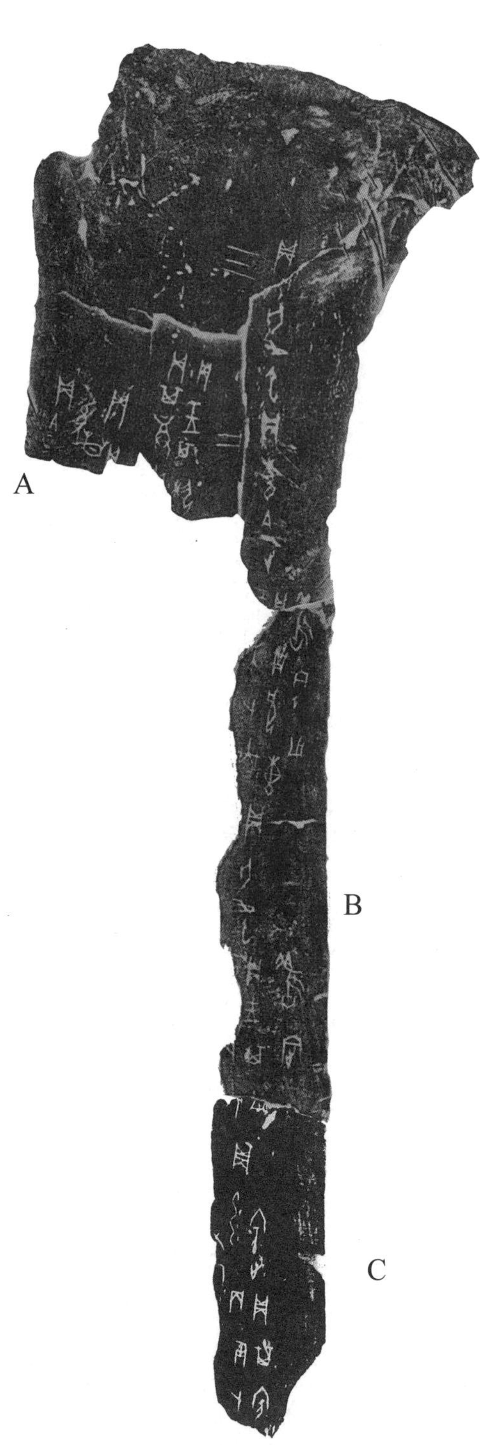

（縮放 70%）

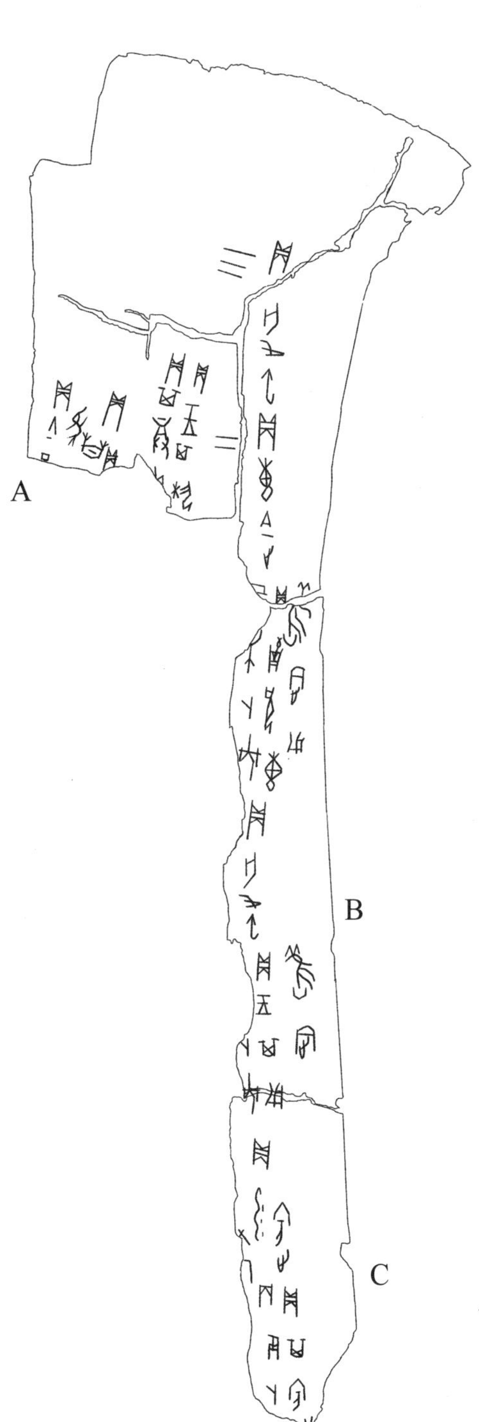

（縮放 70%）

第 1213 則：形態學理論指導下的甲骨新綴（劉影）

A《合》24449 + B《合》24391

A

B

A

B

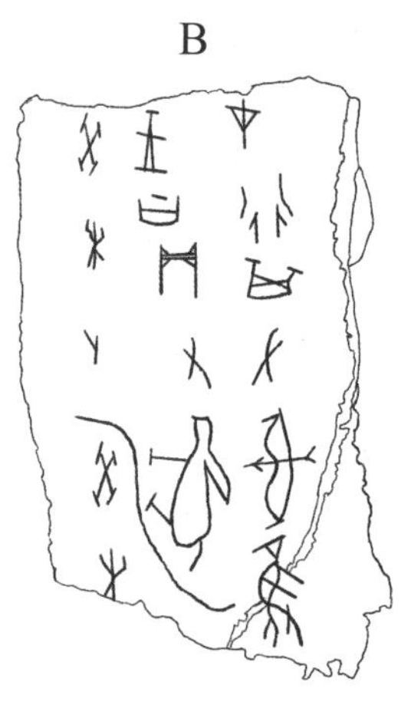

第 1214 則：國家圖書館藏甲骨新綴（劉影）

A《合》17172 + B《合》428 + C《輯佚》284

第 1215 則：國家圖書館藏甲骨新綴（劉影）

A《合》12742 + B《合》24947

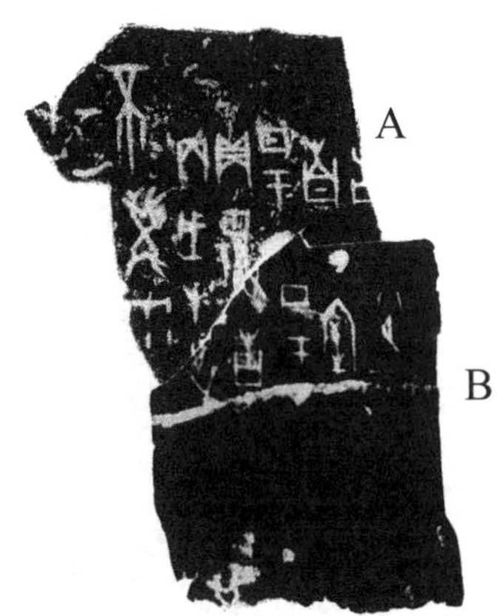

第 1216 則：國家圖書館藏甲骨新綴（劉影）

A《合》13550 + B《合》17444

第 1217 則：AI 驅動的甲骨綴合——附新綴十則（綴多多[①]）

A《合》7615 正反 + B《旅藏》769 正反

（縮放 70%）

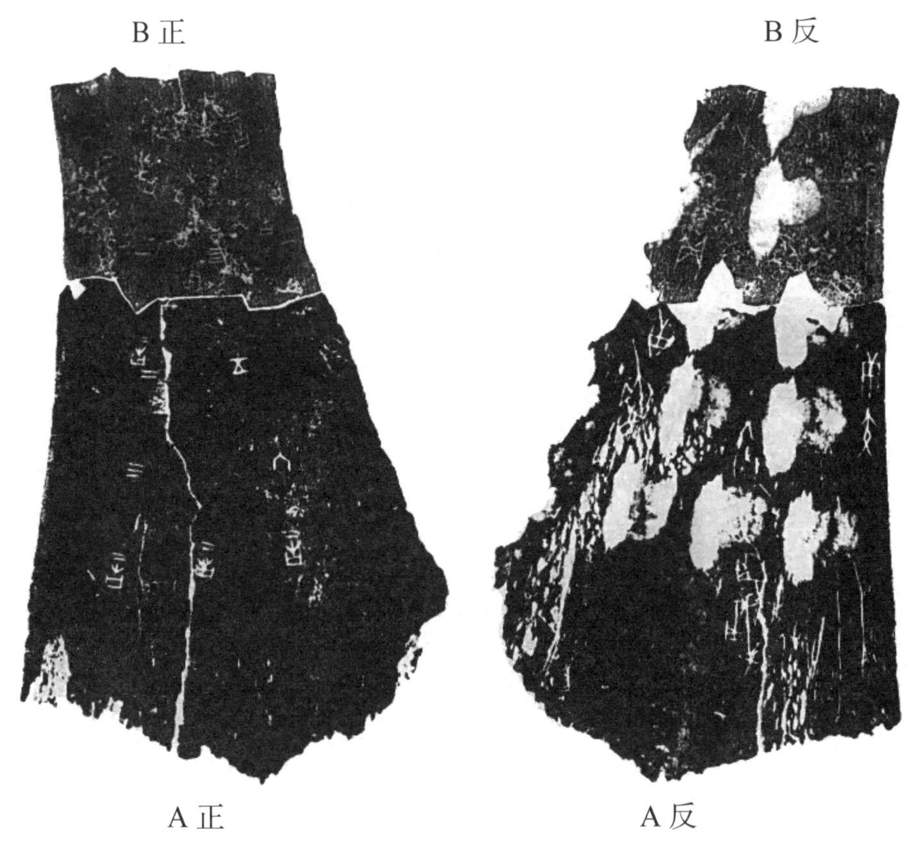

① “綴多多”爲人工智能綴合模型。莫伯峰、門藝負責模型的學術部分，張重生負責模型的技術部分。

（縮放 70%）

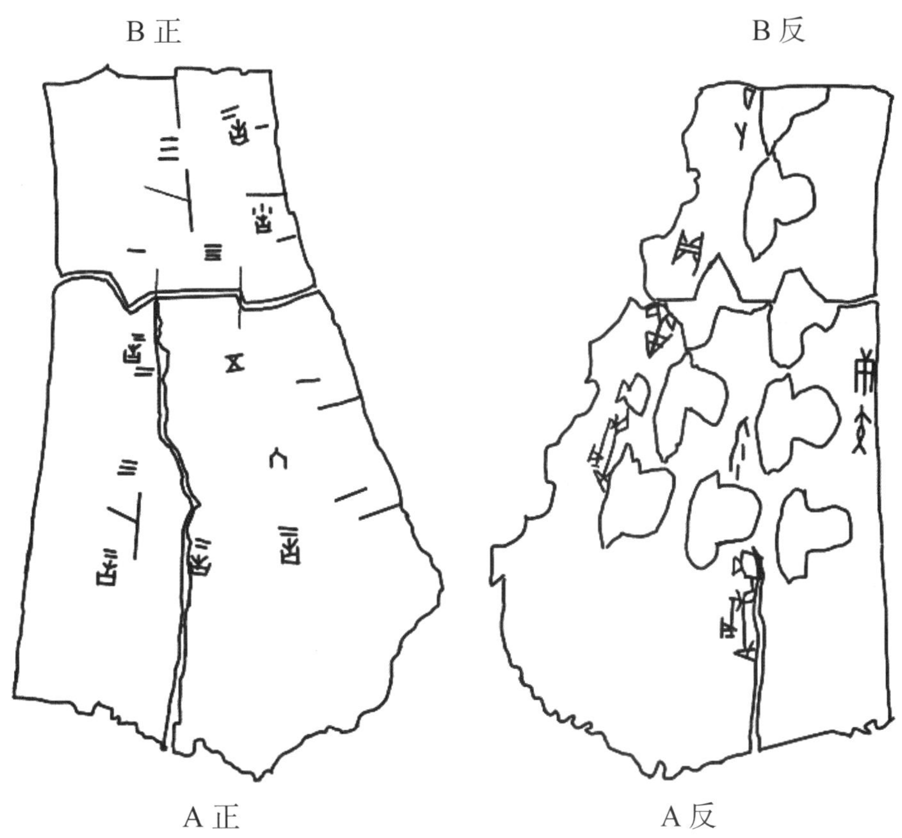

第 1218 則：AI 驅動的甲骨綴合——附新綴十則（綴多多）

A《拼集》65 + B《英藏》1168

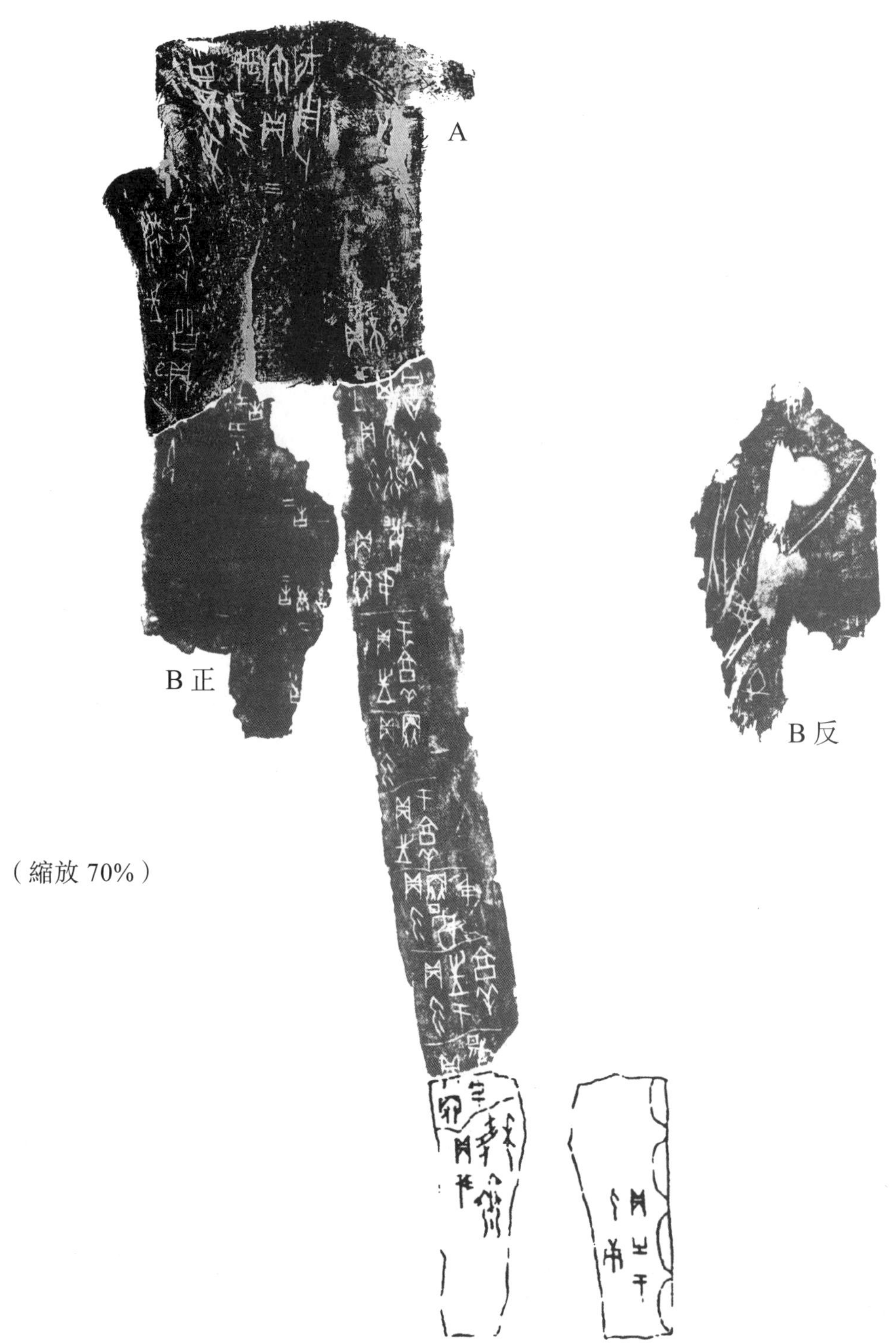

（縮放 70%）

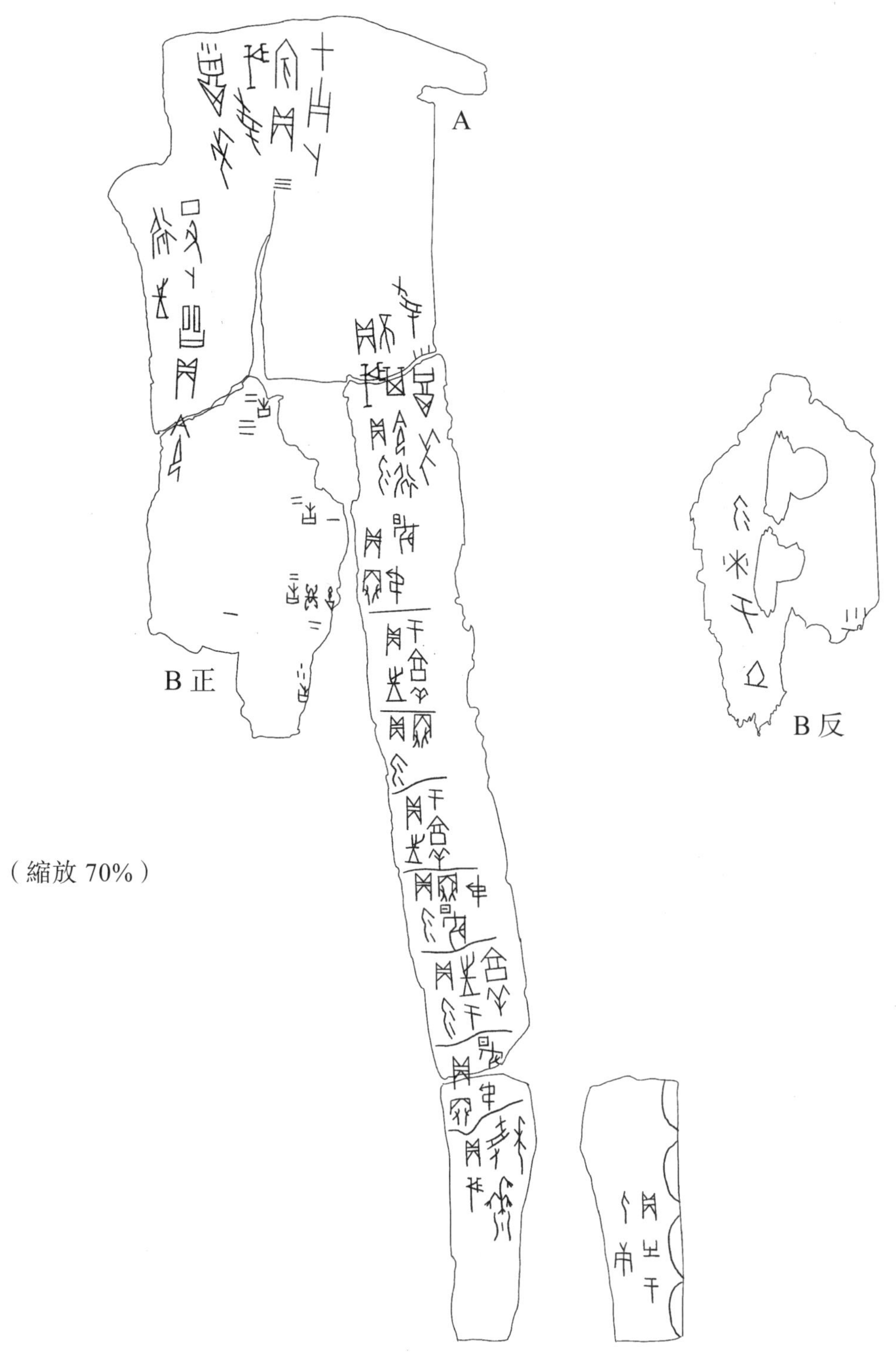

（縮放 70%）

第 1219 則：AI 驅動的甲骨綴合——附新綴十則（綴多多）

A《合》165 + B《合》2873

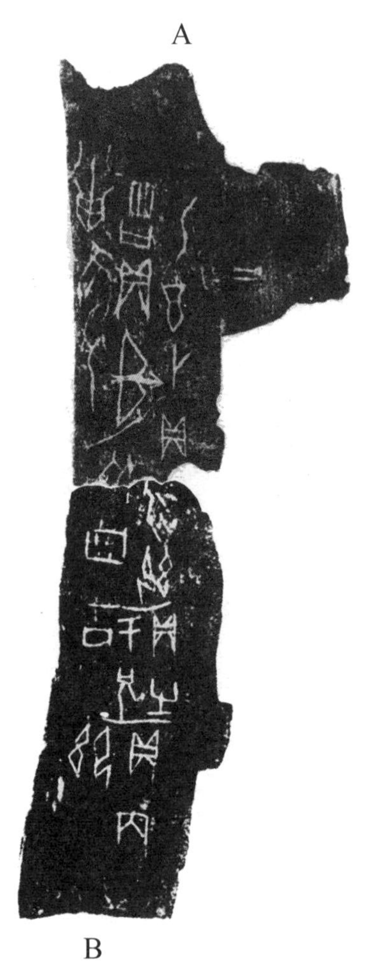

第 1220 則：AI 驅動的甲骨綴合——附新綴十則（綴多多）

A《合》2824 + B《合補》5175

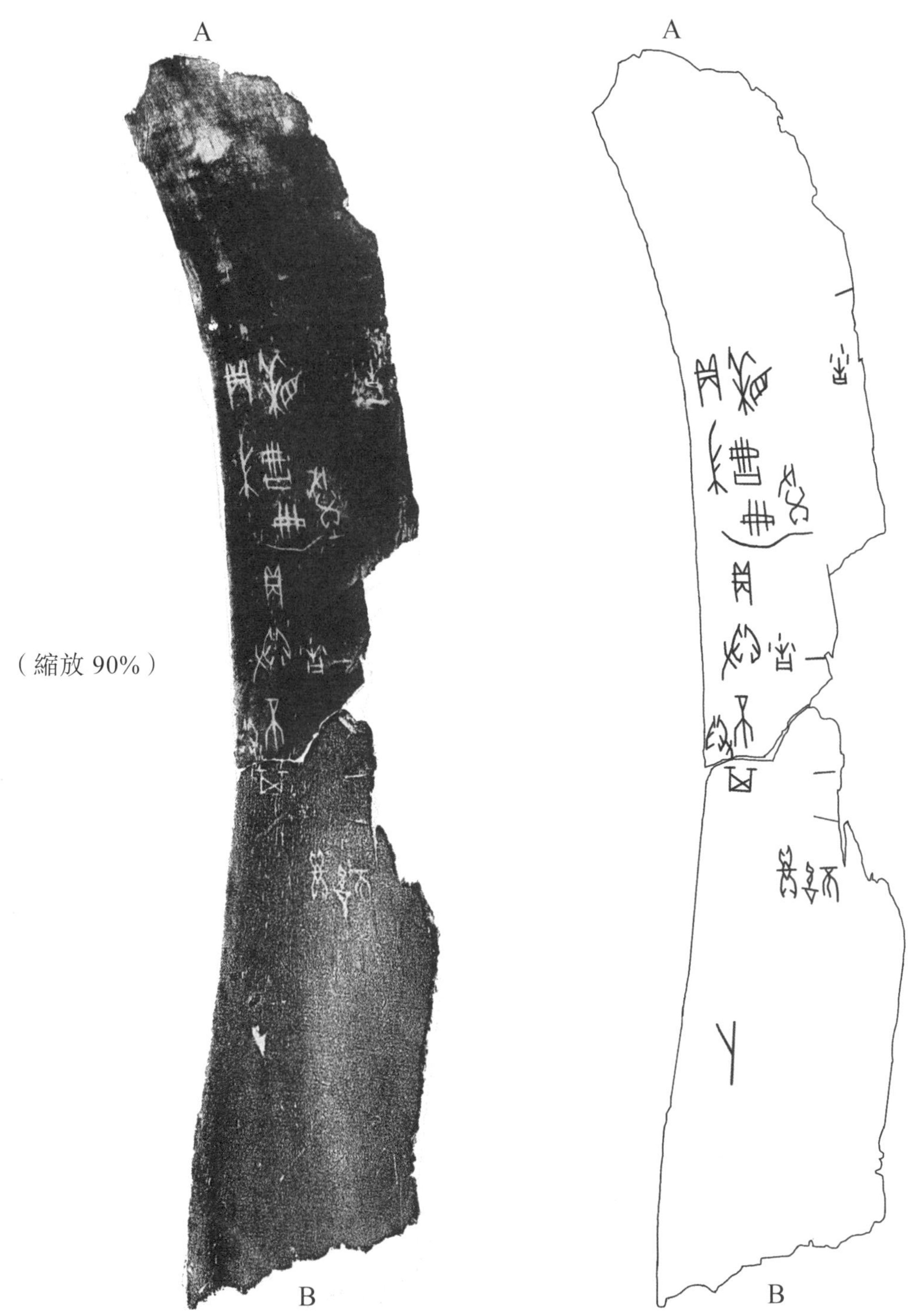

（縮放 90%）

第 1221 則：AI 驅動的甲骨綴合——附新綴十則（綴多多）

A《合》7494 + B《合》13242

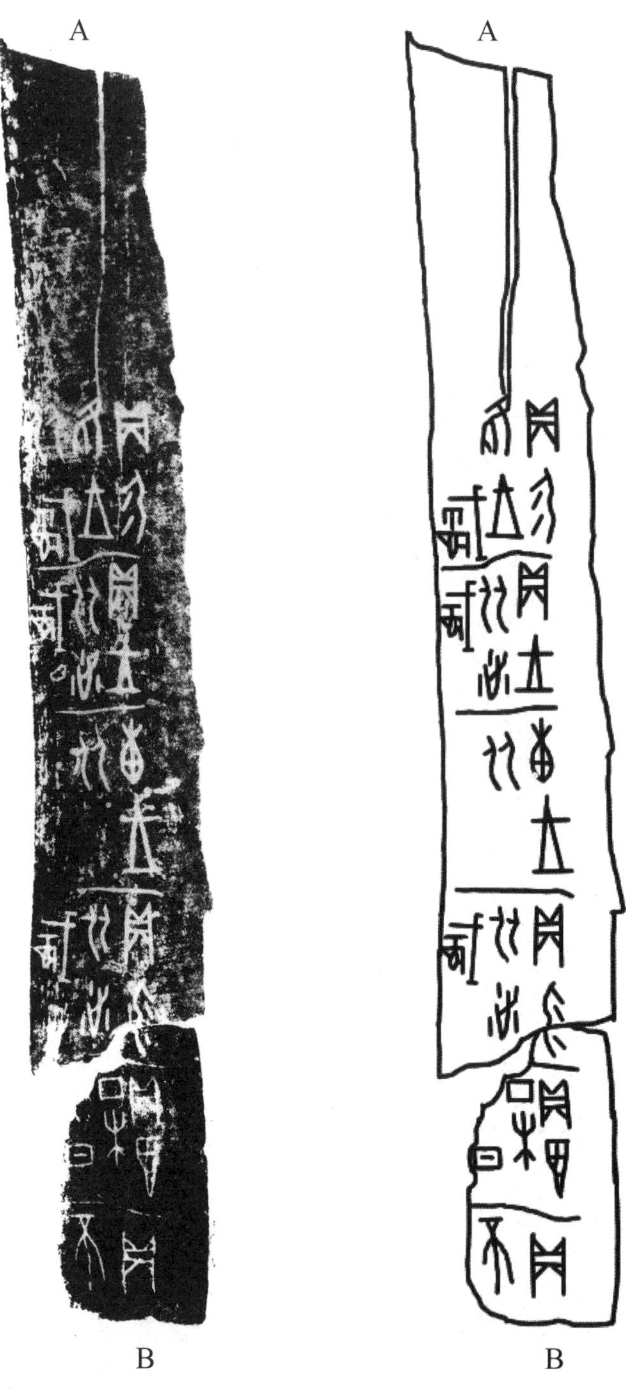

第 1222 則：AI 驅動的甲骨綴合——附新綴十則（綴多多）

A《合》14981 + B《合》15543

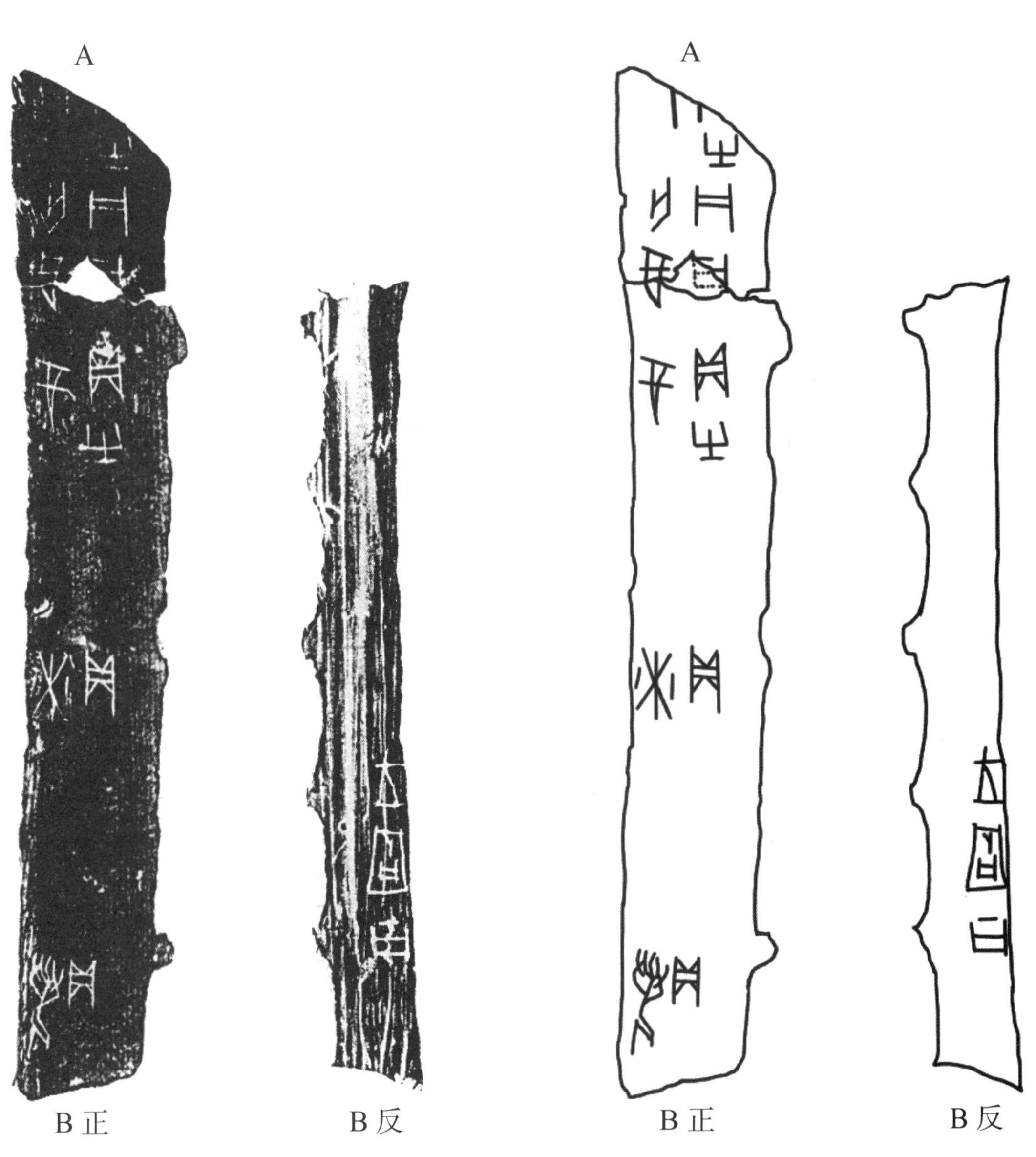

第 1223 則：AI 驅動的甲骨綴合——附新綴十則（綴多多）

A《合》3007 + B《合》12495

第 1224 則：AI 驅動的甲骨綴合——附新綴十則（綴多多）

A《合》13132 + B《合》17750

第 1225 則：AI 驅動的甲骨綴合——附新綴十則（綴多多）

A《合》6541 + B《合》7483

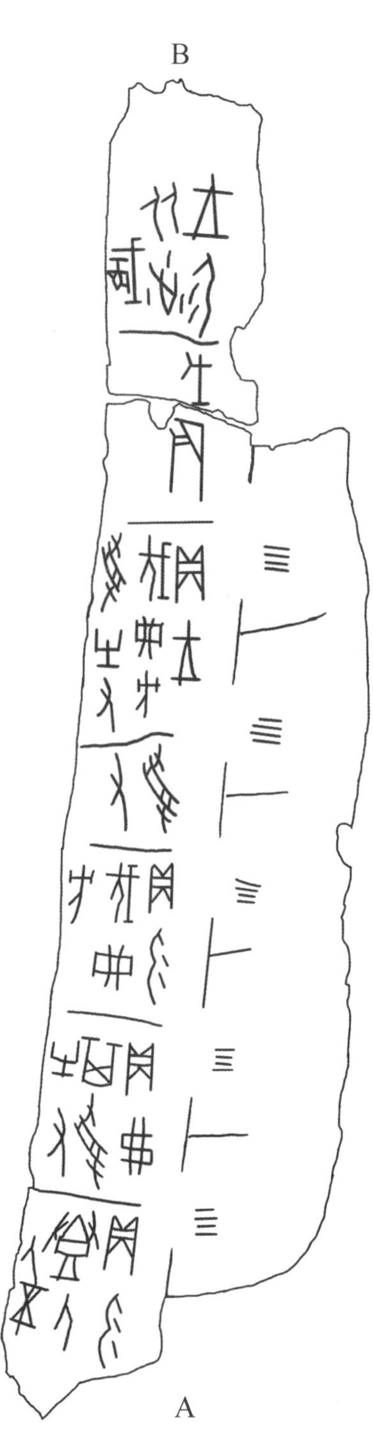

第 1226 則：AI 驅動的甲骨綴合——附新綴十則（綴多多）

A《合》12344 + B《合補》3636

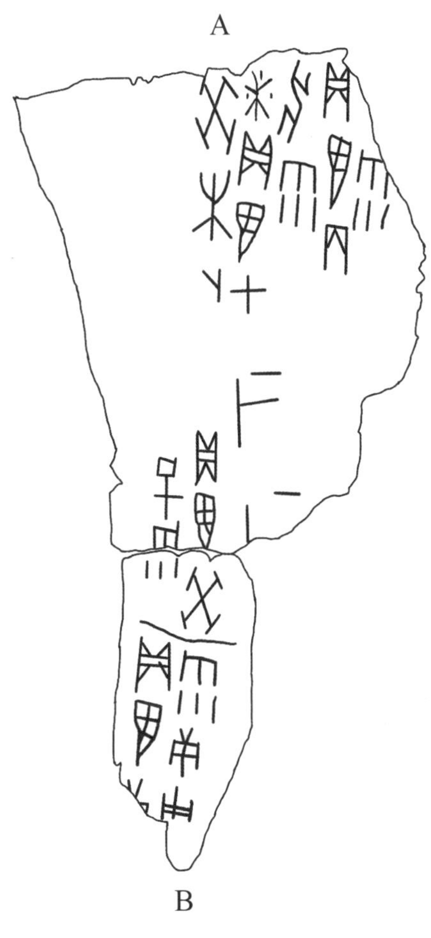

第 1227 則：AI 新綴二十則（綴多多）

A《契合》49 + B《中歷藏》502

A

（縮放 80%）

B

A

（縮放 80%）

B

第 1228 則：AI 新綴二十則（綴多多）

A《合》27957 + B《合補》9513

第 1229 則：AI 新綴二十則（綴多多）

A《合》27773 + B《合》28549

A

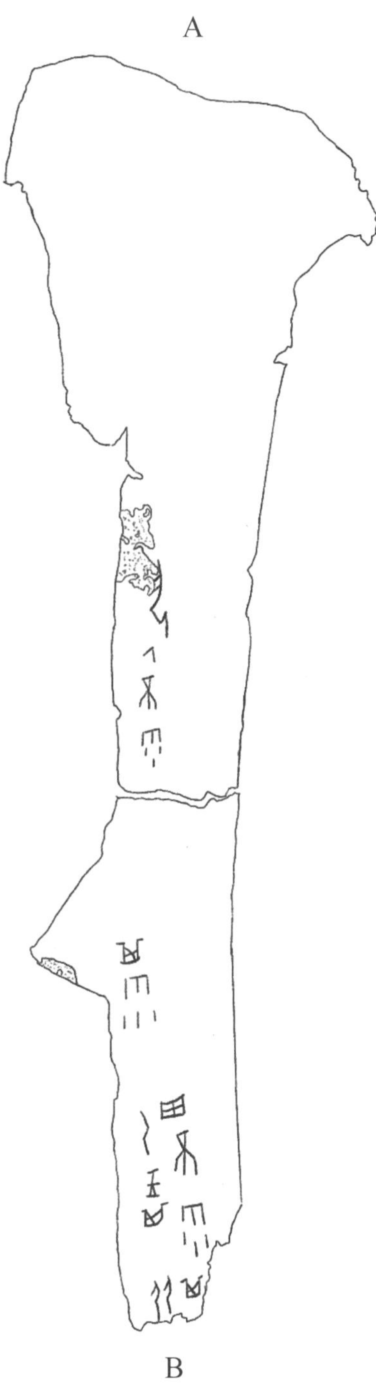

B

第 1230 則：AI 新綴二十則（綴多多）

A《合》27754 + B《合》28903

A A

B B

第 1231 則：AI 新綴二十則（綴多多）

A《合》27083 + B《合補》5651

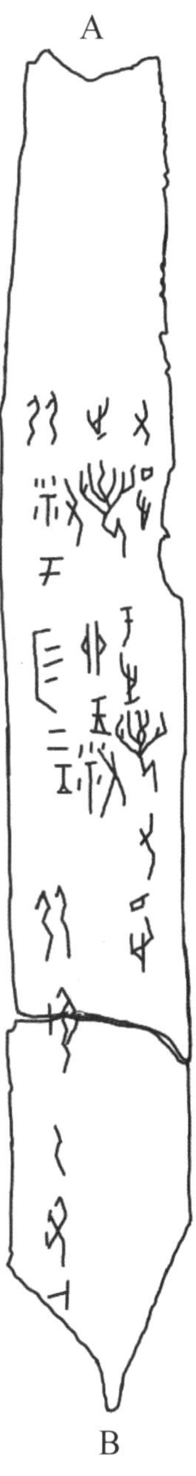

第 1232 則：AI 新綴二十則（綴多多）

A《合補》318 正反 + B《合》17132 正反 + C《珠》1425[①]

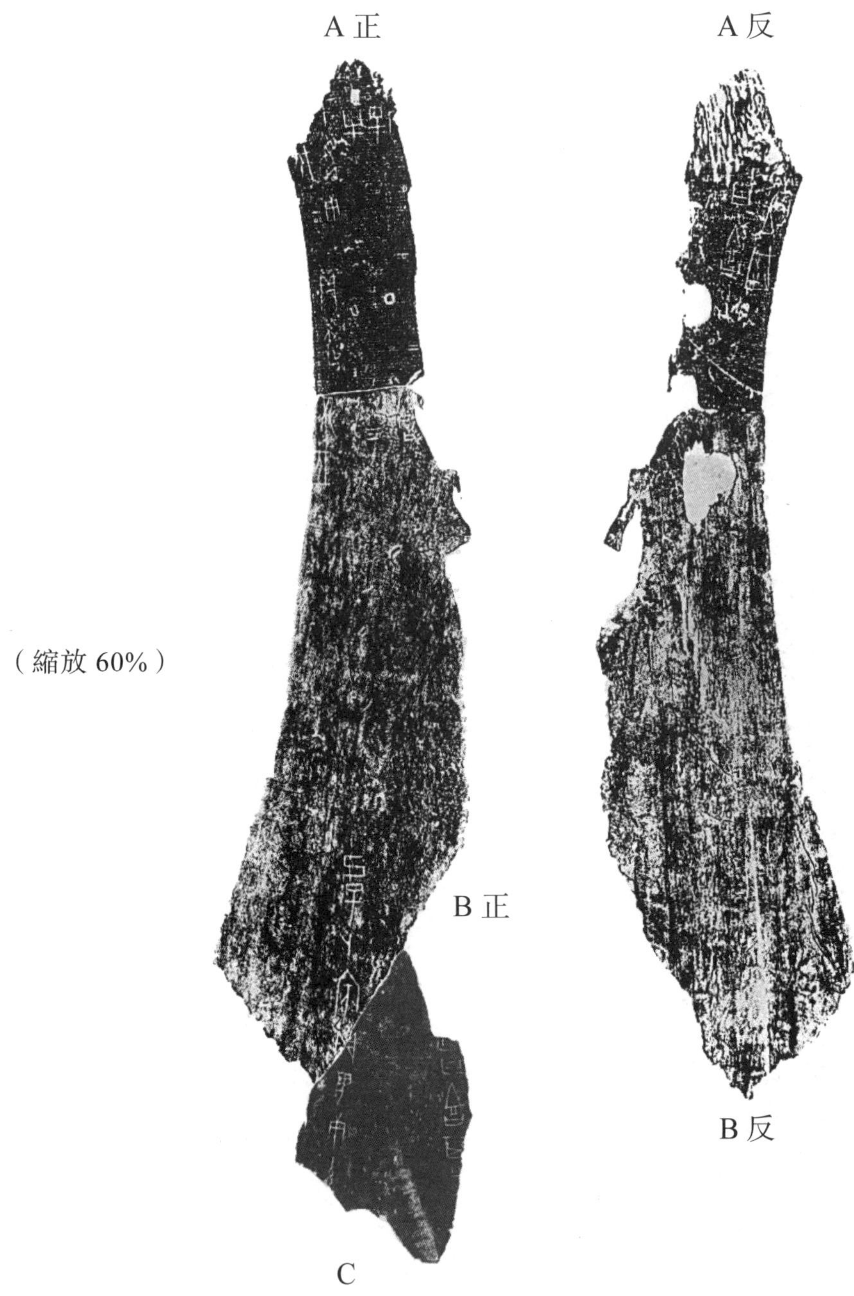

（縮放 60%）

① 《合》17132 正反 +《珠》1425 爲林宏明先生所綴。

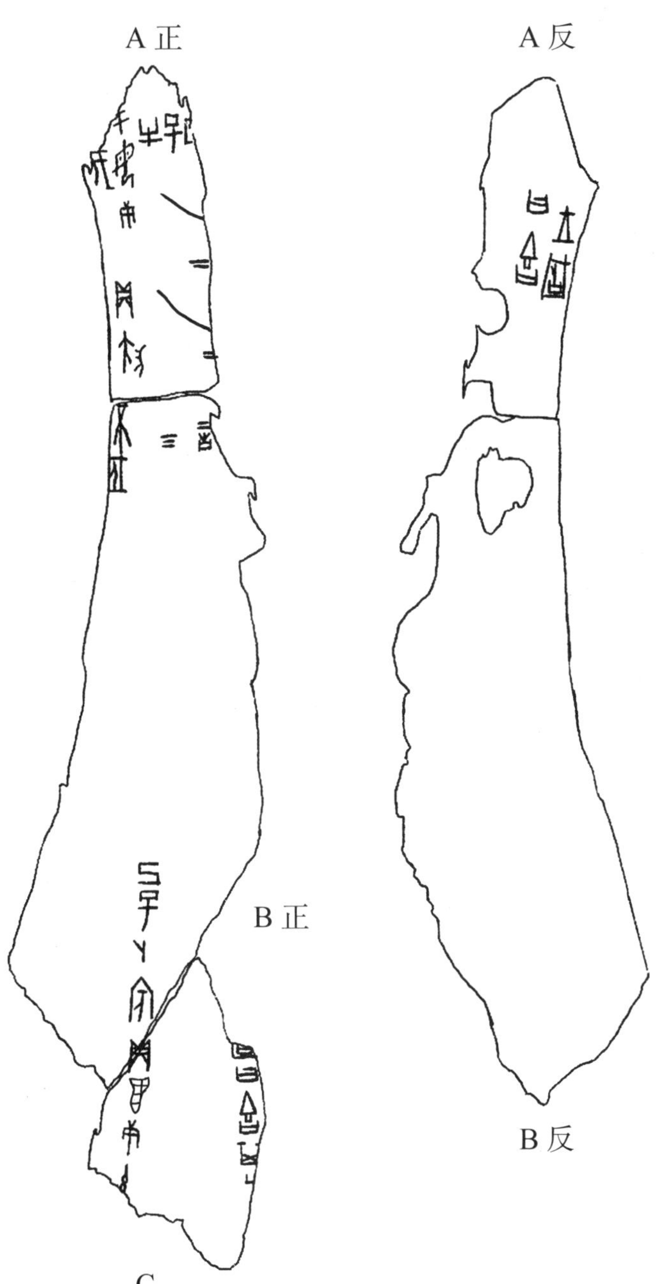

（縮放 60%）

第 1233 則：AI 新綴二十則（綴多多）

A《合》6114 + B《合》6180

第 1234 則：AI 新綴二十則（綴多多）

A《合》7307 + B《合補》1810

第 1235 則：AI 新綴二十則（綴多多）

A《合補》1996 + B《拼集》54

（縮放 65%）

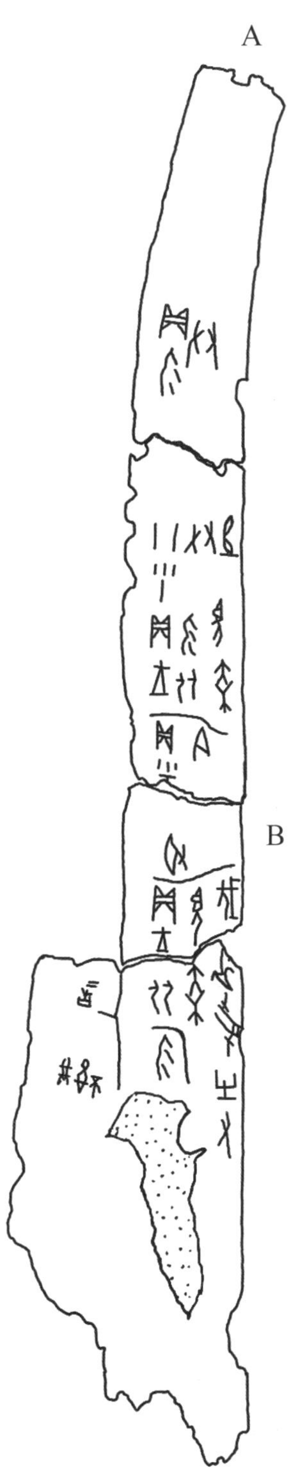

（縮放 65%）

第 1236 則：AI 新綴二十則（綴多多）

A《合》17281 + B《上博》21569.37

第 1237 則：AI 新綴二十則（綴多多）

A《合》11609 + B《合》11481

第 1238 則：AI 新綴二十則（綴多多）

A 本書第 1348 則 + B《合補》5679

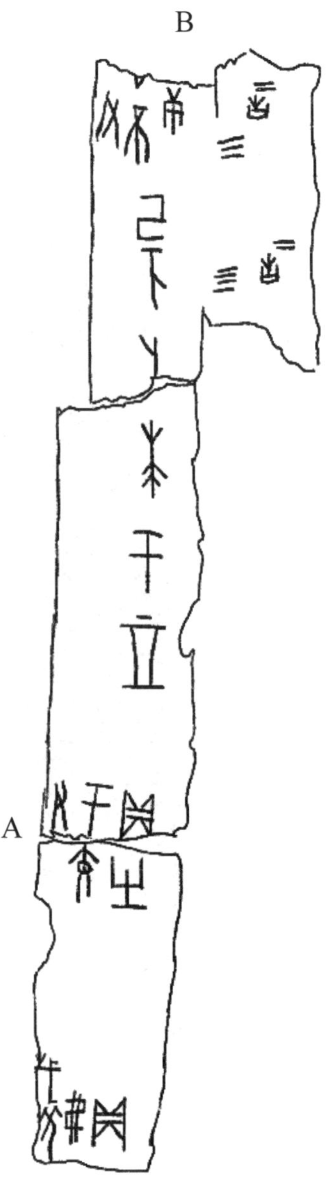

第 1239 則：AI 新綴二十則（綴多多）

A《合》7106 + B《合》7449

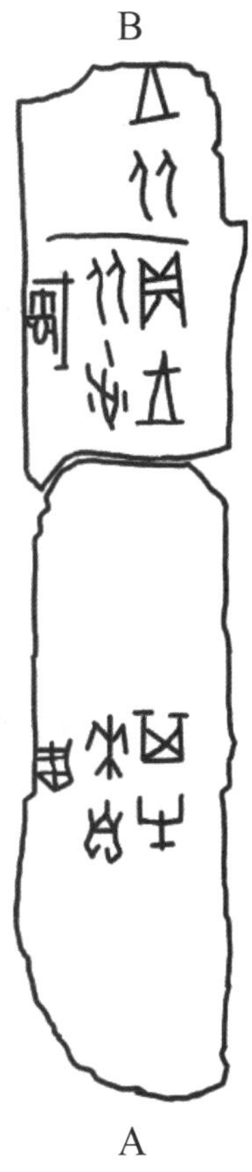

第 1240 則：AI 新綴二十則（綴多多）

A《合》6343 + B《北珍》2523

第 1241 則：AI 新綴二十則（綴多多）

A《合》13183 + B《合補》3923

第 1242 則：AI 新綴二十則（綴多多）

A《合》14749 正反 + B《綴續》531

A 正　　A 反

（縮放 80%）

B

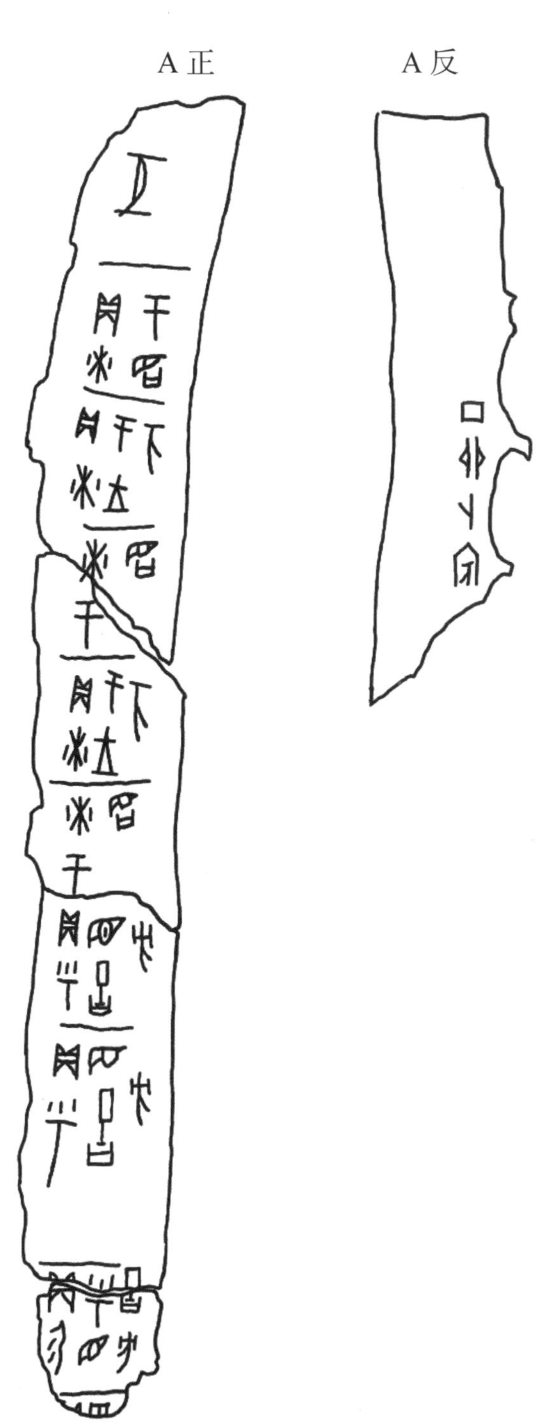

（縮放 80%）

第 1243 則：AI 新綴二十則（綴多多）

A《合補》3659 + B《上博》46456

第 1244 則：AI 新綴二十則（綴多多）

A《合》6306 + B《合補》3927

B

A

B

A

第 1245 則：AI 綴合中的人機耦合（綴多多）

A《合》954 + B《合》4248

A

B

A

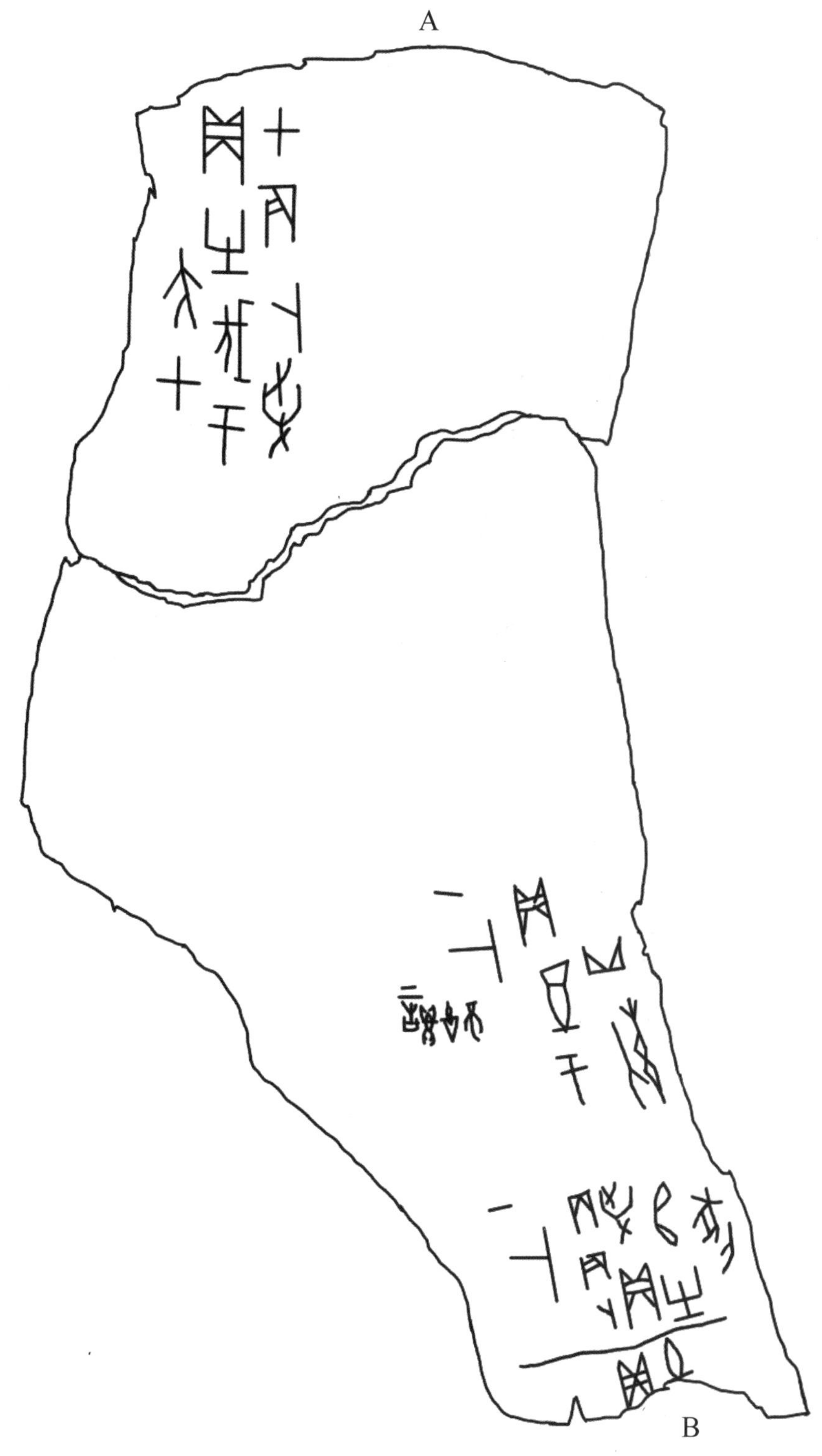

B

第 1246 則：AI 綴合中的人機耦合（綴多多）

A 本書第 1220 則 + B《綴集》21

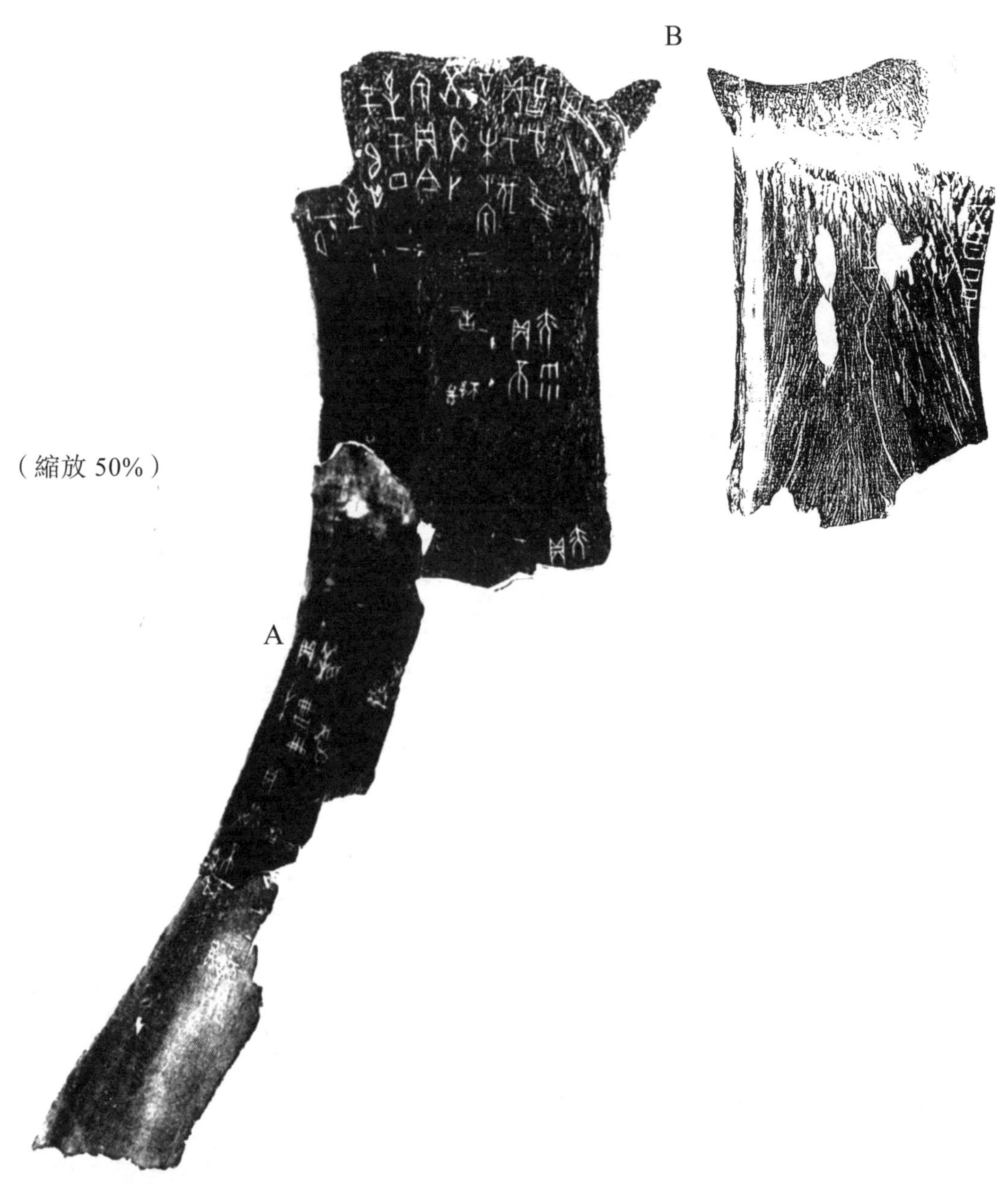

（縮放 50%）

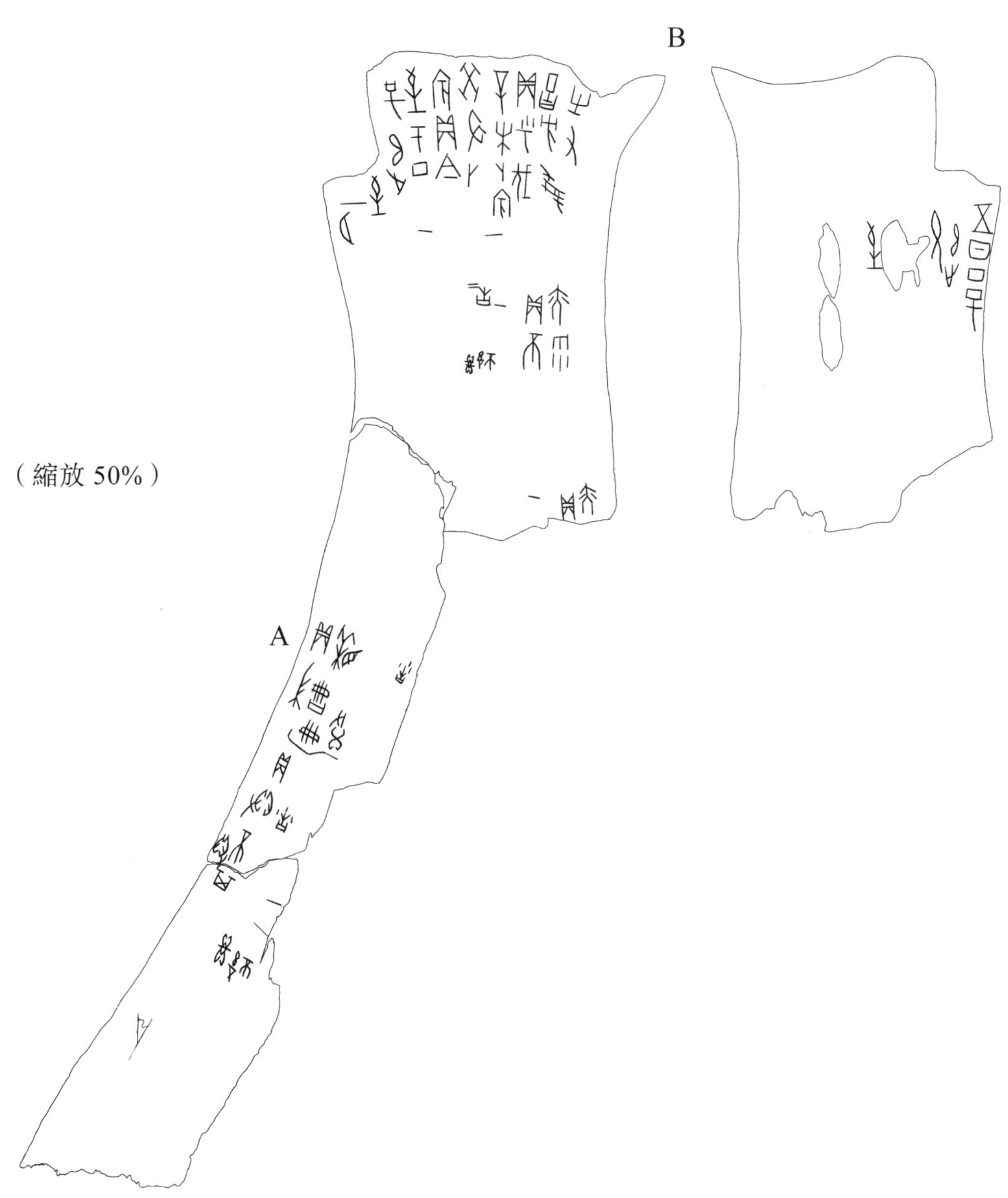

（縮放 50%）

第 1247 則：AI 綴合中的人機耦合（綴多多）

A《合》11759 + B《合》15149

A

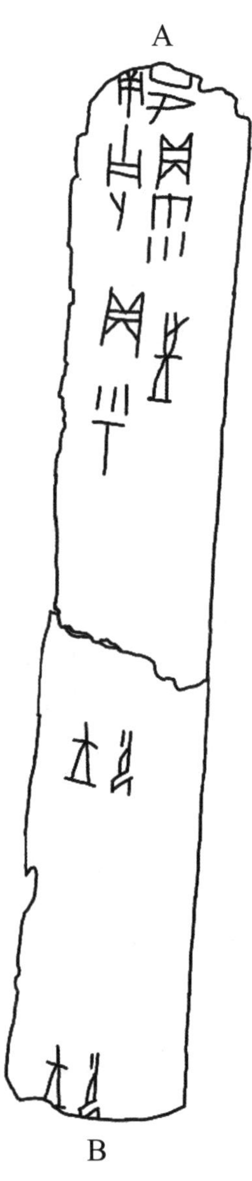

B

第 1248 則：AI 綴合中的人機耦合（綴多多）

A《合補》2684 + B《上博》49003.250

第 1249 則：AI 綴合中的人機耦合（綴多多）

A《合補》1913 正臼 + B《合補》2161

A 正

B

A 臼

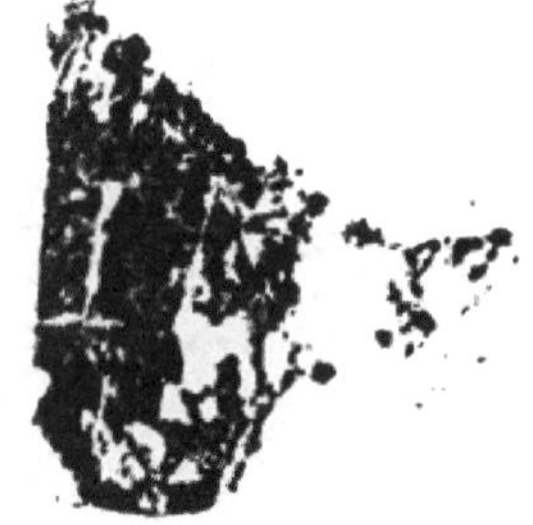

A 正

A 臼

第 1250 則：計算機輔助綴合研討一則（莫伯峰）

A《合》29705 + B《合補》9587

第 1251 則：甲骨新綴一則（莫伯峰）

A《合》30552 + B《屯》253

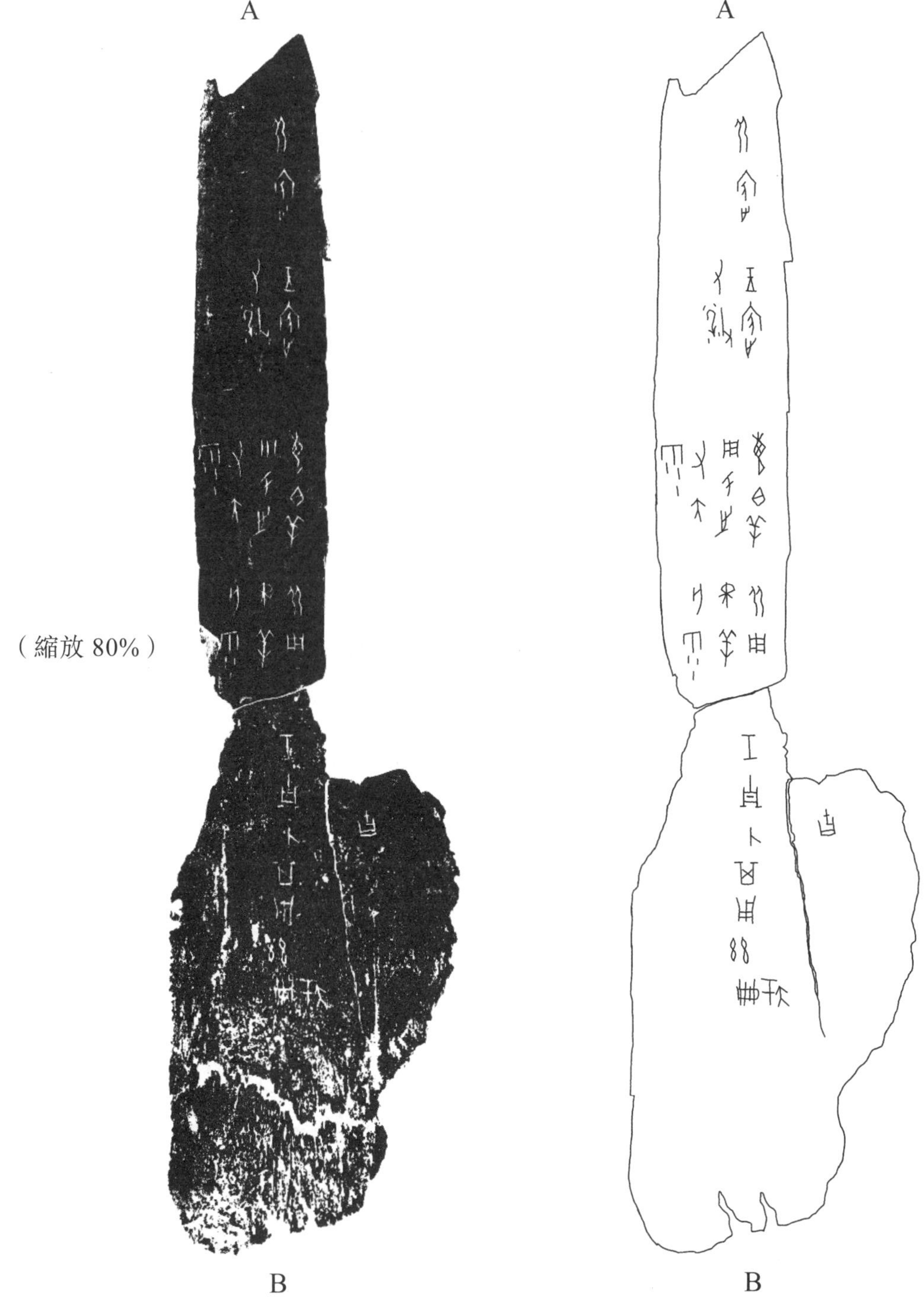

（縮放 80%）

第 1252 則：甲骨拼合第 377～383 則（李愛輝）

A《合》6809 + B《合》8581

B

A

B

A

第 1253 則：甲骨拼合第 377～383 則（李愛輝）

A《合》5997 + B《合補》1756

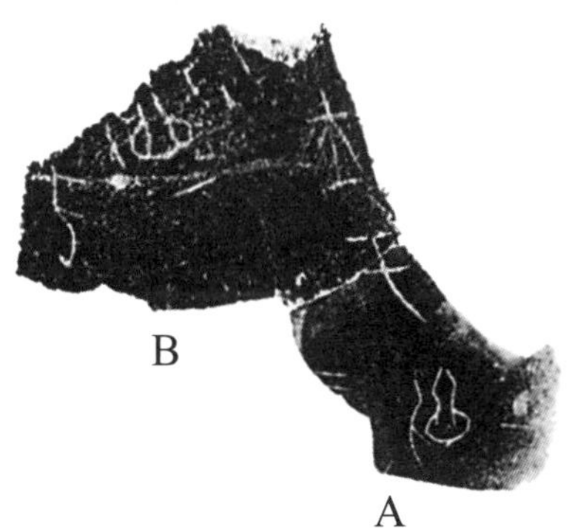

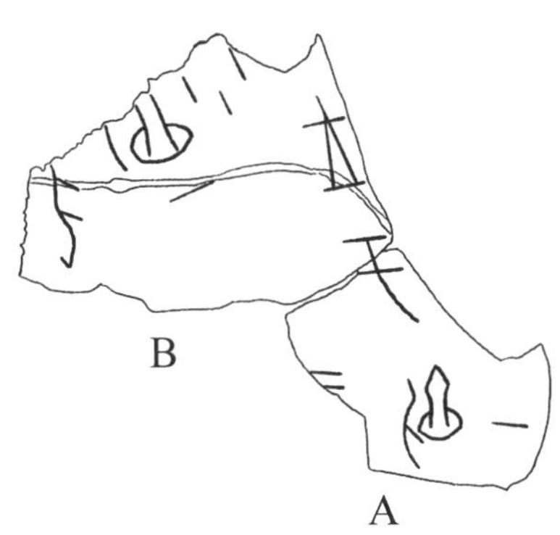

第 1254 則：甲骨拼合第 377～383 則（李愛輝）

A《合》7764＋B《合》15080

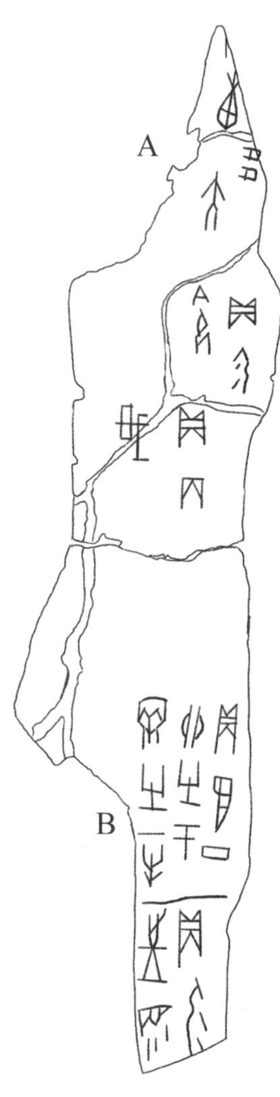

第 1255 則：甲骨拼合第 377～383 則（李愛輝）

A《合》17128 + B《合》17133

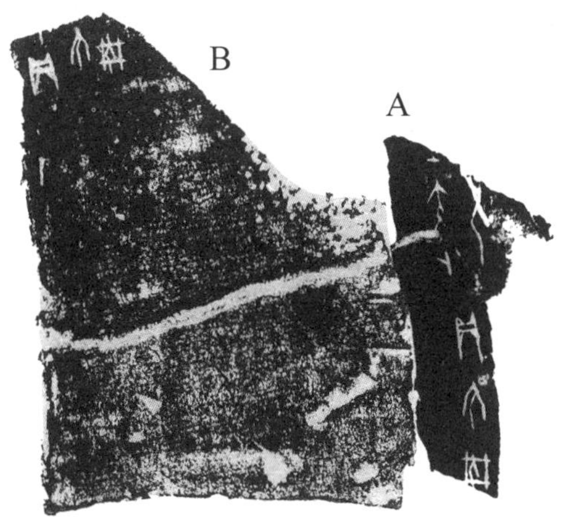

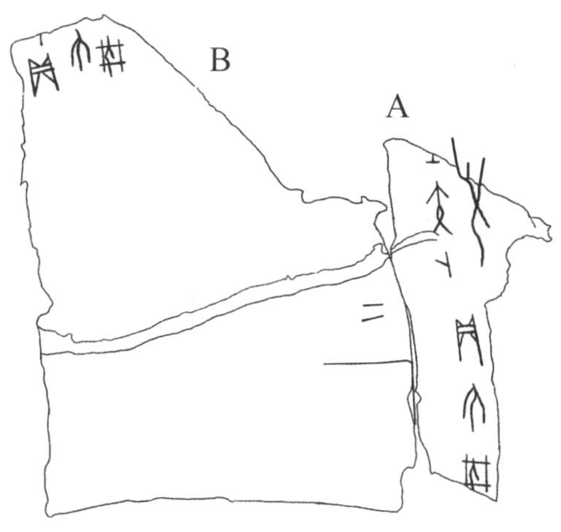

第 1256 則：甲骨拼合第 377～383 則（李愛輝）

A《拼五》1147＋B《輯佚》77

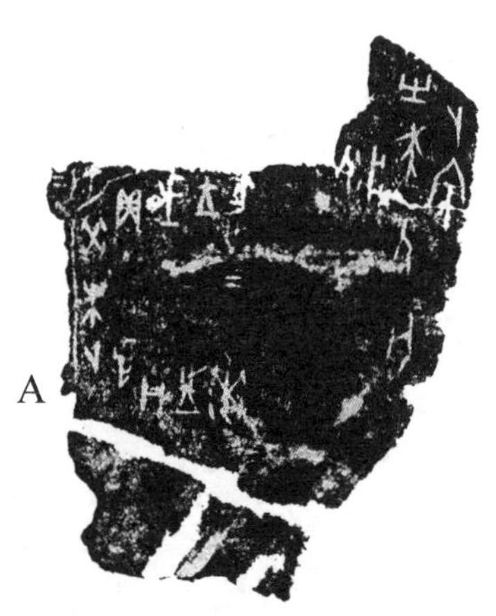

A

B

A

第 1257 則：甲骨拼合第 377～383 則（李愛輝）

A《合》1062 + B《合》1663

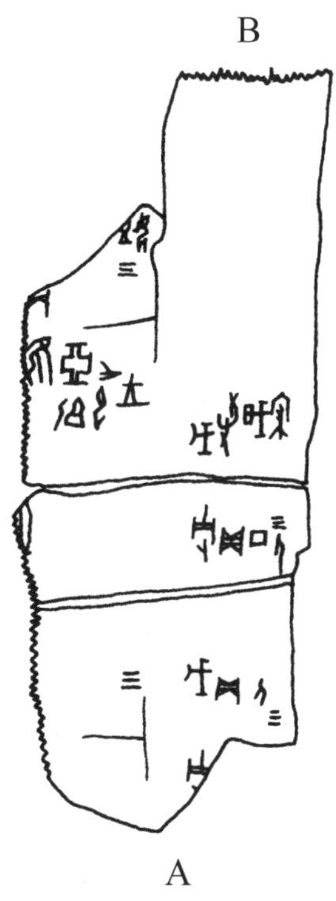
B
A

第 1258 則：甲骨拼合第 377～383 則（李愛輝）

A《合》557 + B《甲骨文集》3.0.1814 + C《合》420 + D《合》4184①

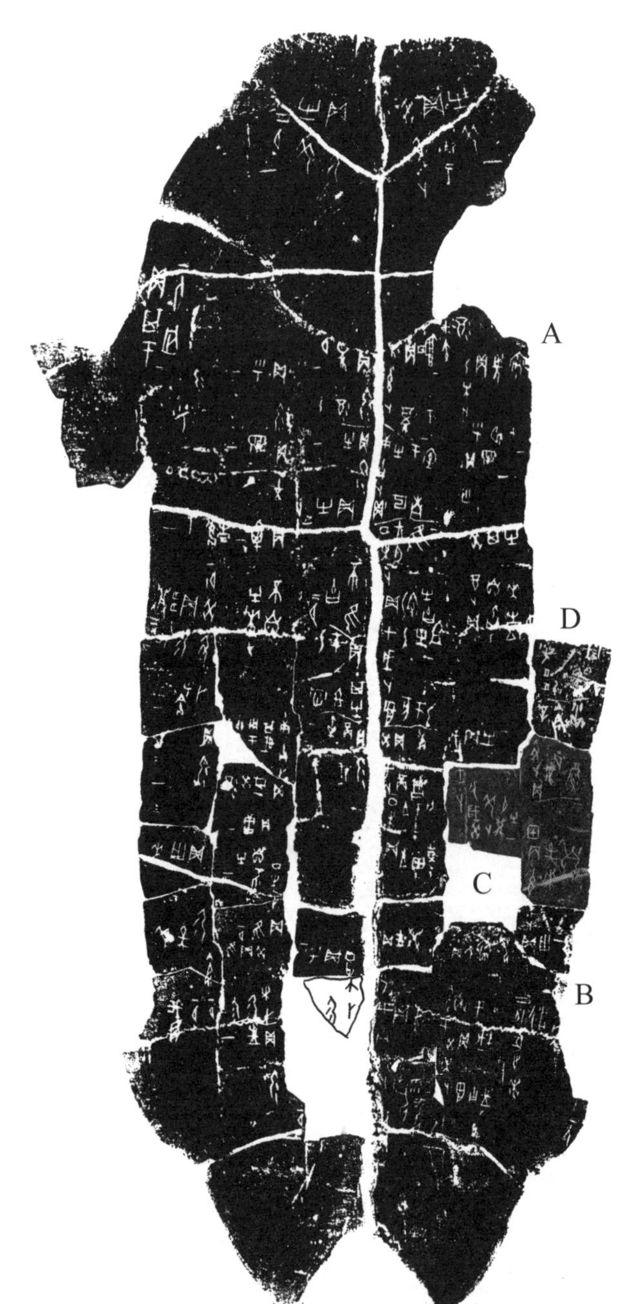

（縮放 55%）

① 《合》557 +《甲骨文集》3.0.1814 見林勝祥《〈殷虛文字甲編〉新綴二十六例》,《第七屆中國訓詁學全國學術研討會》論文，2005 年 5 月 28 日。林宏明先生加綴《合》420。

（縮放 55%）

第 1259 則：甲骨拼合第 384～389 則（李愛輝）

A《合》4597 + B《合》5737

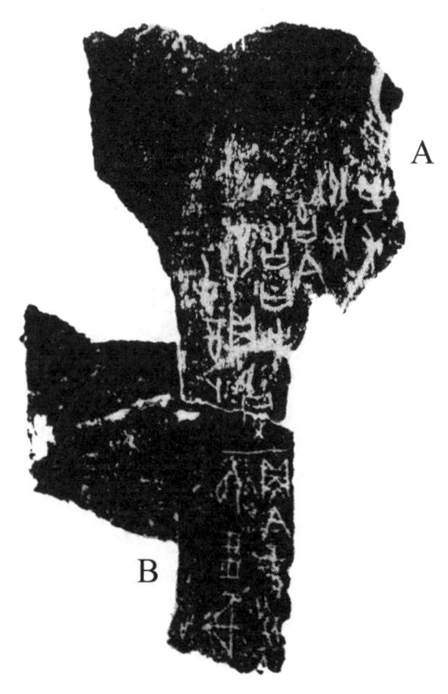

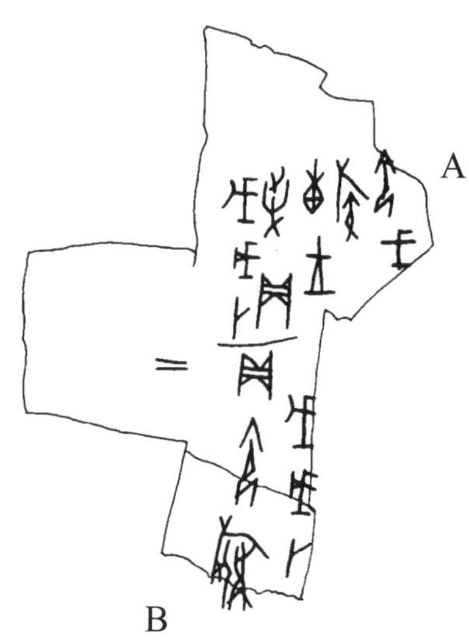

第 1260 則：甲骨拼合第 384～389 則（李愛輝）

A《合》9510 正反 + B《合補》4545 正反

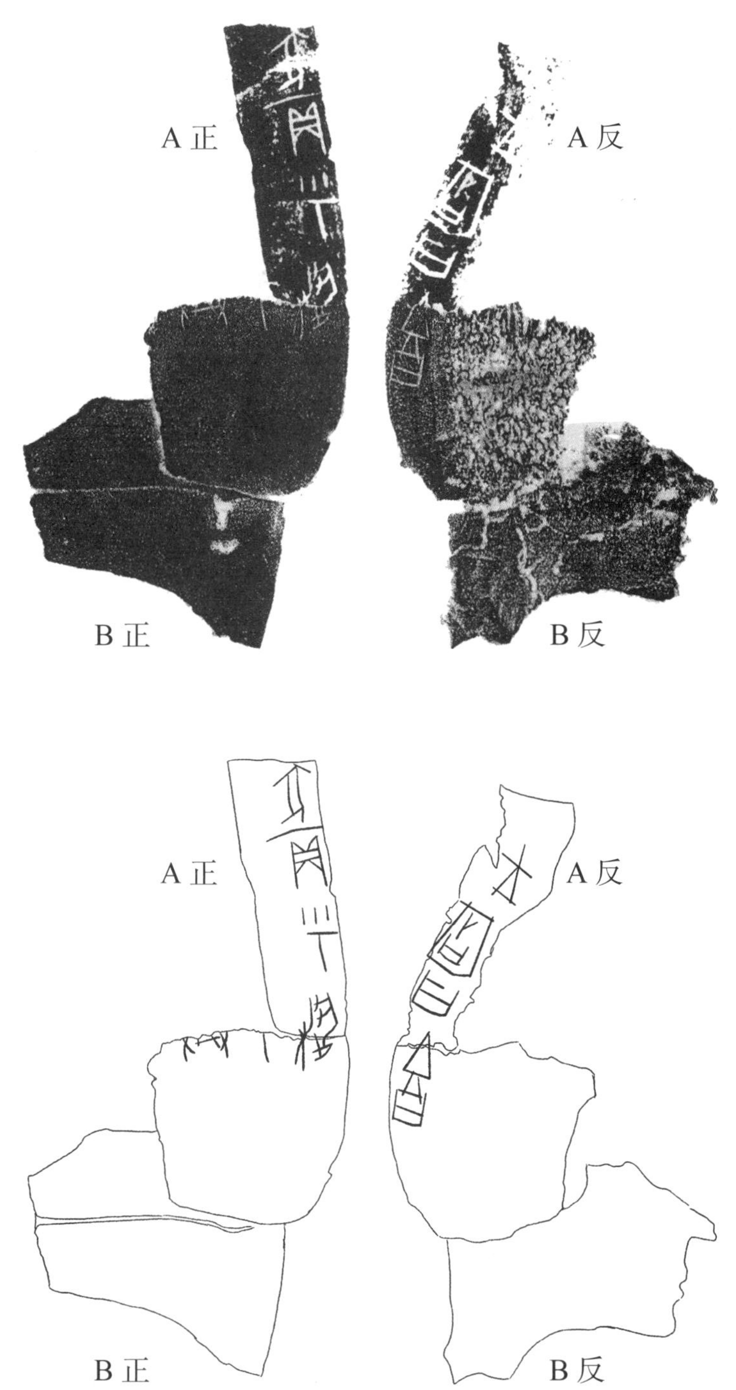

第 1261 則：甲骨拼合第 384～389 則（李愛輝）

A 本書第 1256 則 + B《合》7198

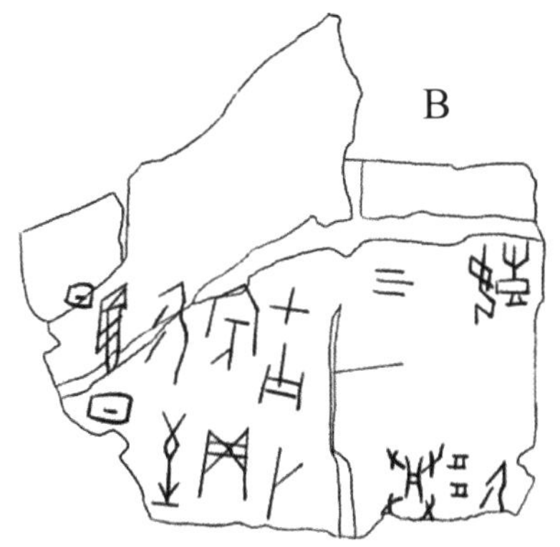
B

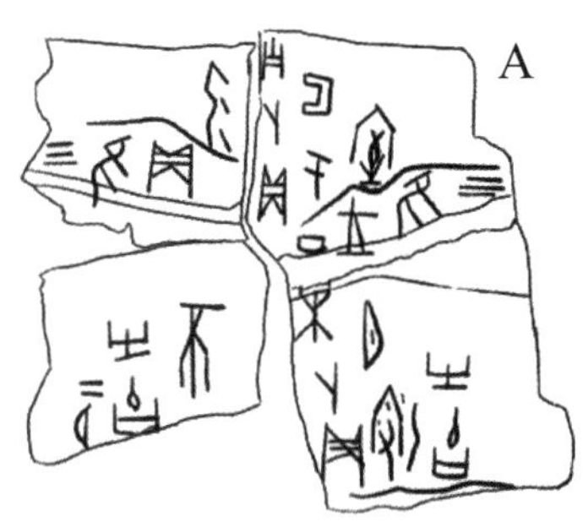
A

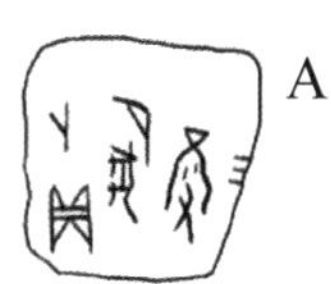
A

A

第 1262 則：甲骨拼合第 384～389 則（李愛輝）

A《合》14883 + B《合》39546 + C《合》40904

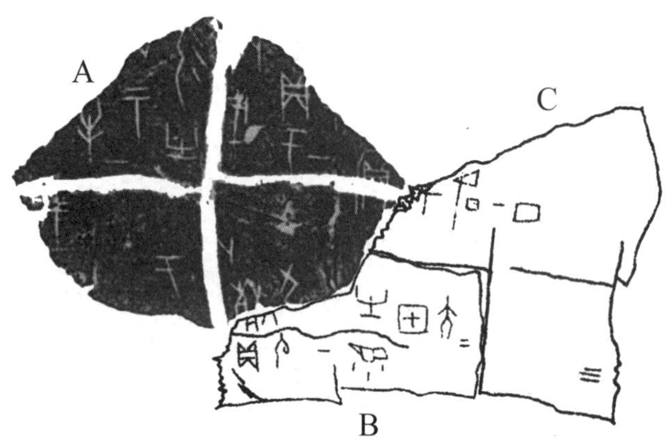

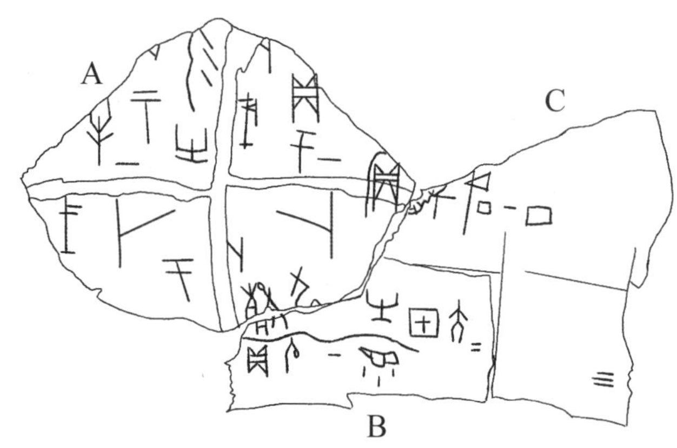

第1263則：甲骨拼合第384～389則（李愛輝）

A《合》5426 + B《合》8182

第 1264 則：甲骨拼合第 384～389 則（李愛輝）

A《安明》145 + B《安明》352

A

B

A

B

第 1265 則：甲骨拼合第 390～400 則（李愛輝）

A《合》9048＋B《京》960

第 1266 則：甲骨拼合第 390～400 則（李愛輝）

A《合》33817 + B《合補》10544

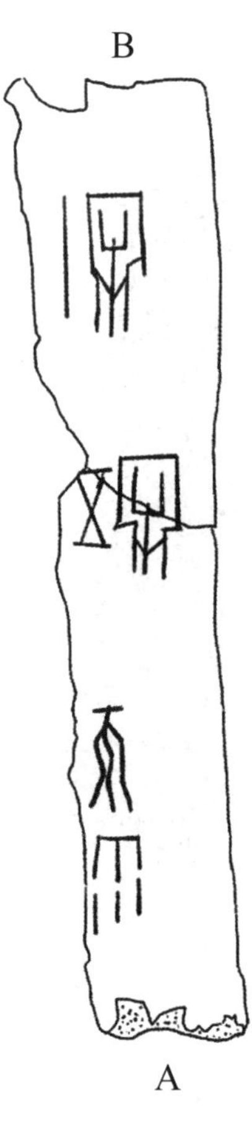

第 1267 則：甲骨拼合第 390～400 則（李愛輝）

A《合》34064 + B《合》34584

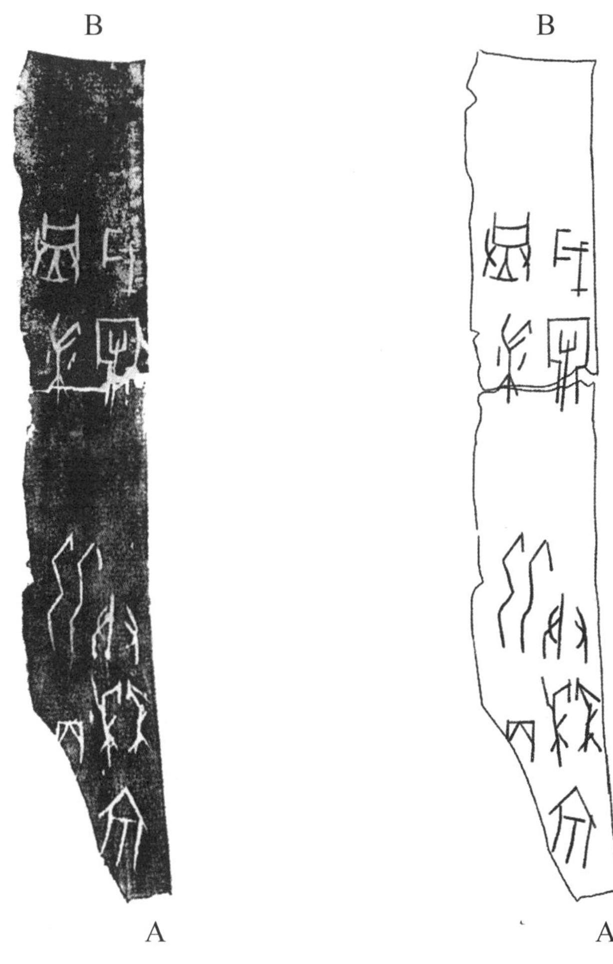

第 1268 則：甲骨拼合第 390～400 則（李愛輝）

A《屯》706 + B《屯》4149 倒

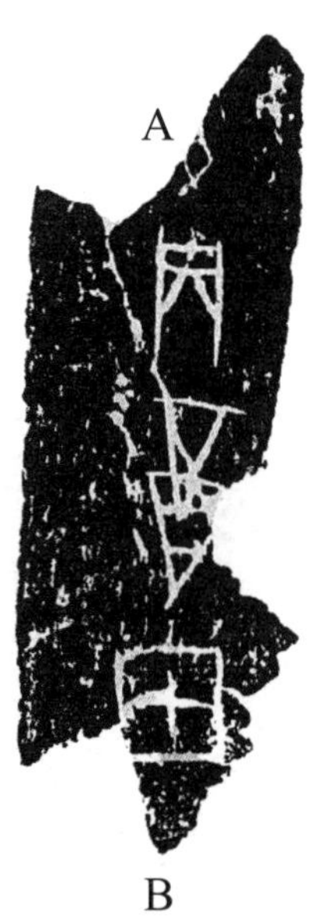

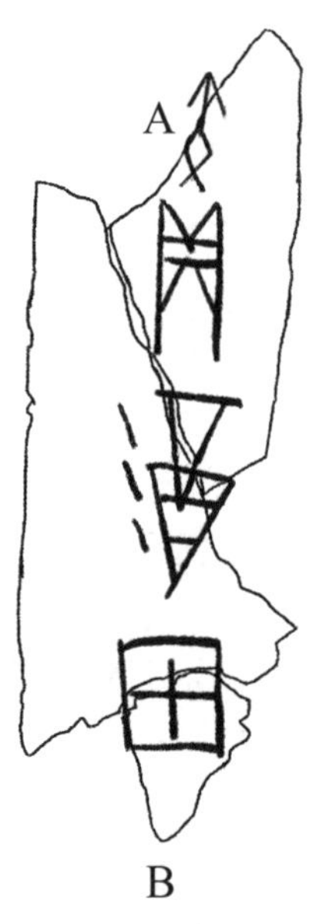

第1269則：甲骨拼合第390～400則（李愛輝）

A《合》35221 + B 北圖 7903

B

A

B

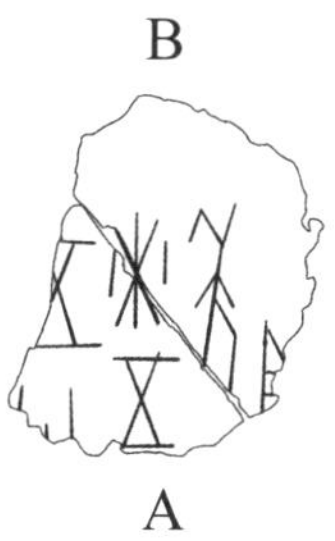

A

第 1270 則：甲骨拼合第 390～400 則（李愛輝）

A《合》13569 + B《合》14449

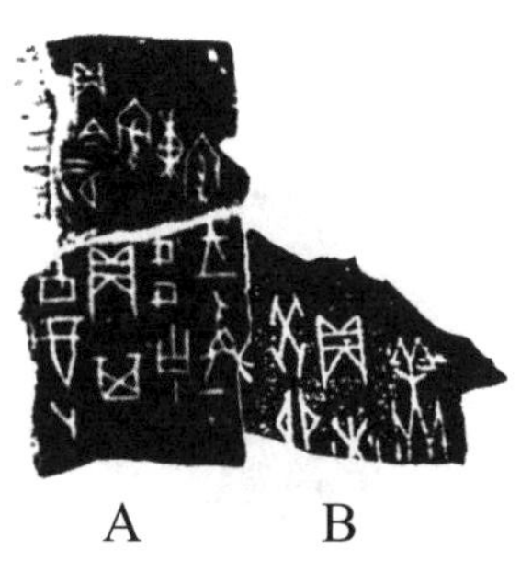

A　　B

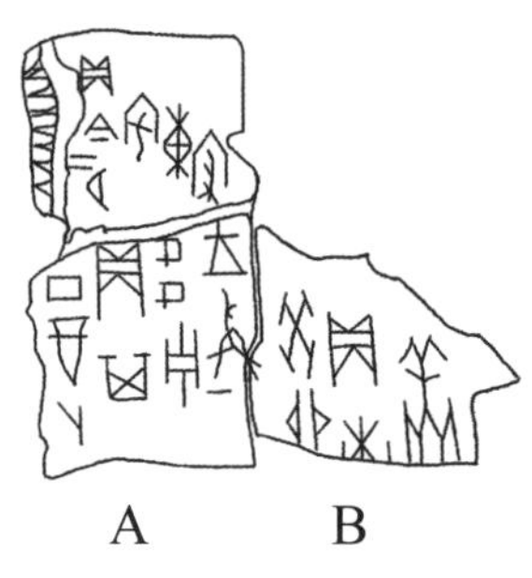

A　　B

第 1271 則：甲骨拼合第 390～400 則（李愛輝）

A 北圖 1101 + B 北圖 2101

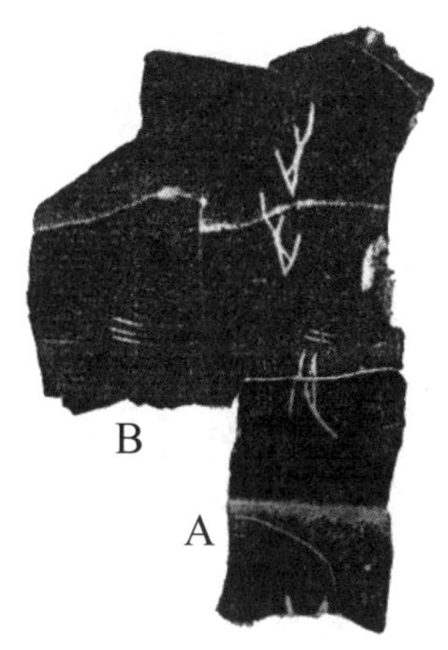

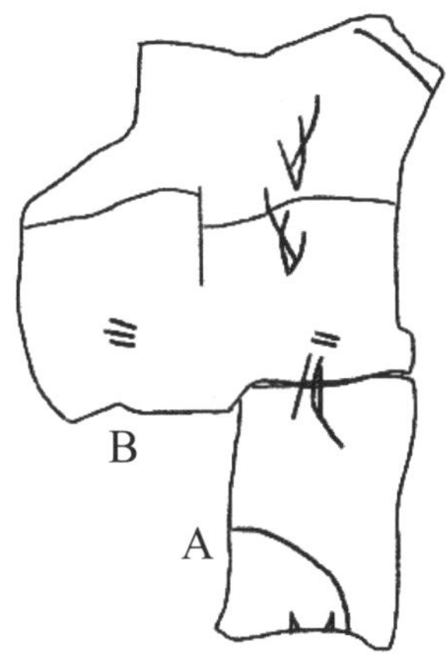

第 1272 則：甲骨拼合第 390～400 則（李愛輝）

A《合》14430 + B 北圖 728 + C 北圖 7759

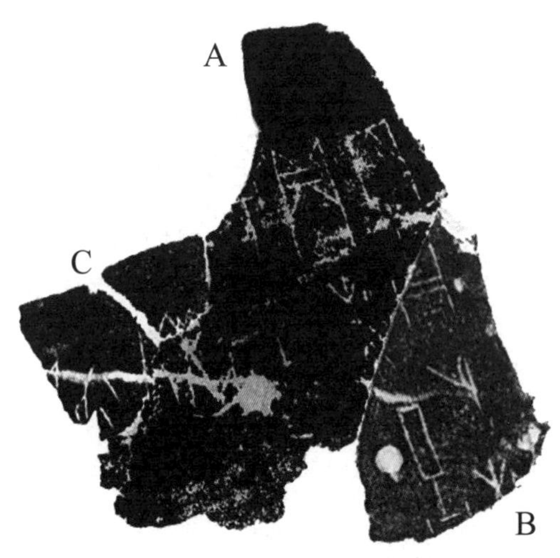

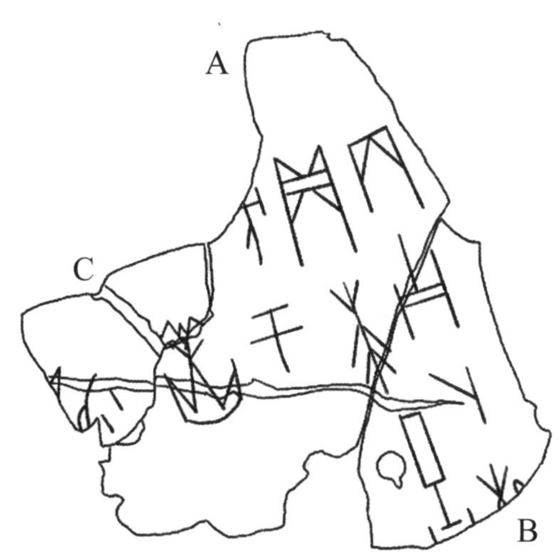

第 1273 則：甲骨拼合第 390～400 則（李愛輝）

A《合》27588 + B 北圖 7290

B

A

B

A

第 1274 則：甲骨拼合第 390～400 則（李愛輝）

A《合》8010 + B《合》8282

第1275則：甲骨拼合第390～400則（李愛輝）

A《合》14772＋B《合》15898

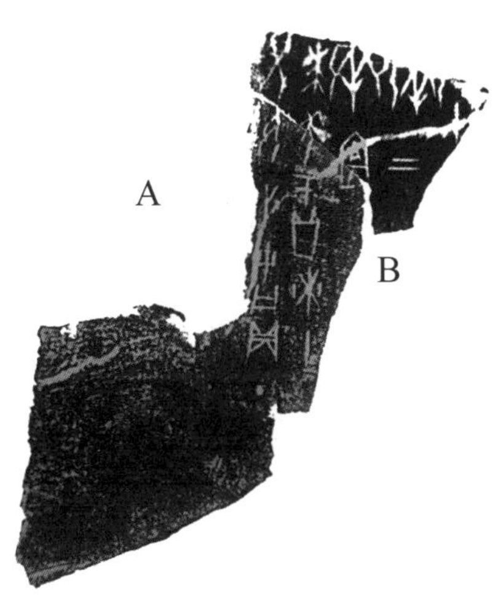

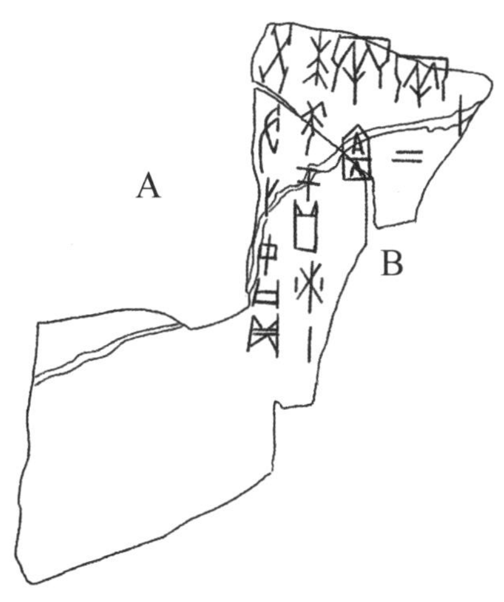

第 1276 則：甲骨拼合第 401～407 則（李愛輝）

A《旅》965 + B《旅》1030

第 1277 則：甲骨拼合第 401～407 則（李愛輝）

A《合》27589 + B《謝文》430

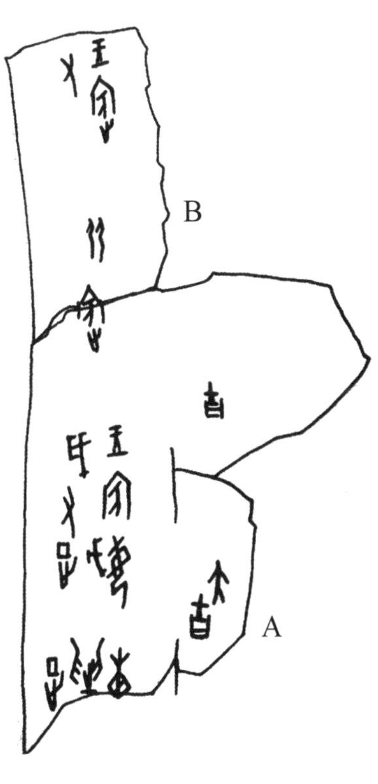

第 1278 則：甲骨拼合第 401～407 則（李愛輝）

A《合》27006 + B《續存》上 2032

第 1279 則：甲骨拼合第 401～407 則（李愛輝）

A《合》28862 + B《謝文》234

第 1280 則：甲骨拼合第 401～407 則（李愛輝）

A《合》28748 + B《合》29286

第 1281 則：甲骨拼合第 401～407 則（李愛輝）

A《合》29249 + B《合》29250

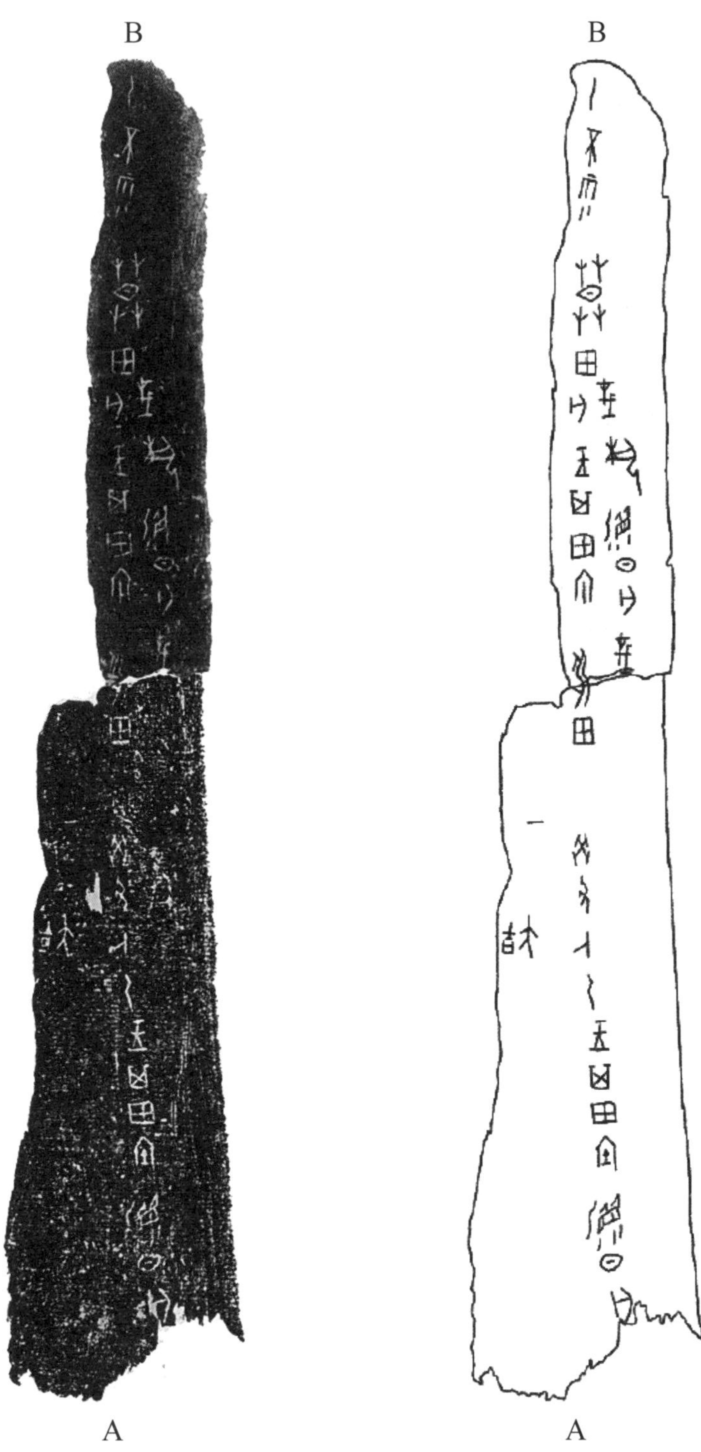

（縮放 80%）

第 1282 則：甲骨拼合第 401～407 則（李愛輝）

A《合》29523 + B《合》29764

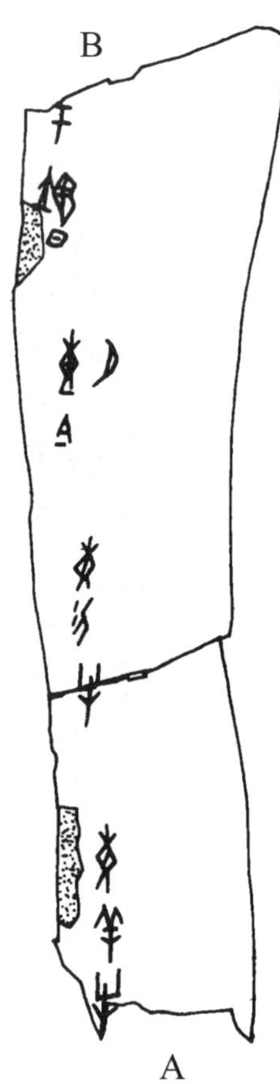

第 1283 則：甲骨拼合第 408～411 則（李愛輝）

A《合》34052 + B《英藏》2404 + C《上博》2426.647 + D《謝文》41 + E《合》34326 + F《掇三》132[①]

（縮放 55%）

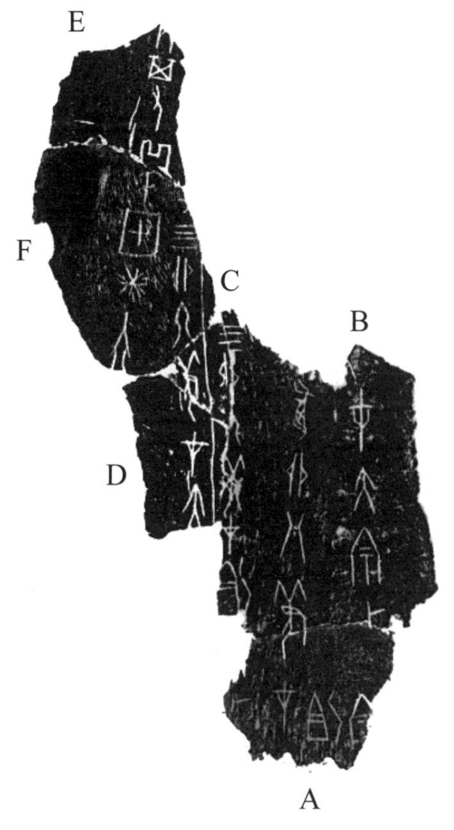

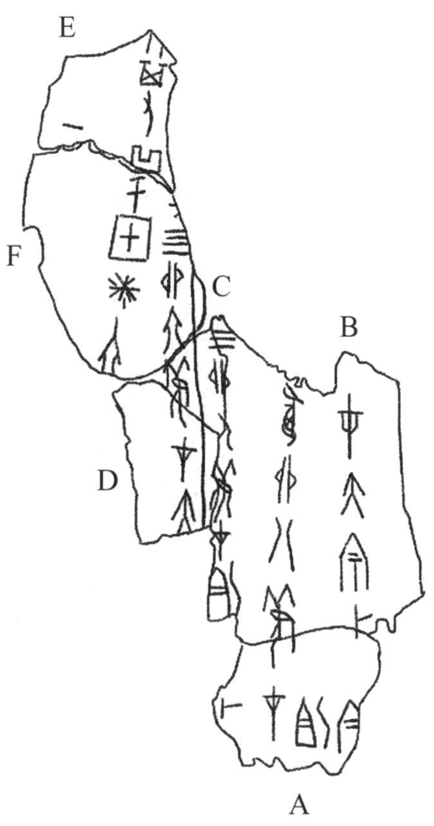

① 《合》34052 +《英藏》2404 由周忠兵先生綴合，蔡哲茂先生加綴《上博》2426.647。筆者加綴《謝文》41，且將周忠兵先生綴合的《合》34052 +《掇三》132 實綴在《英藏》2404 的上方。

第 1284 則：甲骨拼合第 408～411 則（李愛輝）

A《合》30396 + B《合》30819

第 1285 則：甲骨拼合第 408～411 則（李愛輝）

A《英藏》1424 + B《英藏》1563

A

B

A

B

第 1286 則：甲骨拼合第 408～411 則（李愛輝）

A《英藏》1524 + B《英藏》1537

第 1287 則：甲骨拼合第 417～420 則（李愛輝）

A《合》6509 + B《安明》580

第 1288 則：甲骨拼合第 417～420 則（李愛輝）

A《合》10084 + B《合》8711 + C《合》9104 + D《合補》4340[①]

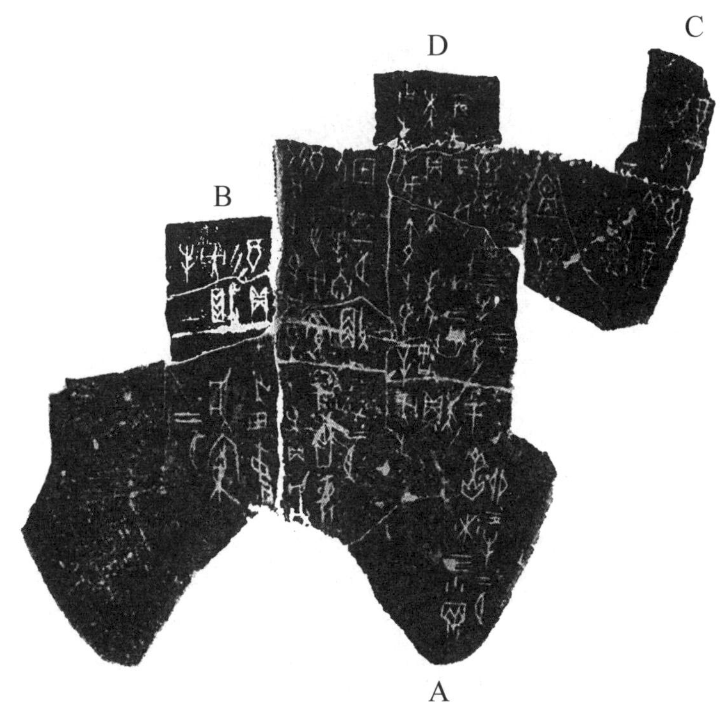

① 《合》10084 +《合》8711 爲陳逸文先生綴合，筆者加綴《合補》4340 和《合》9104。

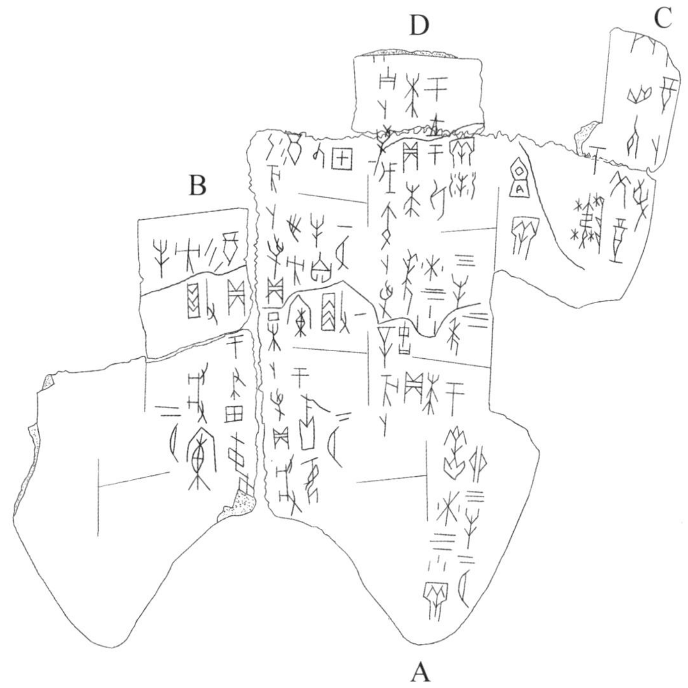
D
C
B
A

第 1289 則：甲骨拼合第 417～420 則（李愛輝）

A《合》9248 + B《合補》558 反

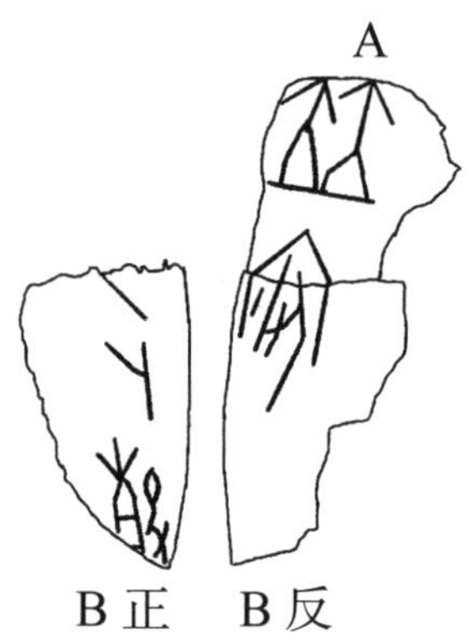

第 1290 則：甲骨拼合第 417～420 則（李愛輝）

A 本書第 1379 則 + B《合》4014

第 1291 則：甲骨拼合第 421～425 則（李愛輝）

A《合》15521 + B《綴彙》1004

（縮放 90%）

（縮放 90%）

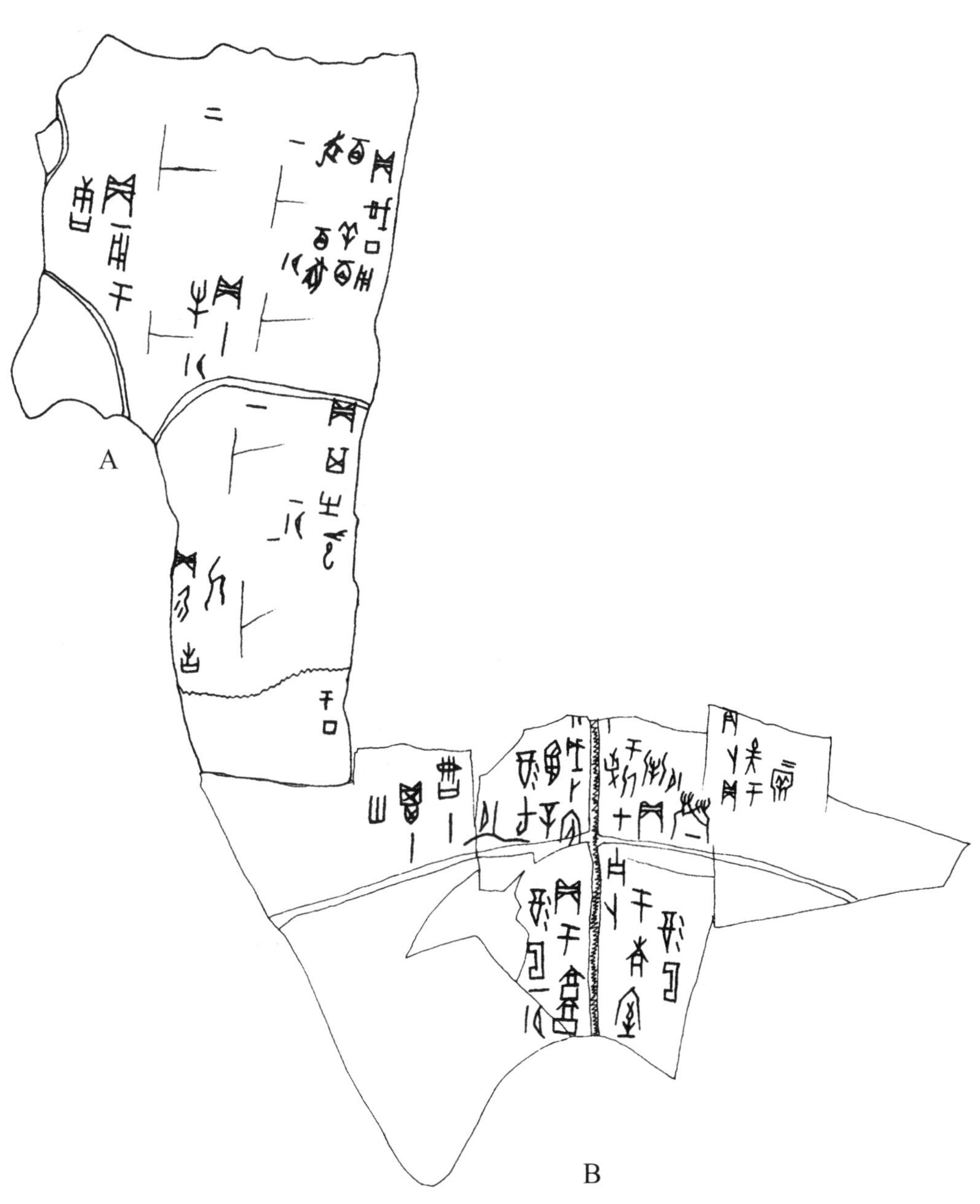

第 1292 則：甲骨拼合第 421～425 則（李愛輝）

A 本書第 1288 則 + B《合》9575 + C《甲》1830

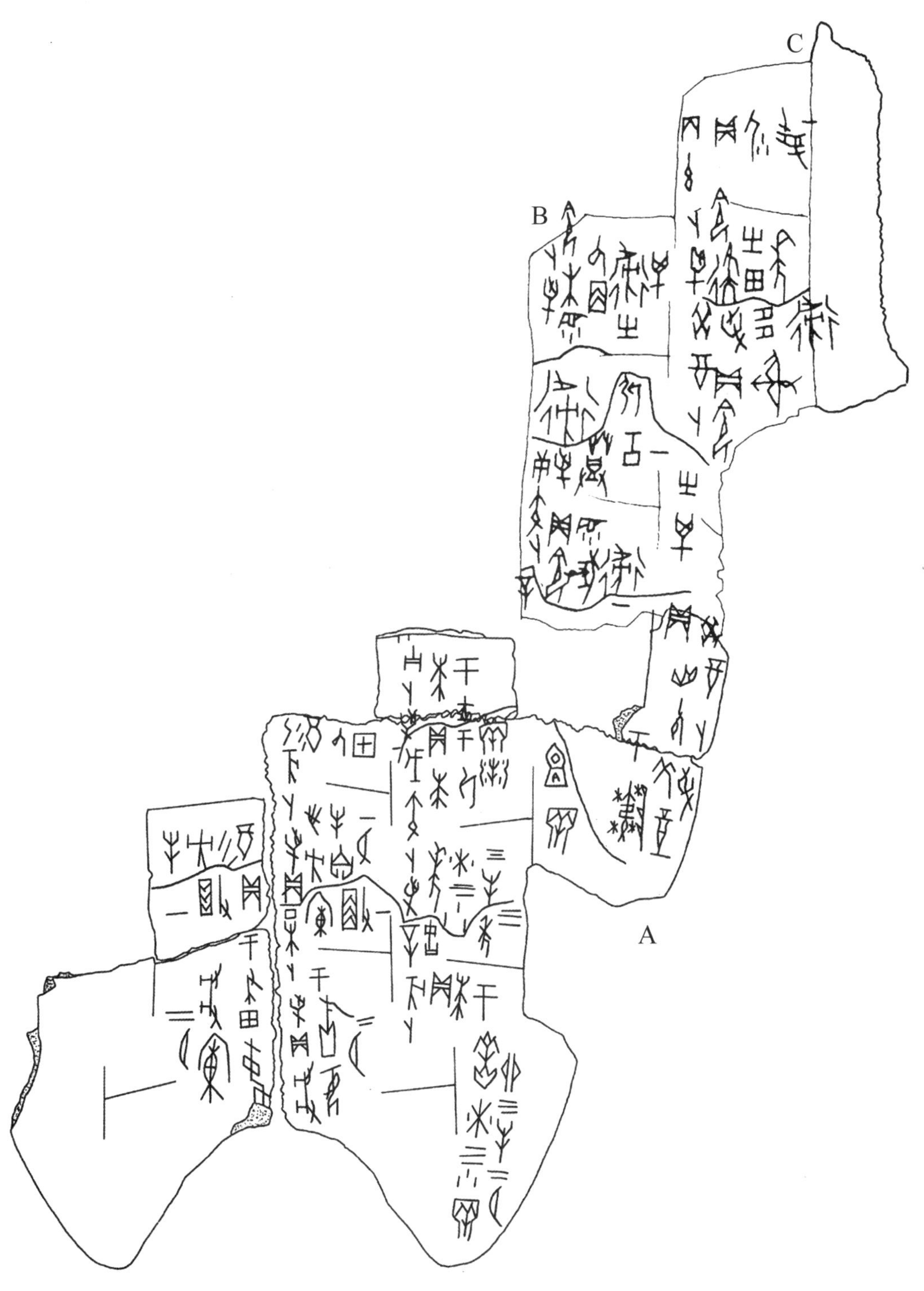
C
B
A

第 1293 則：甲骨拼合第 421～425 則（李愛輝）

A《合》1601 + B《合》8108 + C《合》15069[①]

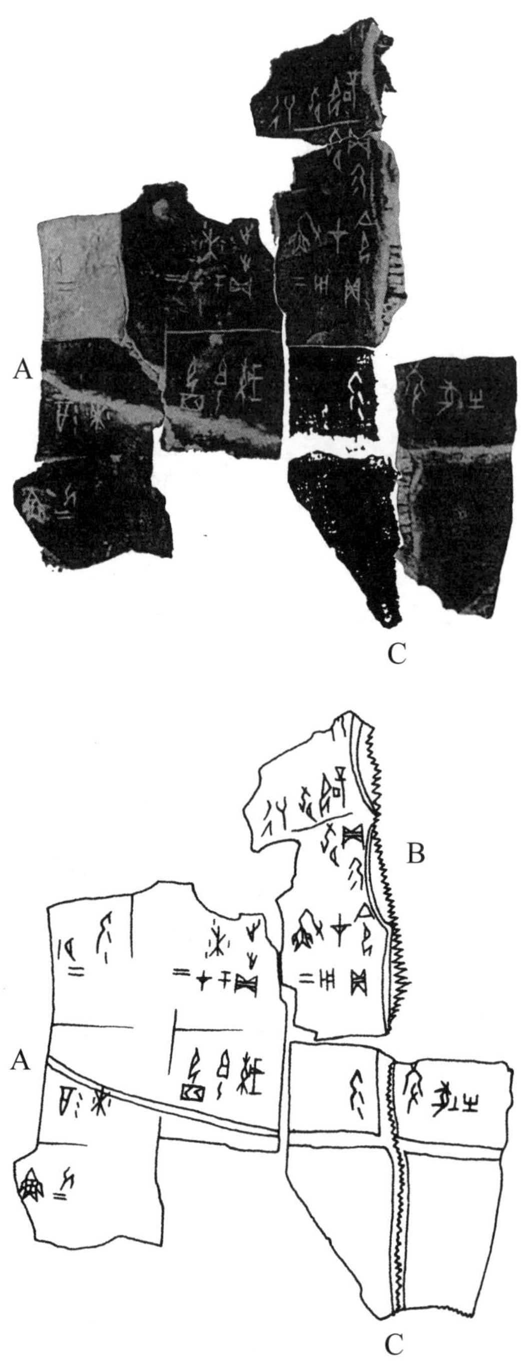

① 《合》1601 +《合》8108 爲蔡哲茂先生綴合，筆者加綴合 15069。

第 1294 則：甲骨拼合第 421～425 則（李愛輝）

A《合》764 + B《合》1203 正 + C《合》4061

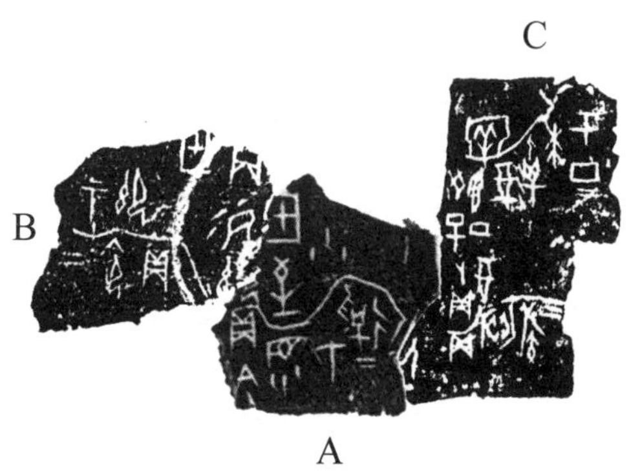

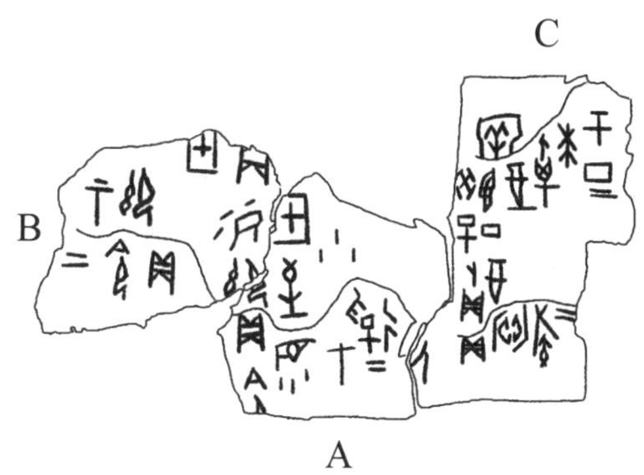

第 1295 則：甲骨拼合第 421～425 則（李愛輝）

A《合》31921 + B《甲編未著録》2.2.0215 + C《甲》647

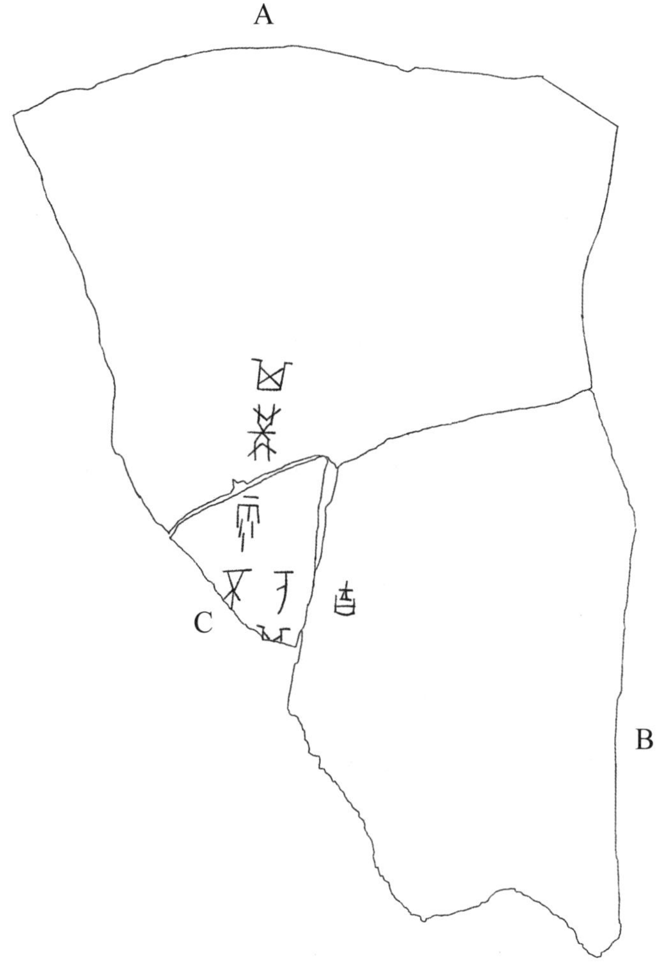
A
B
C

第 1296 則：甲骨拼合第 426～428 則（李愛輝）

A《合補》8596 + B《殷拾》9.1

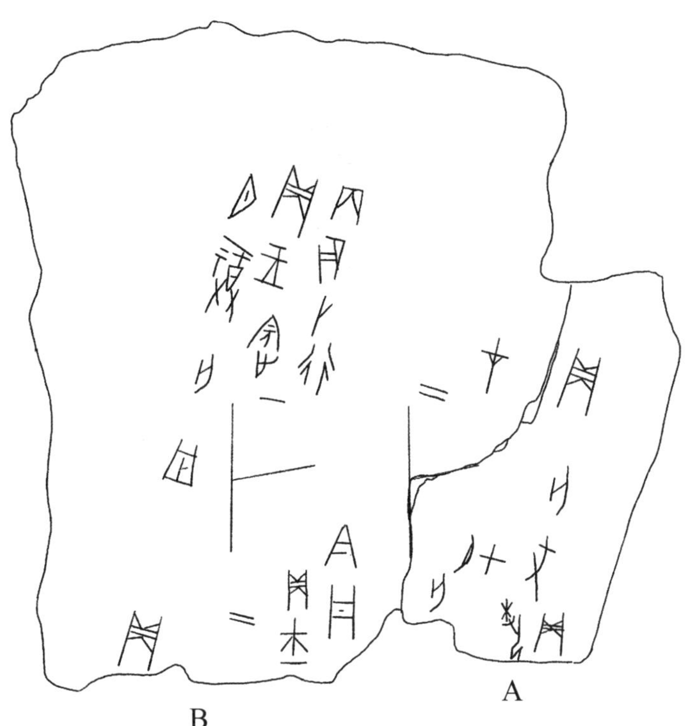
B
A

第 1297 则：甲骨拼合第 426～428 则（李爱辉）

A《俄》60 + B《俄》61

第 1298 則：甲骨拼合第 426～428 則（李愛輝）

A《合》25710 + B《合》25721

第 1299 則：甲骨拼合第 429～433 則（李愛輝）

A《合》13924 + B《合》16258

A

B

A

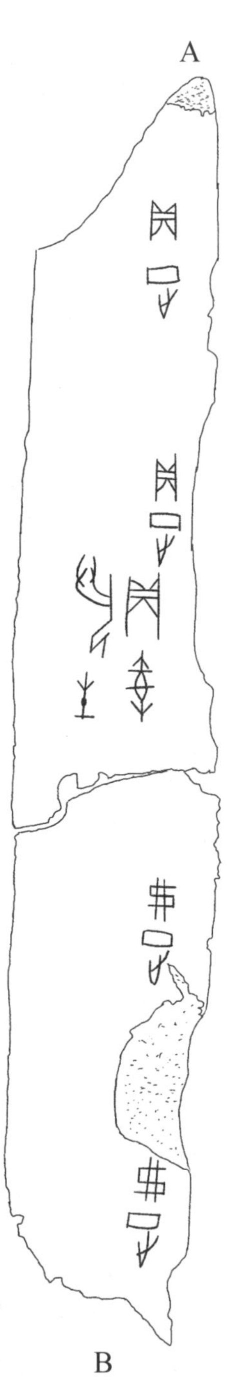

B

第 1300 則：甲骨拼合第 429～433 則（李愛輝）

A《合》26941 + B《合》29671

第1301则：甲骨拼合第429～433则（李爱辉）

A《合》27576 + B《合》31830

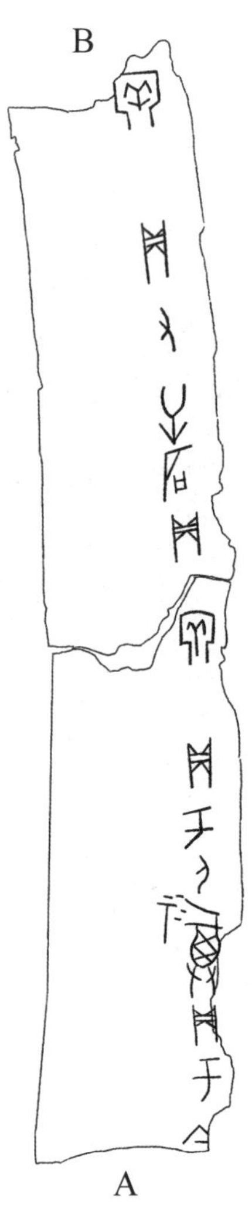

第 1302 則：甲骨拼合第 429～433 則（李愛輝）

A《合》27255 + B《合補》9014

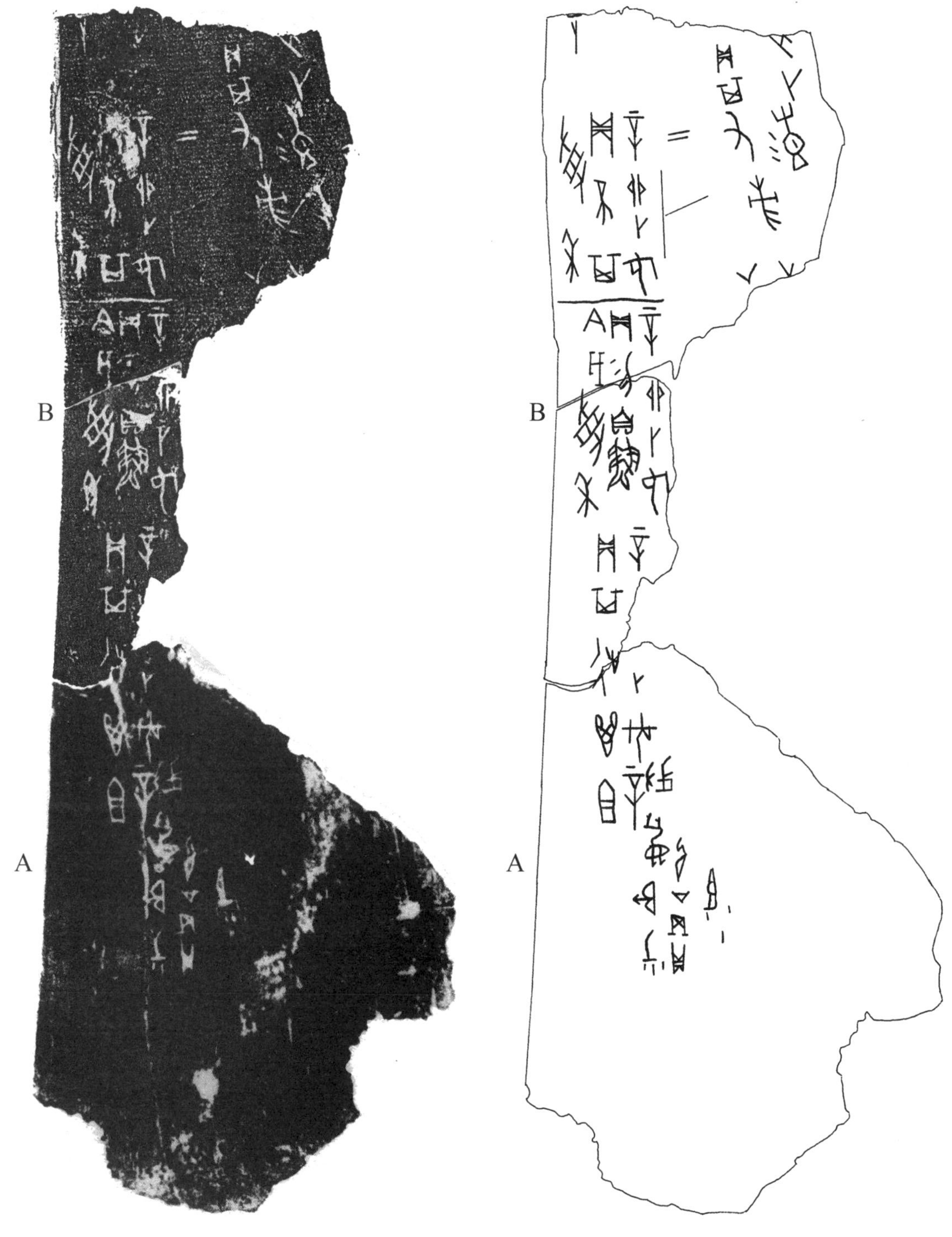

第 1303 則：甲骨拼合第 434～440 則（李愛輝）

A《合》17694 + B《合補》5529 反

第 1304 則：甲骨拼合第 434～440 則（李愛輝）

A《合》32715 + B《續存》上 2084

第 1305 則：甲骨拼合第 434～440 則（李愛輝）

A《合》9910 正 + B《合補》4549

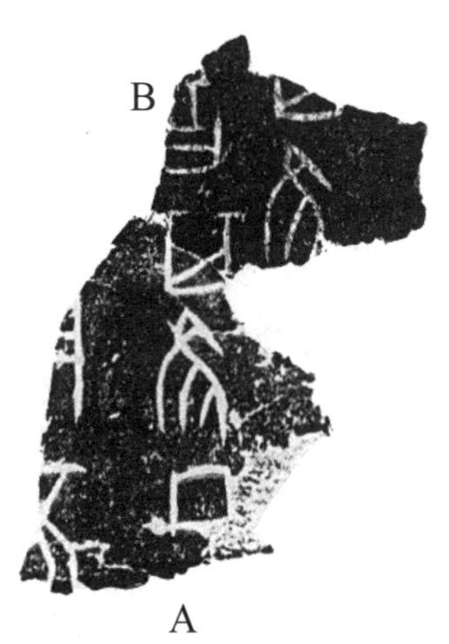

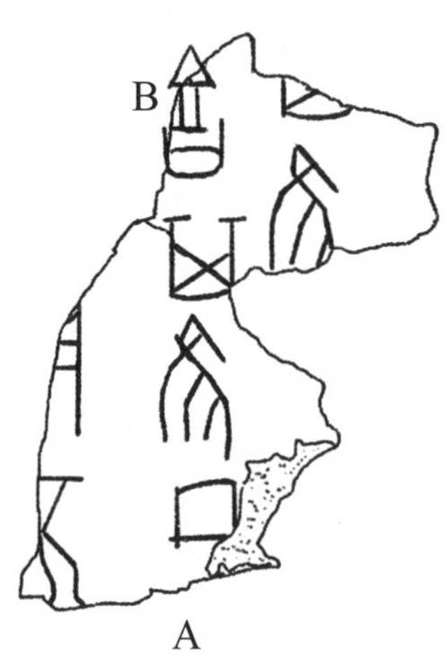

第1306則：甲骨拼合第434～440則（李愛輝）

A《合》2137＋B《合》14227

第 1307 則：甲骨拼合第 434～440 則（李愛輝）

A《合》7047 + B《合》13871

第 1308 則：甲骨拼合第 434～440 則（李愛輝）

A《拼集》253 + B R031943

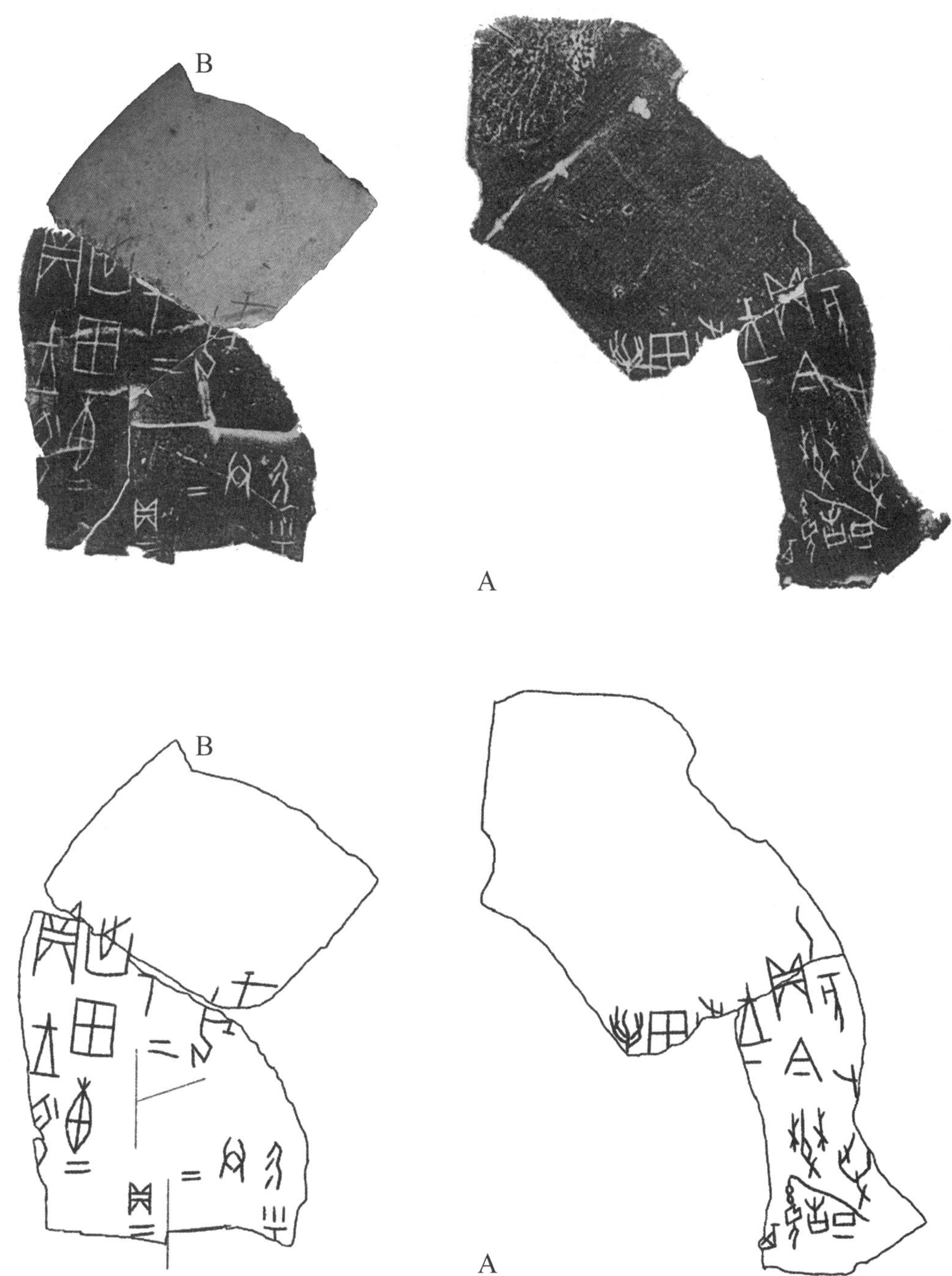

第 1309 則：甲骨拼合第 434～440 則（李愛輝）

A《合》25073 + B《鐵雲藏龜四百種》0135

第 1310 則：甲骨拼合第 441～445 則（李愛輝）

A《合》8028 + B《契合》23

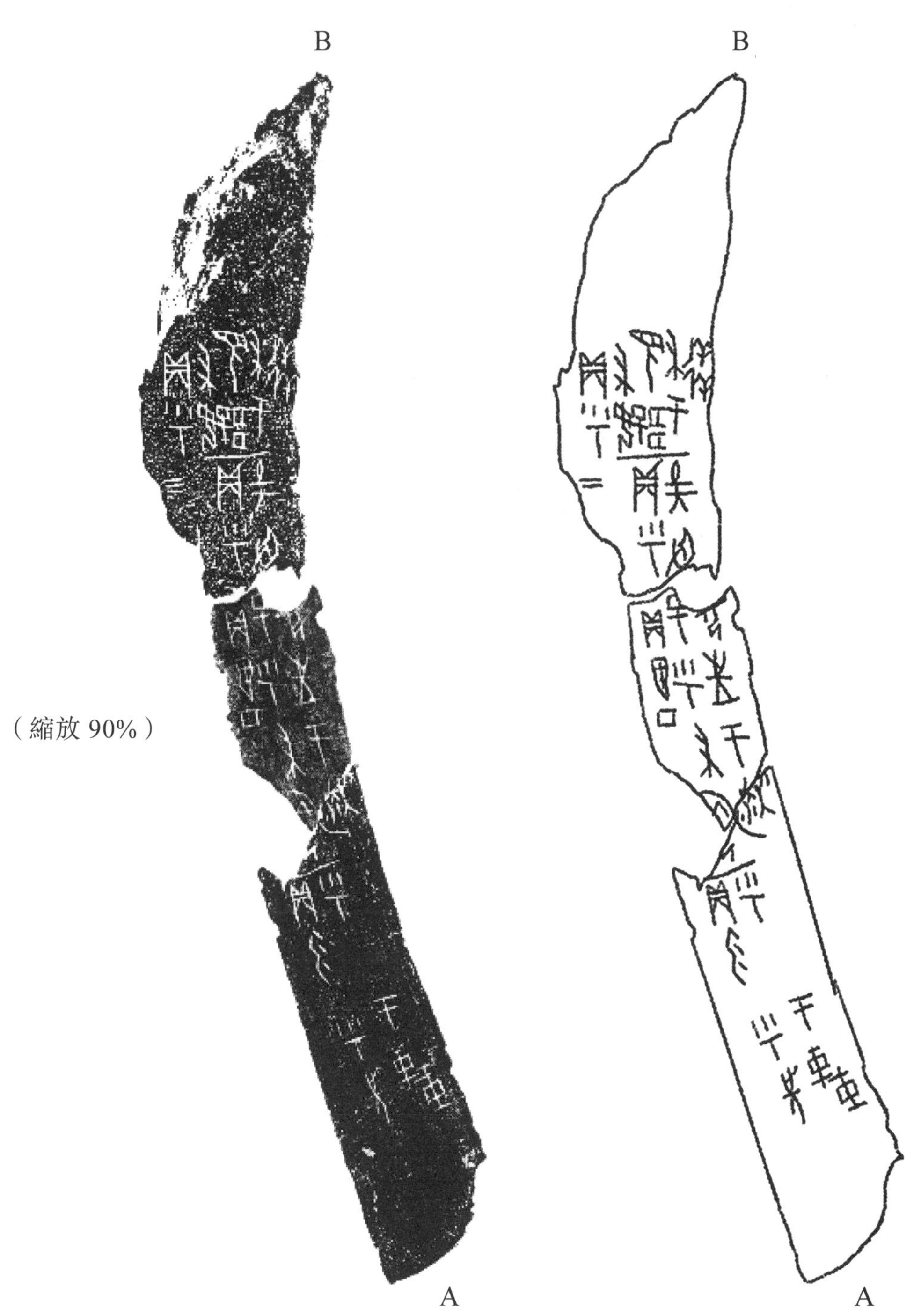

（縮放 90%）

第 1311 則：甲骨拼合第 441～445 則（李愛輝）

A《合》13499 + B《合》13501

第 1312 則：甲骨拼合第 441～445 則（李愛輝）

A《合》15815 + B《中歷藏》831

B

A

B

A

第 1313 則：甲骨拼合第 441～445 則（李愛輝）

A《合》27034 + B《甲》1123

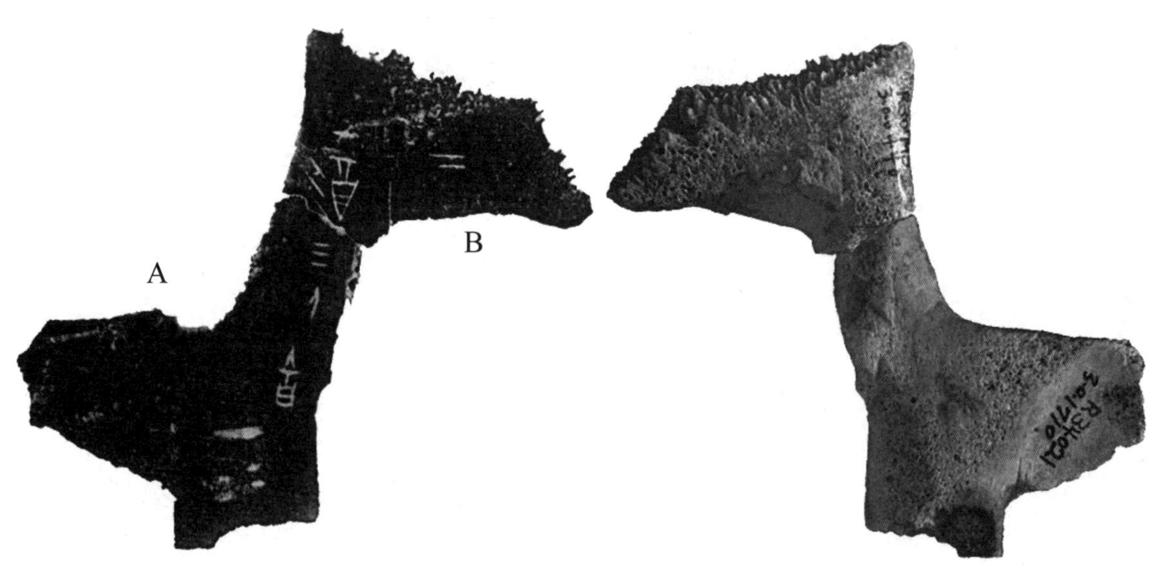

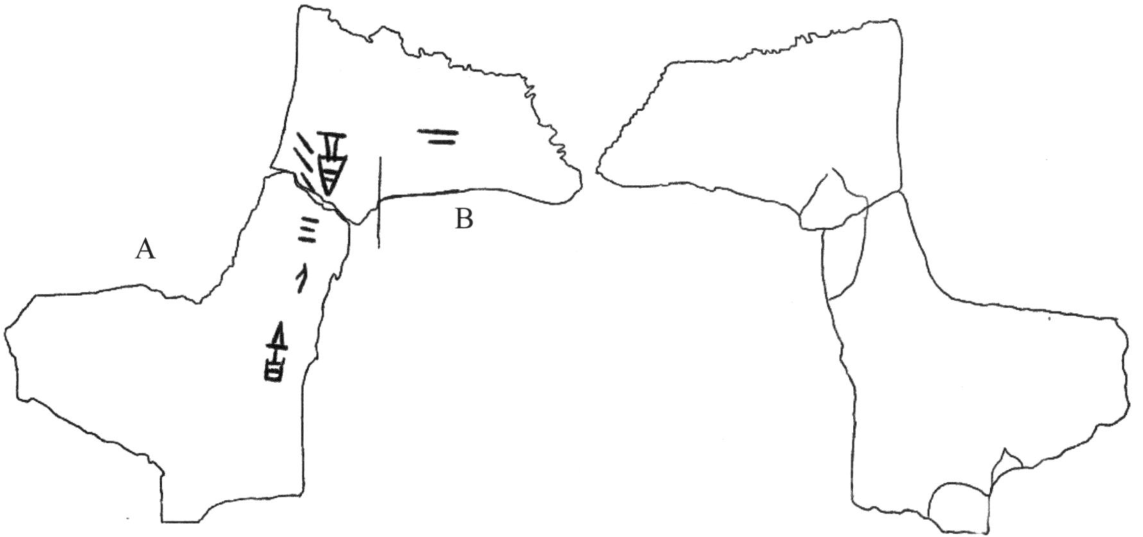
A
B

第 1314 則：甲骨拼合第 441～445 則（李愛輝）

A 本書第 1292 則 + B《合》13543 + C《合》13544[①] + D《甲》3243

（縮放 85%）

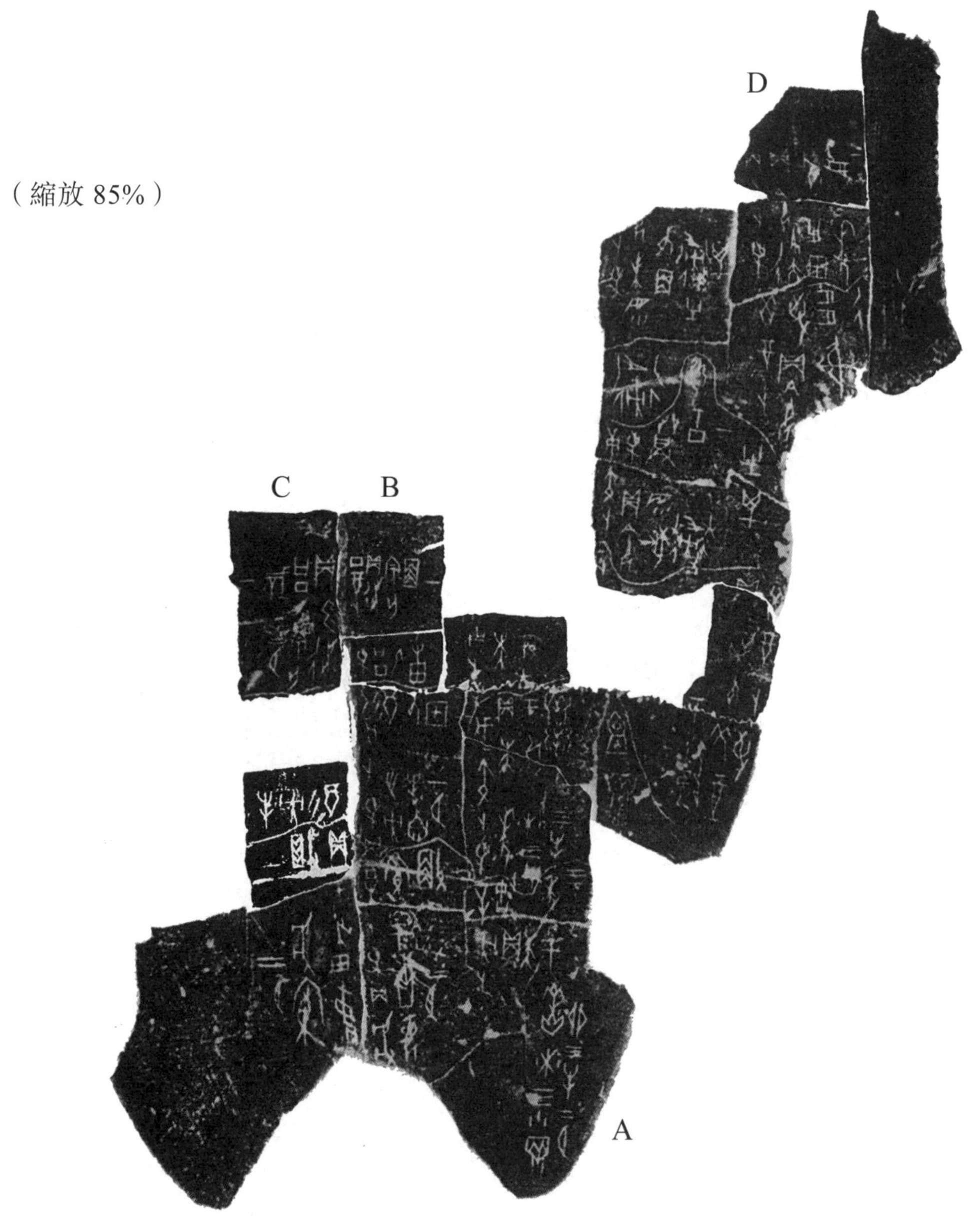

①《合》13543 +《合》13544 爲蔡哲茂先生綴合，見“中國社會科學院歷史研究所先秦史研究室網站”：https://www.xianqin.org/blog/archives/2430.html。

（縮放 85%）

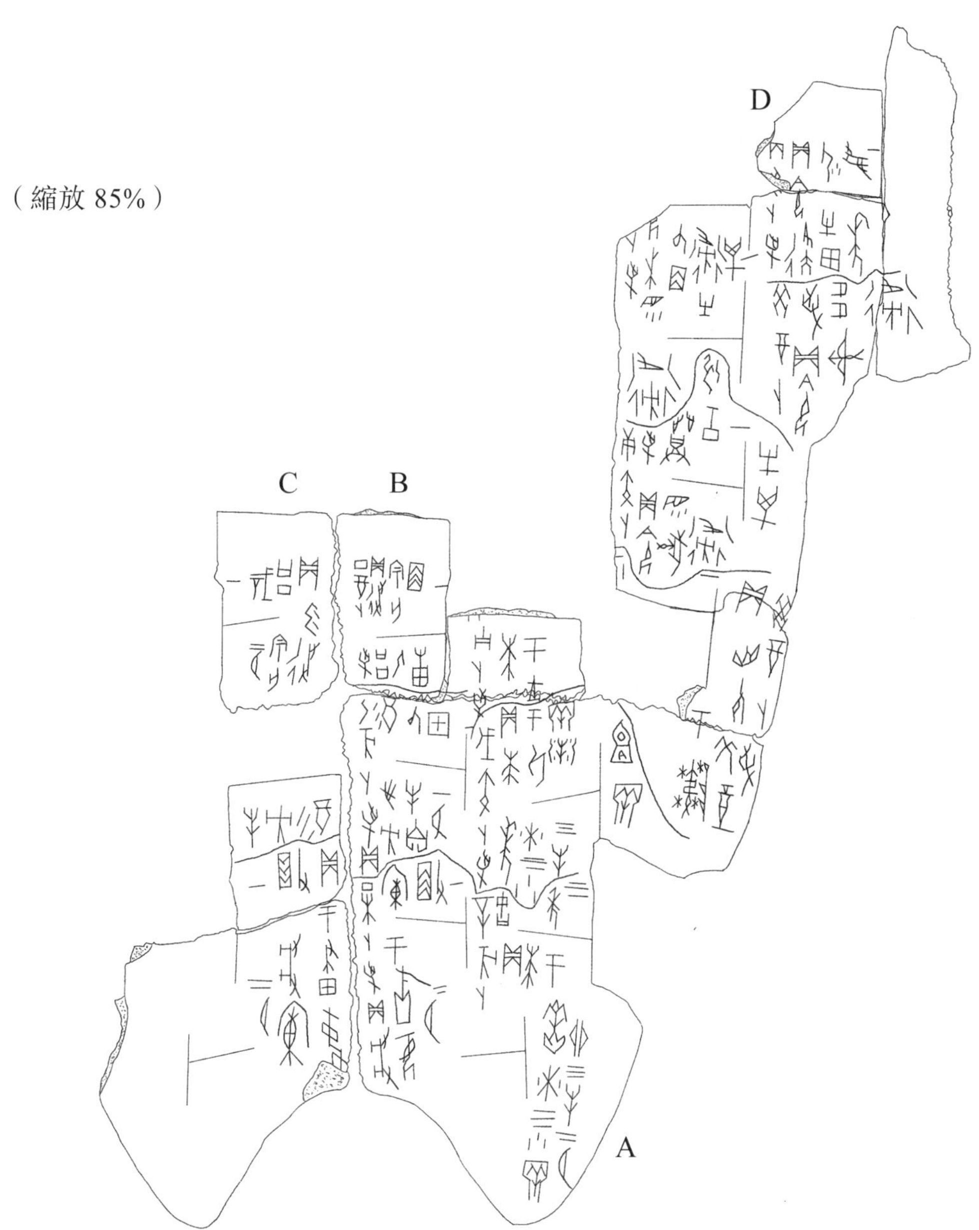

第1315则：甲骨拼合第451～455则（李爱辉）

A《合》2547＋B《合》12327

第 1316 則：甲骨拼合第 451～455 則（李愛輝）

A《合》30488 + B《合》30945

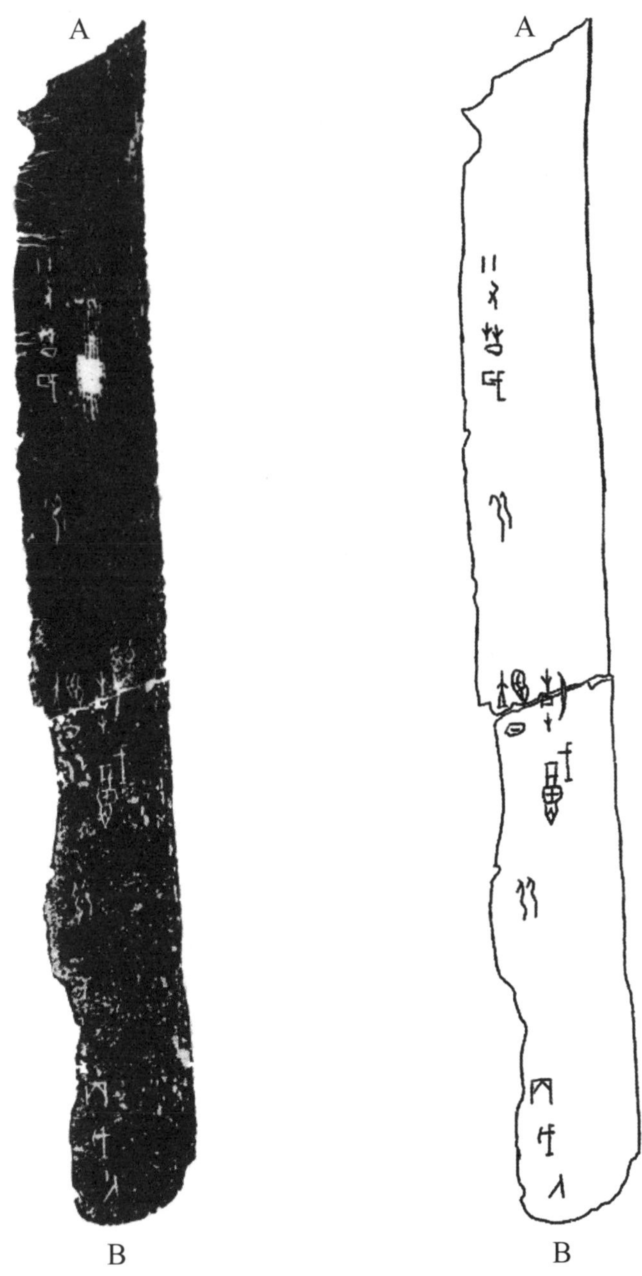

第 1317 则：甲骨拼合第 451～455 则（李爱辉）

A《合》33627 + B《合》34433

第 1318 則：甲骨拼合第 451～455 則（李愛輝）

A《合》33662 + B《合》33674 + C 北圖 9466[①]

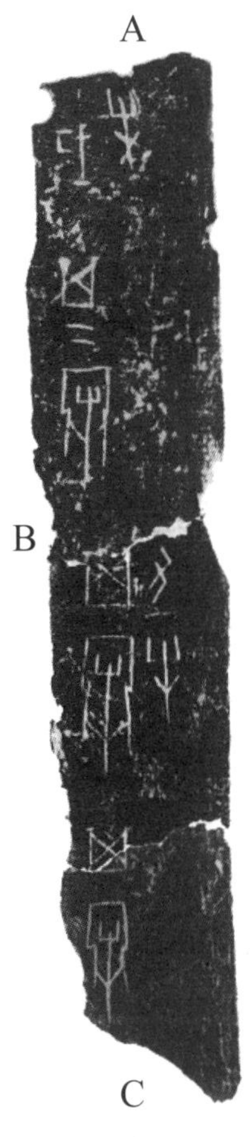

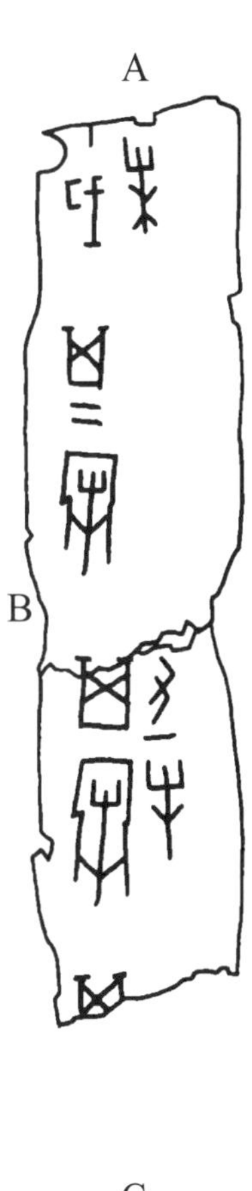

① 《合》33662 +《合》33674 爲周忠兵先生綴合，筆者加綴北圖 9466。

第 1319 則：甲骨拼合第 451～455 則（李愛輝）

A《合》23199 + B 北圖 9758

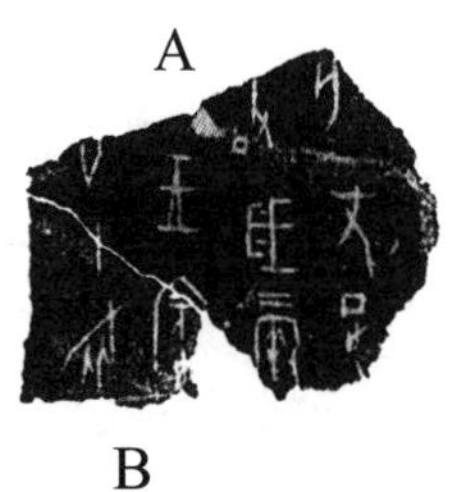

第 1320 則：甲骨拼合第 456～460 則（李愛輝）

A《合》4113 + B《合》4126

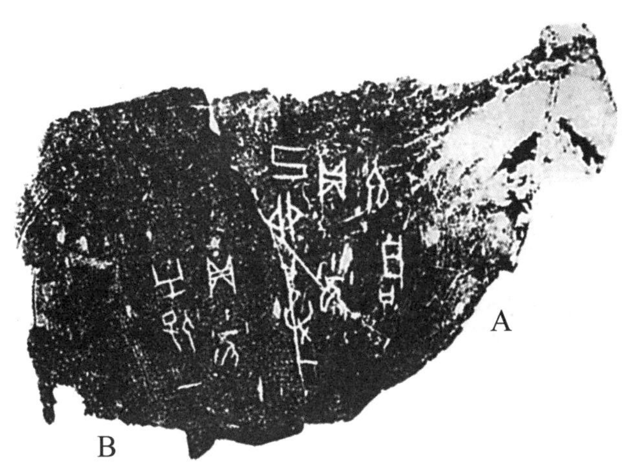

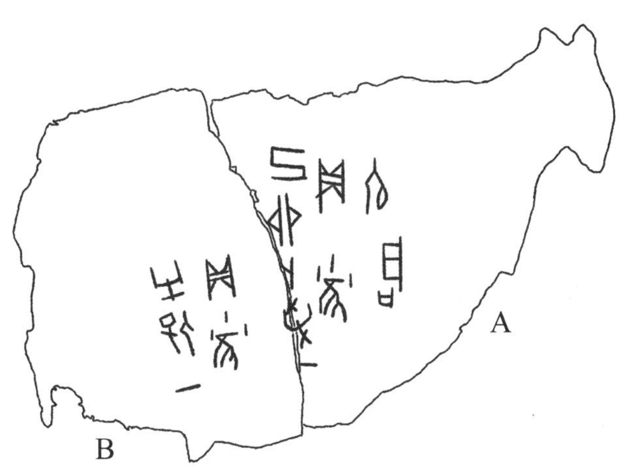

第 1321 則：甲骨拼合第 456～460 則（李愛輝）

A《合》12385 + B《合》12422 正

第 1322 則：甲骨拼合第 456～460 則（李愛輝）

A《北珍》2261 + B《北珍》2264

第 1323 則：甲骨拼合第 456～460 則（李愛輝）

A《合補》2443 + B《合補》5997 倒 + C《合補》5970[①]

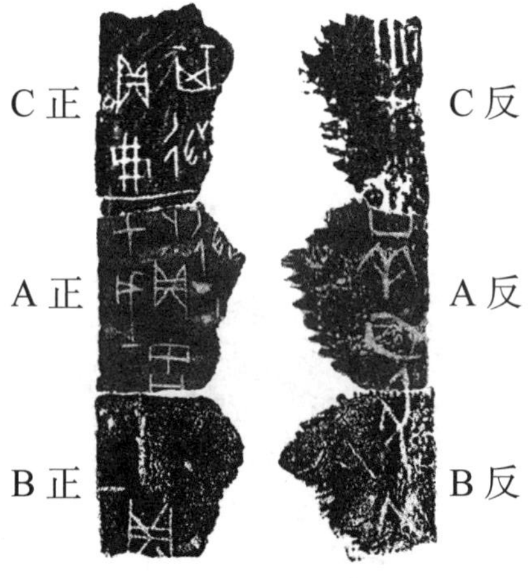

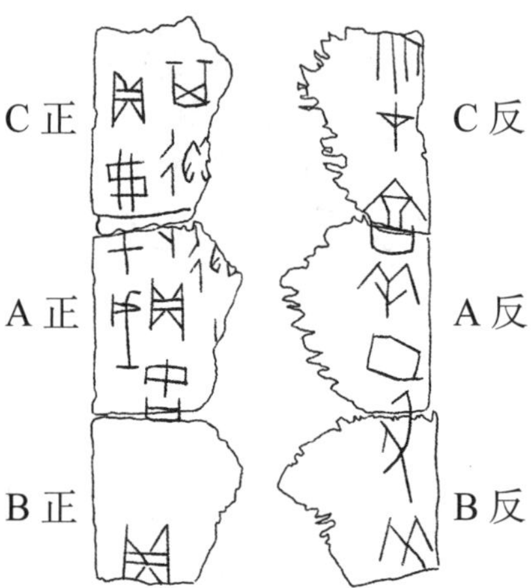

① 《合補》2443 +《合補》5997 倒爲宋雅萍女士綴合，筆者加綴《合補》5970。

第 1324 則：甲骨拼合第 456～460 則（李愛輝）

A《合》12529 + B《存補》6.143.3

A

B

A

B

第 1325 則：甲骨拼合第 461～465 則（李愛輝）

A《乙》8309 + B 林宏明先生綴合第 837 例 ①

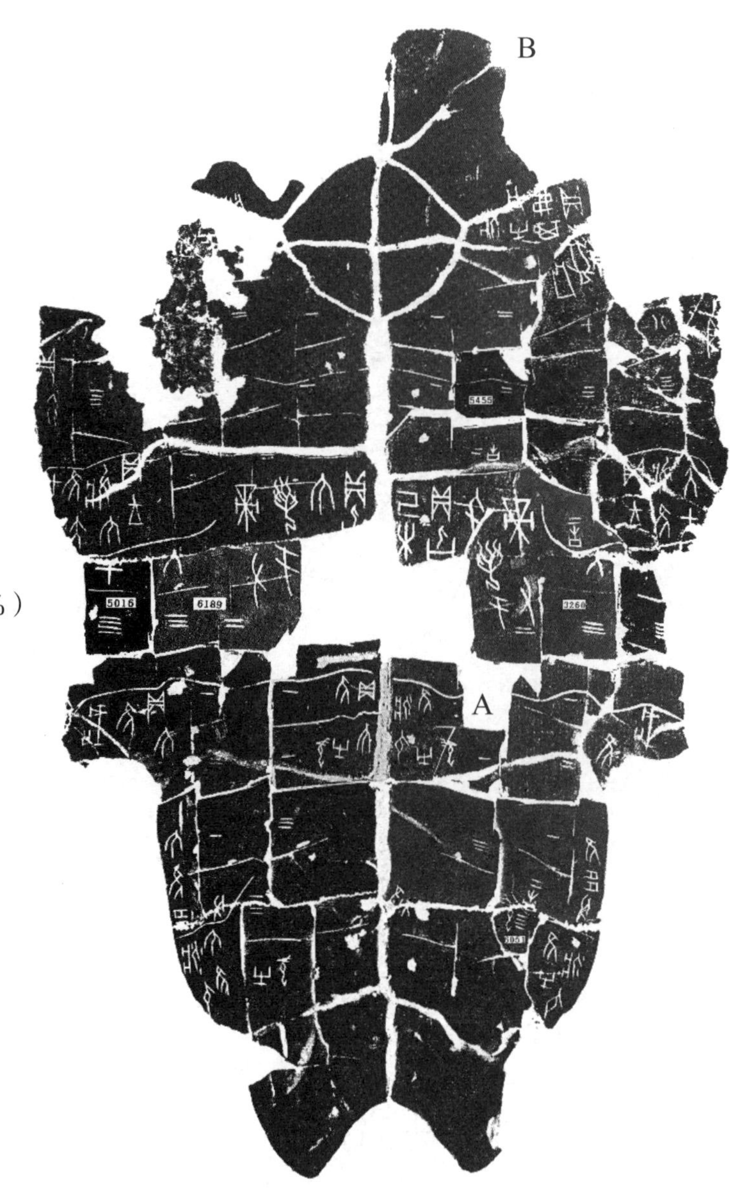

（縮放 55%）

① 林宏明先生綴合見“中國社會科學院歷史研究所先秦史研究室網站”：https://www.xianqin.org/blog/archives/11494.html。

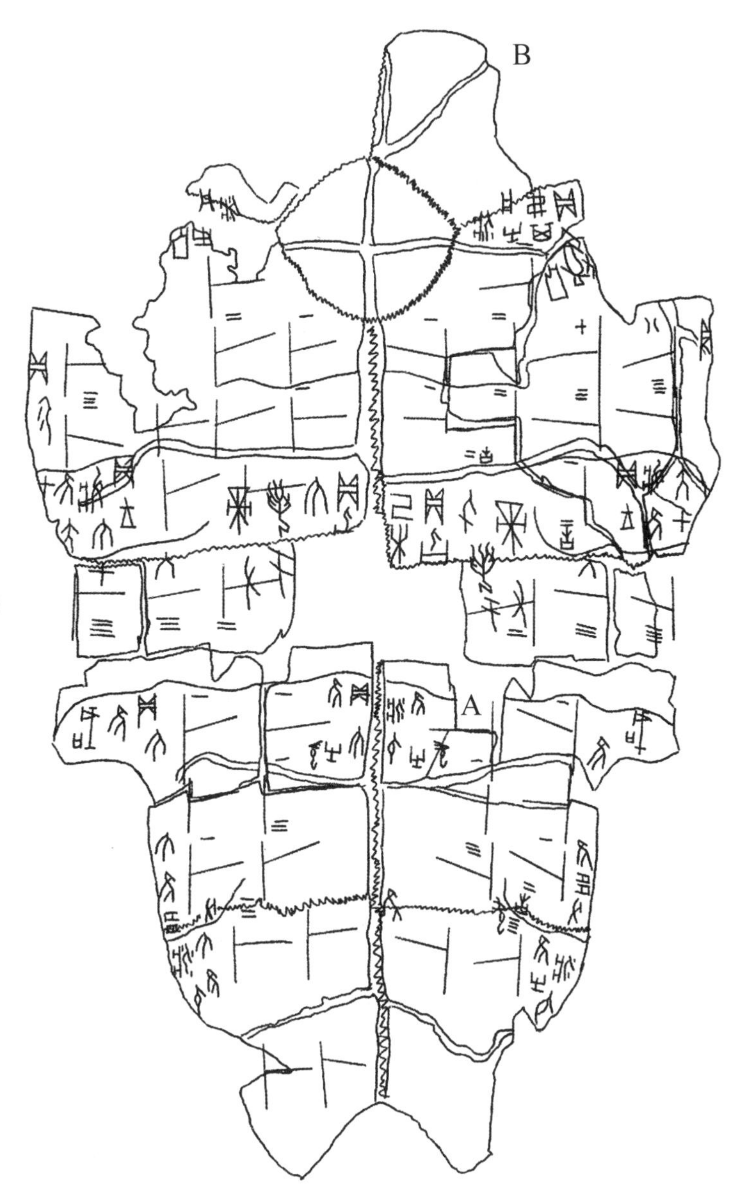

（縮放 55%）

第 1326 則：甲骨拼合第 461～465 則（李愛輝）

A《乙補》3727 + B R044557

B

A

（縮放 65%）

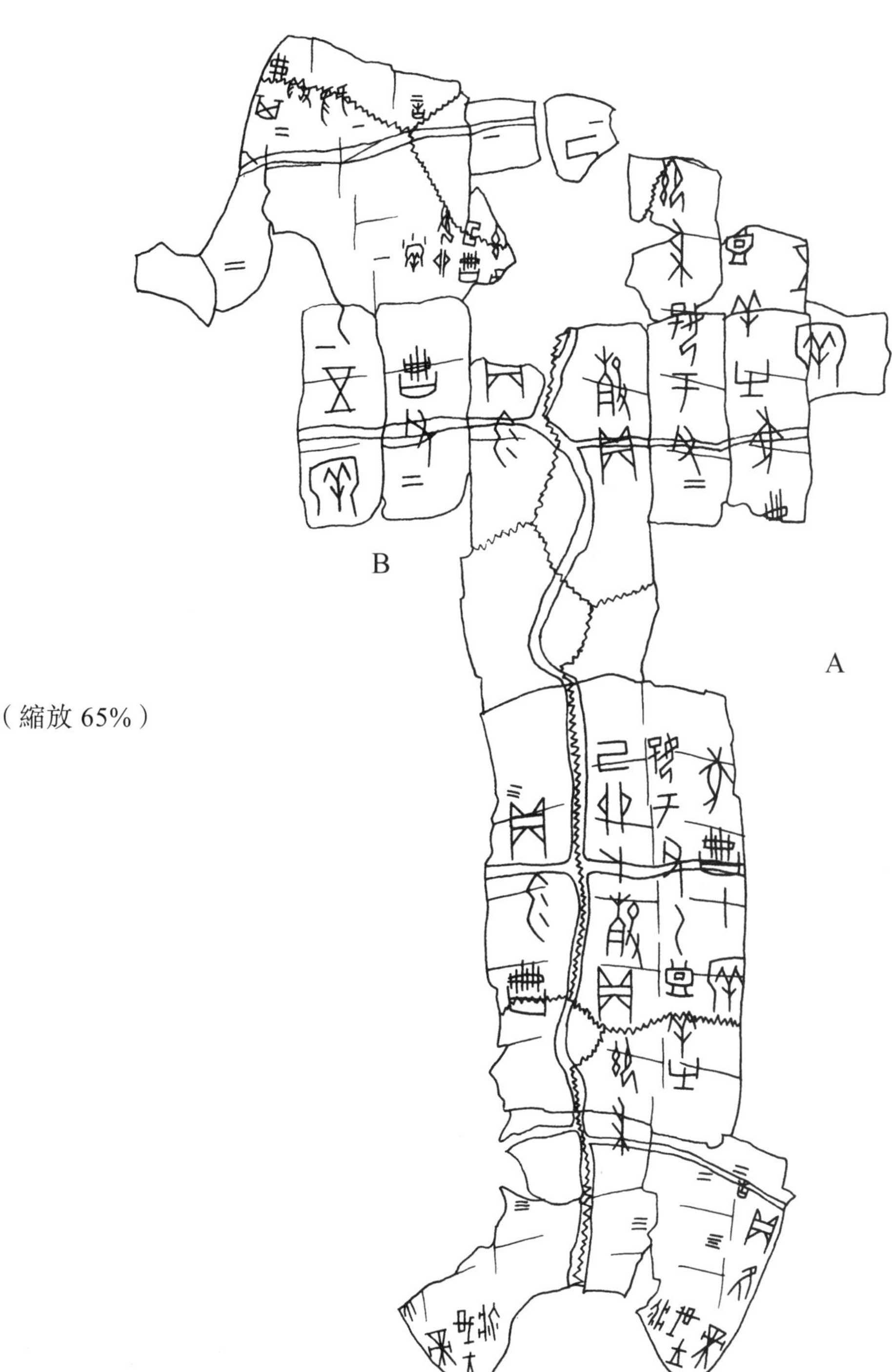

（縮放 65%）

第 1327 則：甲骨拼合第 461～465 則（李愛輝）

A《乙補》117（《乙補》118 爲反）+ B《乙補》269（《乙補》270 爲反）

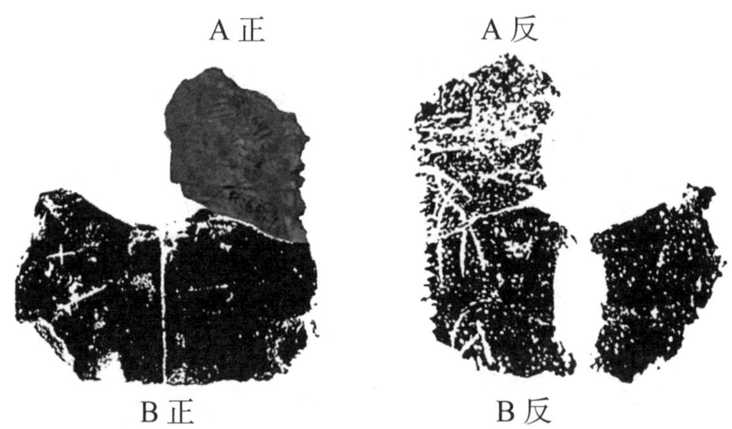

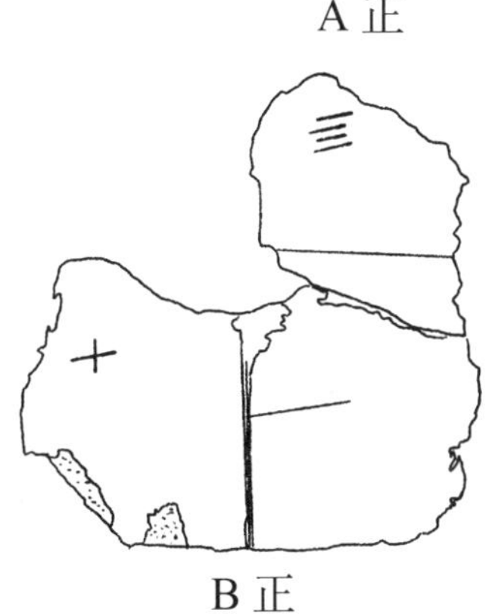
A 正
B 正

A 反
B 反

第 1328 則：甲骨拼合第 466～475 則（李愛輝）

A《合》30480 + B《合》30663

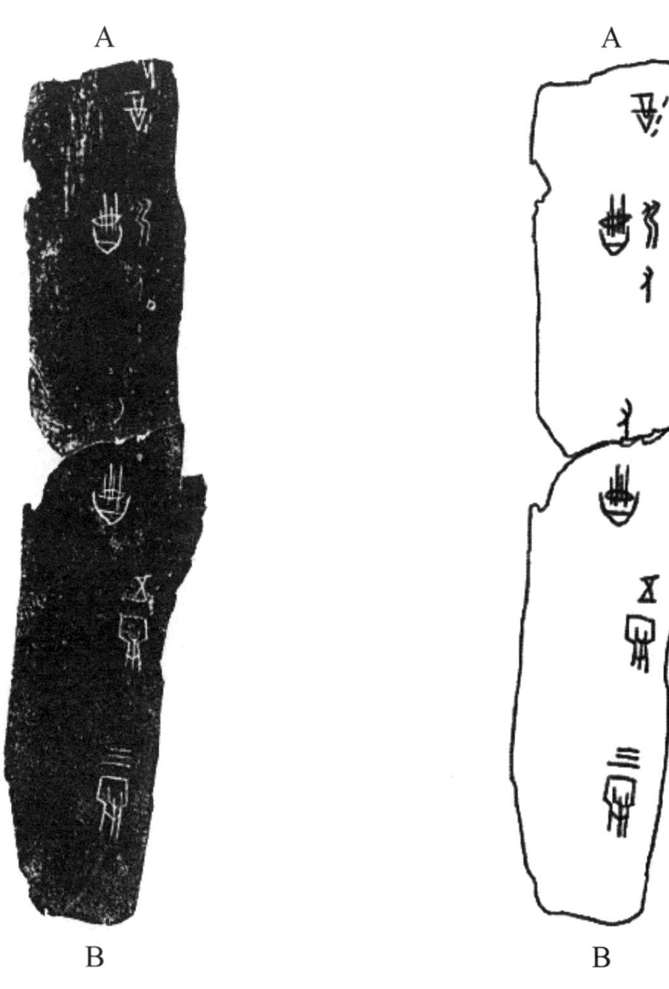

第1329則：甲骨拼合第466～475則（李愛輝）

A《合》29101 + B《醉古集》281

第 1330 則：甲骨拼合第 466～475 則（李愛輝）

A《合》8494 + B《合》16250

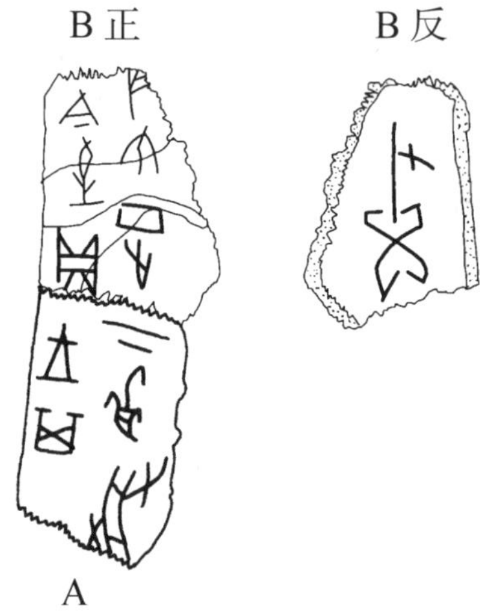

第1331則：甲骨拼合第466～475則（李愛輝）

A《合》17089＋B《合》40619

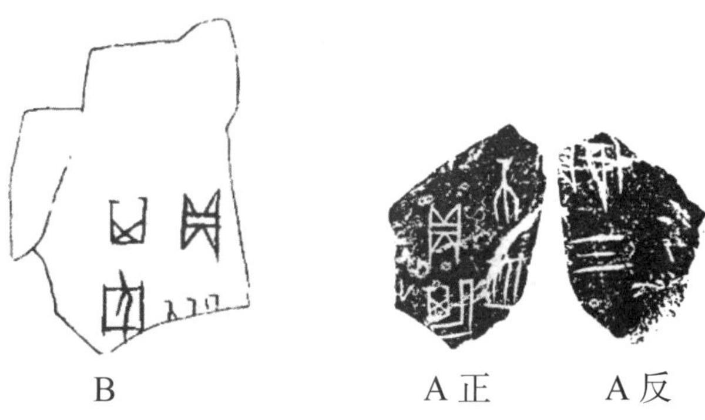

B　　A正　A反

B

A正　A反

第 1332 則：甲骨拼合第 466～475 則（李愛輝）

A 林宏明先生綴合第 760 例 + B《乙》6209 + C《乙》8576[①]

（縮放 50%）

① 林宏明先生綴合見“中國社會科學院歷史研究所先秦史研究室網站”：https://www.xianqin.org/blog/archives/9612.html。

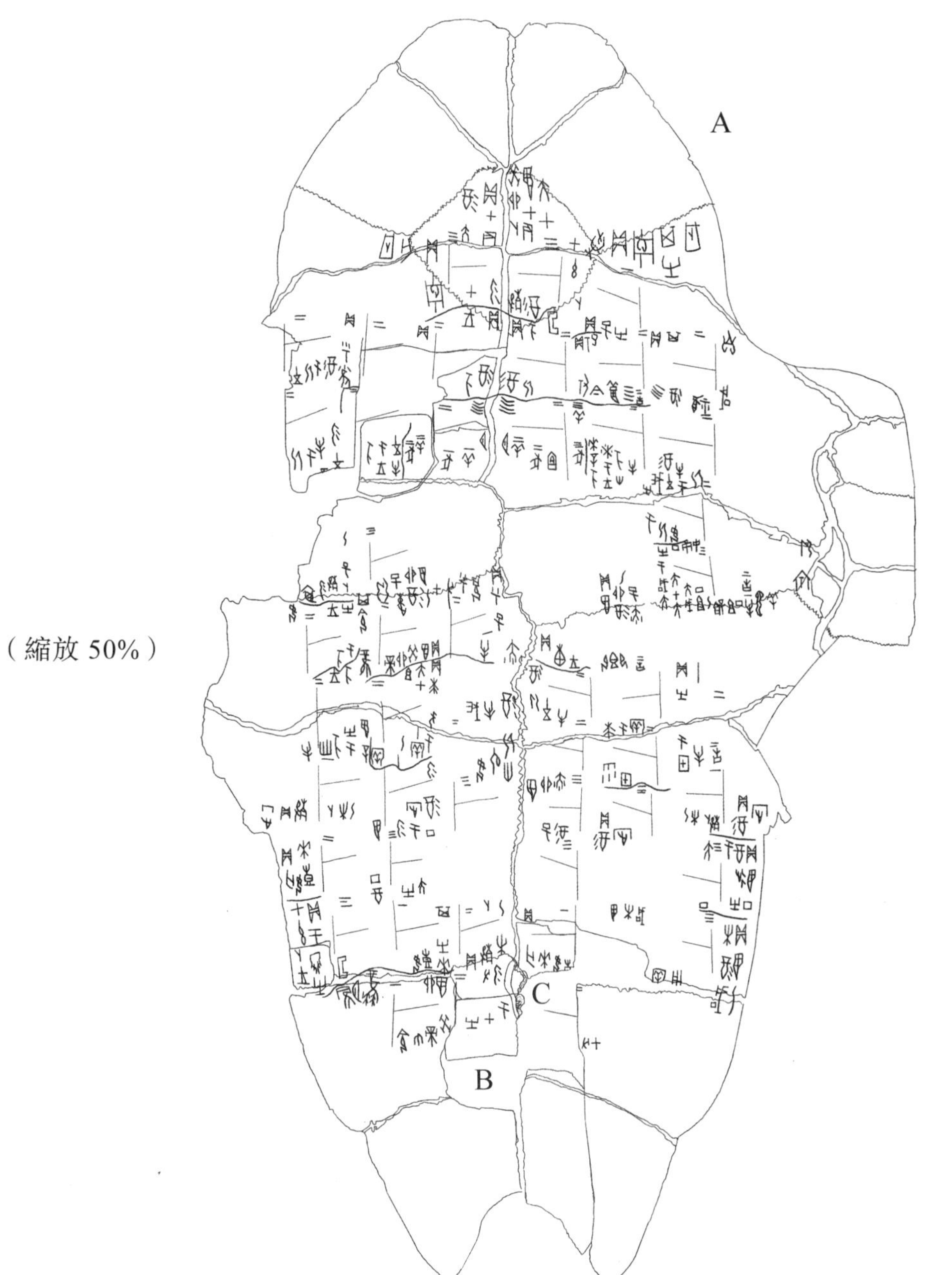

（縮放 50%）

第 1333 則：甲骨拼合第 466～475 則（李愛輝）

A《合》2779 + B《乙補》7218 + C R057226[①]

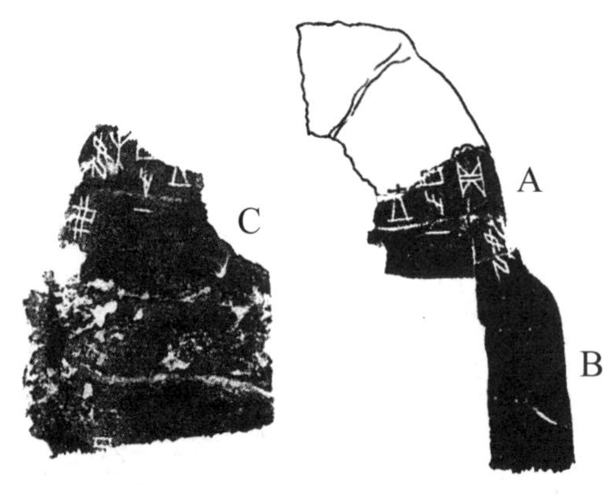

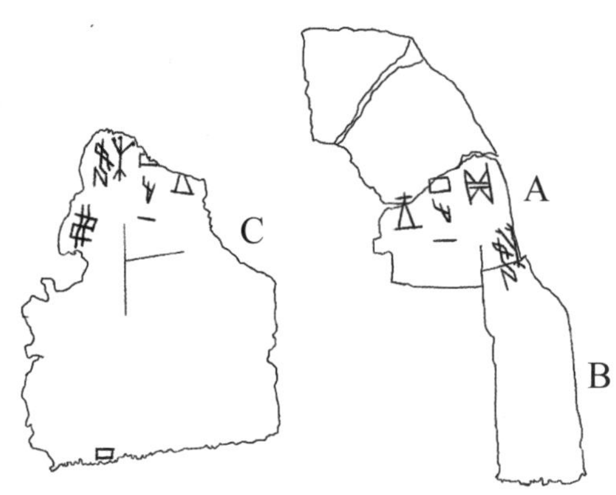

① 《合》2779 + R057226 爲張惟捷先生綴合，筆者加綴《乙補》7218。

第 1334 則：甲骨拼合第 466～475 則（李愛輝）

A《屯》3722 + B《屯》3880

A

B

A

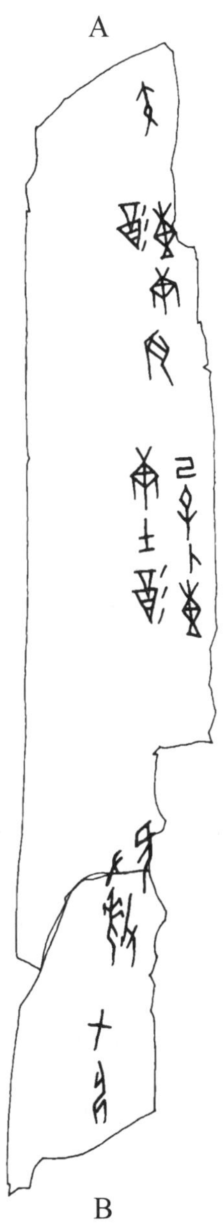

B

第 1335 則：甲骨拼合第 466～475 則（李愛輝）

A《屯》1780 + B《屯》2296

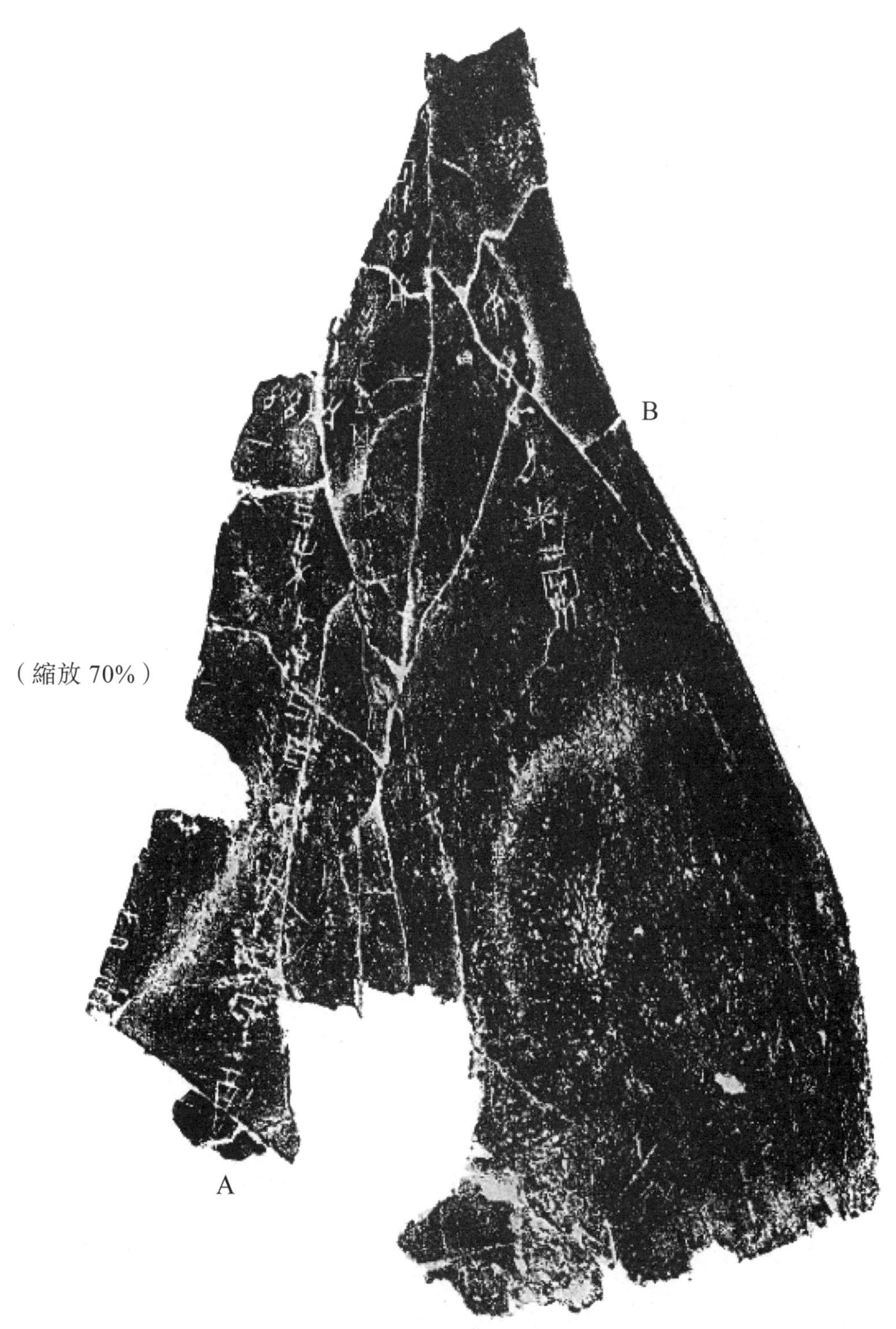

（縮放 70%）

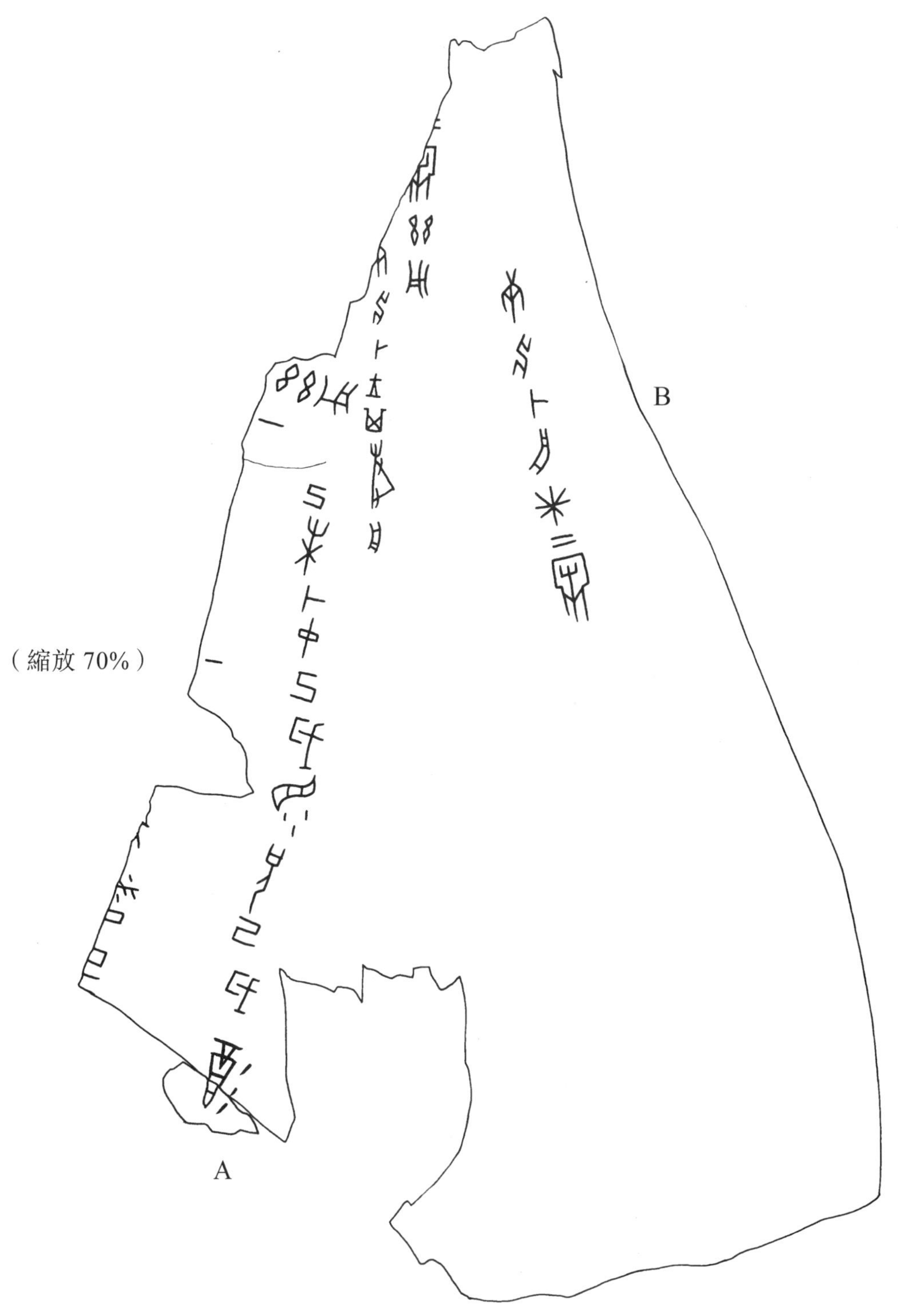

（縮放 70%）

第 1336 則：甲骨拼合第 466～475 則（李愛輝）

A《合》775 正 + B《乙補》1105

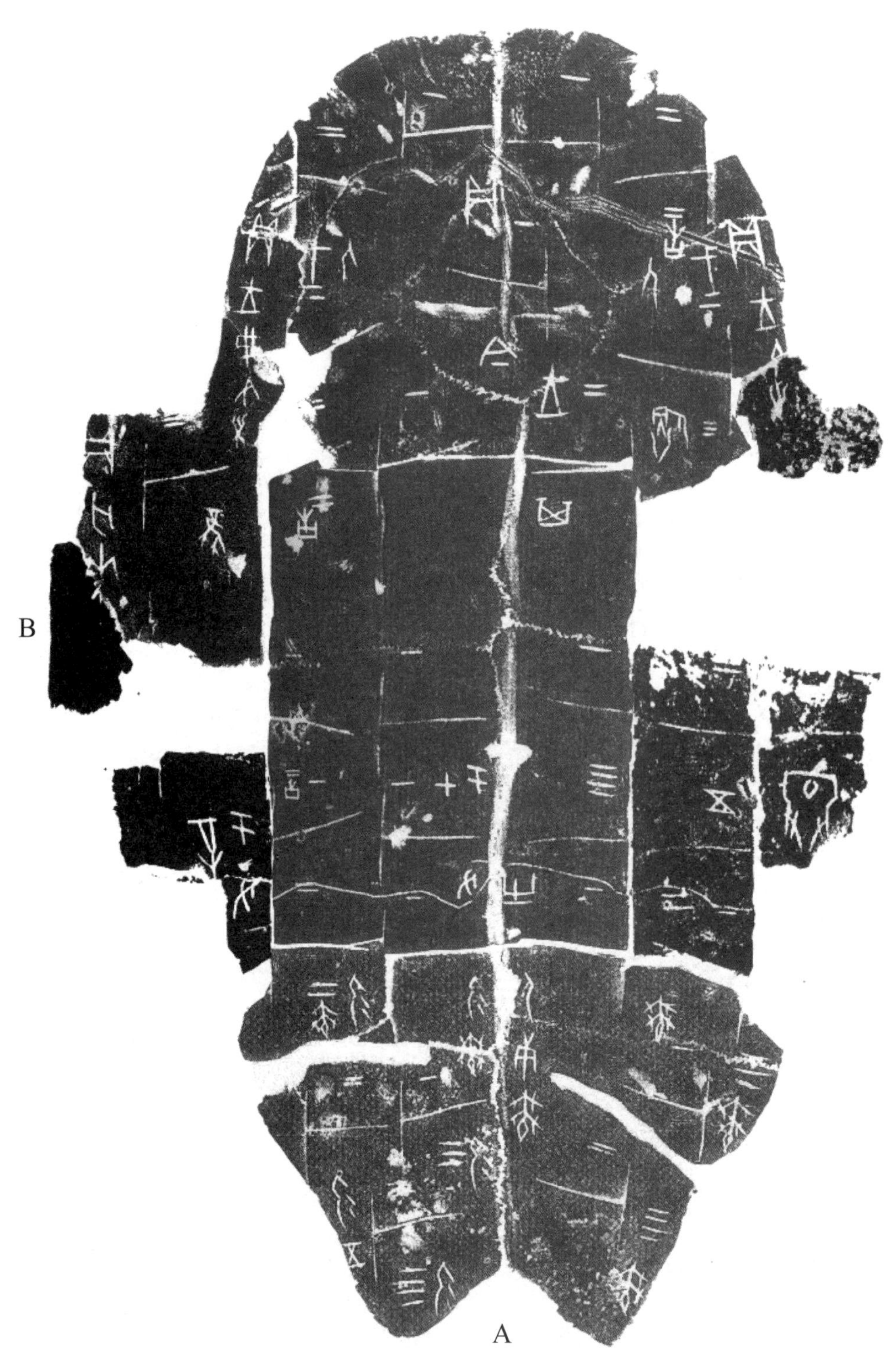

B

A

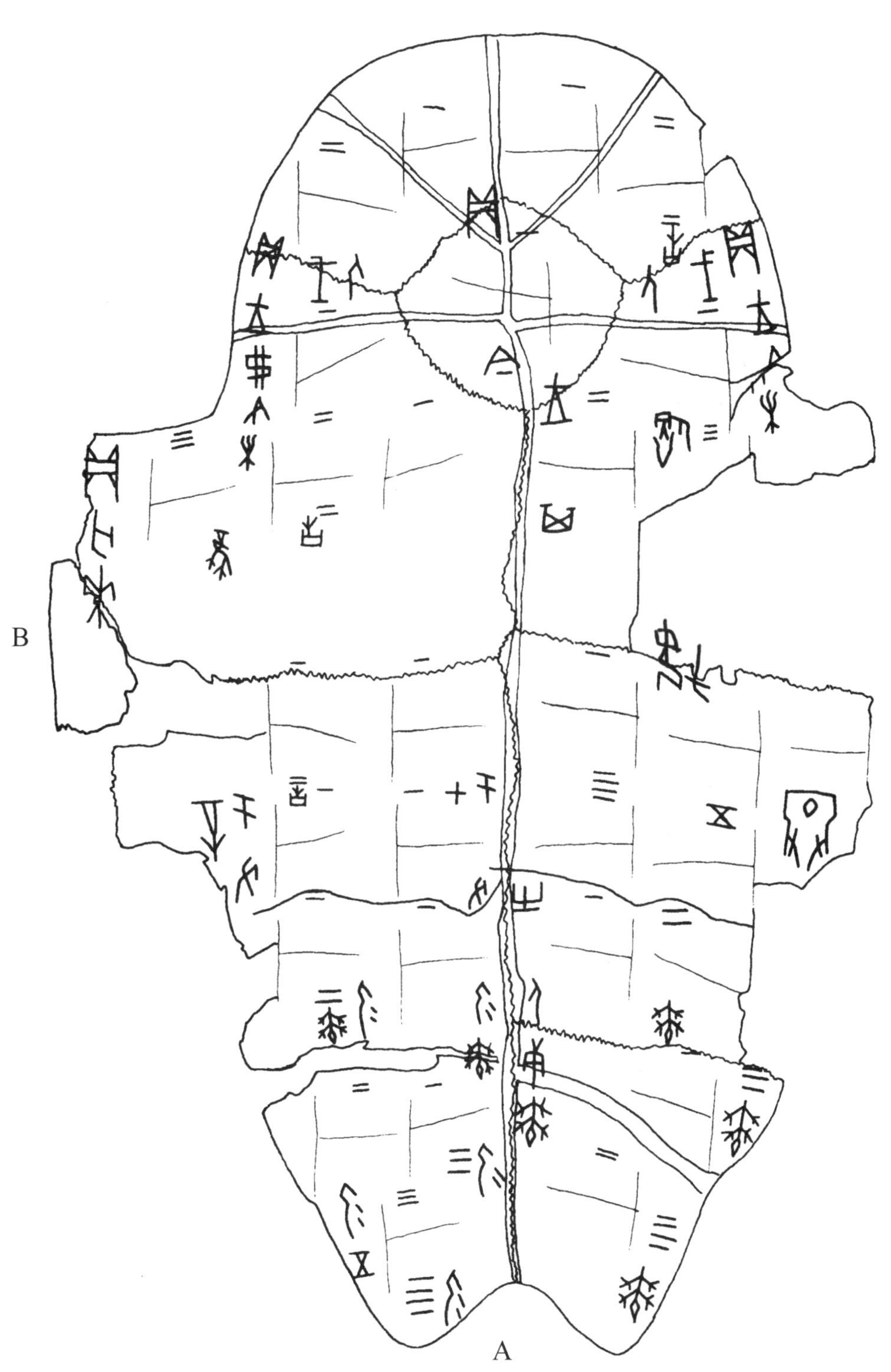
B
A

第 1337 則：甲骨拼合第 476～480 則（李愛輝）

A《合》25093 + B《合》25260

第 1338 則：甲骨拼合第 476～480 則（李愛輝）

A《合》9169 + B《北珍》2323

B

A

B

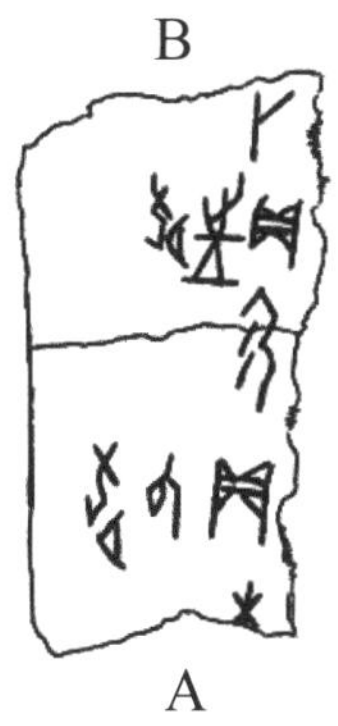

A

第 1339 则：甲骨拼合第 476～480 则（李爱辉）

A《合》25295 + B《天理》337

A

B

A

B

第 1340 則：甲骨拼合第 476～480 則（李愛輝）

A《合》37030 + B《合》37037

A

B

A

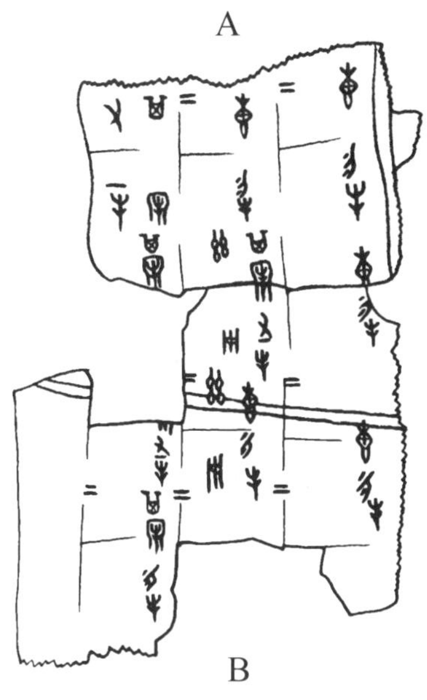

B

第 1341 則：甲骨拼合第 476～480 則（李愛輝）

A《合補》7170 + B《合補》7826

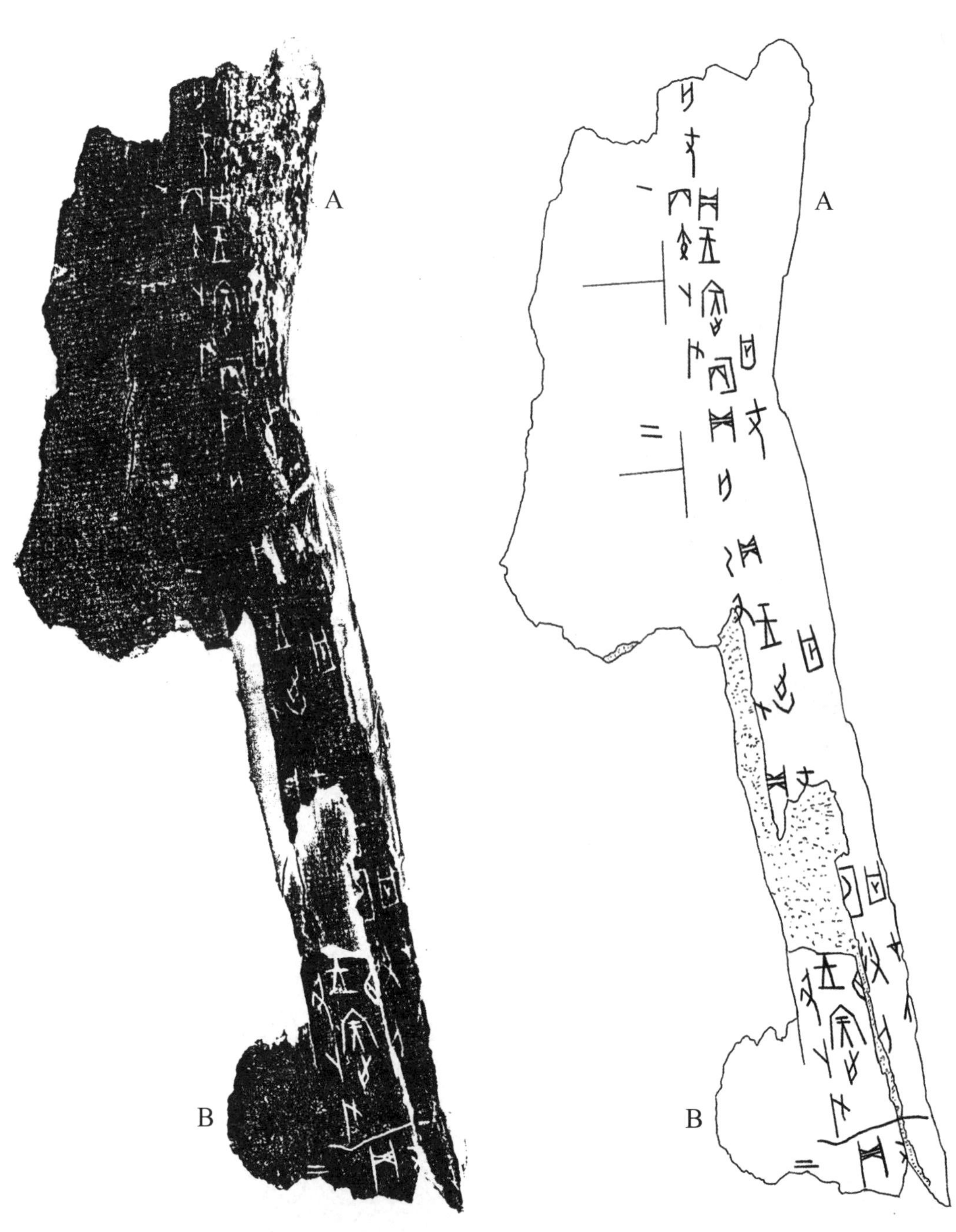

第 1342 則：甲骨拼合第 481～490 則（李愛輝）

A《合》2924 + B《合》2925

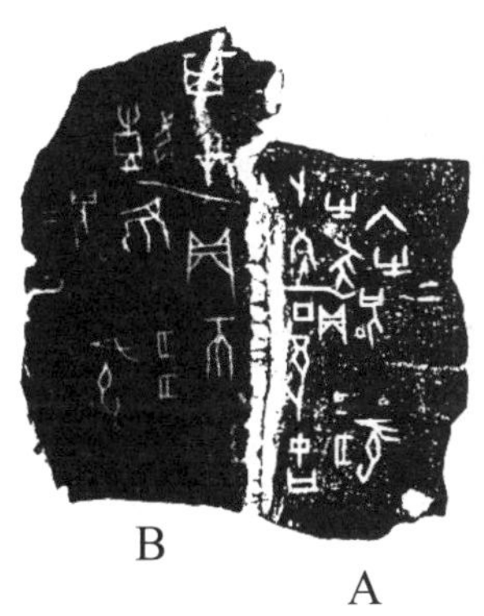

B A

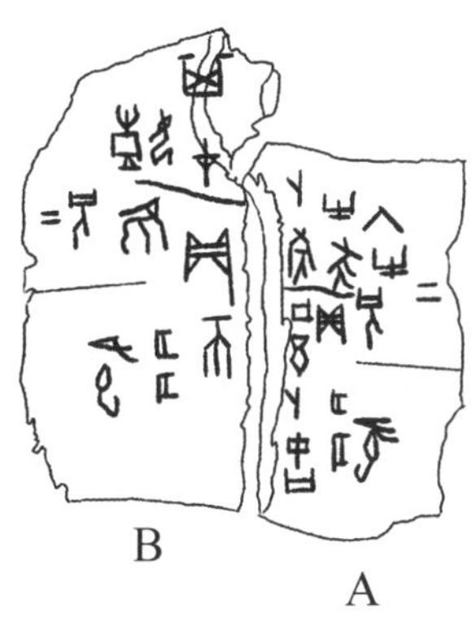

B A

第 1343 則：甲骨拼合第 481～490 則（李愛輝）

A《合》3247 + B《天理》252

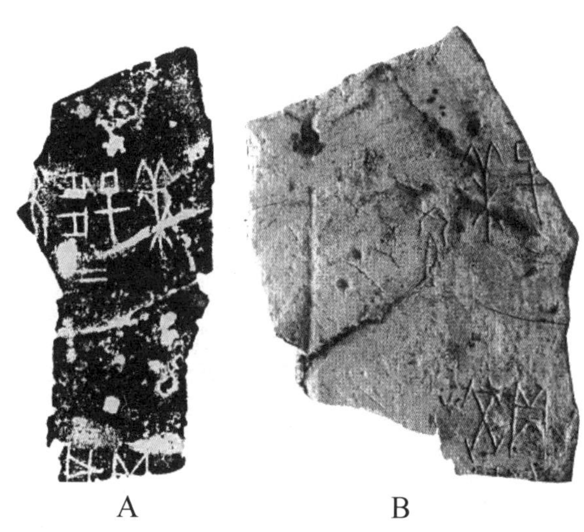

A　　B

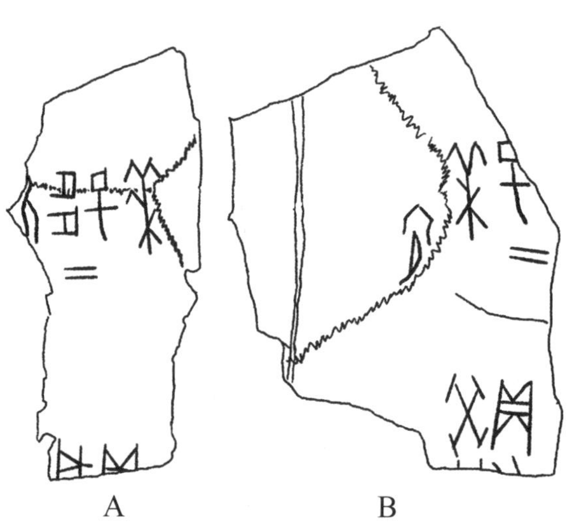

A　　B

第 1344 則：甲骨拼合第 481～490 則（李愛輝）

A《合》7346 + B《英藏》1171

A 正　B 正

B 反　A 反

A 正　B 正

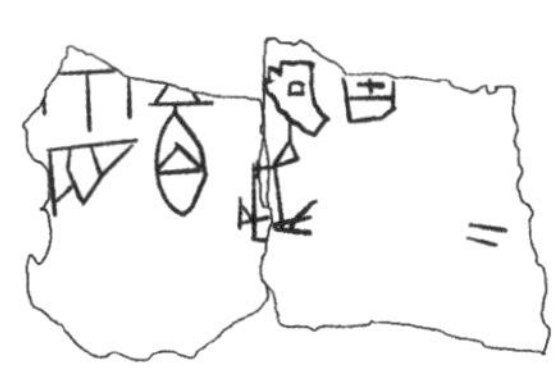

B 反　A 反

第 1345 則：甲骨拼合第 481～490 則（李愛輝）

A《合》13048 + B《合》16521

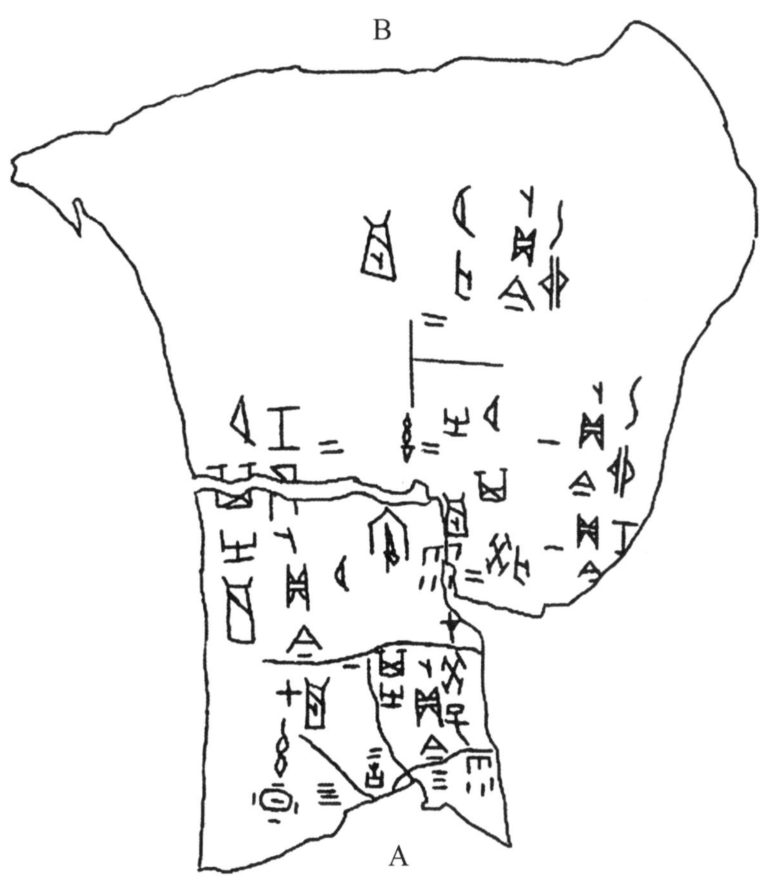
B
A

第 1346 則：甲骨拼合第 481～490 則（李愛輝）

A《合》30515 + B《合補》10213

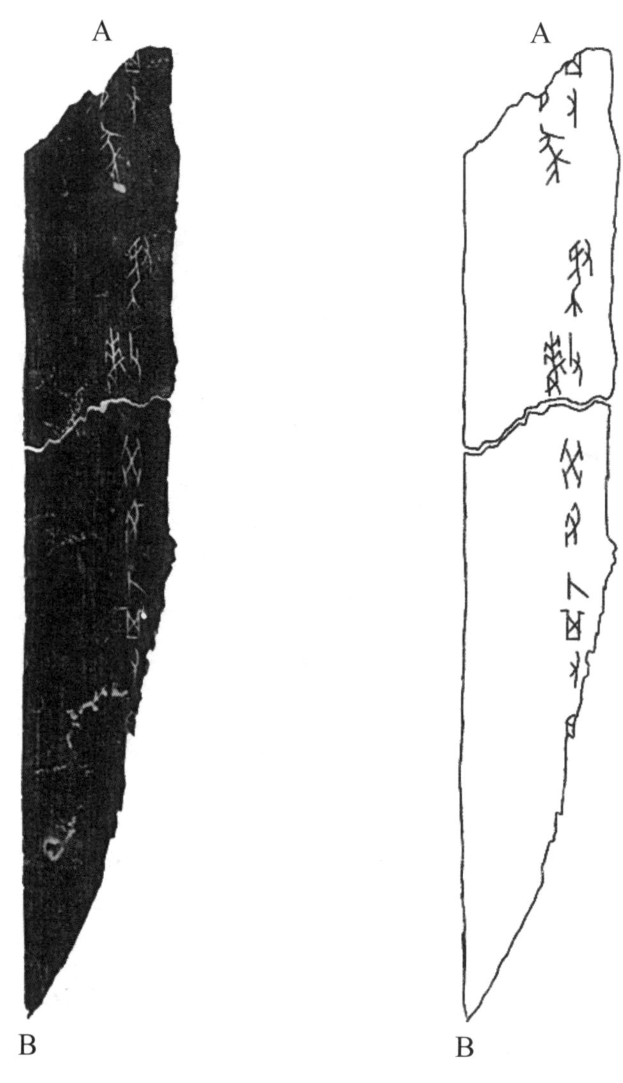

第 1347 則：甲骨拼合第 481～490 則（李愛輝）

A《合》33677 + B《合》34099

（縮放 90%）

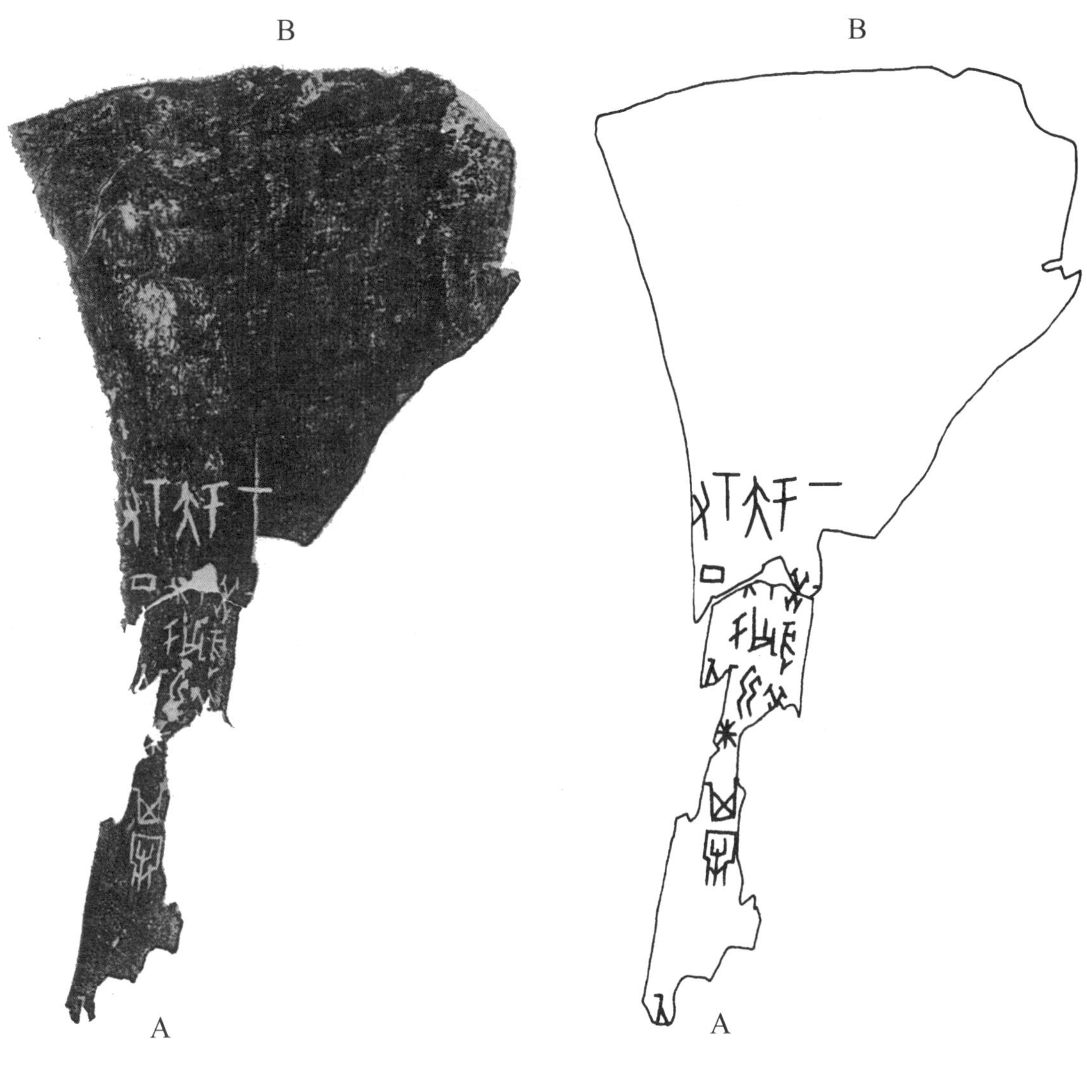

第 1348 則：甲骨拼合第 481～490 則（李愛輝）

A《英》1191 + B《合補》4108

第 1349 則：甲骨拼合第 481～490 則（李愛輝）

A《合補》7878 + B《安博》91

第 1350 則：甲骨拼合第 481～490 則（李愛輝）

A《安博》96 + B《安博》161

第 1351 則：甲骨拼合第 481～490 則（李愛輝）

A《安博》133 + B《安博》425

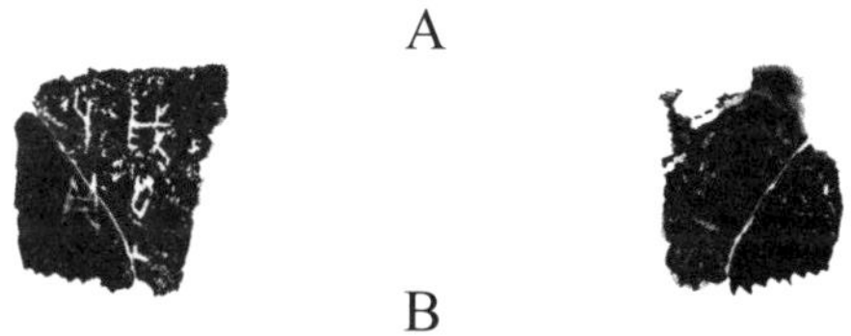

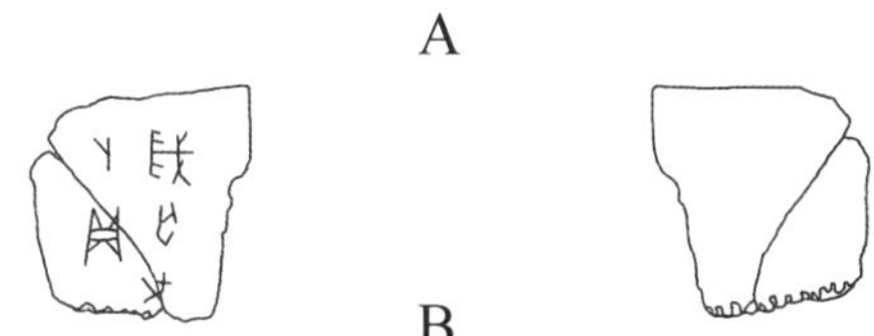

第 1352 則：甲骨拼合第 491～500 則（李愛輝）

A《合》30875 + B《復旦》287

A

B

A

B

第 1353 則：甲骨拼合第 491～500 則（李愛輝）

A《合補》10280 + B《復旦》292

第 1354 則：甲骨拼合第 491～500 則（李愛輝）

A《合》29059 + B 北圖 11395

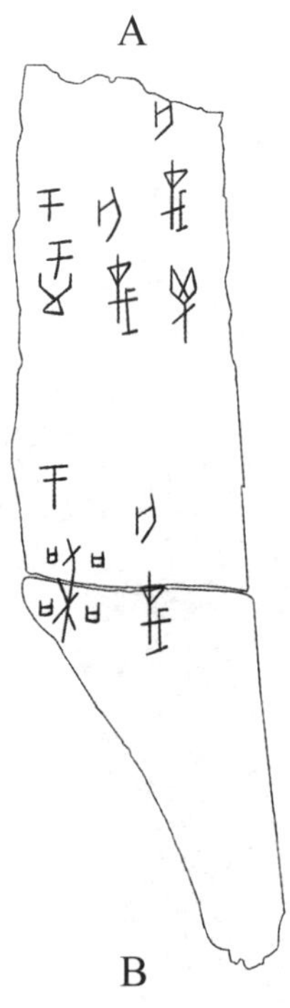

第 1355 則：甲骨拼合第 491～500 則（李愛輝）

A《合》28913 下半 + B《合》29062 + C 北圖 11420

A

B

A

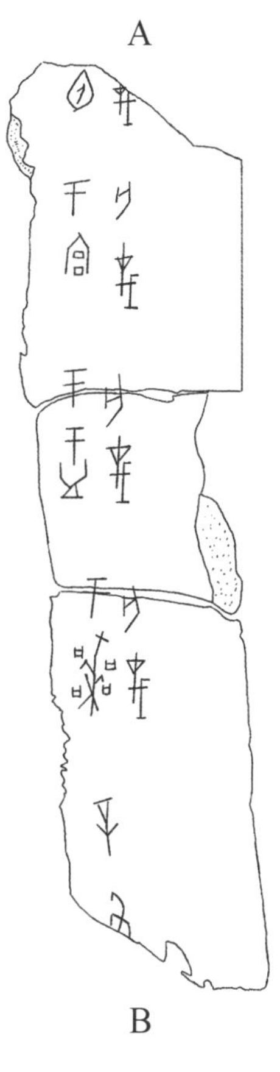

B

第 1356 則：甲骨拼合第 491～500 則（李愛輝）

A《合》3798 + B《合》12472

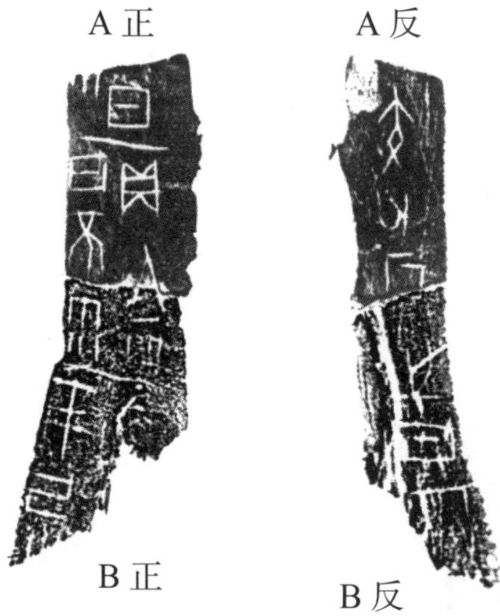

A正
A反
B正
B反

第 1357 則：甲骨拼合第 491～500 則（李愛輝）

A《合》14757 正 + B《乙》5687 + C《乙補》5738 + D《乙》4568

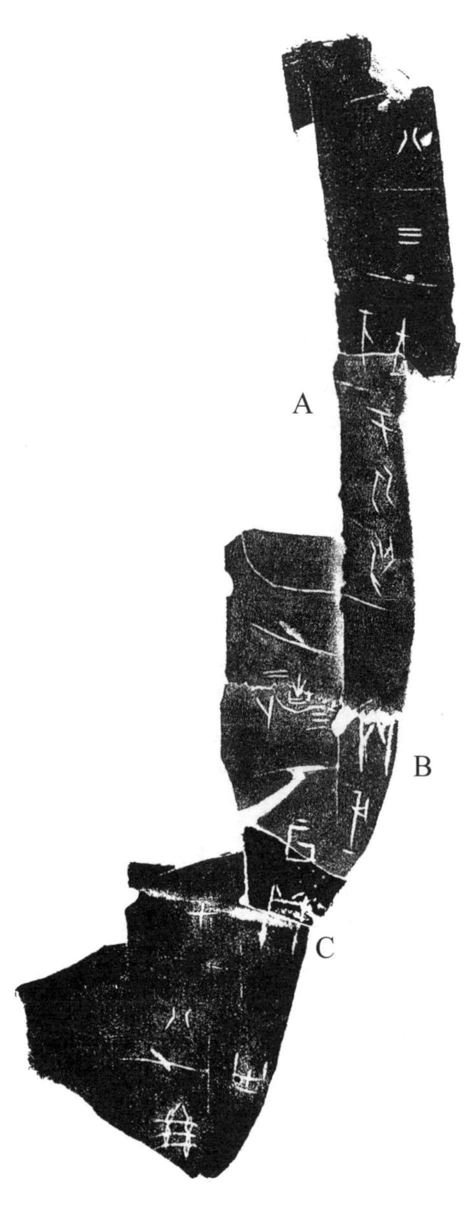

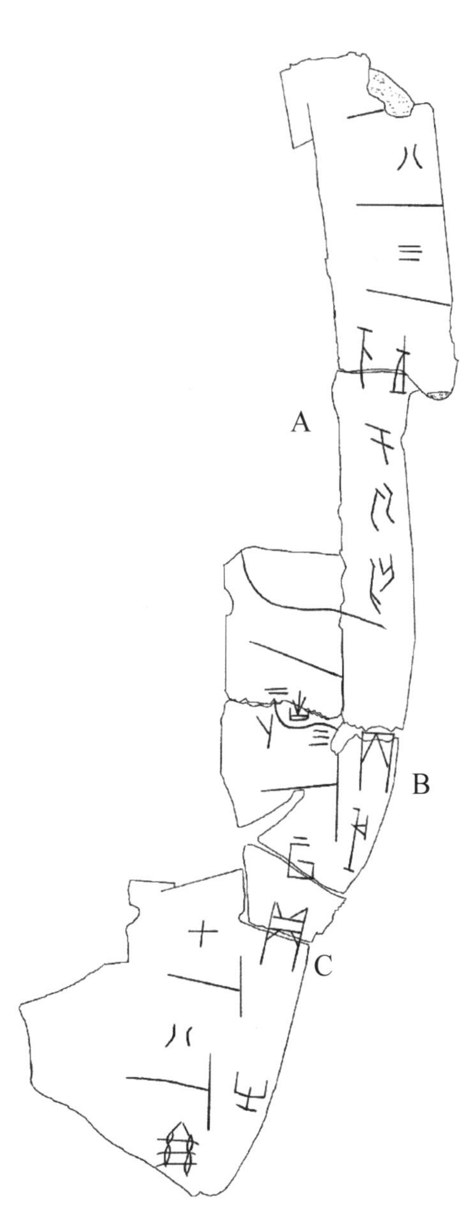
A
B
C

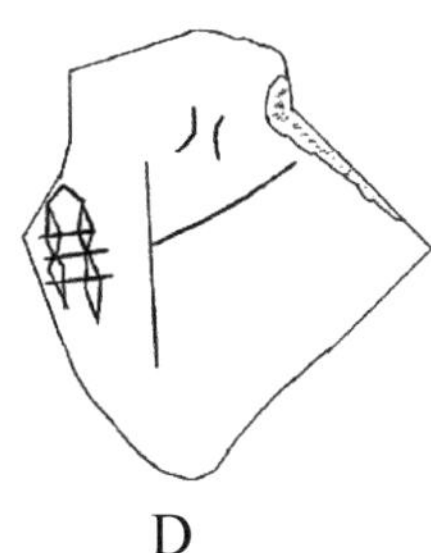
D

第1358则：甲骨拼合第491～500则（李爱辉）

A《乙》8448 + B《乙》8737

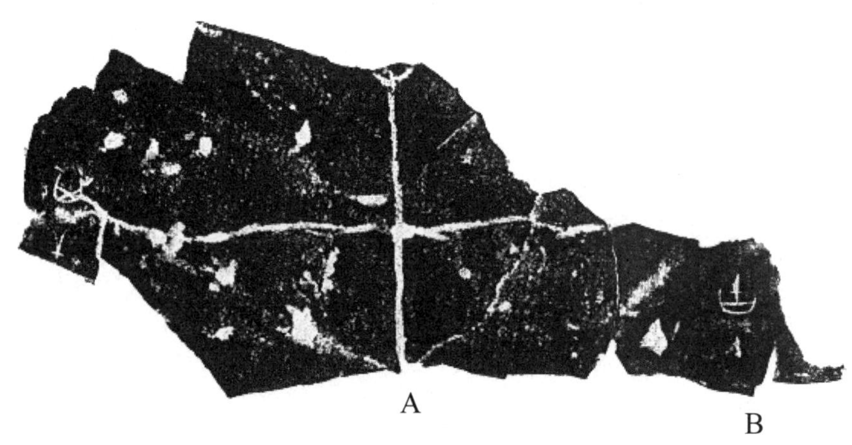

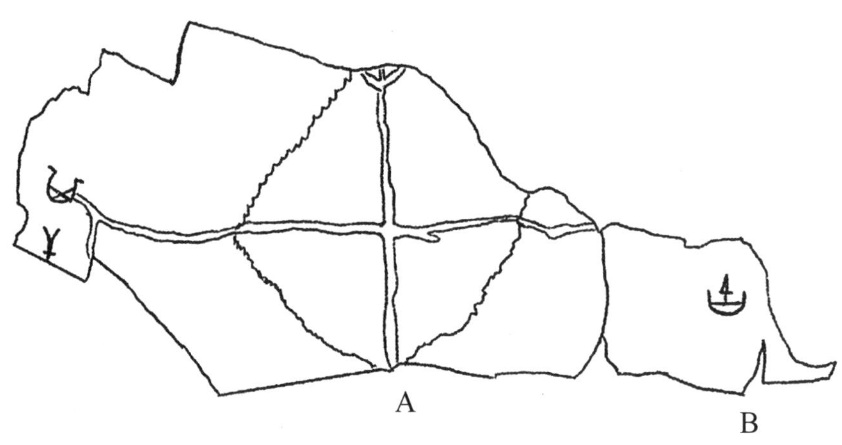

第 1359 則：甲骨拼合第 491～500 則（李愛輝）

A《乙補》239 + B《乙補》243

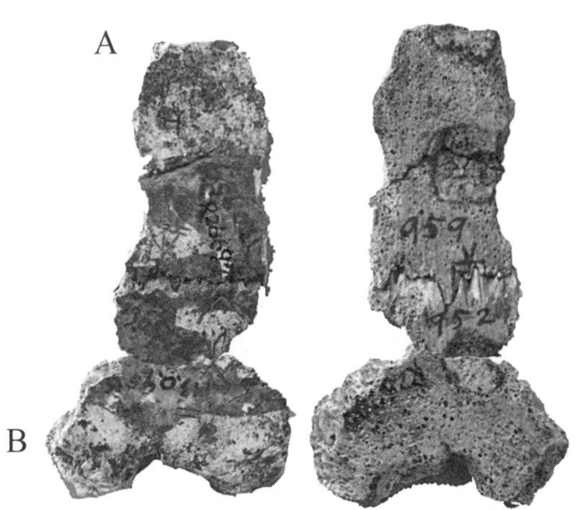

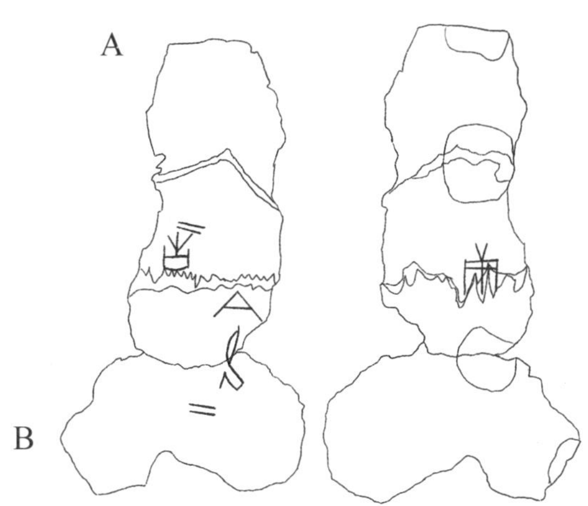

第 1360 則：甲骨拼合第 491～500 則（李愛輝）

A《乙》7113 + B 林宏明先生綴合第 620 組[①]

（縮放 60%）

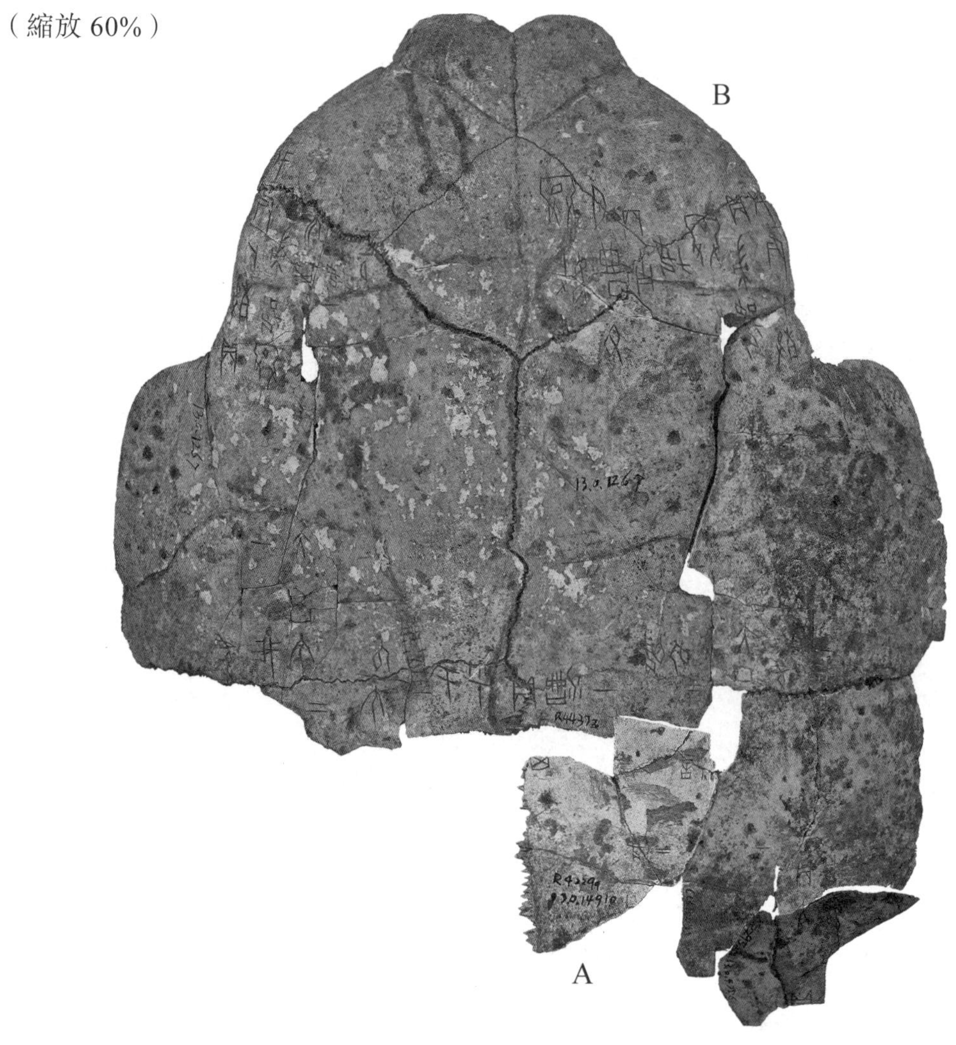

① 林宏明先生綴合見“中國社會科學院歷史研究所先秦史研究室網站”：https://www.xianqin.org/blog/archives/6174.html。

（縮放 60%）

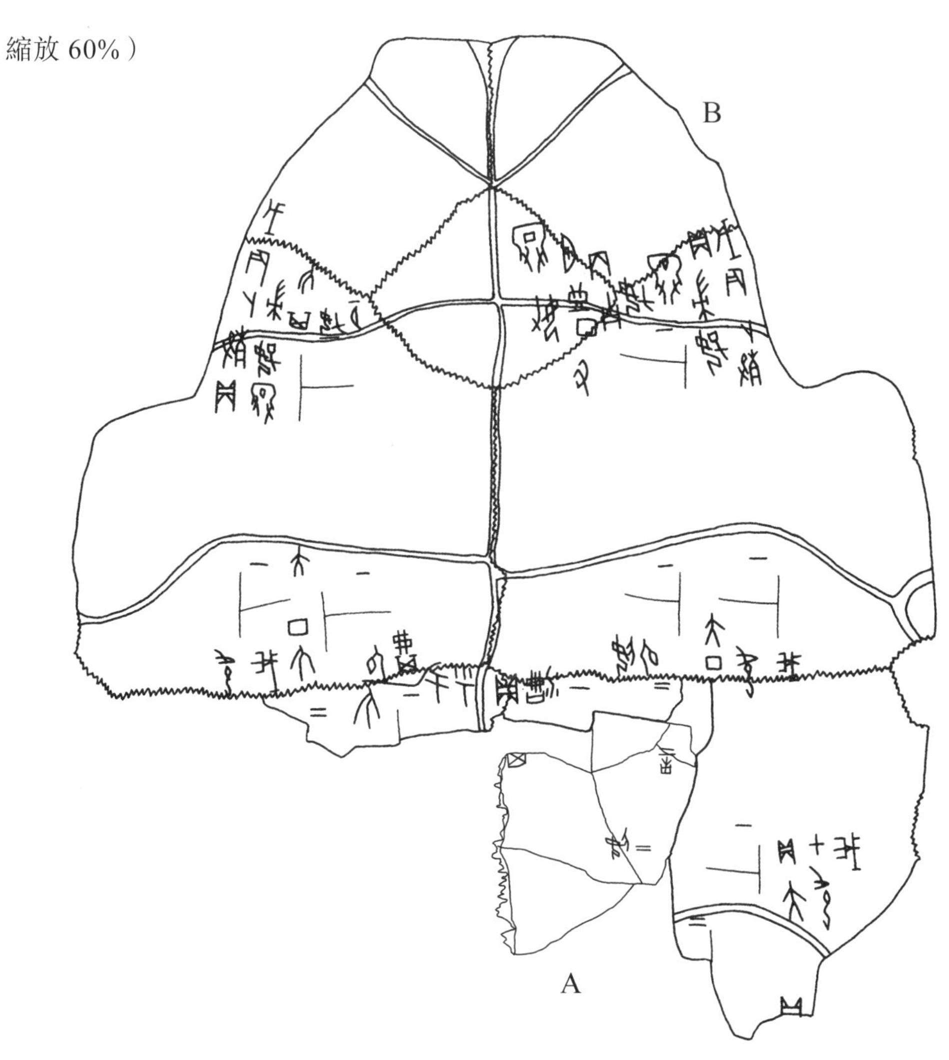

第 1361 則：甲骨拼合第 491～500 則（李愛輝）

A《合》2318 + B《合》5432

（縮放 60%）

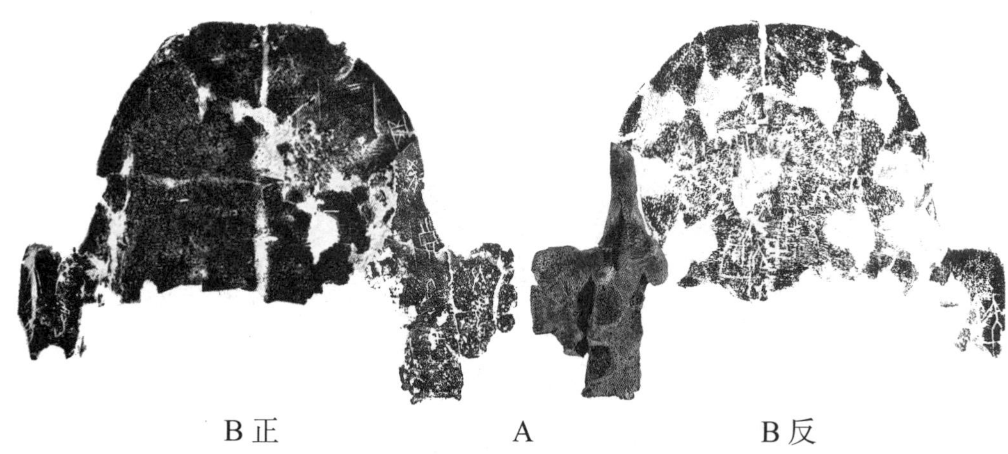

B 正　　A　　B 反

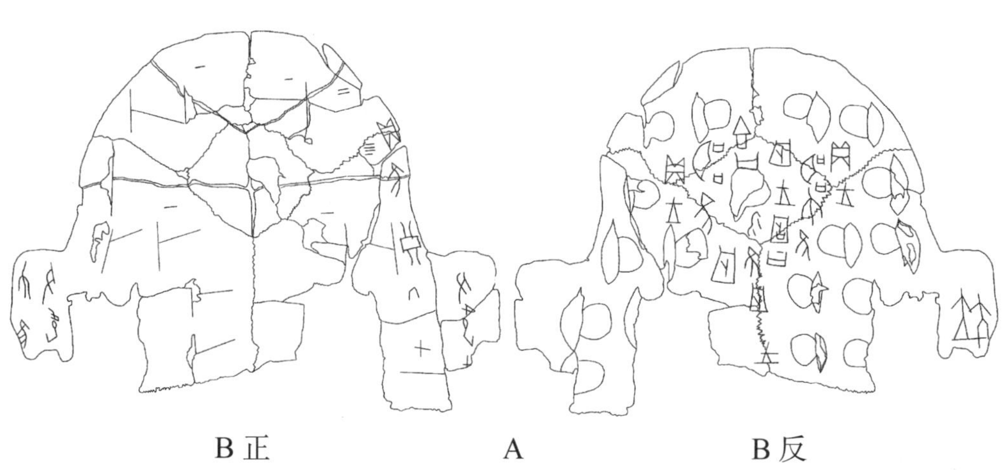

B 正　　A　　B 反

第 1362 則：《合集》甲骨校訂四例（李愛輝）

A《合》4342 + B《合補》313 + C《合補》2170 + D《合補》2178

（縮放 60%）

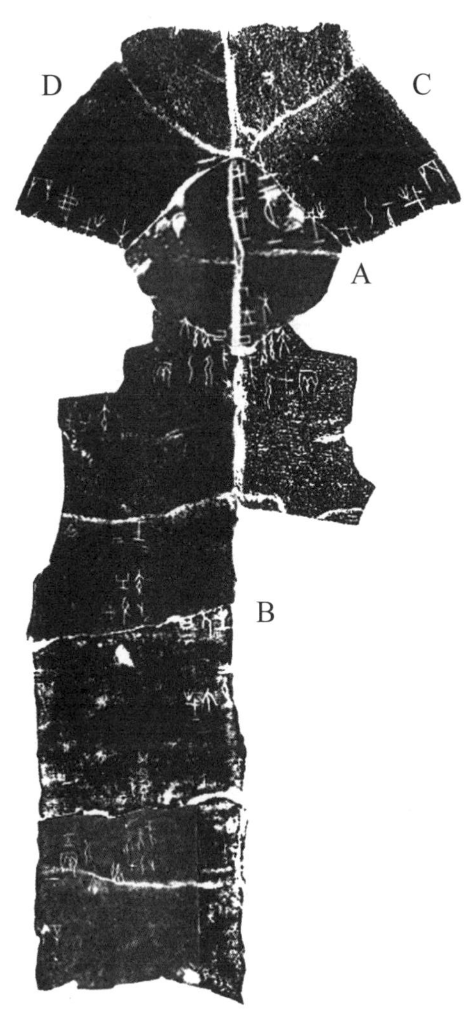

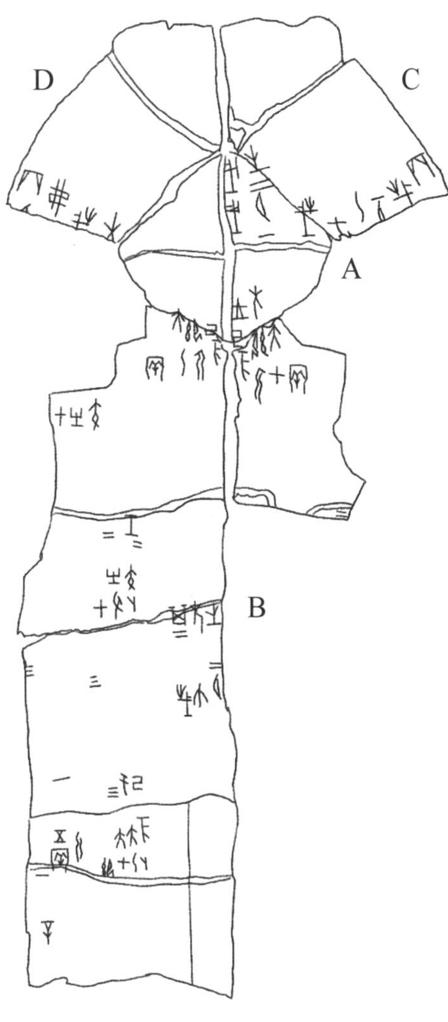

第 1363 則:《合集》甲骨校訂四例(李愛輝)

A《合》6352 + B《契》596

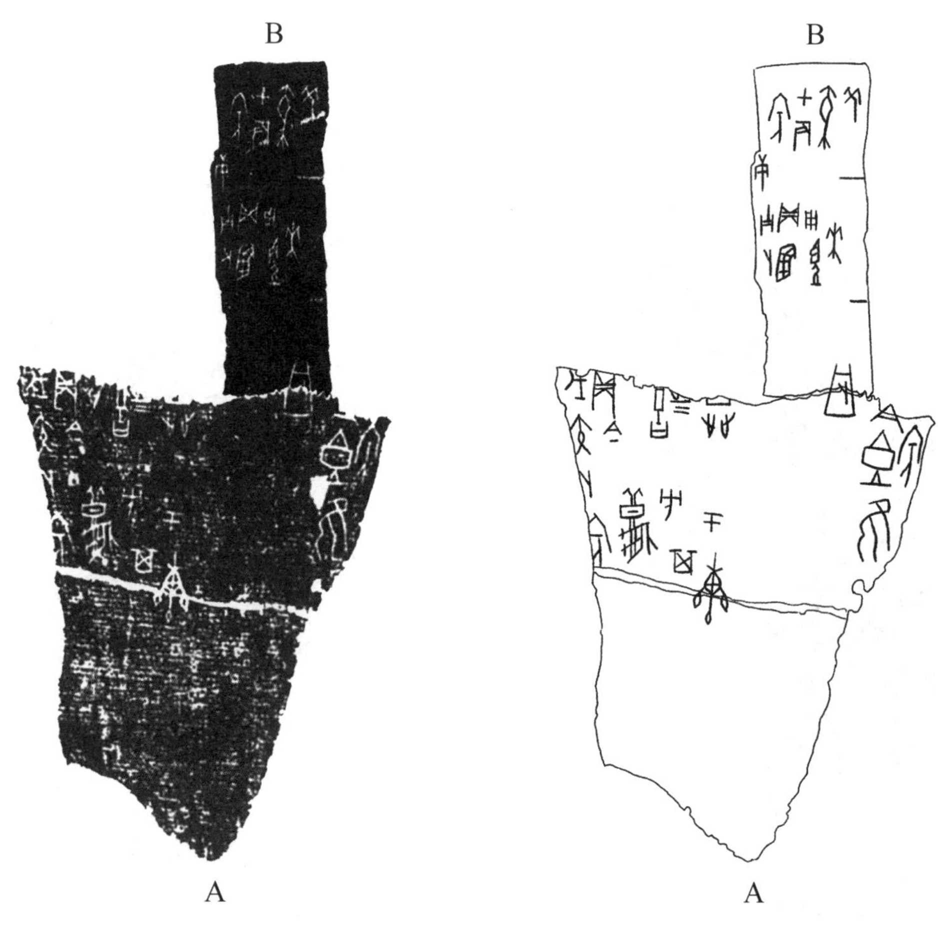

第 1364 則：國家圖書館藏甲骨殘片補考（李愛輝）

A《合補》10359 + B 北圖 8235

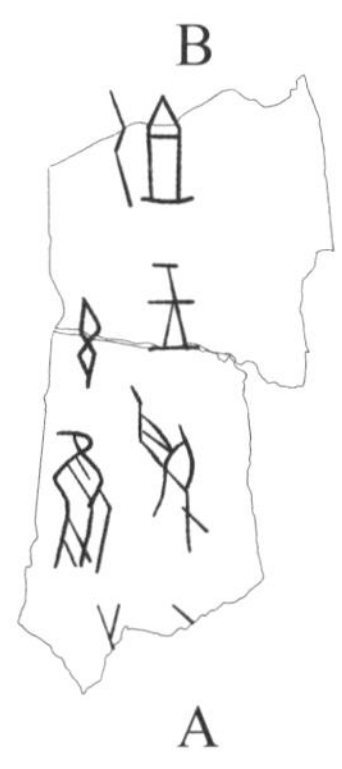

第 1365 則：國家圖書館藏甲骨殘片補考（李愛輝）

A《合》5924 + B 北圖 10741

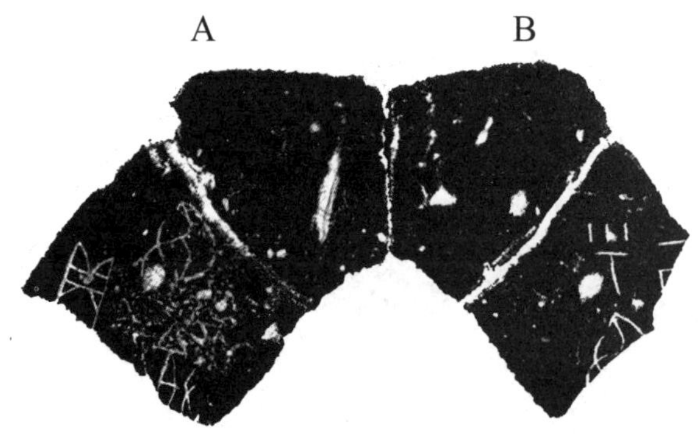

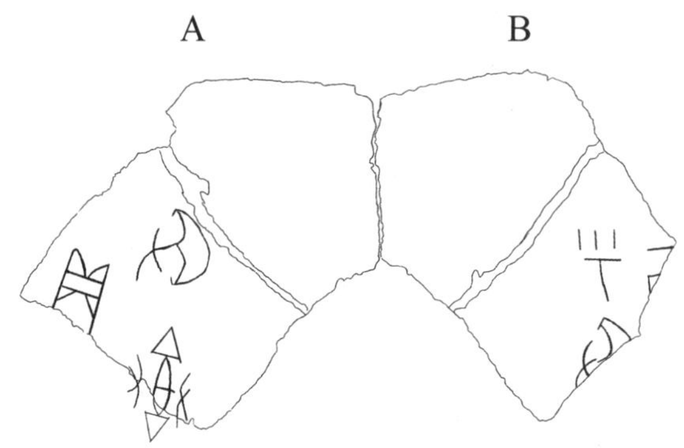

第 1366 則：甲骨拼合第 55～57 則（吴麗婉）

A《洹》17 + B《殷遺》205

A

B

A

B

第 1367 則：甲骨拼合第 55～57 則（吴麗婉）

A《合》13954 + B《冬》45

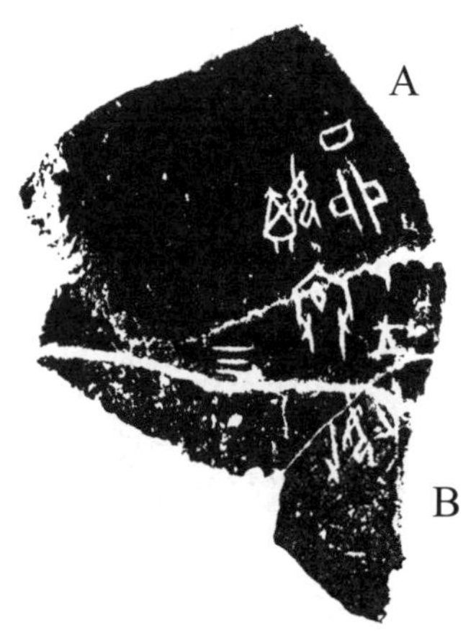

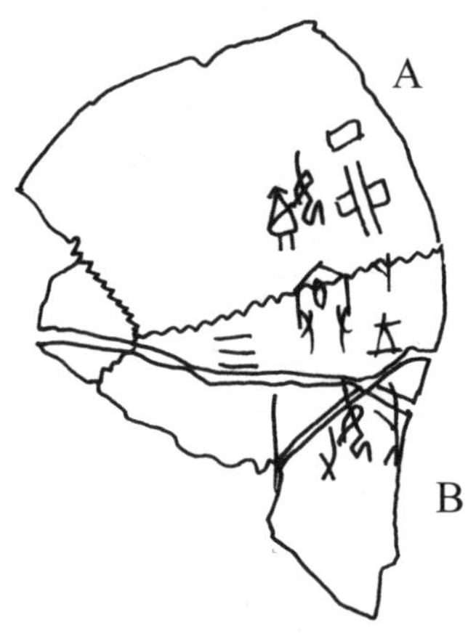

第 1368 則：甲骨拼合第 55～57 則（吳麗婉）

A《合》13614 + B《掇一》140

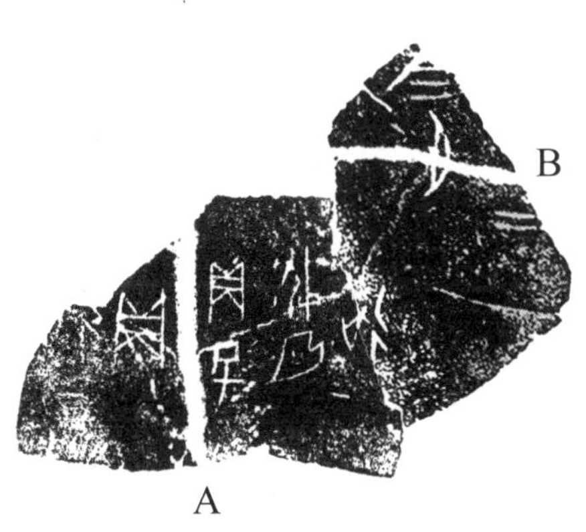

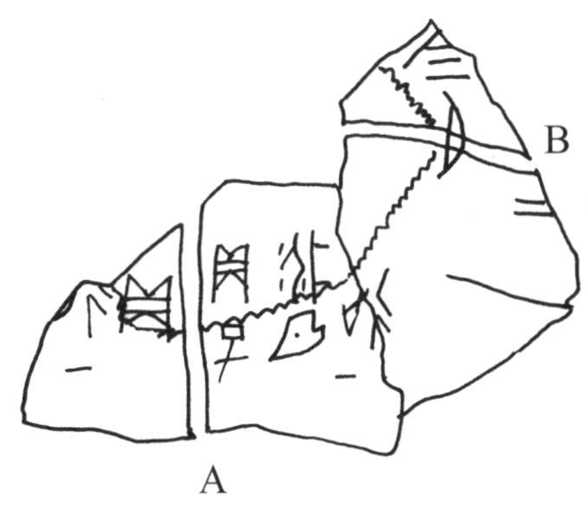

第 1369 则：甲骨拼合第 58 则（吴麗婉）

A《合》29331 + B《合》28377

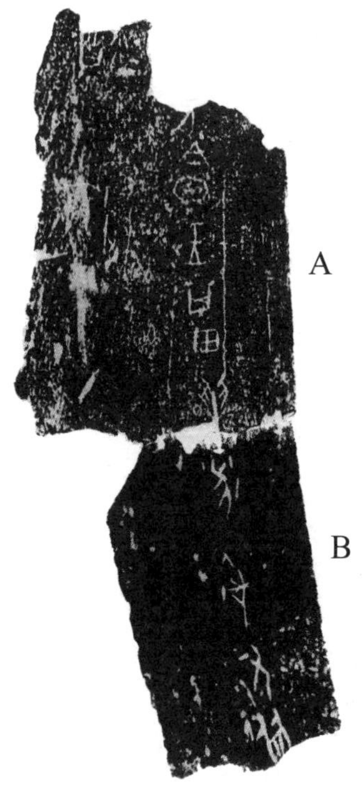

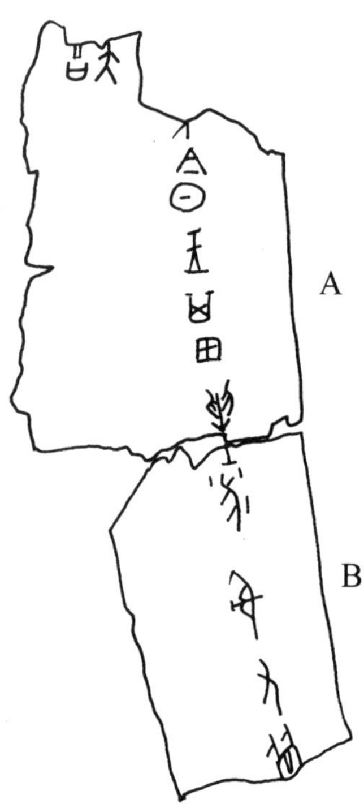

第 1370 則：甲骨拼合第 59～60 則（吴麗婉）

A《京津》949 + B《英藏》1036

第 1371 則：甲骨拼合第 59～60 則（吴麗婉）

A《合》39498 正反 + B《庫》1545 正反

（縮放 75%）

（縮放 75%）

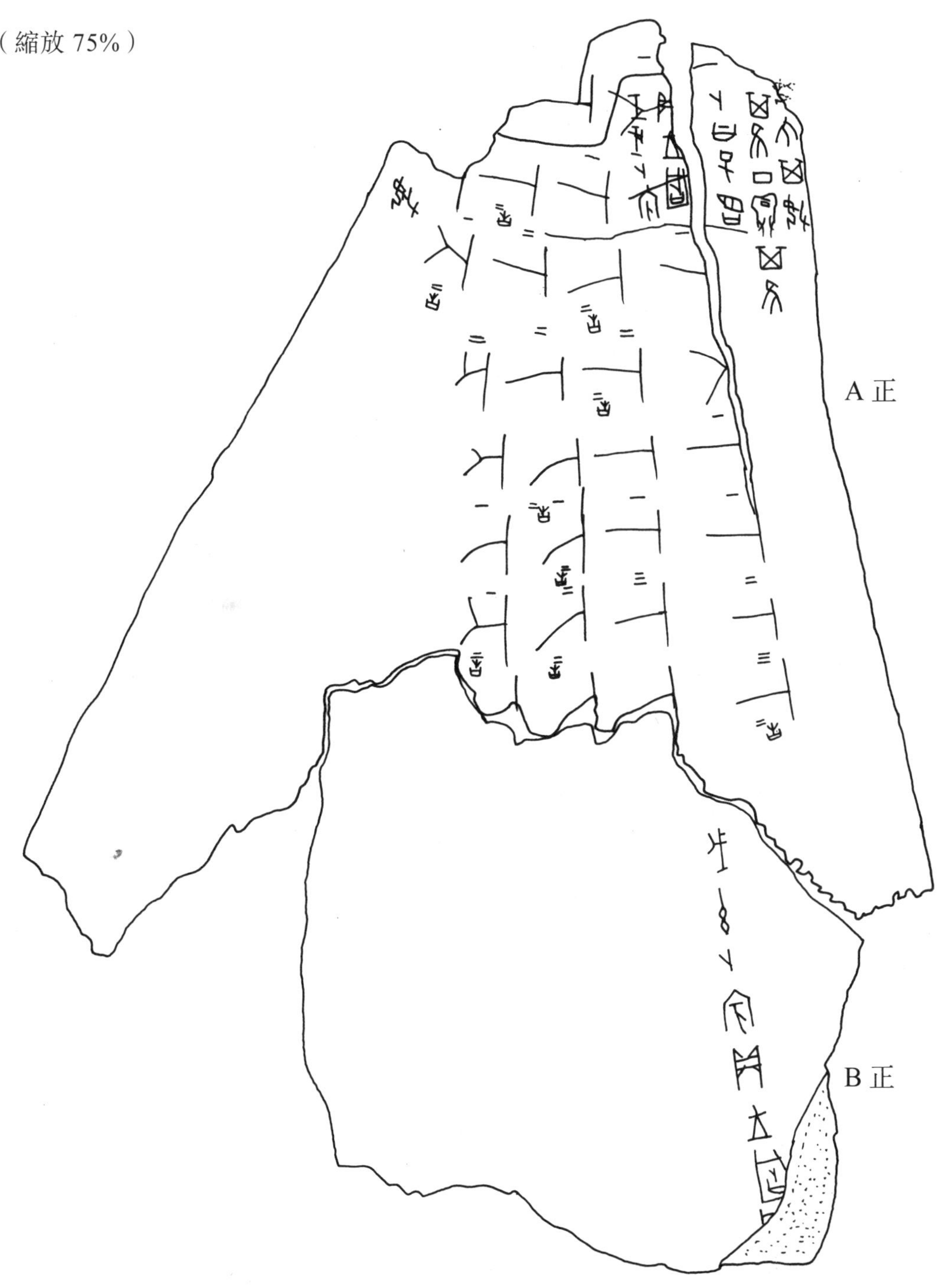

（縮放 75%）

（縮放 75%）

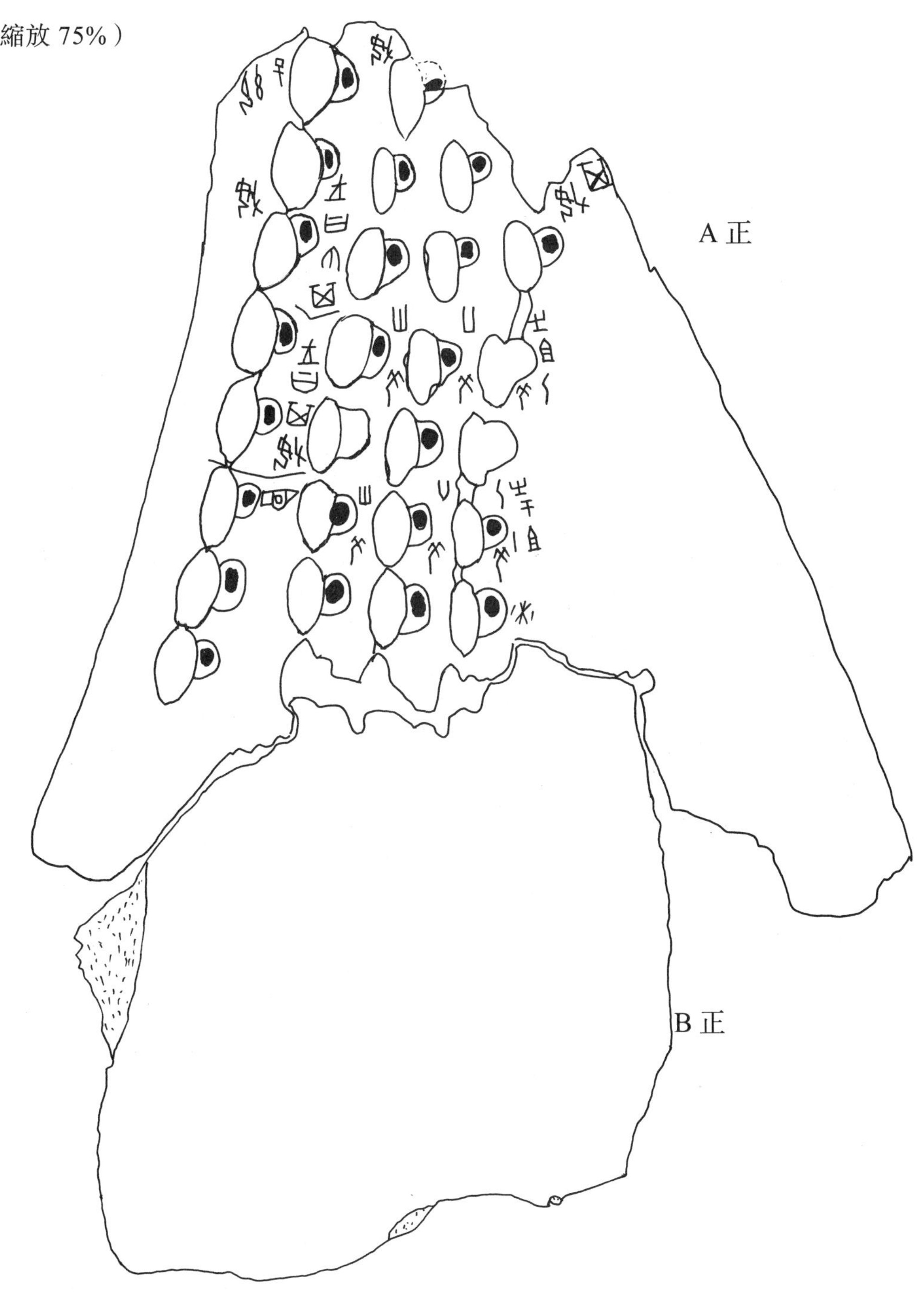

第1372则：甲骨拼合第61则（吴麗婉）

A《合補》2596＋B《合補》686

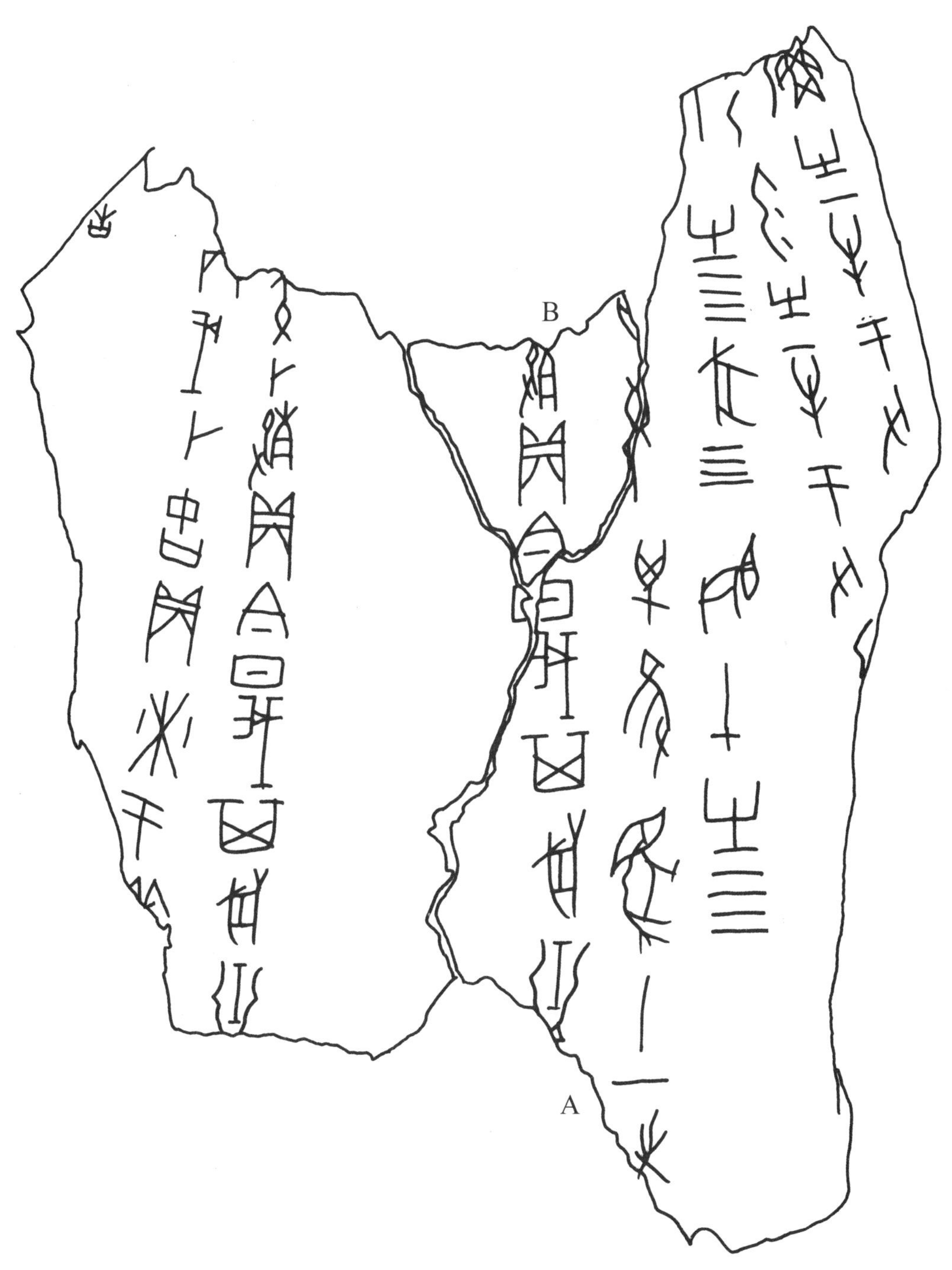
B
A

第 1373 則：甲骨拼合第 62 則（吴麗婉）

A《綴園》7 + B《合》20372

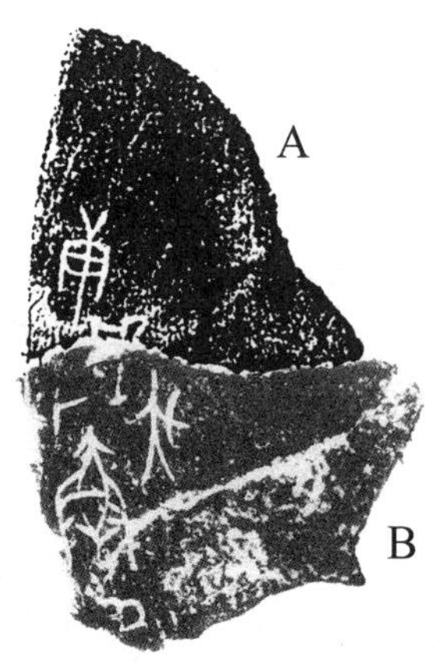

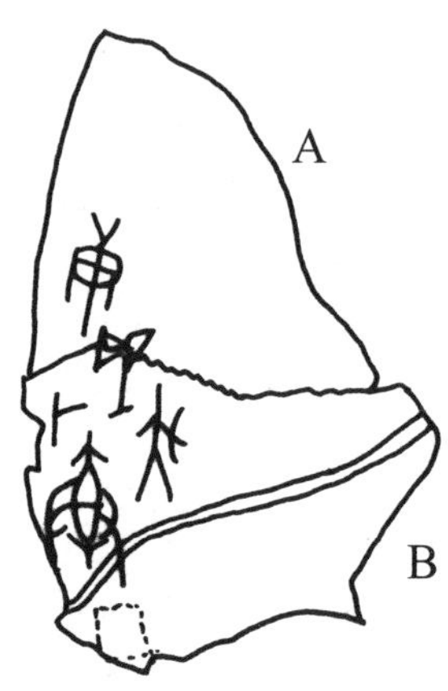

第 1374 則：甲骨拼合第 63～65 則（吴麗婉）

A《劬藏》37 + B《合》7217

第 1375 則：甲骨拼合第 63～65 則（吴麗婉）

A《劬藏》33 + B《合》1776

第1376則：甲骨拼合第63～65則（吴麗婉）

A《京人》195 + B《合》4025 + C《合》8731 + D《合》294

（縮放75%）

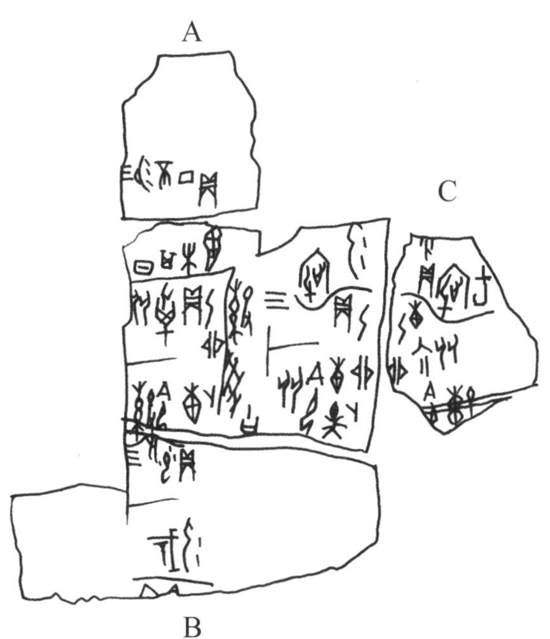

第 1377 則：甲骨拼合第 66 則（吴麗婉）

A《京人序論》Fig.15 + B《合補》6647 + C《京人》292

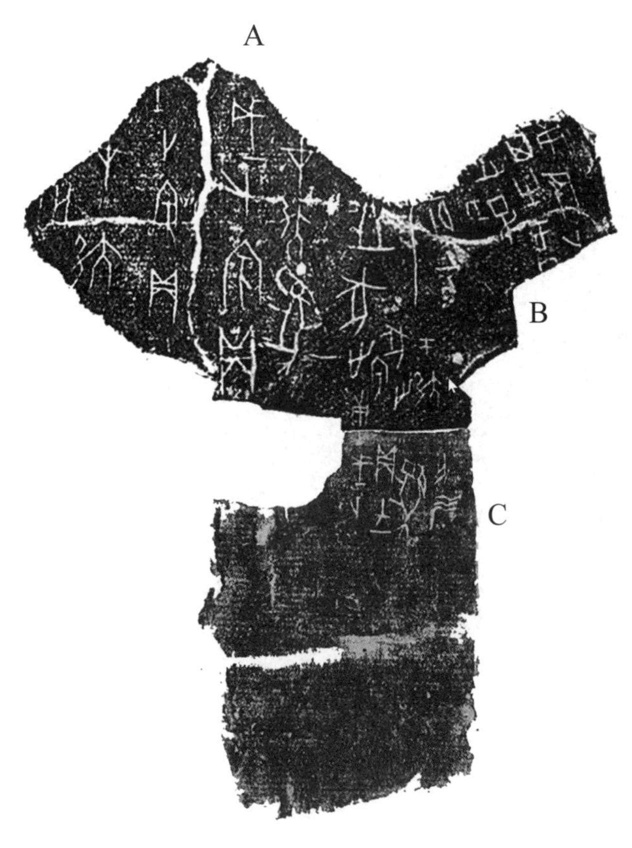

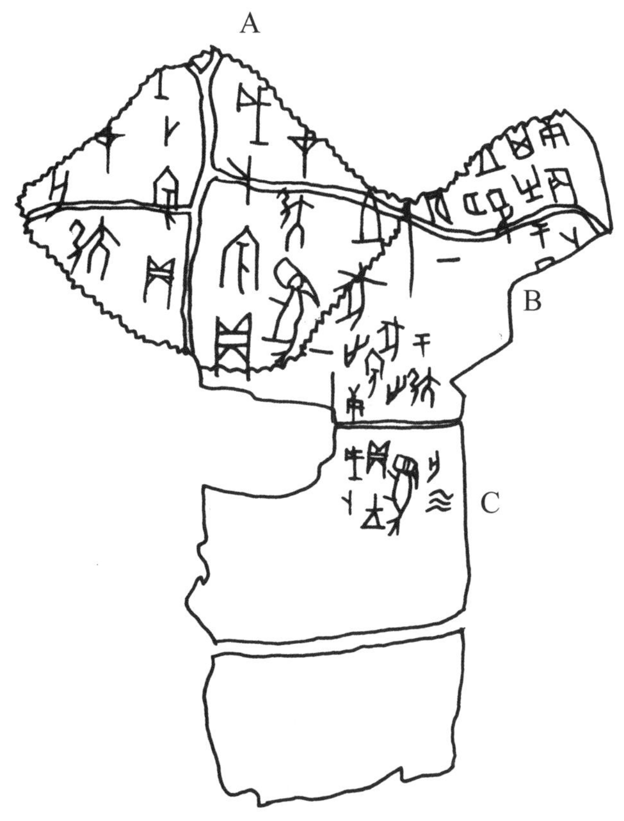
A
B
C

第 1378 則：甲骨拼合第 67 則（吴麗婉）

A《屯》1255 + B《屯》1061 + C《屯》3956

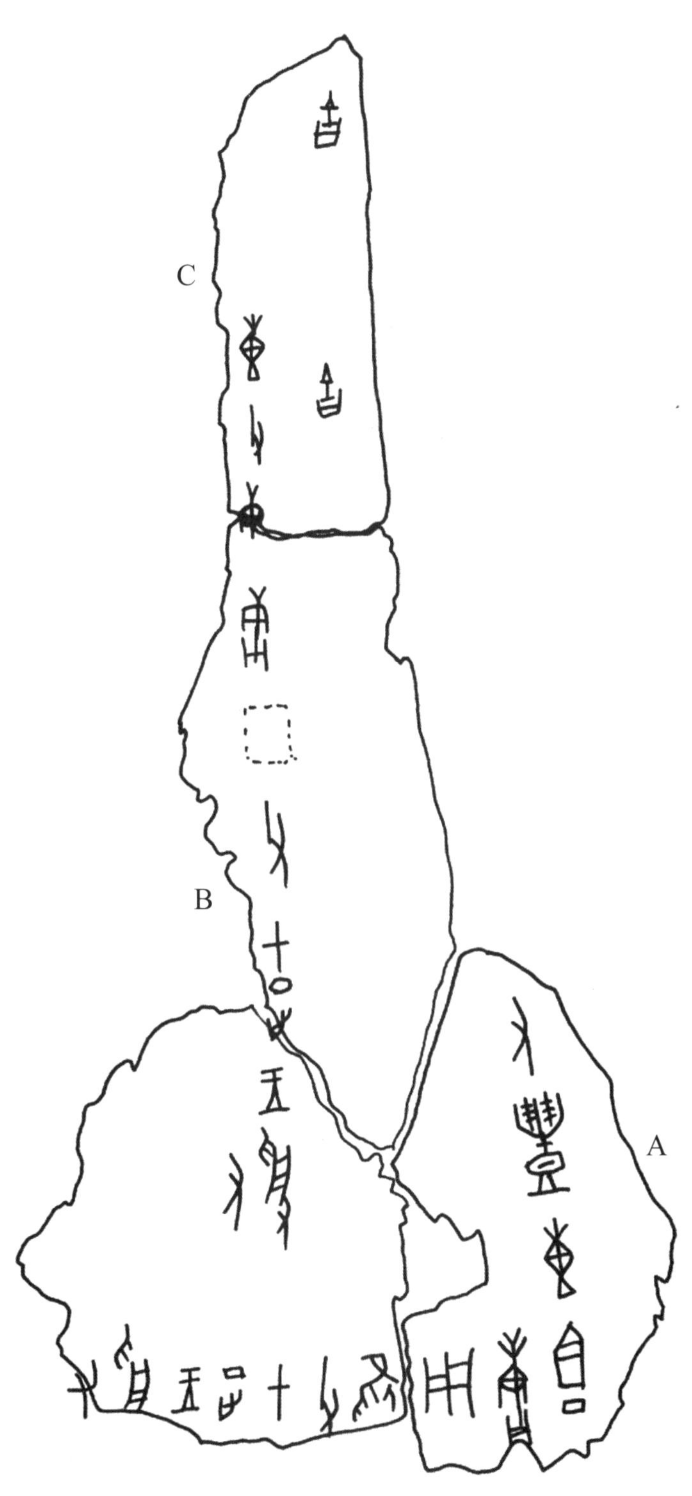
C
B
A

第 1379 則：甲骨拼合第 1 則（張珊）

A《存補》5.266.1 + B《合》18997

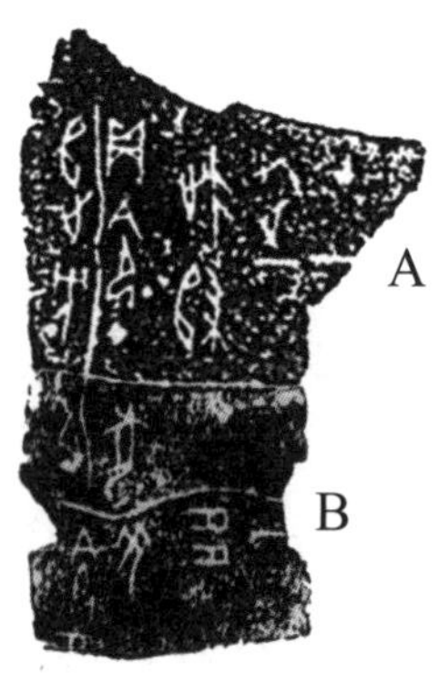

第 1380 則：殷契綴合第一則（展翔）

A《旅藏》1036 + B《懷特》323

第 1381 則：殷契綴合第三則（展翔）

A《綴集》148 + B《奥缶齋》（未入書）某片

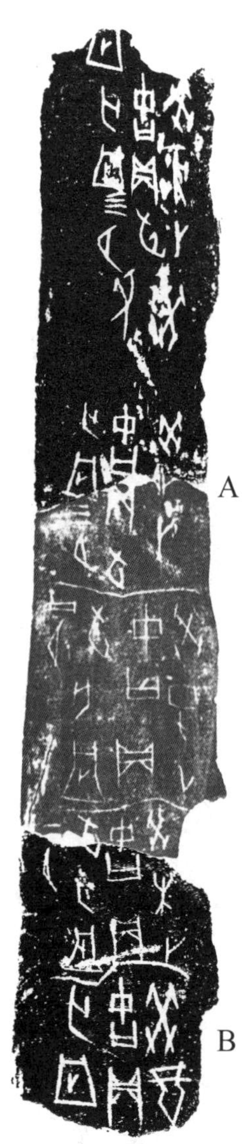

第 1382 則：殷契綴合第四則（展翔）

A《合》6983 + B《合補》1974

B

A

B

A

第 1383 則：殷契綴合第 7～10 則（展翔）

A 浙 & 哥藏 64 + B《合》20500

（縮放 80%）

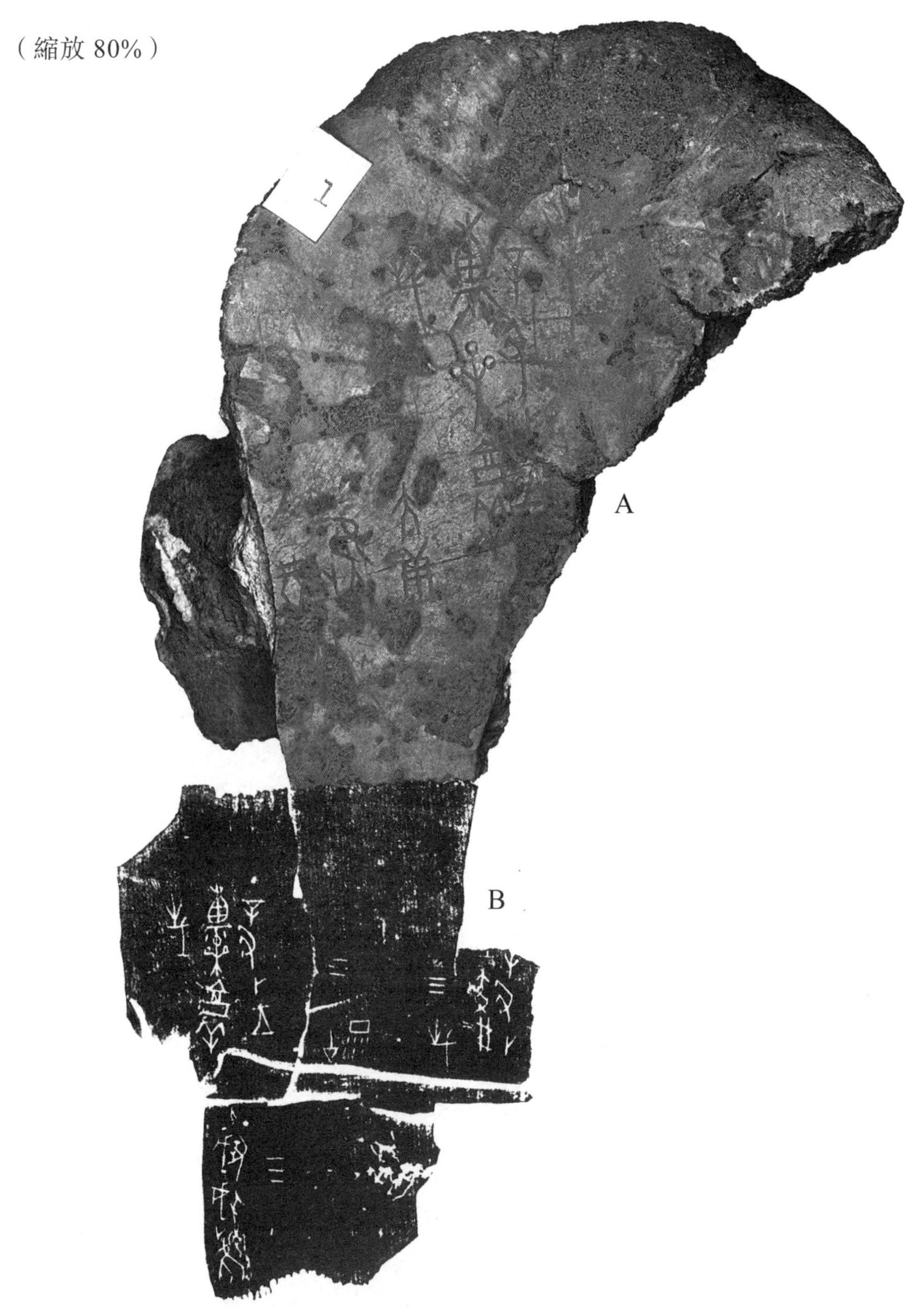

（縮放 80%）

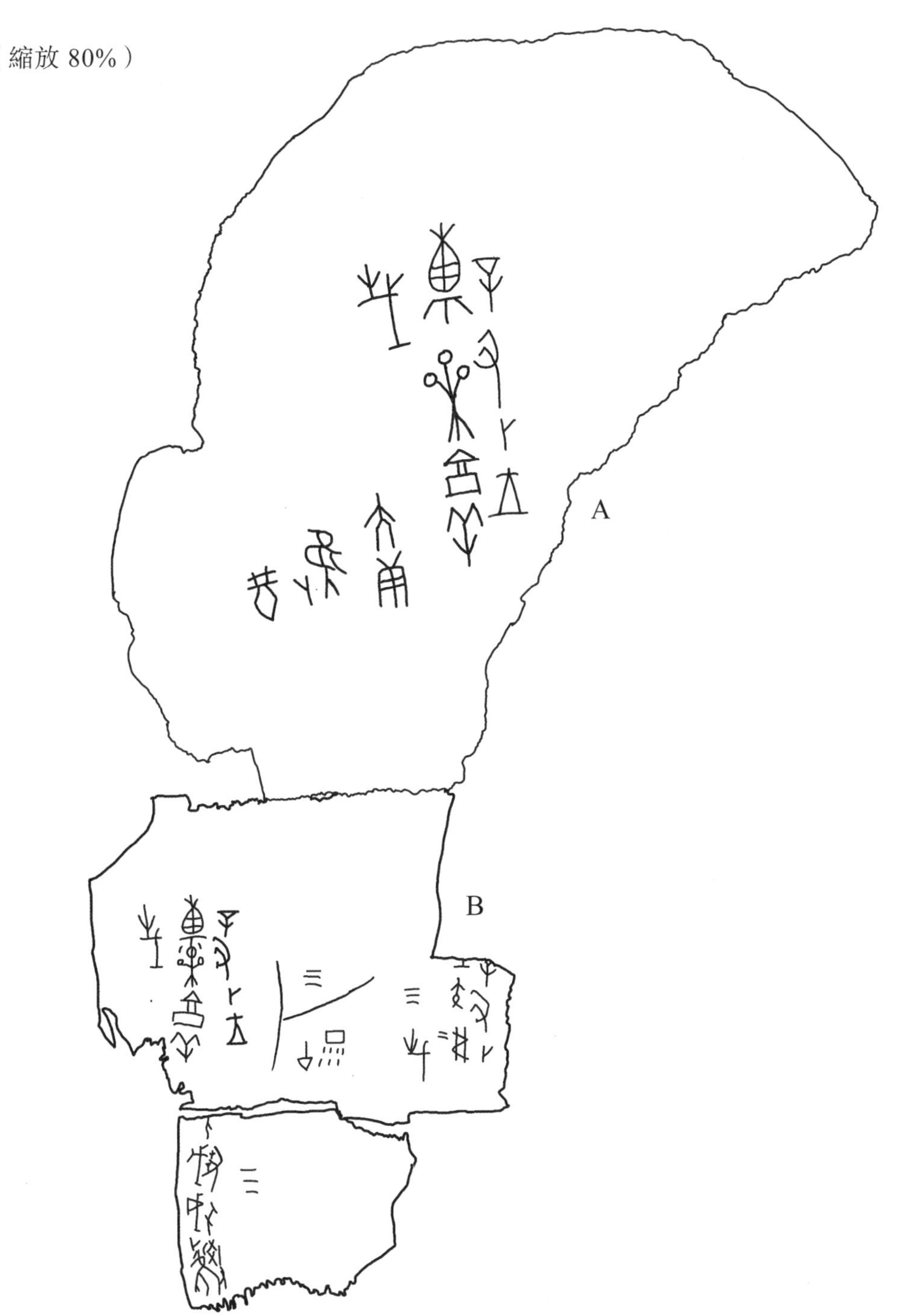

第 1384 則：殷契綴合第 7～10 則（展翔）

A《京津》1261 + B《合》6515 正

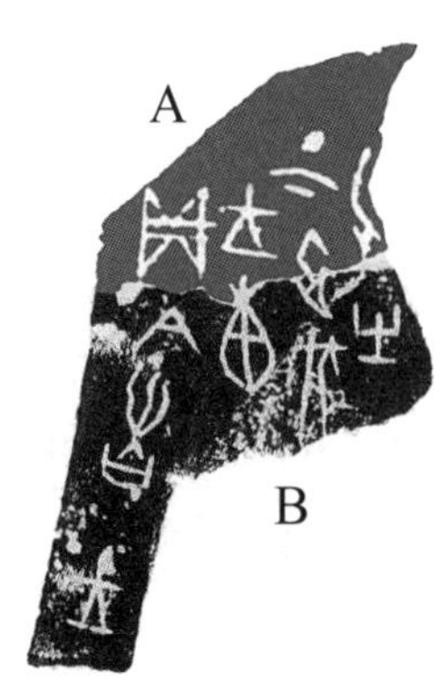

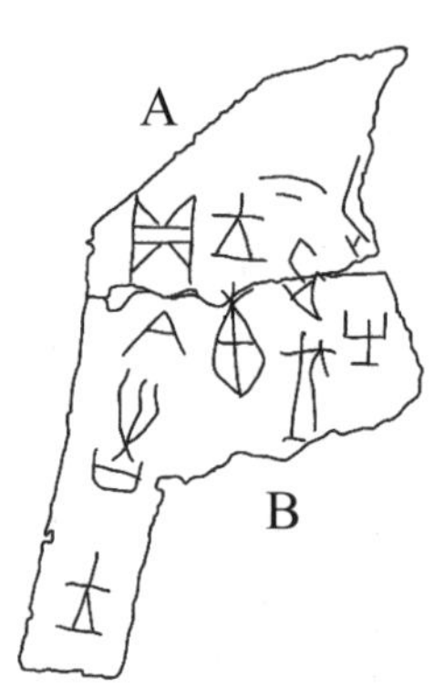

第 1385 則：殷契綴合第 7～10 則（展翔）

A《合補》3233 + B《謝文》300

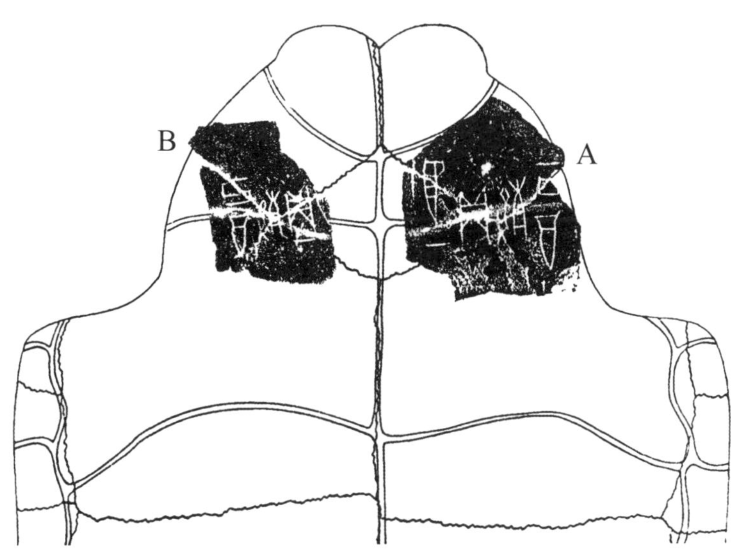

第 1386 則：殷契綴合第 11～27 則（展翔）

A《合》10704 + B《明後》1397

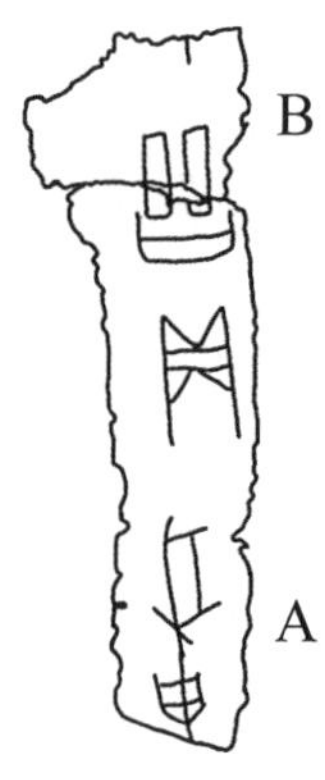

第 1387 則：殷契綴合第 11～27 則（展翔）

A《合》30110 + B《合補》3815

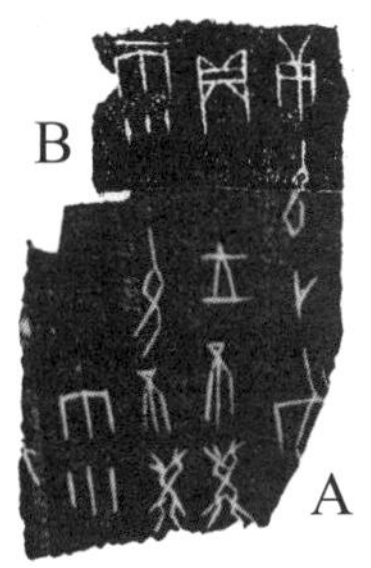

第 1388 則：殷契綴合第 11～27 則（展翔）

A 本書第 1259 則 + B《上博》67761.4

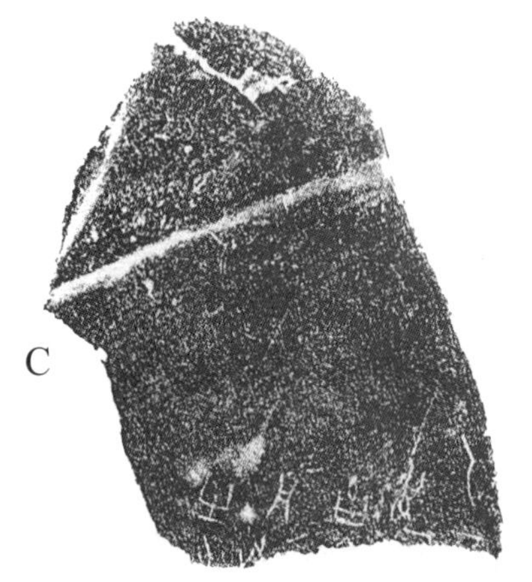

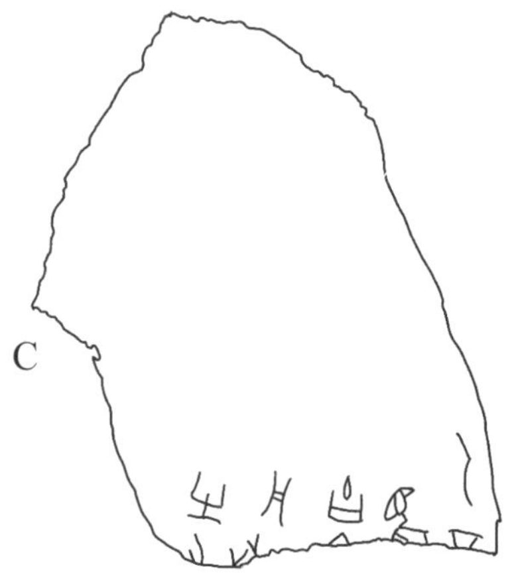

第1389則：殷契綴合第11～27則（展翔）

A《懷特》1771 + B《懷特》1776

第 1390 則：殷契綴合第 11～27 則（展翔）

A《存補》3.118.4 + B《安明》1544

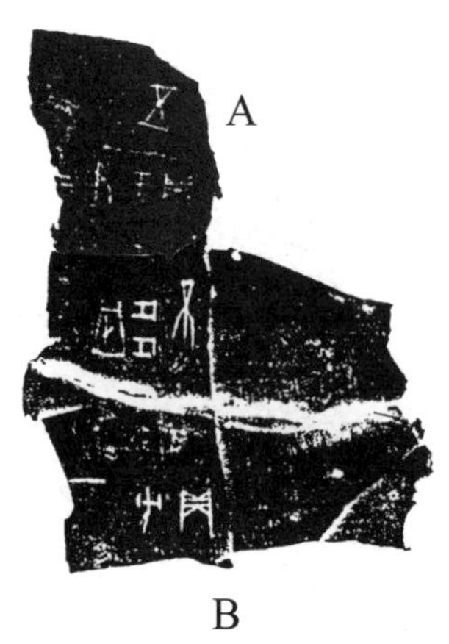

第 1391 則：殷契綴合第 11～27 則（展翔）

A《合》39324 + B《英藏》2662（圖片截取拼綴部分）

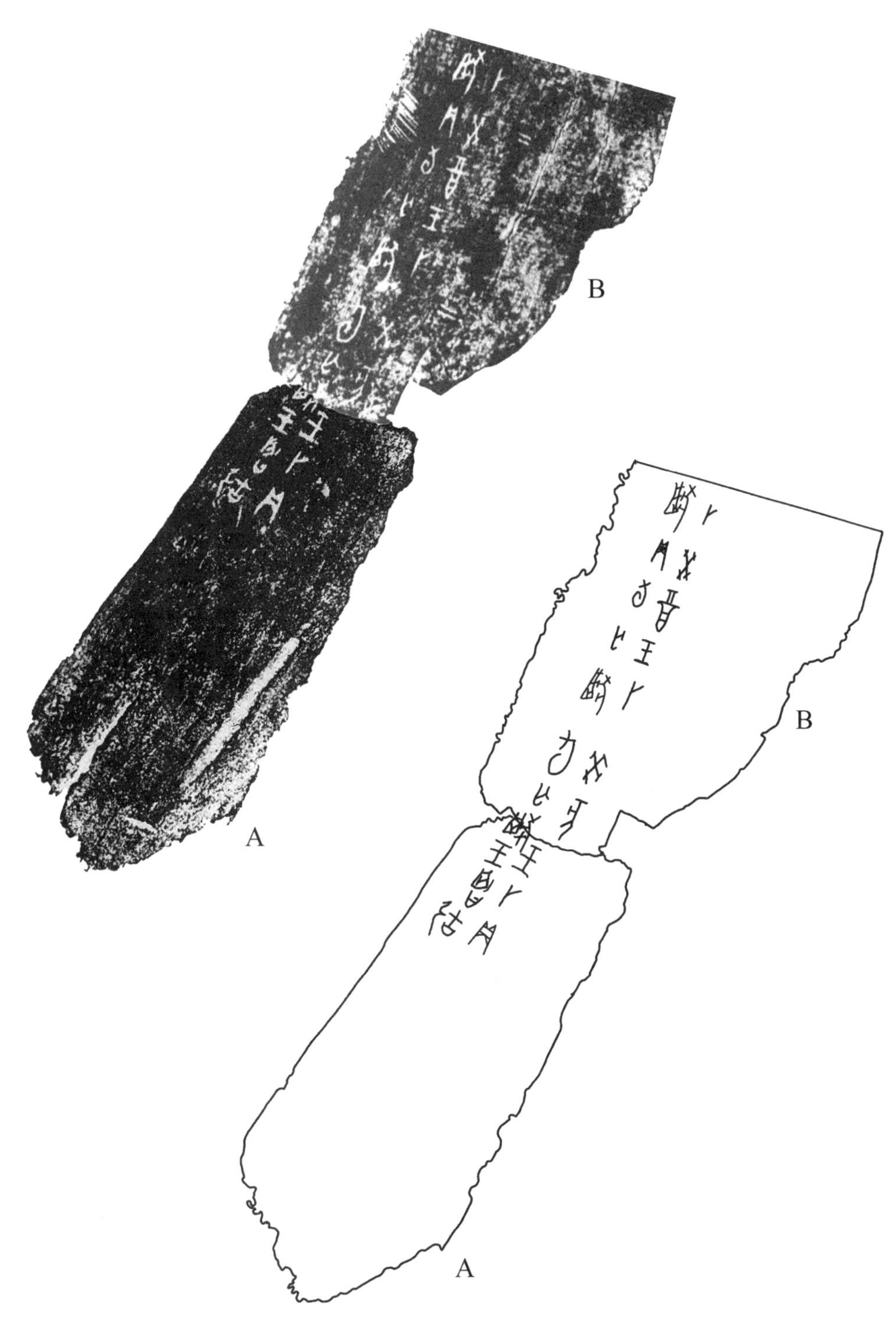

第 1392 則：殷契綴合第 11～27 則（展翔）

A《英藏》75 正反 + B《英藏》668 正反

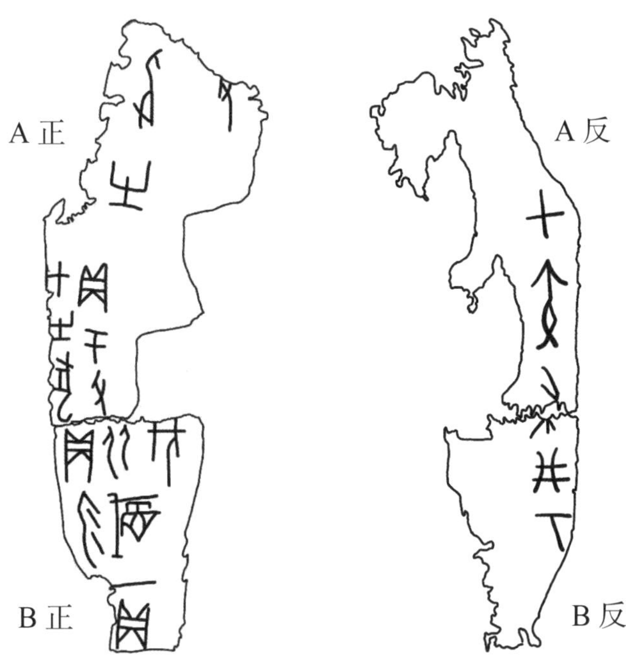
A 正
A 反
B 正
B 反

第 1393 則：殷契綴合第 11～27 則（展翔）

A《㔶藏》19 + B《謝文》390

A

B

A

B

第 1394 則：殷契綴合第 11～27 則（展翔）

A《合補》4689 + B《合補》4795

第 1395 則：殷契綴合第 16 則（替換）（展翔）

A《合》9923 正 + B《旅藏》546

第 1396 則：殷契綴合第 29 則（另替换第 5 則）（展翔）

A《合》37882 + B《殷遺》559

第 1397 則：殷契綴合第 29 則（另替换第 5 則）（展翔）

A《合》39014 + B《合》39144

A

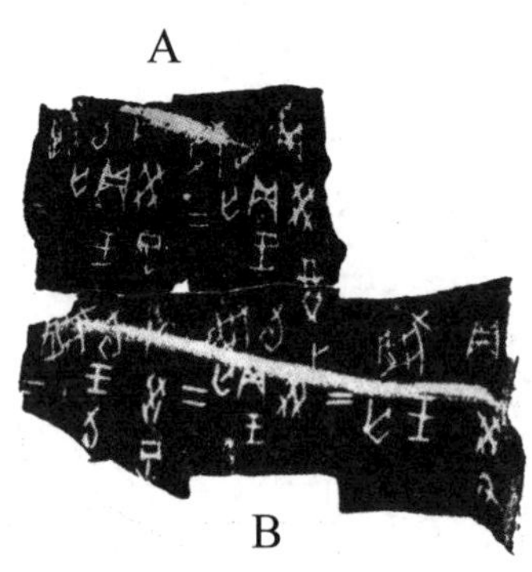

B

A

B

第 1398 則：殷契綴合第 30、31 則（展翔）

A《合》17340 + B《輯佚》9

A

B

A

B

第 1399 則：殷契綴合第 30、31 則（展翔）

A《續存》上 2560 + B《北珍》1424

A

B

A

B

第 1400 則：殷契綴合第 32、33 則（展翔）

A《合》2314 正 + B《明後》77 正

A

B

A

B

第 1401 則：殷契綴合第 32、33 則（展翔）

A《合》20279 + B《英藏》1784

（縮放 90%）

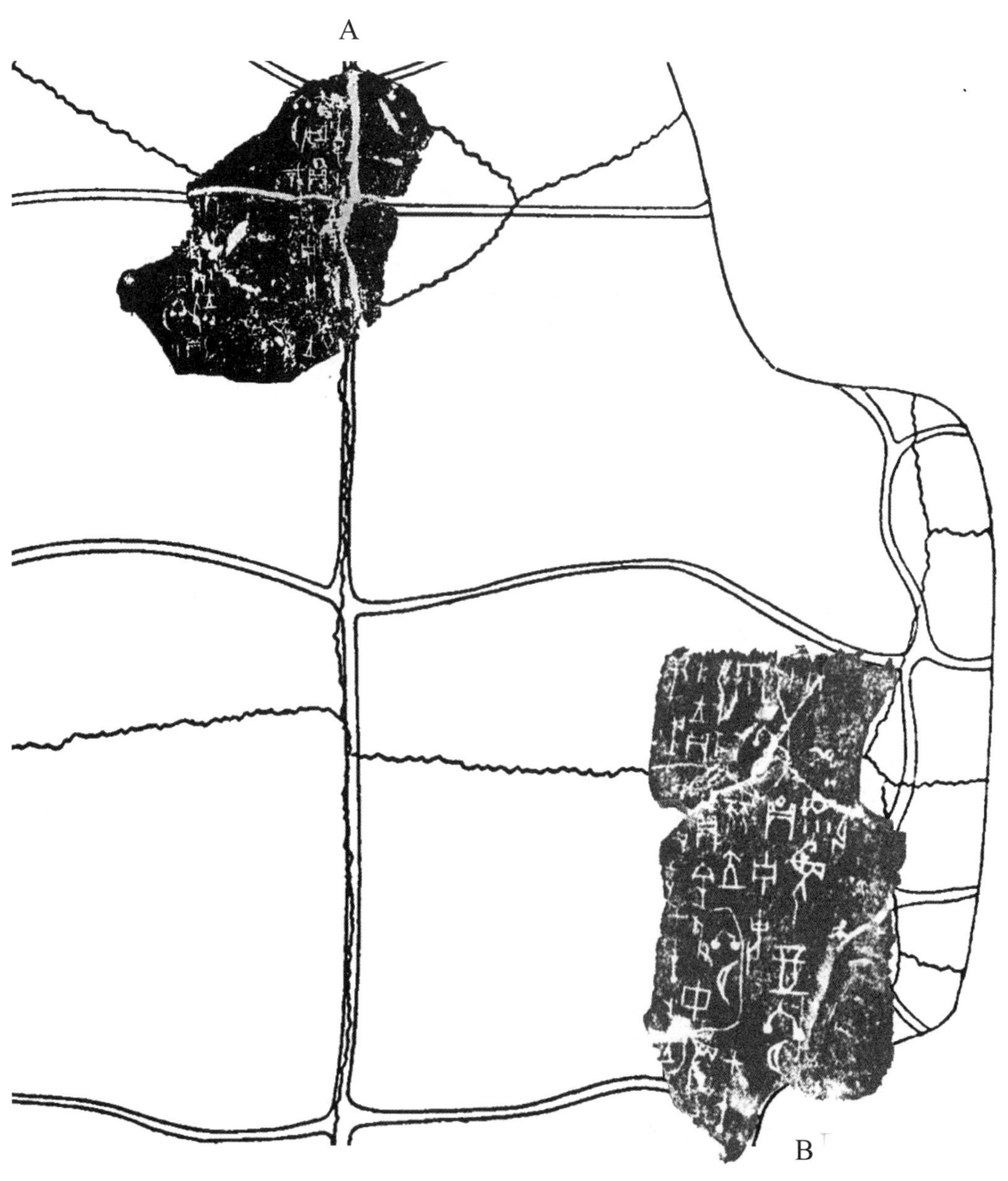

（縮放 90%）

A

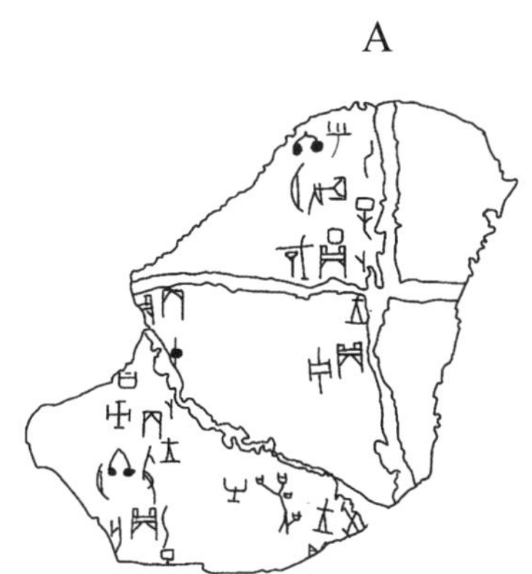

B

第 1402 則：殷契綴合第 34、35 則（展翔）

A《輯佚》679 + B《笏二》1018

第 1403 則：殷契綴合第 34、35 則（展翔）

A《殷遺》388 + B《北珍》1176

B

A

B

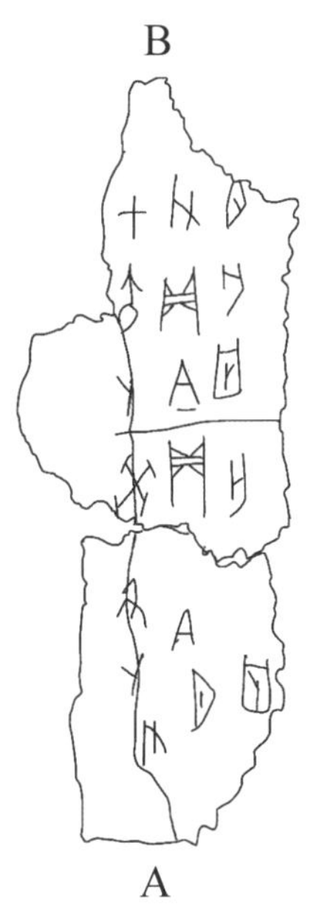

A

第 1404 則：殷契綴合第 36、37 則（展翔）

A《存補》3.262.1 + B《復旦》279

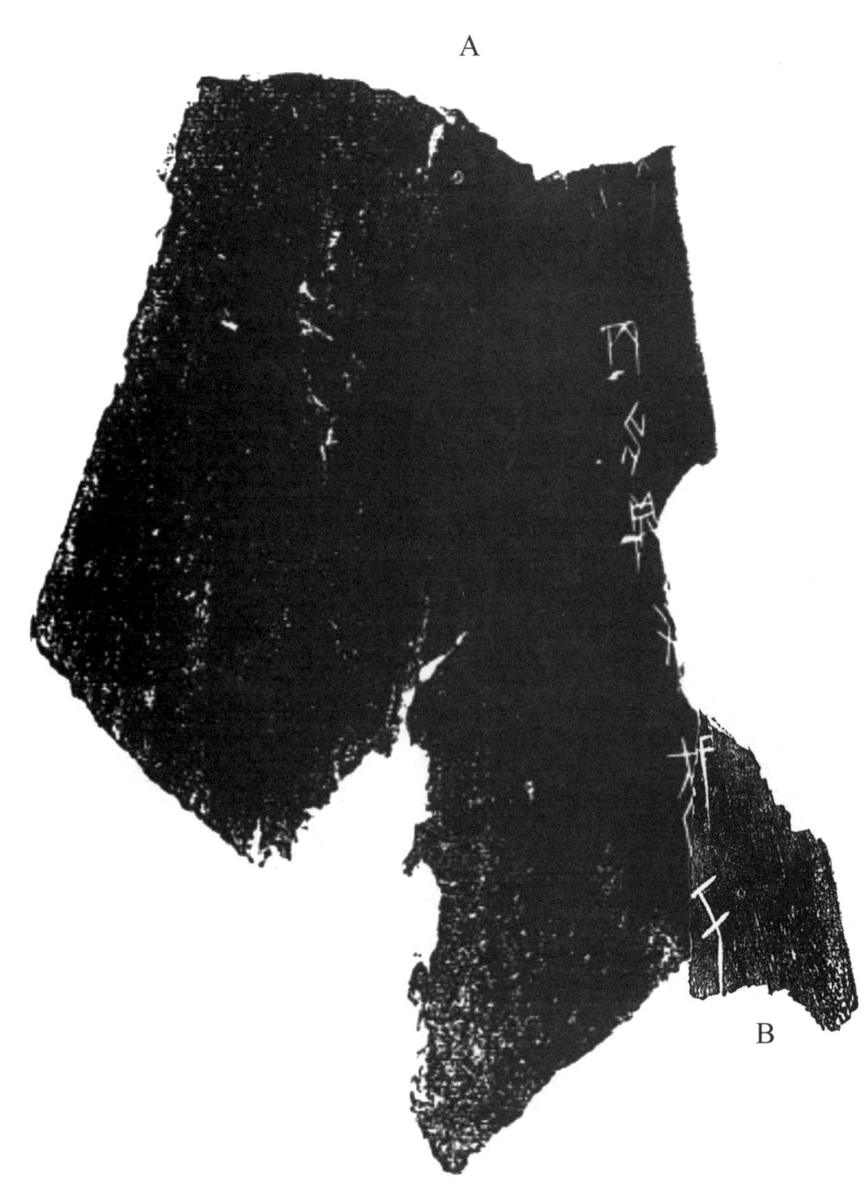

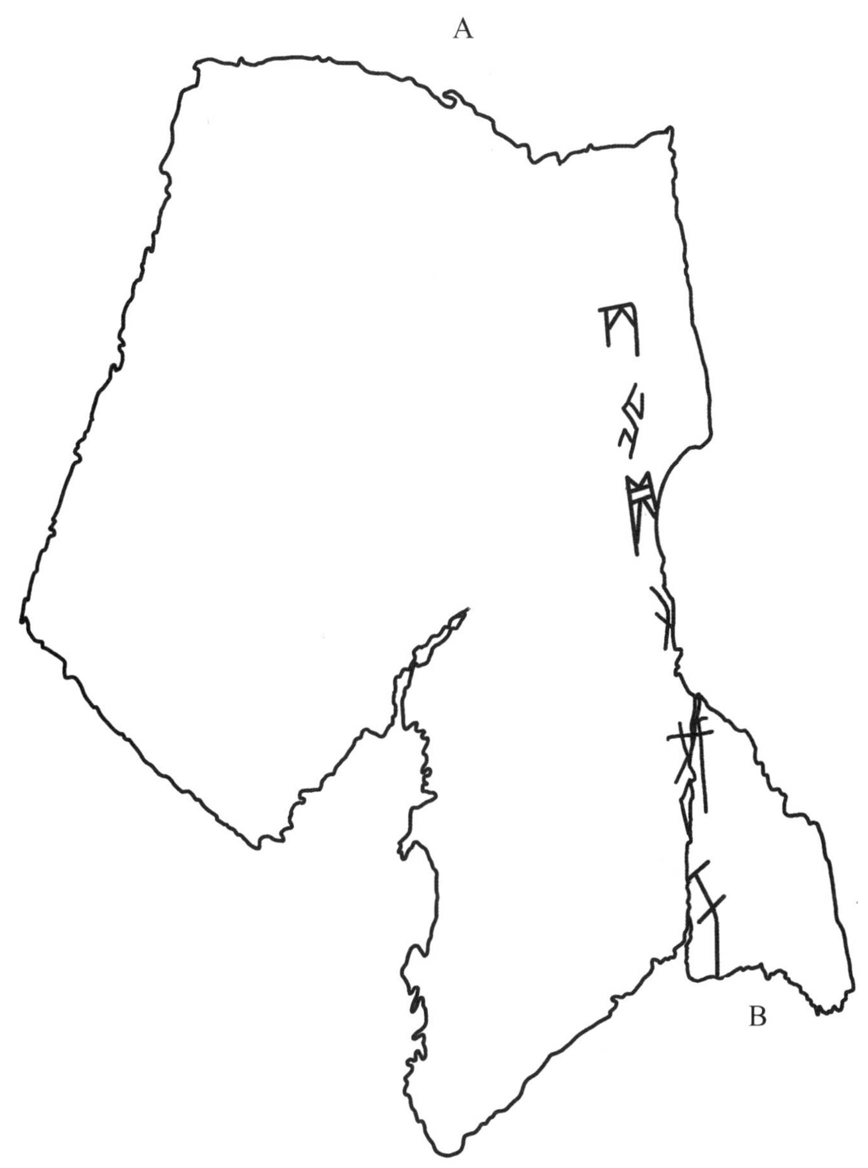
A
B

第 1405 则：殷契缀合第 36、37 则（展翔）

A《合》30457 + B《合》12853

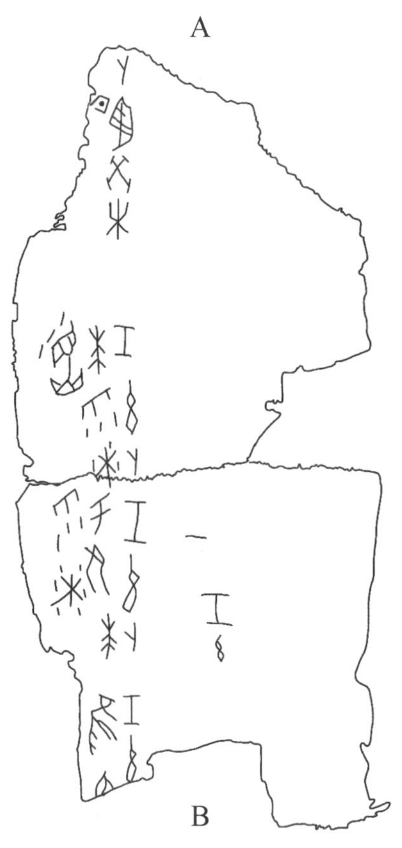

第 1406 則：殷契綴合第 38、39 則（展翔）

A《存補》3.292.1 + B《合》2659 正（圖片截取拼綴部分）

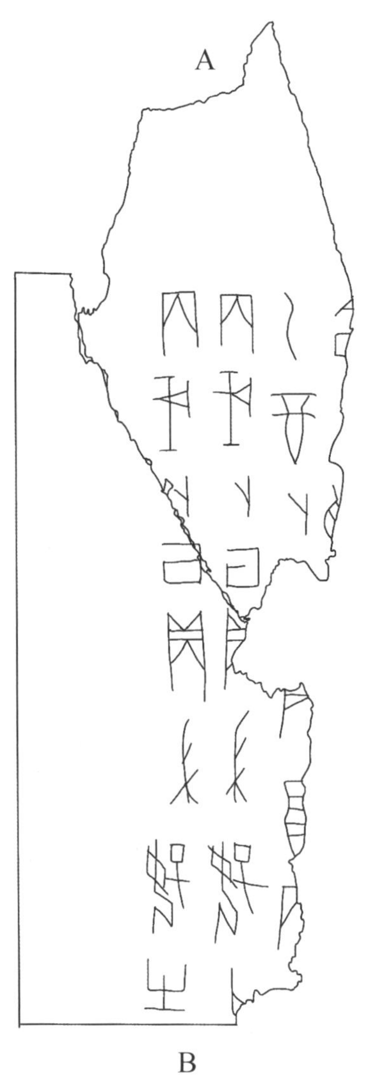

第 1407 則：殷契綴合第 38、39 則（展翔）

A《合》3099 + B《合》4525

A

B

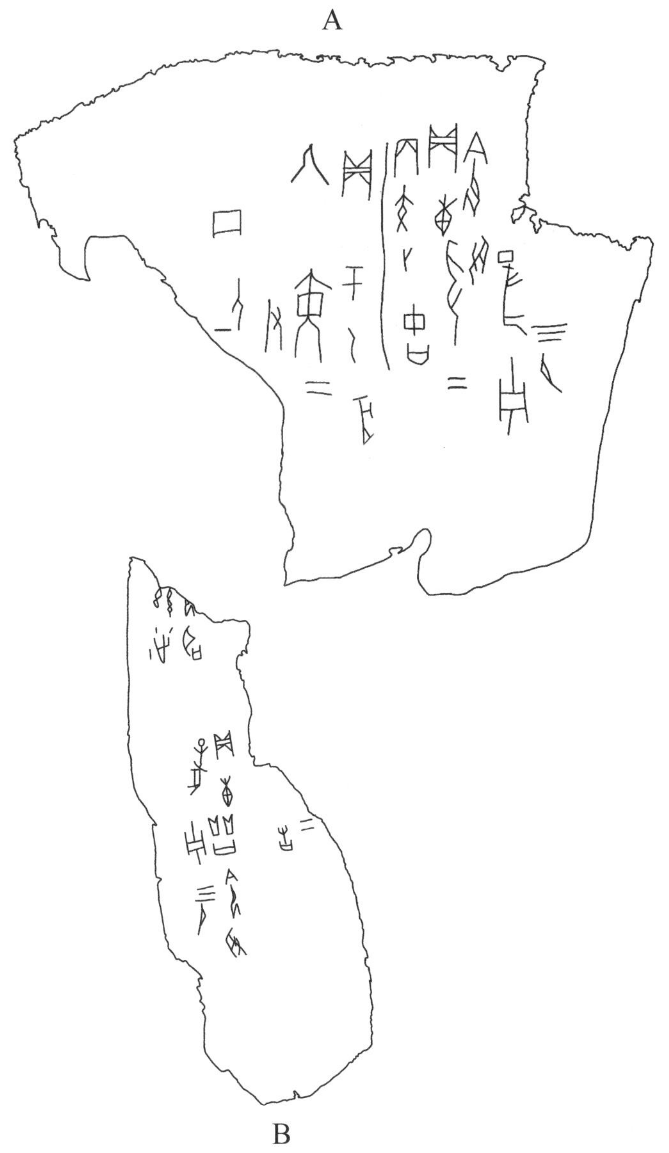
A
B

第 1408 則：殷契綴合第 40、41 則（展翔）

A《珠》1434 + B《東文研》477 正

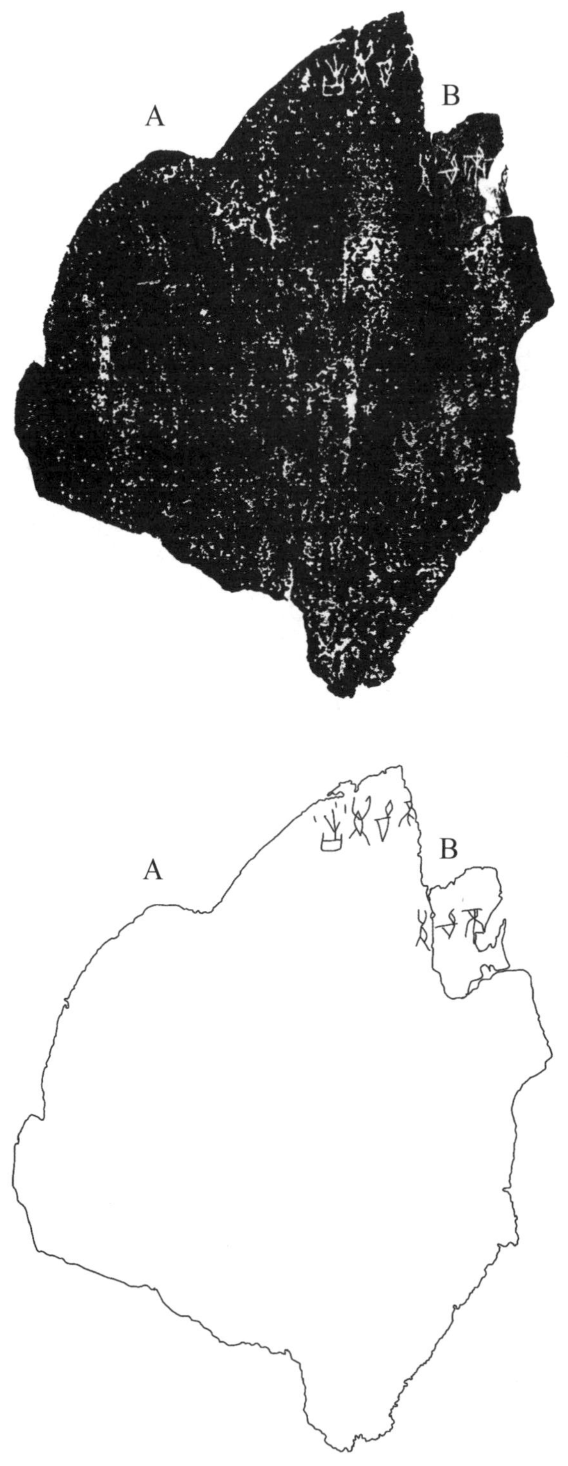

第 1409 則：殷契綴合第 40、41 則（展翔）

A《合》17447 + B《輯佚》367

第 1410 則：殷契綴合第 42、43 則（展翔）

A《綴彙》50 + B《安明》652

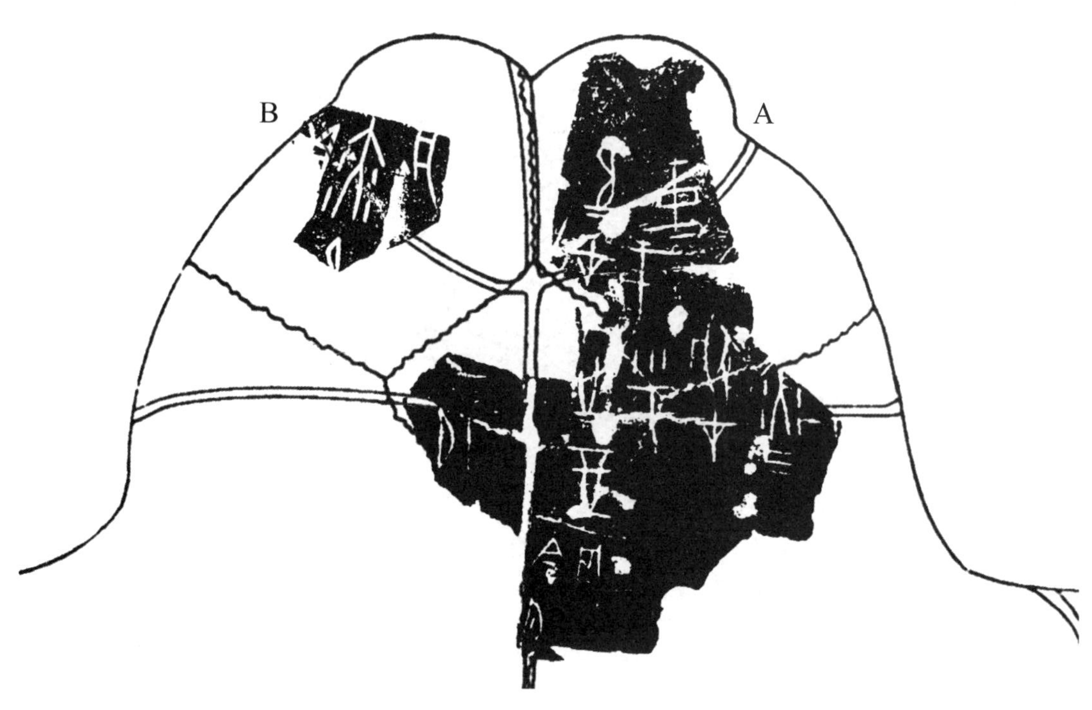

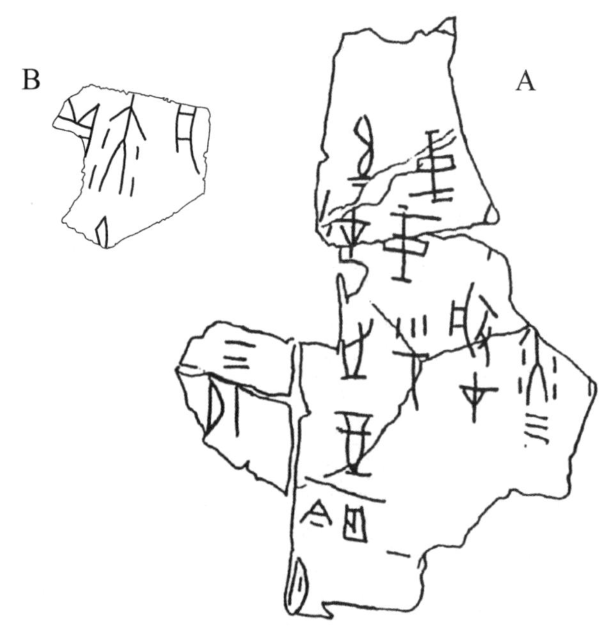

第 1411 則：殷契綴合第 42、43 則（展翔）

A《京人》2691 + B《笏二》1598

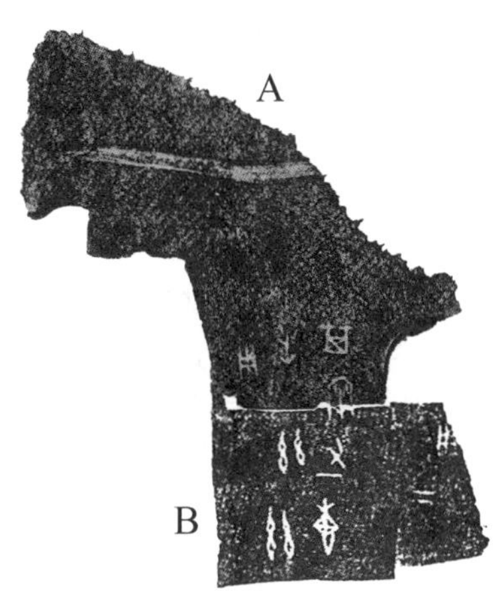

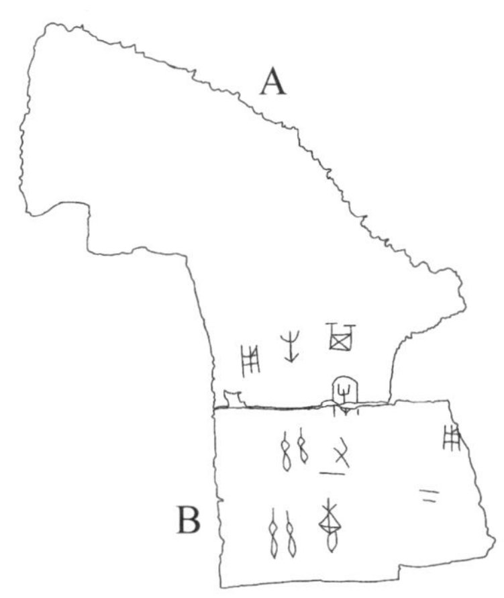

第 1412 則：殷契綴合第 44、45 則（展翔）

A《上博》2426.1299 + B《東文研》801

第 1413 則：殷契綴合第 44、45 則（展翔）

A《合》1513 + B《合補》129

A

B

A

B

第 1414 則：殷契綴合第 46、47 則（展翔）

A《北珍》2163 + B《明後》1798 反

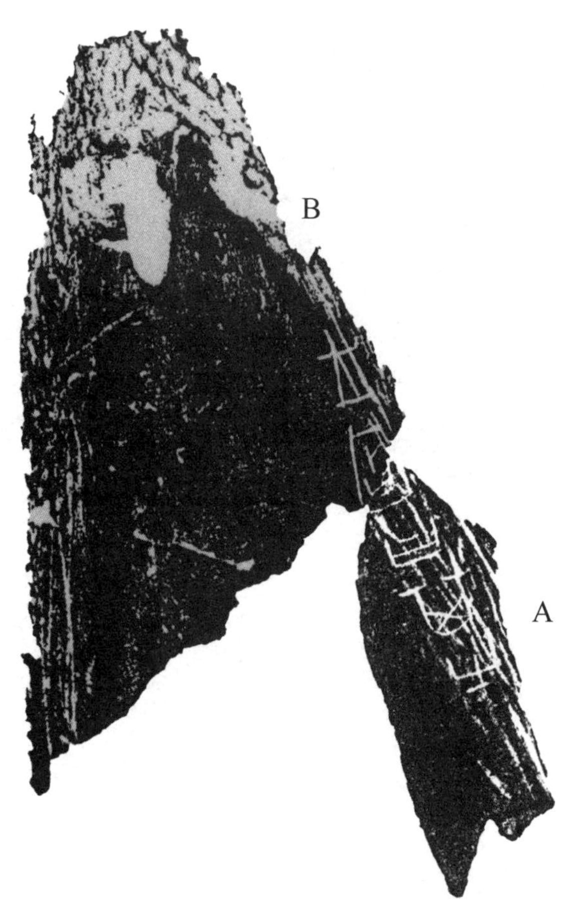

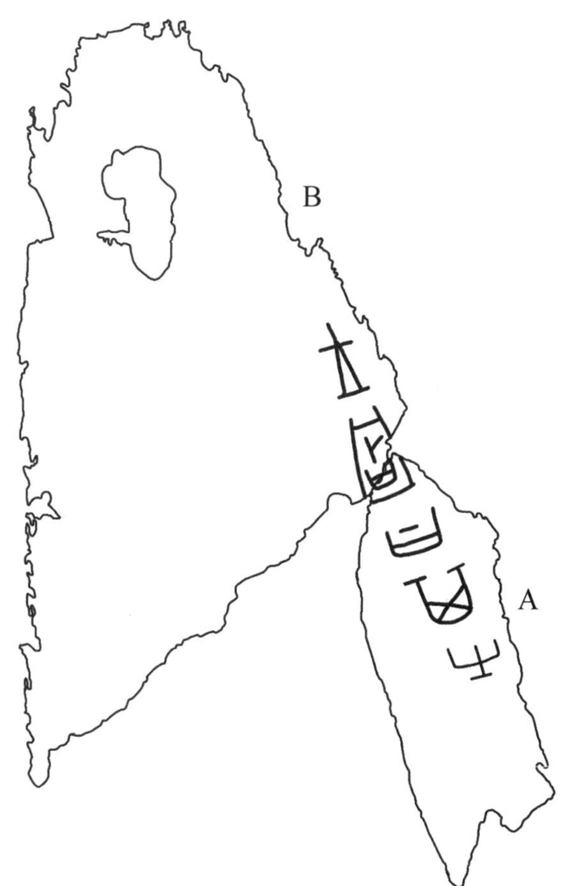
B
A

第 1415 則：殷契綴合第 46、47 則（展翔）

A《輯佚》335 + B《殷遺》378

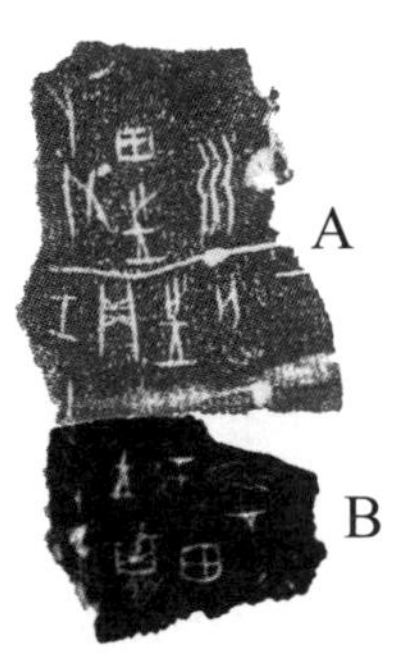

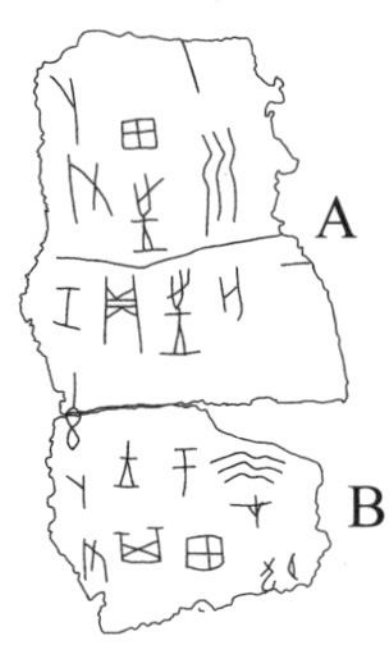

第 1416 則：殷契綴合第 83、84 則（展翔）

A《合補》1504 + B《合》6205

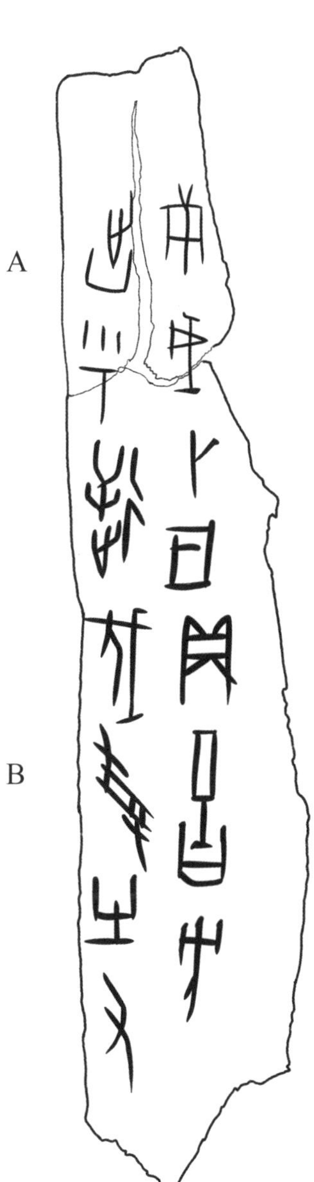

第 1417 则：殷契綴合第 51（替换）、52、53 则（展翔）

A《京人》587 + B《京人》1506

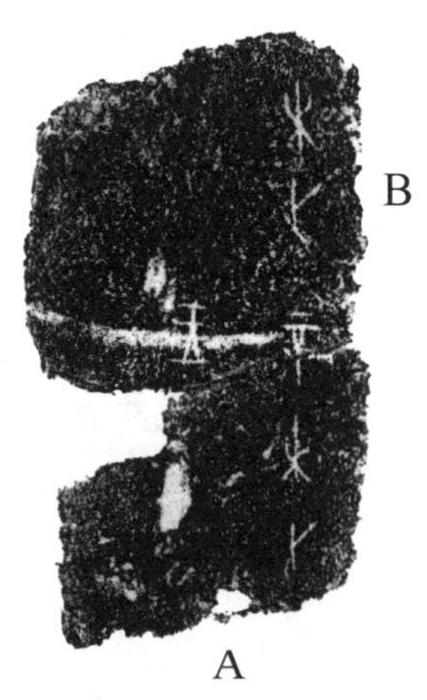

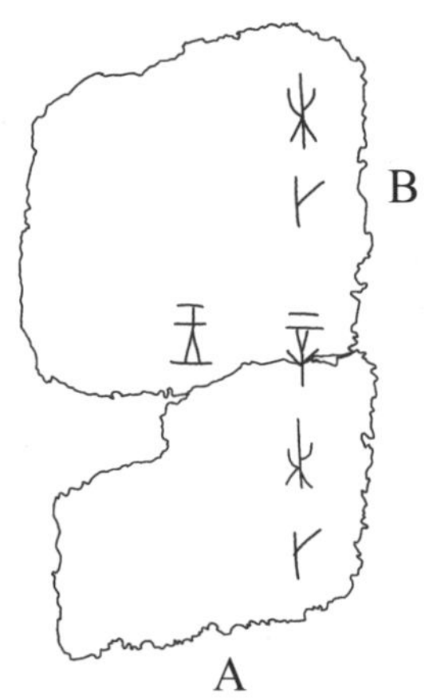

第 1418 則：殷契綴合第 51（替換）、52、53 則（展翔）

A《合補》4066 + B《北珍》2113

第1419则：殷契綴合第51（替换）、52、53则（展翔）

A《合》40146＋B《笏二》433

第 1420 則：殷契綴合第 54～78 則（展翔）

A《合》39822 + B《存補》5.145.1

B

A

B

A

第 1421 則：殷契綴合第 54～78 則（展翔）

A《合補》12376 + B《輯佚》846

第 1422 則：殷契綴合第 54～78 則（展翔）

A《拼集》313 + B《存補》5.307.5

A

B

A

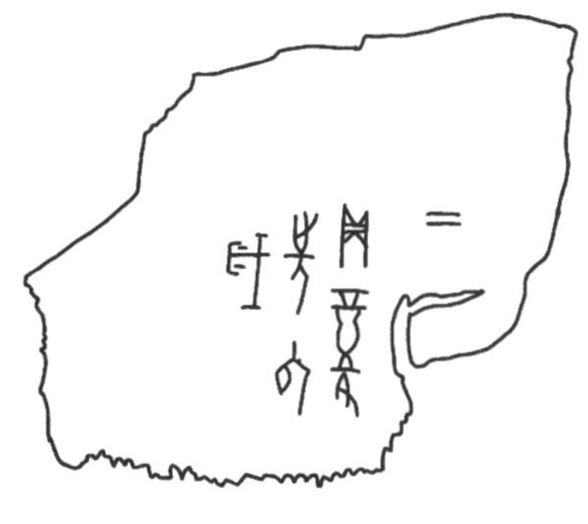

B

第 1423 則：殷契綴合第 86～89 則（展翔）

A《合》24181 + B《德瑞荷比》205

A

B

A

B

第 1424 則：殷契綴合第 54～78 則（展翔）

A《合》8299 + B《合》15939

第 1425 則：殷契綴合第 54～78 則（展翔）

A《合》28345 + B《合》28711

第 1426 則：殷契綴合第 54～78 則（展翔）

A《合》29413 + B《合補》9257

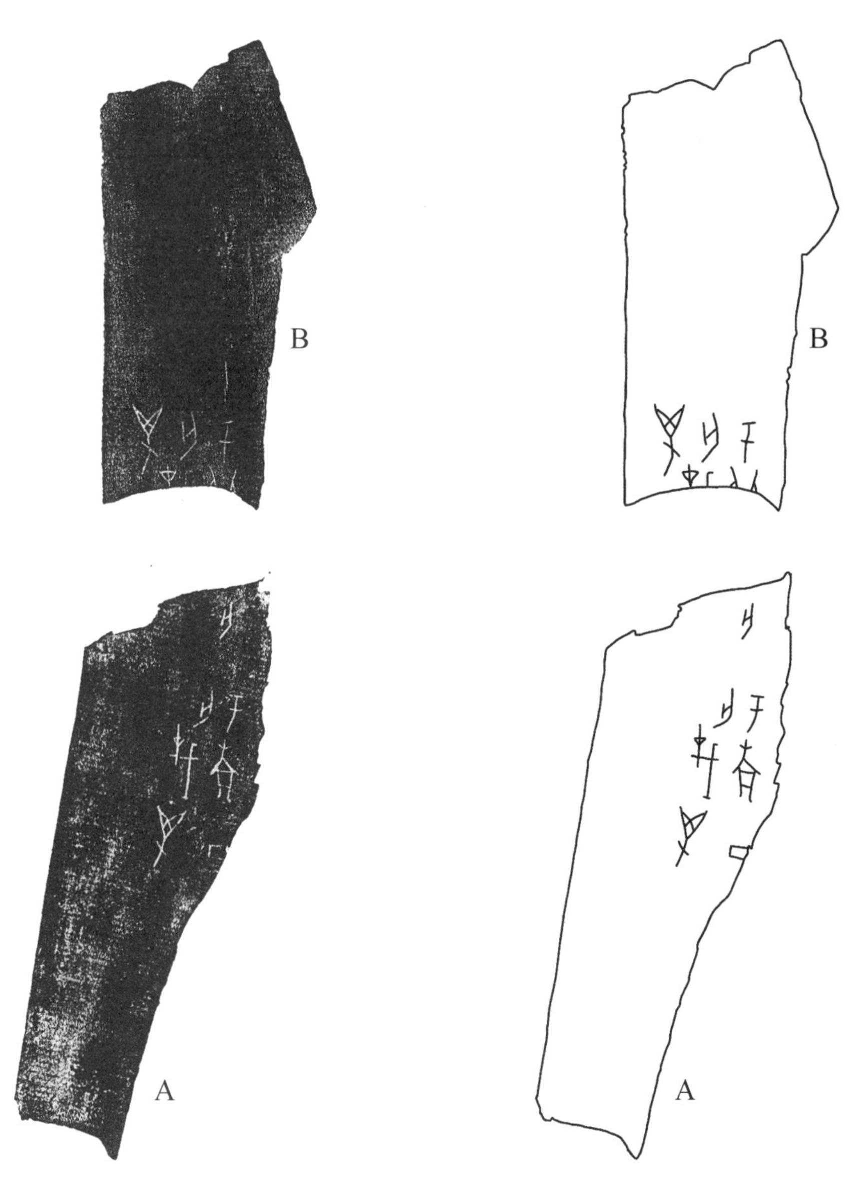

第 1427 則：殷契綴合第 54～78 則（展翔）

A 北圖 12124 + B《合補》9004

第 1428 則：殷契綴合第 54～78 則（展翔）

A《合補》12101 + B《掇二》417

第 1429 則：殷契綴合第 54～78 則（展翔）

A《合》39338 下半 + B《京人》2900

第 1430 則：殷契綴合第 54～78 則（展翔）

A《合》1716 + B《北珍》1652

第 1431 則：殷契綴合第 54～78 則（展翔）

A《合》13353 + B《合》17465

第 1432 則：殷契綴合第 54～78 則（展翔）

A《合》39950 正 + B 北圖 517

第 1433 則：殷契綴合第 54～78 則（展翔）

A《合》8106 + B《合》24382

第 1434 則：殷契綴合第 54～78 則（展翔）

A《笏二》56 + B 北圖 717

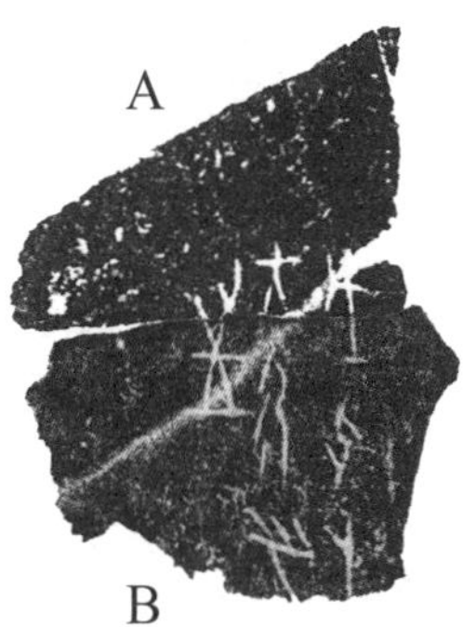

第 1435 則：殷契綴合第 54～78 則（展翔）

A《合》9440 反 + B《笏二》348

第 1436 則：殷契綴合第 54～78 則（展翔）

A《合》12618 + B《笏二》68

B

A

B

A

第 1437 則：殷契綴合第 54～78 則（展翔）

A《笏二》321 + B《笏二》578

第 1438 則：殷契綴合第 54～78 則（展翔）

A《合》39232 + B《合》39106

第 1439 則：殷契綴合第 54～78 則（展翔）

A《合》37937 + B《山東》1099

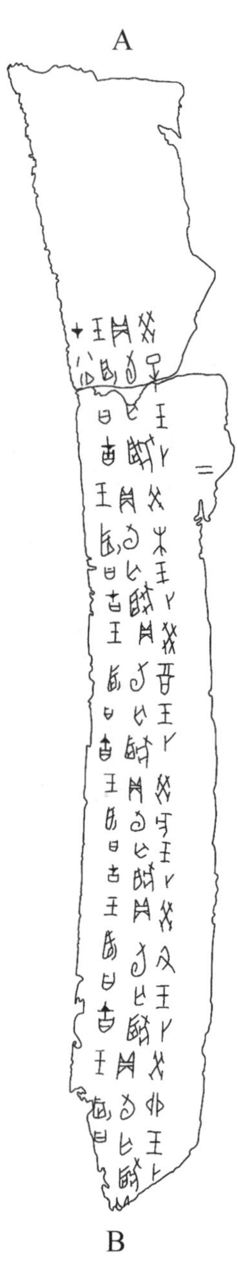

第 1440 則:《山東》腹甲綴合一則(展翔)

A《合》14557 + B《山東》1279

第 1441 則：北圖腹甲綴合一則（展翔）

A《合補》2702 + B《合補》3176

第 1442 則:《上博》背甲綴合一則(展翔)

A《合補》5734 + B《上博》17645.78

第 1443 則:《合補》腹甲綴合兩則（展翔）

A《合補》12172 + B 北圖 8587

第 1444 則:《合補》腹甲綴合兩則(展翔)

A《合補》12259 + B《合補》12446

A

B

A

B

第 1445 則：國家圖書館藏甲骨（已公布部分）著録整理（展翔）

A《合》17577 反 + B《京津》253

第 1446 則：國家圖書館藏甲骨（已公布部分）著録整理（展翔）

A《合》34308 + B 北圖 6822

第 1447 則：國家圖書館藏甲骨（已公布部分）著録整理（展翔）

A《合》37340 + B 北圖 8979

第 1448 則：國家圖書館藏甲骨（已公布部分）著録整理（展翔）

A 北圖 7588 + B《合》25820

第 1449 則：國家圖書館藏甲骨（已公布部分）著録整理（展翔）

A《京人》2713 + B《合》37243

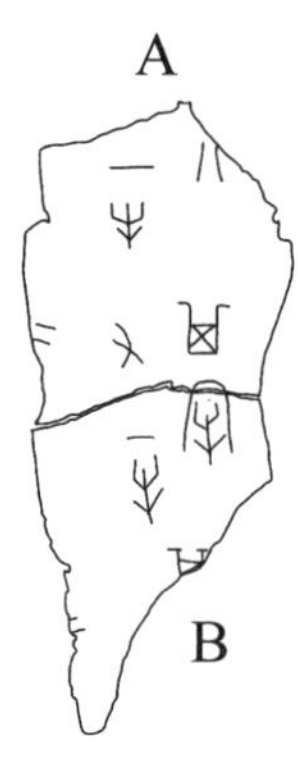

第 1450 則：國家圖書館藏甲骨（已公布部分）著録整理（展翔）

A《旅藏》2042 + B 北圖 8422

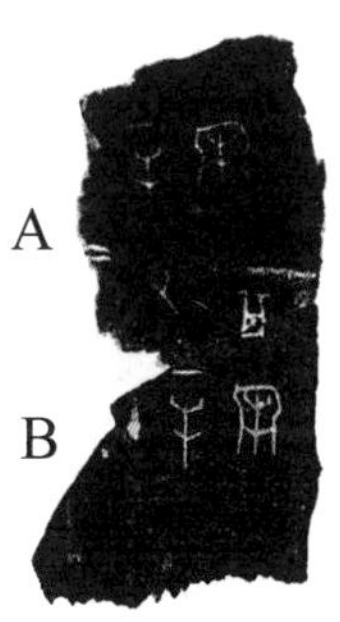

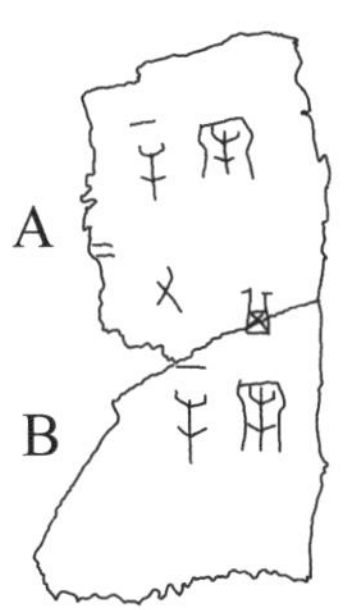

第 1451 則：國家圖書館藏甲骨（已公布部分）著録整理（展翔）

A《合》35991 + B 北圖 8492

第 1452 則：國家圖書館藏甲骨（已公布部分）著録整理（展翔）

A《合》6962 + B《合》4170

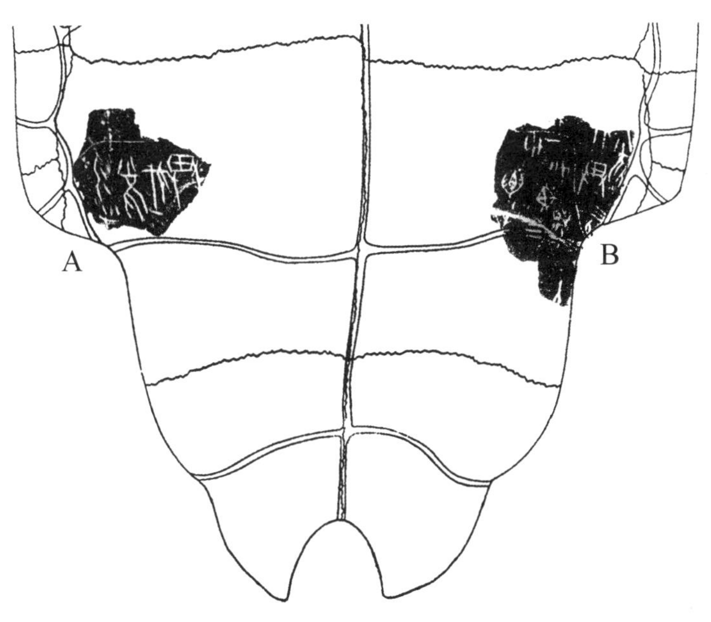

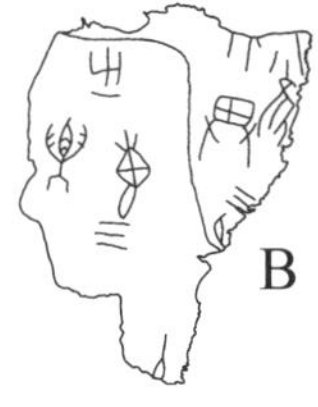

第 1453 則：國家圖書館藏甲骨（已公布部分）著録整理（展翔）

A《合》9541 正反 + B 北圖 11625 正反

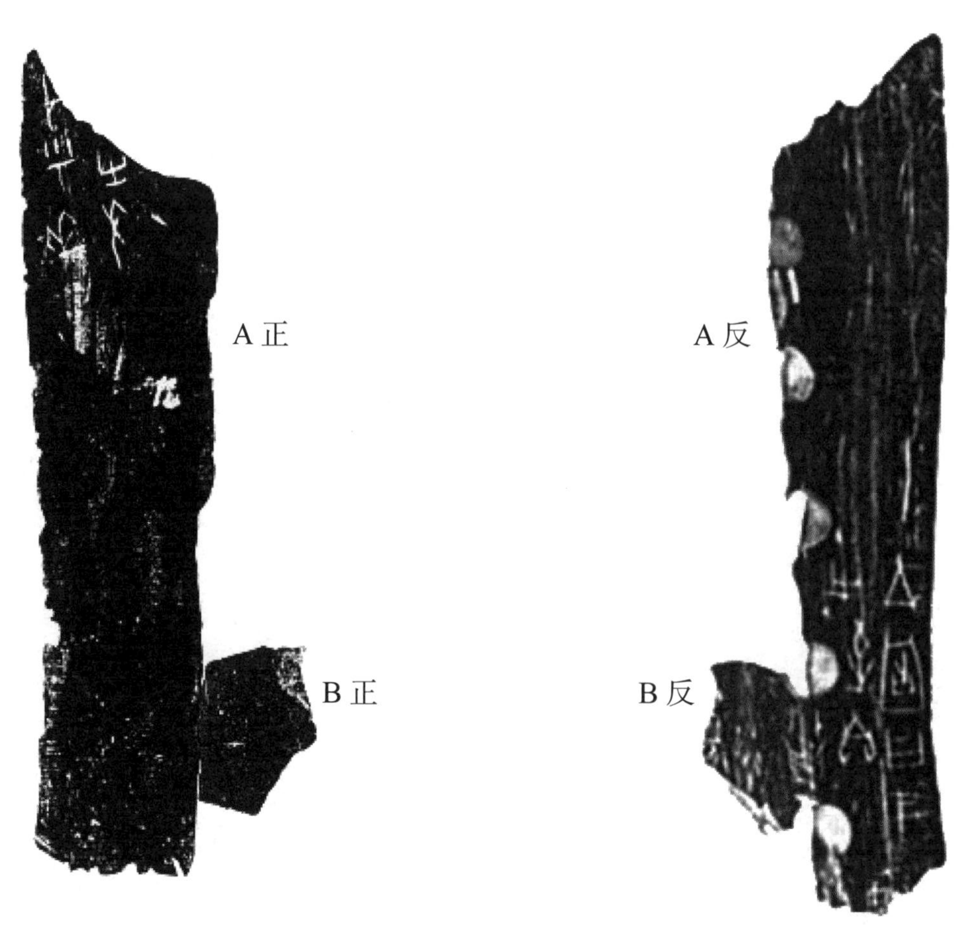

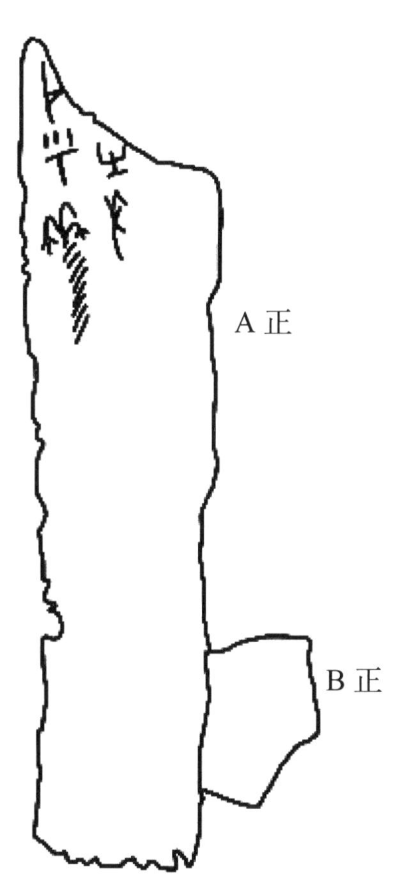
A 正
B 正

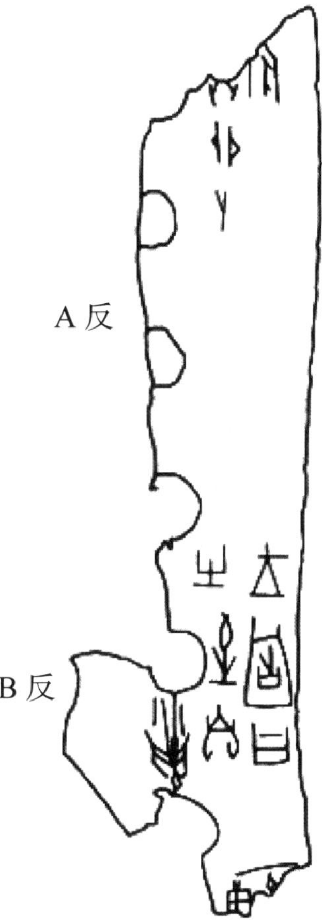
A 反
B 反

第 1454 則：國家圖書館藏甲骨（已公布部分）著録整理（展翔）

A《合》12885 反 + B《旅藏》774 反（圖片截取拼綴部分）

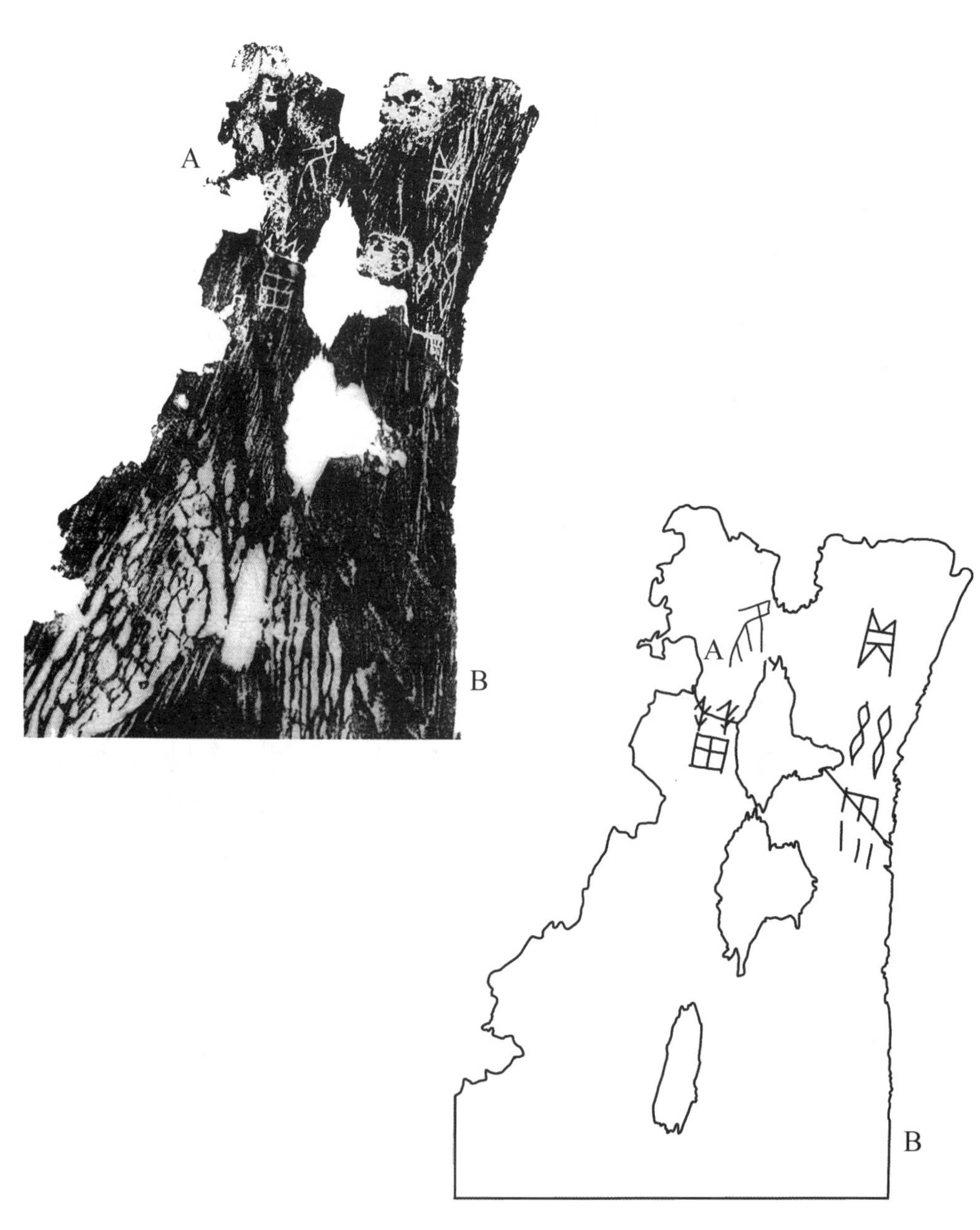

第 1455 則：國家圖書館藏甲骨（已公布部分）著録整理（展翔）

A《合補》3253 正 + B《京人》267 正

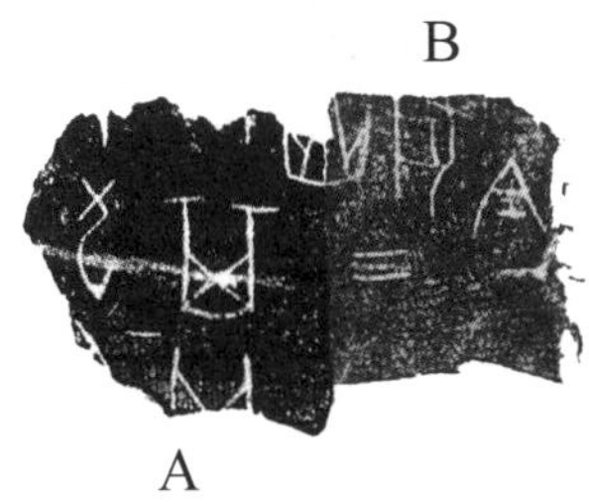

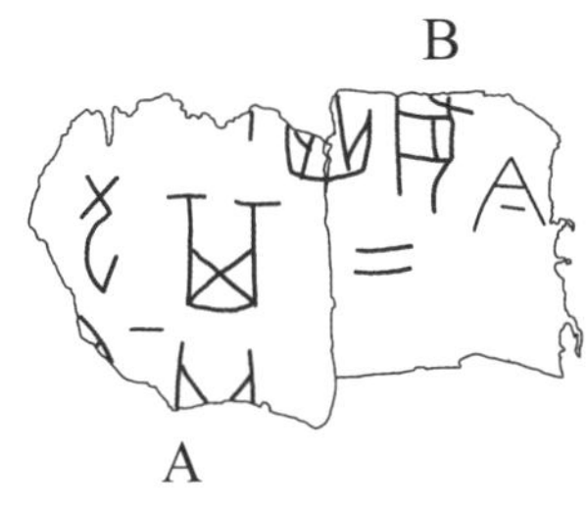

第 1456 則：國家圖書館藏甲骨（已公布部分）著録整理（展翔）

A《合》1300 正 + B《明後》1250

第 1457 則：國家圖書館藏甲骨（已公布部分）著録整理（展翔）

A《合》18224 + B《存補》5.308.2

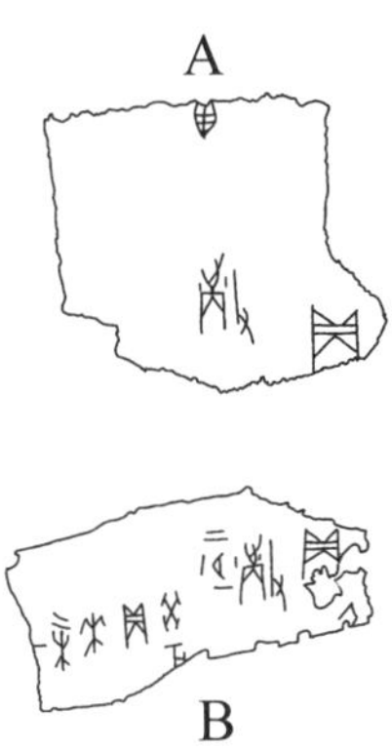

第 1458 則：甲骨綴合第一則（李曉曉）

A《合》20658 + B《合》90

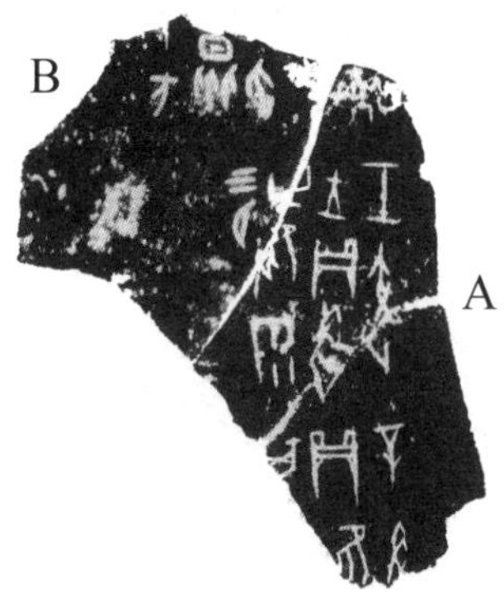

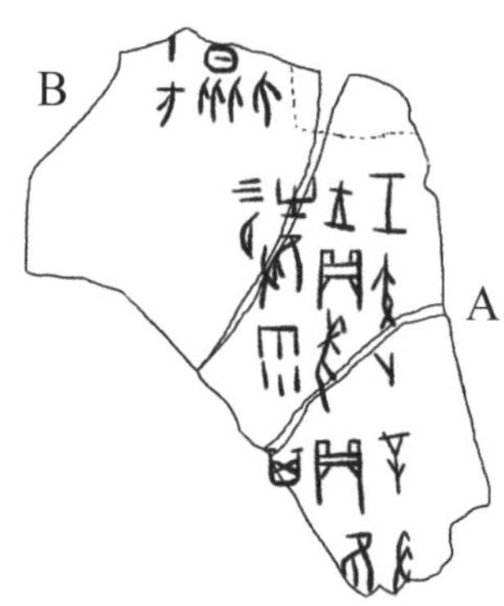

説明與考釋

① 第 1207 則

A:《合》583 反(《合補》4923 反、《寧》2.29+2.31)。

B: 故宫新 180886 反(《大隱於朝》第 24 頁)。

釋文:

王 固(占)曰:“有求(咎),㬎光其有來嬄(艱),气至。”六日戊戌允有[來嬄(艱)],有寇在叀宒,在畬(晻)田農亦焚廩三。十一月。

王 固(占)曰:“有求(咎),其有來嬄(艱)。”

癸酉。

② 第 1208 則

A: 本書第 1257 則。

B:《合》3078(歷拓 9945)。

釋文:

戊子卜,爭鼎(貞):肈丁 帚(寢)三人。

戊子[卜,爭]鼎(貞):☐人。一

☐鼎(貞):☐嬄(艱)。三

[鼎(貞)]: 隹(唯)亞且(祖)乙䖒(害)王。

乙亥卜,☐翼(翌)丁☐弖(强)☐㞢(侑)☐。

③ 第 1209 則

A:《合》3965(歷拓 4389)。

B:《合補》2018(歷藏 23061)。

釋文:

癸☐鼎(貞): 沚㦰爯[册],王[弜(勿)]比☐。

☐弜(勿)☐。

① 第 1207 則選自黄天樹《甲骨文“寇”“農”二字補釋》,《出土文獻》2020 年第 1 期。

② 第 1208 則選自劉影《甲骨新綴第 225—226 組》之第 226 組,劉文原載“中國社會科學院歷史研究所先秦史研究室網站”,https://www.xianqin.org/blog/archives/9432.html,2017 年 11 月 24 日。A、B 爲李愛輝綴合,見先秦史網站: http://www.xianqin.org/blog/archives/8750.html,C 版據同文卜辭《合集》3077 所綴。C 版最左側文字不清晰,據同文推測當爲“乙亥”二字。綴合得到了黄天樹師的悉心指點,謹致謝忱!

③ 第 1209 則選自劉影《形態學理論指導下的甲骨新綴》之第一組,劉文原載《甲骨文與殷商史》新十輯,第 453 頁,上海: 上海古籍出版社,2020 年 11 月。

第1210則[①]

A:《合》26817(《庫》1120、《美藏》138、《卡内基》359)。

B:《合》24434(《庫》1339、《美藏》343、《卡内基》259)。

釋文:

癸子(巳)卜,王曰鼎(貞):今歲受年。癸子(巳)隹(唯)其酌𩰫于[囲(上甲)]。

☐王☐羞☐。

第1211則[②]

A:《合》1139(《寶》3.22、《京人》133)。

B:《合》18066(《後》下15.13)。

釋文:

鼎(貞):翼(翌)[庚]戌[焚]娟于[𣎆],㞢(有)从(從)[雨]。

己酉卜,[穷]鼎(貞):翼(翌)庚戌焚娟于[𣎆,亡(無)其从(從)雨]。

第1212則[③]

A:《合》30751(《甲2687》)。

B:《合》30615(《甲》2437)。

C:《合》30588(《粹》424、善445)。

釋文:

丙辰卜,[何]鼎(貞):其窋。

鼎(貞):弜(勿)窋。

☐☐卜,何鼎(貞):王其用舊各。

鼎(貞):亡(無)𡆥(害)。

---

① 第1210則選自劉影《形態學理論指導下的甲骨新綴》之第二組,劉文原載《甲骨文與殷商史》新十輯,第454—455頁。

② 第1211則選自劉影《形態學理論指導下的甲骨新綴》之第三組,劉文原載《甲骨文與殷商史》新十輯,第455頁。

③ 第1212則選自劉影《形態學理論指導下的甲骨新綴》之第四組,劉文原載《甲骨文與殷商史》新十輯,第455—457頁。

己未卜，何鼎（貞）：葡（箙）祝 叀（惠）舊各用。

鼎（貞）：叀（惠）今止。二。

鼎（貞）：亡（無）蚩（害）。三。

鼎（貞）：王其杋（夙）▨。

鼎（貞）：其登▨。

鼎（貞）：今▨。

鼎（貞）：隹（唯）莫（暮）▨。

鼎（貞）：▨。

①第 1213 則

A：《合》24449（《戩》43.11、歷拓 9571、《續》3.42.3、《上博》17647.451、《殷文》43.11）。

B：《合》24391（《前》3.31.1、《慶甲》6.18）。

釋文：

癸未卜，王曰鼎（貞）：又（有）兕才（在）行，其ナ（左）射，隻（獲）。

癸未卜，王曰鼎（貞）：弗其隻（獲）。兹用。

癸未［卜，王］。

癸未卜，王。

②第 1214 則

A：《合》17172（《京》1698、善 18593）。

B：《合》428（《契》290、歷拓 6270、《北珍》339）。

C：《輯佚》284。

釋文：

甲辰卜，鼎（貞）：叀（惠）翼（翌）乙子（巳）告囲（上甲）。

鼎（貞）：㞢（侑）羌于丁。　二

鼎（貞）：令亣䏌 𠂤（師）般。十三月。　二

鼎（貞）：▨受▨。十三月。　二

① 第 1213 則選自劉影《形態學理論指導下的甲骨新綴》之第五組，劉文原載《甲骨文與殷商史》新十輯，第 457 頁。

② 第 1214 則選自劉影《國家圖書館藏甲骨新綴》之第一組，劉文原載《文獻》2021 年第 1 期，第 26—27 頁。

□卯［卜，鼎（貞）］：葬□于㞢（有）𠂤。

〼十［二］月。　二

［鼎（貞）］：翼（翌）［丁］酉［㞢（侑）］于丁□宰。　二

［鼎（貞）］：生□［月］𡆥（畢）［不其］至。　二

第 1215 則[①]

A：《合》12742（《珠》150）。

B：《合》24947（北圖 2114）。

釋文：

丙戌卜，出鼎（貞）：祼告日于丁，于南室告。八月　一

〼不冓（遘）雨。一

□□［卜］，出［鼎（貞）：］〼冓（遘）［雨］。

第 1216 則[②]

A：《合》13550（《京》1170、北圖 3341）。

B：《合》17444（《續》6.23.10、《簠拓》326、《簠典》32）。

釋文：

［甲］戌卜，𡧊鼎（貞）：［㞢（有）］瘖，王秉棘才（在）中宗，不隹（唯）囚。八月　二

第 1217 則[③]

A：《合》7615 正反（北圖 2258）。

B：《旅藏》769 正反。

釋文：

正面：

一　二告　一　小告　一　一　三

① 第 1215 則選自劉影《國家圖書館藏甲骨新綴》之第二組，劉文原載《文獻》2021 年第 1 期，第 28—29 頁。
② 第 1216 則選自劉影《國家圖書館藏甲骨新綴》之第三組，劉文原載《文獻》2021 年第 1 期，第 29—31 頁。
③ 第 1217 則選自張重生《AI 驅動的甲骨綴合——附新綴十則》之第一則，張文原載"中國社會科學院歷史研究所先秦史研究室網站"，https://www.xianqin.org/blog/archives/14062.html，2020 年 9 月 20 日。

一　二　二告　三　二告　四　五　六　二告　二告

反面：

庚寅。

□酉卜，鼎（貞）：蒐戠。

弜（勿）戠。

① 第 1218 則

A：《拼集》65（《合》10042+《英藏》824+《合》9941）。

B：《英藏》1168。

釋文：

正面：

甲子卜，㱿鼎（貞）：我受稻年。　三

鼎（貞）：我不其受稻年。

鼎（貞）：我受黍年。

丁丑卜，[illegible]鼎（貞）：令㞒往。三　二告

鼎（貞）：弜（勿）令㞒。

鼎（貞）：往于𦎫。二　二告　不𢆶黽

鼎（貞）：往于𦎫。

鼎（貞）：弜（勿）往于𦎫。

鼎（貞）：[illegible]槅弔。

鼎（貞）：弜（勿）[illegible]。　小告

鼎（貞）：弜（勿）[illegible]槅弔。

鼎（貞）：[illegible]槅弔。一　二告

反面：

乎（呼）□。

弜（勿）燎于土。

---

① 第 1218 則選自張重生《AI 驅動的甲骨綴合——附新綴十則》之第二則，張文原載“中國社會科學院歷史研究所先秦史研究室網站”，https://www.xianqin.org/blog/archives/14062.html，2020 年 9 月 20 日。

第 1219 則[①]

A:《合》165(《續》3.43.3、《簠游》34)。

B:《合》2873(《前》1.39.4)。

釋文:

乙酉卜,𠙶鼎(貞):射㠯隻(獲)羌。二

鼎(貞):弖(勿)卬(禦)疾齒。

鼎(貞):㞢(侑)于兄丁。

鼎(貞):丙卬(禦)。

鼎(貞):☐。

第 1220 則[②]

A:《合》2824(《簠雜》89、歷拓 10130)。

B:《合補》5175(歷拓 12874)。

釋文:

鼎(貞):㝵(得)。一　小告

不其㝵(得)。一　不夆黽

鼎(貞):帚(婦)[illegible]𣊭册妻。一　小告

第 1221 則[③]

A:《合》7494(《珠》182)。

B:《合》13242(《合補》3222、《鐵》107.2、《中歷藏》748、歷拓 1049)。

釋文:

鼎(貞):☐不☐。

鼎(貞):翼(翌)丁未易(賜)日。

---

① 第 1219 則選自張重生《AI 驅動的甲骨綴合——附新綴十則》之第三則,張文原載"中國社會科學院歷史研究所先秦史研究室網站",https://www.xianqin.org/blog/archives/14062.html,2020 年 9 月 20 日。

② 第 1220 則選自張重生《AI 驅動的甲骨綴合——附新綴十則》之第四則,張文原載"中國社會科學院歷史研究所先秦史研究室網站",https://www.xianqin.org/blog/archives/14062.html,2020 年 9 月 20 日。

③ 第 1221 則選自張重生《AI 驅動的甲骨綴合——附新綴十則》之第五則,張文原載"中國社會科學院歷史研究所先秦史研究室網站",https://www.xianqin.org/blog/archives/14062.html,2020 年 9 月 20 日。

叀（惠）王比。

鼎（貞）：弜（勿）隹（唯）王比戠。

鼎（貞）：王比沚戠。

鼎（貞）：弜（勿）比沚戠。

① 第 1222 則

A：《合》14981（《合補》4185、《續存》上 1308）。

B：《合》15543（《佚》336）。

釋文：

正面：

鼎（貞）：若。

鼎（貞）：燎。

鼎（貞）：㞢（有）𡆥（孽）。

鼎（貞）：曰亡𡆥（孽）。

☐㞢（有）☐。

反面：

王 固（占）曰☐。

② 第 1223 則

A：《合》3007（《前》6.19.6）。

B：《合》12495（《北珍》1453）。

釋文：

鼎（貞）：钔（禦）子央于羸甲。

鼎（貞）：燎三宰。

今一月雨。

甲辰卜，亘鼎（貞）：燎三宰。

今一月雨。

① 第 1222 則選自張重生《AI 驅動的甲骨綴合——附新綴十則》之第六則，張文原載“中國社會科學院歷史研究所先秦史研究室網站”，https://www.xianqin.org/blog/archives/14062.html，2020 年 9 月 20 日。

② 第 1223 則選自張重生《AI 驅動的甲骨綴合——附新綴十則》之第七則，張文原載“中國社會科學院歷史研究所先秦史研究室網站”，https://www.xianqin.org/blog/archives/14062.html，2020 年 9 月 20 日。

鼎（貞）：㞢于父甲宰。

□□卜，□鼎（貞）：今□雨。

第1224則[①]

A：《合》13132。

B：《合》17750（《上博》17647.502）。

釋文：

鼎（貞）：祉（延）攴（敂）。三　不夆黽

三　不夆黽

第1225則[②]

A：《合》6541（《中歷藏》309、歷拓12215）。

B：《合》7483（《林》1.6.11）。

釋文：

鼎（貞）：弓（勿）㲋人五千。四

鼎（貞）：弗其受㞢（有）又（祐）。四

鼎（貞）：弓（勿）伐□方。四

受又（祐）。四

鼎（貞）：王伐□方。受㞢（有）又（祐）。四

戊辰。

王弓（勿）比沚𢦏。

第1226則[③]

A：《合》12344（《粹》748）。

B：《合補》3636（《懷》923）。

① 第1224則選自張重生《AI驅動的甲骨綴合——附新綴十則》之第八則，張文原載“中國社會科學院歷史研究所先秦史研究室網站”，https://www.xianqin.org/blog/archives/14062.html，2020年9月20日。

② 第1225則選自張重生《AI驅動的甲骨綴合——附新綴十則》之第九則，張文原載“中國社會科學院歷史研究所先秦史研究室網站”，https://www.xianqin.org/blog/archives/14062.html，2020年9月20日。

③ 第1226則選自張重生《AI驅動的甲骨綴合——附新綴十則》之第十則，張文原載“中國社會科學院歷史研究所先秦史研究室網站”，https://www.xianqin.org/blog/archives/14062.html，2020年9月20日。

釋文：

癸未卜，争鼎（貞）：翼（翌）甲申雨。一

鼎（貞）：翼（翌）丙［戌］雨。

鼎（貞）：翼（翌）癸子（巳）雨。一

鼎（貞）：翼（翌）庚［子］雨。庚子□。

① 第 1227 則

A：《契合》49（《合》13587+《合》18006）。

B：《中歷藏》502。

釋文：

甲戌卜，鼎（貞）：其㞢（有）乍（作）旡兹家。一

鼎（貞）：亡作旡。

鼎（貞）：埜（野）宗不徲（遭）雨。一

亡其从（從）雨。

鼎（貞）：叀（惠）辛未彡王亥。一

鼎（貞）：牢㞢（又）一牛。

② 第 1228 則

A：《合》27957。

B：《合補》9513。

釋文：

弜（勿）先馬，其每（悔），雨。

庚子□。

③ 第 1229 則

A：《合》27773。

---

① 第 1227 則選自綴多多《AI 新綴二十則》之第一則，原載“中國社會科學院歷史研究所先秦史研究室網站”，https://www.xianqin.org/blog/archives/14331.html，2020 年 10 月 30 日。

② 第 1228 則選自綴多多《AI 新綴二十則》之第二則，原載“中國社會科學院歷史研究所先秦史研究室網站”，https://www.xianqin.org/blog/archives/14331.html，2020 年 10 月 30 日。

③ 第 1229 則選自綴多多《AI 新綴二十則》之第三則，原載“中國社會科學院歷史研究所先秦史研究室網站”，https://www.xianqin.org/blog/archives/14331.html，2020 年 10 月 30 日。

B：《合》28549（《粹》1005）。

釋文：

弜（勿）□其□。

乙王其田，不雨。

其雨。

枂（夙）入不雨。

第 1230 則[①]

A：《合》27754（《京》4746）。

B：《合》28903。

釋文：

弜（勿）田□。

叀（惠）宊各用，亡𢦏（災）。

叀（惠）叜［各用］，亡𢦏（災）。

第 1231 則[②]

A：《合》27083（《粹》542）。

B：《合補》5651。

釋文：

乙丑卜□。

弜（勿）射。

三匚二示卯，王衩。于之若，又（有）正。

弜（勿）衩。于之若，又（有）正。

第 1232 則[③]

A：《合補》318 正反（《天理》44 正反）。

---

① 第 1230 則選自綴多多《AI 新綴二十則》之第四則，原載"中國社會科學院歷史研究所先秦史研究室網站"，https://www.xianqin.org/blog/archives/14331.html，2020 年 10 月 30 日。

② 第 1231 則選自綴多多《AI 新綴二十則》之第五則，原載"中國社會科學院歷史研究所先秦史研究室網站"，https://www.xianqin.org/blog/archives/14331.html，2020 年 10 月 30 日。

③ 第 1232 則選自綴多多《AI 新綴二十則》之第六則，原載"中國社會科學院歷史研究所先秦史研究室網站"，https://www.xianqin.org/blog/archives/14331.html，2020 年 10 月 30 日。《合》17132 正反 +《珠》1425 爲林宏明先生綴，見先秦史網站：https://www.xianqin.org/blog/archives/4158.html。

B：《合》17132 正反（《京人》993ab）。

C：《珠》1425。

釋文：

正面：

〼子〼㞢〼于母庚〼伐。二

鼎（貞）：𠛱（刖）不𣧍（殞）。二　三　二告

己子（巳）卜，㱿鼎（貞）：翼（翌）庚午〼。

［王］固（占）曰：吉。其〼。

反面：

王固（占）曰：吉。

① 第 1233 則

A：《合》6114（《珠》1193）。

B：《合》6180。

釋文：

鼎（貞）：𢀛方［不］出。

其亦出。

𠨘人乎（呼）伐。

鼎（貞）：𢀛方弗𦎫沚。

② 第 1234 則

A：《合》7307（《福》10）。

B：《合補》1810（《天理》168）。

釋文：

鼎（貞）：不其雨。

鼎（貞）：弓（勿）収人。

---

① 第 1233 則選自綴多多《AI 新綴二十則》之第七則，原載"中國社會科學院歷史研究所先秦史研究室網站"，https://www.xianqin.org/blog/archives/14331.html，2020 年 10 月 30 日。

② 第 1234 則選自綴多多《AI 新綴二十則》之第八則，原載"中國社會科學院歷史研究所先秦史研究室網站"，https://www.xianqin.org/blog/archives/14331.html，2020 年 10 月 30 日。

鼎（貞）：其雨。

鼎（貞）：弜（勿）乎（呼）視𢀛方。

第 1235 則[①]

A：《合補》1996（《懷》948）。

B：《拼集》54（《合》6508+《合》6510+《合》18917）。

釋文：

弜（勿）☐。一

鼎（貞）：王比望乘伐［下］危，受㞢（有）又（祐）。一　二告　不夅黽

鼎（貞）：王弜（勿）比望乘。

取。

鼎（貞）：乎（呼）肉。

鼎（貞）：乎（呼）収㠯（次）。

鼎（貞）：弜（勿）収。

第 1236 則[②]

A：《合》17281（《鐵》27.1、《珠》983）。

B：《上博》21569.37。

釋文：

鼎（貞）：☐登☐。

鼎（貞）：不隹（唯）王㞢（有）戠（異）𡿧（害）。

第 1237 則[③]

A：《合》11609。

① 第 1235 則選自綴多多《AI 新綴二十則》之第九則，原載“中國社會科學院歷史研究所先秦史研究室網站”，https://www.xianqin.org/blog/archives/14331.html，2020 年 10 月 30 日。

② 第 1236 則選自綴多多《AI 新綴二十則》之第十一則，原載“中國社會科學院歷史研究所先秦史研究室網站”，https://www.xianqin.org/blog/archives/14331.html，2020 年 10 月 30 日。

③ 第 1237 則選自綴多多《AI 新綴二十則》之第十二則，原載“中國社會科學院歷史研究所先秦史研究室網站”，https://www.xianqin.org/blog/archives/14331.html，2020 年 10 月 30 日。

B：《合》11481（《旅藏》711）。

釋文：

辛未。十一月。

十一月虫食。

第 1238 則[①]

A：本書第 1348 則。

B：《合補》5679。

釋文：

鼎（貞）：☐弗☐戠（翦）羌☐

鼎（貞）：虫于黄尹。

己亥卜：𠦪（禱）于示。四　二告

☐庚☐不☐［黄］尹。三　二告

第 1239 則[②]

A：《合》7106（《京》1177）。

B：《合》7449（北圖 2455）。

釋文：

其虫（有）來自西。

鼎（貞）：王比沚戫。

☐王比。

第 1240 則[③]

A：《合》6343（《簠拓》789、《簠人》58+《簠征》22、《續》3.7.9）。

B：《北珍》2523。

---

① 第 1238 則選自綴多多《AI 新綴二十則》之第十三則，原載"中國社會科學院歷史研究所先秦史研究室網站"，https://www.xianqin.org/blog/archives/14331.html，2020 年 10 月 30 日。《英藏》1191+《合補》4108 爲李愛輝所綴。

② 第 1239 則選自綴多多《AI 新綴二十則》之第十四則，原載"中國社會科學院歷史研究所先秦史研究室網站"，https://www.xianqin.org/blog/archives/14331.html，2020 年 10 月 30 日。

③ 第 1240 則選自綴多多《AI 新綴二十則》之第十五則，原載"中國社會科學院歷史研究所先秦史研究室網站"，https://www.xianqin.org/blog/archives/14331.html，2020 年 10 月 30 日。

釋文：

庚寅。

壬辰。

鼎（貞）：叀（惠）𢀛方叡伐，𢦏（翦）。

弜（勿）乎（呼）王族同于疛。

鼎（貞）：今庚寅弜（勿）令。一

① 第 1241 則

A：《合》13183（《京》495、《粹》607）。

B：《合補》3923。

釋文：

鼎（貞）：甹（寧）攴于[illegible]。二

甲戌易（賜）日。

甲戌不其易（賜）日。

乙亥易（賜）日。

［不］其［易（賜）］日。

② 第 1242 則

A：《合》14749 正反（《前》1.49.7、《通》322、北圖 4878）。

B：《綴續》531（《合》6195+《存補》5.140.2）。

釋文：

正面：

鼎（貞）：弜（勿）乎（呼）目𢀛方。

鼎（貞）：乎（呼）目𢀛方。

鼎（貞）：乎（呼）目𢀛方。

燎于罟。

① 第 1241 則選自綴多多《AI 新綴二十則》之第十六則，原載“中國社會科學院歷史研究所先秦史研究室網站”，https://www.xianqin.org/blog/archives/14331.html，2020 年 10 月 30 日。

② 第 1242 則選自綴多多《AI 新綴二十則》之第十七則，原載“中國社會科學院歷史研究所先秦史研究室網站”，https://www.xianqin.org/blog/archives/14331.html，2020 年 10 月 30 日。

鼎（貞）：燎于王亥。

鼎（貞）：燎于旨。

鼎（貞）：燎于王亥。

鼎（貞）：燎于旨。

☐恆。

反面：

丁卯卜，穷☐。

第 1243 則[①]

A：《合補》3659（《天理》119）。

B：《上博》46456。

釋文：

鼎（貞）：☐庚☐不☐。

己卯卜。

鼎（貞）：翼（翌）壬午其雨。

鼎（貞）：翼（翌）丁亥不雨。

第 1244 則[②]

A：《合》6306（《粹》1146）。

B：《合補》3927（《懷》916）。

釋文：

鼎（貞）：乎（呼）﨤（犯）[舌] 方。

鼎（貞）：先。

鼎（貞）：來。

鼎（貞）：翼（翌）庚午其宜，易（賜）日。

☐ 舌 ☐。

---

① 第 1243 則選自綴多多《AI 新綴二十則》之第十八則，原載"中國社會科學院歷史研究所先秦史研究室網站"，https://www.xianqin.org/blog/archives/14331.html，2020 年 10 月 30 日。

② 第 1244 則選自綴多多《AI 新綴二十則》之第十九則，原載"中國社會科學院歷史研究所先秦史研究室網站"，https://www.xianqin.org/blog/archives/14331.html，2020 年 10 月 30 日。

[1] 第 1245 則

A：《合》954（《粹》187）。

B：《合》4248（歷拓 10371）。

釋文：

甲辰卜，爭鼎（貞）：㞢（侑）伐于大甲。

鼎（貞）：□土□。

丙辰卜，爭鼎（貞）：自（師）㞢刿。一

鼎（貞）：奠于丘絶。一　二告　不𠂤鼁。

[2] 第 1246 則

A：本書第 1220 則。

B：《綴集》21（《合》870+《合》6232）。

釋文：

癸丑卜，宂鼎（貞）：今至于丁子（巳）追至。一月　一

五日丁子（巳）追允至。（反面）

辛未卜，宂鼎（貞）：乎（呼）伐𢀛方，受㞢（有）又（祐）。一

鼎（貞）：不亦雨。一　二告　不𠂤鼁

鼎（貞）：［其］亦［雨］。一

鼎（貞）：㝵（得）。小告

不其㝵（得）。一　不𠂤鼁

鼎（貞）：帚（婦）[illegible]瞀册妻。小告

[3] 第 1247 則

A：《合》11759（《珠》108）。

B：《合》15149（《前》6.5.2、歷拓 6550）。

釋文：

王卯。

---

① 第 1245 則選自莫伯峰《AI 綴合中的人機耦合》之第一則，莫文原載《出土文獻》2021 年第 1 期。

② 第 1246 則選自莫伯峰《AI 綴合中的人機耦合》之第二則，莫文原載《出土文獻》2021 年第 1 期。

③ 第 1247 則選自莫伯峰《AI 綴合中的人機耦合》之第三則，莫文原載《出土文獻》2021 年第 1 期。

王卬。

鼎（貞）：乎（呼）往。

庚子卜，韋鼎（貞）：雨。

① 第 1248 則

A：《合補》2684（《天理》61）。

B：《上博》49003.250。

釋文：

鼎（貞）：求牛于㰯。

〼不〼。

② 第 1249 則

A：《合補》1913 正臼（歷拓 5724）。

B：《合補》2161（《天理》216）。

釋文：

正面：

□□［卜］，爭鼎（貞）：𠂤往歸，方其𦎫。二月。

臼：

〼示一屯。

③ 第 1250 則

A：《合》29705。

B：《合補》9587（《天理》513）。

釋文：

辛〼。

即日戊彡。

---

① 第 1248 則選自莫伯峰《AI 綴合中的人機耦合》之第四則，莫文原載《出土文獻》2021 年第 1 期。

② 第 1249 則選自莫伯峰《AI 綴合中的人機耦合》之第五則，莫文原載《出土文獻》2021 年第 1 期。釋文有修訂。

③ 第 1250 則選自莫伯峰、張展《計算機輔助綴合研討一則——談“日有即”》，《民俗典籍文字研究》第二十八期，北京：商務印書館，2021 年。

即日甲酌，王受又（祐）。

第1251則[①]

A：《合》30552（《寧》1.113）。

B：《屯》253。

釋文：

壬子卜：其用兹𢀛。吉

弜（勿）用黑羊，亡雨。

叀（惠）白羊用，于之又（有）大雨。

王寍又攴（殺）。

弜（勿）寍。

第1252則[②]

A：《合》6809（《甲》3467）。

B：《合》8581（《山東》1699、歷拓7707）。

釋文：

鼎（貞）：叀（惠）☐小宰。

己未卜，鼎（貞）：𢀛方不亦𡆥（犯）。一

辛☐卜，[鼎（貞）]：弜（勿）☒。一

第1253則[③]

A：《合》5997（《後》下15.7）。

B：《合補》1756（歷藏26424）。

釋文：

☐☐[卜]：王于㭘☒少☒㭘☒犬☒。一　二

① 本則綴合與《屯》2623爲同文卜辭，綴合得到黄天樹師的悉心指導，謹致謝忱！

② 第1252則選自李愛輝《甲骨拼合第377～383則》之第377則，李文原載"中國社會科學院歷史研究所先秦史研究室網站"，https://www.xianqin.org/blog/archives/8750.html。綴合得到黄天樹師的悉心指導，謹致謝忱！

③ 第1253則選自李愛輝《甲骨拼合第377～383則》之第378則，李文原載"中國社會科學院歷史研究所先秦史研究室網站"，https://www.xianqin.org/blog/archives/8750.html。綴合得到黄天樹師的悉心指導，謹致謝忱！

① 第 1254 則

A：《合》7764（《録》908）。

B：《合》15080（《山東》367、歷拓 6661）。

釋文：

[鼎（貞）]：叀（惠）大☑多☑。

鼎（貞）：弓（勿）令。

鼎（貞）：丙肇。

鼎（貞）：翼（翌）丁卯㞢（侑）于宰㞢（又）一牛。

鼎（貞）：弓（勿）往，罘☑。

② 第 1255 則

A：《合》17128（善 5484、《誠》345、《京》1692）。

B：《合》17133（善 14563、《京》1693）。

釋文：

□□[卜]，鼎（貞）：☑不𡆥（殞）。

[壬]寅卜☑先☑。二

鼎（貞）：不𡆥（殞）。

③ 第 1256 則

A：《拼五》1147。

B：《輯佚》77。

釋文：

[庚]子卜，鼎（貞）：㞢（侑）匚（報）于[南]室。

☑弓（勿）☑。

丁未卜，鼎（貞）：王夕深，隹（唯）㞢（有）由。三

鼎（貞）：不隹（唯）㞢（有）由。二月。三

① 第 1254 則選自李愛輝《甲骨拼合第 377～383 則》之第 379 則，李文原載“中國社會科學院歷史研究所先秦史研究室網站”，https://www.xianqin.org/blog/archives/8750.html。綴合得到黄天樹師的悉心指導，謹致謝忱！

② 第 1255 則選自李愛輝《甲骨拼合第 377～383 則》之第 380 則，李文原載“中國社會科學院歷史研究所先秦史研究室網站”，https://www.xianqin.org/blog/archives/8750.html。綴合得到黄天樹師的悉心指導，謹致謝忱！

③ 第 1256 則選自李愛輝《甲骨拼合第 377～383 則》之第 381 則，李文原載“中國社會科學院歷史研究所先秦史研究室網站”，https://www.xianqin.org/blog/archives/8750.html。綴合得到黄天樹師的悉心指導，謹致謝忱！

□□卜，鼎（貞）：☒砍☒罙。三

□□卜，宊［鼎（貞）］：㞢（有）求人亡疾。

癸未卜，鼎（貞）：翼（翌）戊子王往逐𢀛。三

①第 1257 則

A：《合》1062（《北珍》2301、《契》615、歷拓 6282）。

B：《合》1663（《北珍》1086、《契》253、歷拓 6221）。

釋文：

☒嬉（艱）。

［鼎（貞）］：隹（唯）亞且（祖）乙蚩（害）王。三

戊子卜，爭鼎（貞）：肇丁帚（寢）三人。

戊子［卜，爭］鼎（貞）：☒人☒。三

三。

②第 1258 則

A：《合》557。

B：《甲骨文集》3.0.1814。

C：《合》420。

D：《合》4184。

釋文：

癸酉卜，鼎（貞）：其自𠭯（畢）㞢（有）來嬉（艱）。

鼎（貞）：不自𠭯（畢）㞢（有）來嬉（艱）。十一月　一

癸酉卜，鼎（貞）：商爯𦉢。

鼎（貞）：弓（勿）商，䜴（待）𠭯（畢）。

甲戌卜，翼（翌）乙亥㞢于且（祖）乙。一

① 第 1257 則選自李愛輝《甲骨拼合第 377～383 則》之第 382 則，李文原載“中國社會科學院歷史研究所先秦史研究室網站”，https://www.xianqin.org/blog/archives/8750.html。綴合得到黃天樹師的悉心指導，謹致謝忱！

② 第 1258 則選自李愛輝《甲骨拼合第 377～383 則》之第 383 則，李文原載“中國社會科學院歷史研究所先秦史研究室網站”，https://www.xianqin.org/blog/archives/8750.html。綴合得到黃天樹師的悉心指導，謹致謝忱！《合》557+《甲骨文集》3.0.1814 見林勝祥《〈殷虛文字甲編〉新綴二十六例》，《第七屆中國訓詁學全國學術研討會》論文，2005 年 5 月 28 日。林宏明先生加綴《合》420。

鼎（貞）：其㞢（侑）于且（祖）乙牢。

戊戌卜，鼎（貞）：升歲㞢（侑）羌。一月。一

丙午卜，鼎（貞）：𡆥來用自匣（上甲）。

□□［卜，㱿鼎（貞）：㞢（有）］求一人亡疾。十二月。一

甲子卜，㱿鼎（貞）：弓（勿）□𠭯〼。

甲子卜，㱿鼎（貞）：𣏟（夙）求雨娥（宜）于河。

〼雨娥（宜）。一月。

癸未卜，鼎（貞）：翼（翌）戊子王往逐𢀛。

鼎（貞）：弓（勿）往。一

〼一月。

鼎（貞）：令叄取寇于若。

癸未卜，鼎（貞）：弓（勿）隹（唯）叄令。一月。一

甲午卜，鼎（貞）：退，𠭯于甲寅彡。一

鼎（貞）：弓（勿）退，彡夕。一

乙未卜，鼎（貞）：乎（呼）先取寇于〼。一

鼎（貞）：弓（勿）乎（呼）。一

弓（勿）乎（呼）。

庚子卜，鼎（貞）：其肇丁用于癸卯彡。

庚子卜，鼎（貞）：㞢（侑）匚（報）于南室。

鼎（貞）：弓（勿）㞢（侑）。一

鼎（貞）：三十牢。一。

鼎（貞）：五十牢。一。

辛丑卜，鼎（貞）：令𥔧𠂤宷〼。一

鼎（貞）：弓（勿）令。一

癸□卜，［鼎（貞）］：冓（遘）□㞢□匣（上甲）。一

鼎（貞）：自唐㞢（侑）。一

鼎（貞）：弓（勿）用𡆥來羌。一

丁未，鼎（貞）：王往于田，亡巛（災）。一

鼎（貞）：乎（呼）王母興于□。

丁未卜，鼎（貞）：弓（勿）乎（呼）〼。一

☑隹（唯）☑。

丁未卜，鼎（貞）：不隹（唯）。二月。一

丁未卜，鼎（貞）：王夕深，隹（唯）㞢（有）由。一

鼎（貞）：不隹（唯）㞢（有）由。二月。一

鼎（貞）：乎（呼）多司興于宗。

癸丑卜，鼎（貞）：弓（勿）乎（呼）多司興。二月。一

癸丑卜，鼎（貞）：小示㞢（侑）羌。一

鼎（貞）：弓（勿）㞢（侑）羌。二月。一

鼎（貞）：其于一人囚（憂）。一

① 第 1259 則

A：《合》4597（北圖 5183、《天》62、《京》1221）。

B：《合》5737（《北珍》769、《契》659、歷拓 6285）。

釋文：

乙酉卜，爭鼎（貞）：麇告曰：方由今春同（興），受㞢（有）又（祐）。

鼎（貞）：今甲申以多射☑。

② 第 1260 則

A：《合》9510 正反（《續存》上 175、善 14311 正反）。

B：《合補》4545 正反（歷藏 20555 正反）。

釋文：

正面：

☑豖☑。

鼎（貞）：乎（呼）耤☑登。

反面：

王固（占）曰：吉。

---

① 第 1259 則選自李愛輝《甲骨拼合第 384～389 則》之第 384 則，李文原載"中國社會科學院歷史研究所先秦史研究室網站"，https://www.xianqin.org/blog/archives/9264.html。綴合得到黃天樹師的悉心指導，謹致謝忱！

② 第 1260 則選自李愛輝《甲骨拼合第 384～389 則》之第 385 則，李文原載"中國社會科學院歷史研究所先秦史研究室網站"，https://www.xianqin.org/blog/archives/9264.html。綴合得到黃天樹師的悉心指導，謹致謝忱！

① 第 1261 則

A：本書第 1256 則。

B：《合》7198（《北珍》2045、《續》4.31.2、歷拓 5501、《考墳》297）。

釋文：

［庚］子卜，鼎（貞）：㞢（侑）匚（報）于［南］室。

☐弓（勿）☐。

丁未卜，鼎（貞）：王夕深，隹（唯）㞢（有）由。三

鼎（貞）：不隹（唯）㞢（有）由。二月。三

☐嬉（艱）。三

甲子卜，穷鼎（貞）：弓（勿）至曤（翌）日□。

☐弓（勿）☐多☐興。

□□卜，鼎（貞）：☐砍☐突。三

□□卜，穷［鼎（貞）］：㞢（有）求人亡疾。

癸未卜，鼎（貞）：翼（翌）戊子王往逐㸚。二

② 第 1262 則

A：《合》14883（《甲》3423）。

B：《合》39546（《日彙》56）。

C：《合》40904（《日彙》68）。

釋文：

丙戌卜，殻鼎（貞）：于九［示］☐。一

弓（勿）㞢（侑）于九示□牛。一

鼎（貞）：☐以☐眔☐。一

鼎（貞）：㞢（侑）于囲（上甲）、成、大丁。一　二

戊☐。

☐三

---

① 第 1261 則選自李愛輝《甲骨拼合第 384～389 則》之第 386 則，李文原載“中國社會科學院歷史研究所先秦史研究室網站”，https://www.xianqin.org/blog/archives/9264.html。綴合得到黃天樹師的悉心指導，謹致謝忱！

② 第 1262 則選自李愛輝《甲骨拼合第 384～389 則》之第 387 則，李文原載“中國社會科學院歷史研究所先秦史研究室網站”，https://www.xianqin.org/blog/archives/9264.html。綴合得到黃天樹師的悉心指導，謹致謝忱！

第1263則[①]

A：《合》5426（《前》6.53.4）。

B：《合》8182（《龜》2.18.17、《前》6.53.5）。

釋文：

［戊］午［卜，鼎（貞）］：令□往［于］鬱☐。一

鼎（貞）：令□往［于］尋。一

鼎（貞）：令□往［于］鬱。一

庚☐。

第1264則[②]

A：《安明》145。

B：《安明》352。

釋文：

☐卯☐。一月

乙亥卜，鼎（貞）：弗其受㞢（有）又（祐）。

癸子（巳）☐于☐。一

第1265則[③]

A：《合》9048（《文攈》1035）。

B：《京》960。

釋文：

鼎（貞）：其㞢（有）告。

鼎（貞）：㒼。

鼎（貞）：其㞢（有）告。

㒼弗其以。

---

① 第1263則選自李愛輝《甲骨拼合第384～389則》之第388則，李文原載“中國社會科學院歷史研究所先秦史研究室網站”，https://www.xianqin.org/blog/archives/9264.html。綴合得到黄天樹師的悉心指導，謹致謝忱！

② 第1264則選自李愛輝《甲骨拼合第384～389則》之第389則，李文原載“中國社會科學院歷史研究所先秦史研究室網站”，https://www.xianqin.org/blog/archives/9264.html。綴合得到黄天樹師的悉心指導，謹致謝忱！

③ 第1265則選自李愛輝《甲骨拼合第390～400則》之第390則，李文原載“中國社會科學院歷史研究所先秦史研究室網站”，https://www.xianqin.org/blog/archives/9371.html。綴合得到黄天樹師的悉心指導，謹致謝忱！

第 1266 則[①]

A：《合》33817（《旅》1894、旅博 599）。

B：《合補》10544（《天理》591）。

釋文：

不雨。

五牢。

十牢。

第 1267 則[②]

A：《合》34064（《戩》37.9、歷拓 1175、《續》6.23.5、《佚》955）。

B：《合》34584（《續存》上 1769、《頌拓》55）。

釋文：

丙〼。

弜（勿）桒宗。

登黍歲牢。

第 1268 則[③]

A：《屯》706。

B：《屯》4149 倒。

釋文：

□寅鼎（貞）：彡（酒）亘（上甲）。

第 1269 則[④]

A：《合》35221（北圖 7793、善 2391）。

① 第 1266 則選自李愛輝《甲骨拼合第 390～400 則》之第 391 則，李文原載"中國社會科學院歷史研究所先秦史研究室網站"，https://www.xianqin.org/blog/archives/9371.html。綴合得到黄天樹師的悉心指導，謹致謝忱！
② 第 1267 則選自李愛輝《甲骨拼合第 390～400 則》之第 392 則，李文原載"中國社會科學院歷史研究所先秦史研究室網站"，https://www.xianqin.org/blog/archives/9371.html。綴合得到黄天樹師的悉心指導，謹致謝忱！
③ 第 1268 則選自李愛輝《甲骨拼合第 390～400 則》之第 393 則，李文原載"中國社會科學院歷史研究所先秦史研究室網站"，https://www.xianqin.org/blog/archives/9371.html。綴合得到黄天樹師的悉心指導，謹致謝忱！
④ 第 1269 則選自李愛輝《甲骨拼合第 390～400 則》之第 394 則，李文原載"中國社會科學院歷史研究所先秦史研究室網站"，https://www.xianqin.org/blog/archives/9371.html。綴合得到黄天樹師的悉心指導，謹致謝忱！

B：北圖 7903。

釋文：

鼎（貞）：☒年☒燎五☒五牛☒。

[①] 第 1270 則

A：《合》13569（《北珍》1169、《契》595、歷拓 6288）。

B：《合》14449（《安明》88）。

釋文：

鼎（貞）：今二月宅東寢（寢）。

丁酉卜，□鼎（貞）：其□多宁（賈）□王爯☒。一

癸卯［卜］，鼎（貞）：燎［于］岳。

[②] 第 1271 則

A：北圖 1101。

B：北圖 2101。

釋文：

☒步。十二月　三

鼎（貞）：☒。

[③] 第 1272 則

A：《合》14430［《鐵》90.3、《鐵新》107、《德瑞荷比》S12（不全）］。

B：北圖 728。

C：北圖 7759。

釋文：

丙子卜，殻鼎（貞）：桒（禱）舌方于岳。

［鼎（貞）］☒易（賜）☒。

① 第 1270 則選自李愛輝《甲骨拼合第 390～400 則》之第 395 則，李文原載“中國社會科學院歷史研究所先秦史研究室網站”，https://www.xianqin.org/blog/archives/9371.html。綴合得到黃天樹師的悉心指導，謹致謝忱！

② 第 1271 則選自李愛輝《甲骨拼合第 390～400 則》之第 396 則，李文原載“中國社會科學院歷史研究所先秦史研究室網站”，https://www.xianqin.org/blog/archives/9371.html。綴合得到黃天樹師的悉心指導，謹致謝忱！

③ 第 1272 則選自李愛輝《甲骨拼合第 390～400 則》之第 397 則，李文原載“中國社會科學院歷史研究所先秦史研究室網站”，https://www.xianqin.org/blog/archives/9371.html。綴合得到黃天樹師的悉心指導，謹致謝忱！

① 第 1273 則

A:《合》27588（善 1589、北圖 6992）。

B: 北圖 7290。

釋文:

〼窋（賓）〼用。

□□卜，王窋（賓）母戊日。

十□。兹用

② 第 1274 則

A:《合》8010（《旅》241、旅博 226）。

B:《合》8282（《山東》156、歷拓 6507）。

釋文:

〼彗〼肇〼辝〼。一

鼎（貞）: 乎（呼）[illegible]（阱）于𠷎。一

甲午卜，鼎（貞）: 乎（呼）疋比王〼。一

辛酉［卜］鼎（貞）: 弜（勿）隹（唯）雀〼牛〼。一

③ 第 1275 則

A:《合》14772（《天》40）。

B:《合》15898（《北珍》267、《續》2.17.4）。

釋文:

癸丑卜，古鼎（貞）: 桒（禱）年于[illegible]，燎十宰宜□宰〼。二

④ 第 1276 則

A:《旅》965。

---

① 第 1273 則選自李愛輝《甲骨拼合第 390～400 則》之第 398 則，李文原載“中國社會科學院歷史研究所先秦史研究室網站”，https://www.xianqin.org/blog/archives/9371.html。綴合得到黄天樹師的悉心指導，謹致謝忱！

② 第 1274 則選自李愛輝《甲骨拼合第 390～400 則》之第 399 則，李文原載“中國社會科學院歷史研究所先秦史研究室網站”，https://www.xianqin.org/blog/archives/9371.html。綴合得到黄天樹師的悉心指導，謹致謝忱！

③ 第 1275 則選自李愛輝《甲骨拼合第 390～400 則》之第 400 則，李文原載“中國社會科學院歷史研究所先秦史研究室網站”，https://www.xianqin.org/blog/archives/9371.html。綴合得到黄天樹師的悉心指導，謹致謝忱！

④ 第 1276 則選自李愛輝《甲骨拼合第 401～407 則》之第 401 則，李文原載“中國社會科學院歷史研究所先秦史研究室網站”，https://www.xianqin.org/blog/archives/9624.html。綴合得到黄天樹師的悉心指導，謹致謝忱！

B:《旅》1030。

釋文:

丁丑卜，殻鼎（貞）：伐其來☐。

①第 1277 則

A:《合》27589（《粹》383、善 1168）。

B:《謝文》430。

釋文:

叀（惠）☐𦊱（置）☐正。大吉

王宼（賓）母戊歲，又（有）正。吉

弜（勿）宼（賓）。

☐王宼（賓）☐又（祐）。

②第 1278 則

A:《合》27006（《續存》上 1875）。

B:《續存》上 2032。

釋文:

其又伐，王受又（祐）。

㓝𢾊。

③第 1279 則

A:《合》28862（《京》4555、《謝文》457、歷拓 4664）。

B:《謝文》234。

釋文:

丁丑卜：𩁹（翌）☐。

㓝𢾊。

① 第 1277 則選自李愛輝《甲骨拼合第 401～407 則》之第 402 則，李文原載“中國社會科學院歷史研究所先秦史研究室網站”，https://www.xianqin.org/blog/archives/9624.html。綴合得到黄天樹師的悉心指導，謹致謝忱！

② 第 1278 則選自李愛輝《甲骨拼合第 401～407 則》之第 403 則，李文原載“中國社會科學院歷史研究所先秦史研究室網站”，https://www.xianqin.org/blog/archives/9624.html。綴合得到黄天樹師的悉心指導，謹致謝忱！

③ 第 1279 則選自李愛輝《甲骨拼合第 401～407 則》之第 404 則，李文原載“中國社會科學院歷史研究所先秦史研究室網站”，https://www.xianqin.org/blog/archives/9624.html。綴合得到黄天樹師的悉心指導，謹致謝忱！

卒（擒）。

不卒（擒）。

第 1280 則 [①]

A：《合》28748（《續存》上 1998、《上博》17645.344）。

B：《合》29286（《上博》17647.72、《戩》11.3、歷拓 9224、《續》3.25.4）。

釋文：

叀（惠）☐。

叀（惠）目田，亡（無）𢦏（災）。

叀（惠）□，亡（無）𢦏（災）。

☐壬田☐其□。

第 1281 則 [②]

A：《合》29249（《龜》1.8.10、《合補》9027、《龜卜》9、《東文庫》367）。

B：《合》29250（《後》上 14.6）。

釋文：

癸丑卜：乙王其田牢，湄（彌）日亡（無）𢦏（災）。大吉

弜（勿）田。

王其田牢枂（夙），湄（彌）日亡（無）𢦏（災）。

莫（暮）田亡（無）𢦏（災）。

乙不雨。

第 1282 則 [③]

A：《合》29523（善 853）。

B：《合》29764（善 9411）。

① 第 1280 則選自李愛輝《甲骨拼合第 401～407 則》之第 405 則，李文原載“中國社會科學院歷史研究所先秦史研究室網站”，https://www.xianqin.org/blog/archives/9624.html。綴合得到黄天樹師的悉心指導，謹致謝忱！
② 第 1281 則選自李愛輝《甲骨拼合第 401～407 則》之第 406 則，李文原載“中國社會科學院歷史研究所先秦史研究室網站”，https://www.xianqin.org/blog/archives/9624.html。綴合得到黄天樹師的悉心指導，謹致謝忱！
③ 第 1282 則選自李愛輝《甲骨拼合第 401～407 則》之第 407 則，李文原載“中國社會科學院歷史研究所先秦史研究室網站”，https://www.xianqin.org/blog/archives/9624.html。綴合得到黄天樹師的悉心指導，謹致謝忱！

釋文：

叀（惠）羊（騂）。

叀（惠）犁。

叀（惠）今夕。

于翼（翌）日。

第 1283 則[①]

A：《合》34052（《京人》2274）。

B：《英藏》2404（《合》41458、《庫》1648）。

C：《上博》2426.647。

D：《謝文》41。

E：《合》34326（《京》4350、《謝文》57）。

F：《掇三》132。

釋文：

〼鼎（貞）：其又（侑）匚（報）于囲（上甲）燎六〼四卯六羌。在大〼。一

〼四卯六羌。在祖乙［宗］卜。

〼豖卯八羌。在祖乙宗［卜］。

〼在大宗卜。

第 1284 則[②]

A：《合》30396（《續存》上 1772、善 6129）。

B：《合》30819［《粹》455、《誠》248（不全）、善 500］。

釋文：

才（在）宗彡，又（有）正。

---

① 第 1283 則選自李愛輝《甲骨拼合第 408～411 則》之第 408 則，李文原載“中國社會科學院歷史研究所先秦史研究室網站”，https://www.xianqin.org/blog/archives/9735.html。《合》34052+《英藏》2404 是周忠兵先生綴合，蔡哲茂先生加綴《上博》2426.647，見“中國社會科學院歷史研究所先秦史研究室網站”：https://www.xianqin.org/blog/archives/2067.html。筆者加綴《謝文》41，且將周忠兵先生綴合的《合》34052+《掇三》132 實綴在《英藏》2404 的上方。綴合得到黄天樹師的悉心指導，謹致謝忱！

② 第 1284 則選自李愛輝《甲骨拼合第 408～411 則》之第 409 則，李文原載“中國社會科學院歷史研究所先秦史研究室網站”，https://www.xianqin.org/blog/archives/9735.html。綴合得到黄天樹師的悉心指導，謹致謝忱！

其又（有）方，眔河彰（酒），又（有）正。

① 第 1285 則

A：《英藏》1424。

B：《英藏》1563。

釋文：

鼎（貞）：不蚩（害）。

② 第 1286 則

A：《英藏》1524。

B：《英藏》1537。

釋文：

不夆黽。

不夆黽。

③ 第 1287 則

A：《合》6509（《上博》17645.280、《續存》上 676、《佚》638）。

B：《安明》580。

釋文：

鼎（貞）：王 弓（勿）比望乘伐下危。

④ 第 1288 則

A：《合》10084（《甲》1691+《甲》2029+《甲》1925）。

B：《合》8711（《合》15756、《佚》296）。

---

① 第 1285 則選自李愛輝《甲骨拼合第 408～411 則》之第 410 則，李文原載“中國社會科學院歷史研究所先秦史研究室網站”，https://www.xianqin.org/blog/archives/9735.html。綴合得到黃天樹師的悉心指導，謹致謝忱！

② 第 1286 則選自李愛輝《甲骨拼合第 408～411 則》之第 411 則，李文原載“中國社會科學院歷史研究所先秦史研究室網站”，https://www.xianqin.org/blog/archives/9735.html。綴合得到黃天樹師的悉心指導，謹致謝忱！

③ 第 1287 則選自李愛輝《甲骨拼合第 417～420 則》之第 417 則，李文原載“中國社會科學院歷史研究所先秦史研究室網站”，https://www.xianqin.org/blog/archives/10088.html。綴合得到黃天樹師的悉心指導，謹致謝忱！

④ 第 1288 則選自李愛輝《甲骨拼合第 417～420 則》之第 418 則，李文原載“中國社會科學院歷史研究所先秦史研究室網站”，https://www.xianqin.org/blog/archives/10088.html。《合》10084+《合》8711 爲陳逸文先生綴合，筆者加綴《合補》4340 和《合》9104。綴合得到黃天樹師的悉心指導，謹致謝忱！

C：《合》9104（《甲》1074）。

D：《合補》4340（《甲》1072）。

釋文：

□子卜，爭［鼎（貞）］：桒（禱）□于王☐。

［癸］酉卜，爭鼎（貞）：火以羌奠于隮。

乙亥卜，爭鼎（貞）：酌（酒）危方以牛自囲（上甲）。一月。

戊寅卜，爭鼎（貞）：桒（禱）年于河，燎三小宰，沈三牛，宜宰。

☐酌（酒）☐方☐牛☐。

丁未卜，爭鼎（貞）：叚束于☐母敀。二月。一

鼎（貞）：于聿田母敀叚束。二月。一

辛亥卜，古鼎（貞）：桒（禱）年于岳，燎三小宰卯三牛。二月。

第1289則[①]

A：《合》9248（歷拓7722）。

B：《合補》558反（歷藏16027反）。

釋文：

正面：

□□卜，㱿［鼎（貞）］：☐。

反面：

☐並寇。

第1290則[②]

A：本書第1379則。

B：《合》4014。

釋文：

追方，及。

鼎（貞）：令犬祉（延）歸。六月。一

① 第1289則選自李愛輝《甲骨拼合第417～420則》之第419則，李文原載“中國社會科學院歷史研究所先秦史研究室網站”，https://www.xianqin.org/blog/archives/10088.html。綴合得到黄天樹師的悉心指導，謹致謝忱！

② 第1290則選自李愛輝《甲骨拼合第417～420則》之第420則，李文原載“中國社會科學院歷史研究所先秦史研究室網站”，https://www.xianqin.org/blog/archives/10088.html。綴合得到黄天樹師的悉心指導，謹致謝忱！

☐⿰☐歸☐乃☐示

令☐羌☐多☐。一

令☐往☐ 自 ☐。一

① 第 1291 則

A:《綴彙》1004(《合》4013+《合》13557+《合》15348+《合》15690+《合補》4095)。

B:《合》15521(《甲》3518)。

釋文:

鼎(貞):肇丁用百羊百犬百豚。十一月。一

鼎(貞):十牛。十月。一

鼎(貞):一用于唐。二

鼎(貞):其㞢(有)蚩(害)。十一月。一

鼎(貞):弜(勿)告河。

□□卜,爭[鼎(貞)]:于河□沈☐。十月。[才(在)]門。

庚戌卜,㱿[鼎(貞)]:翼(翌)辛[亥]酌(酒)乇☐。十月。

□辰卜,鼎(貞):☐⿰于☐三牢。

☐㬜十☐㱽十☐三十于丁。

甲子卜,鼎(貞):于南室酌(酒)匚(報)。一

鼎(貞):于臺酌(酒)匚(報)。十月。一

② 第 1292 則

A:本書第 1288 則。

B:《合》9575。

C:《甲》1830。

釋文:

□□卜,爭[鼎(貞)]:令木眔□以丙(簟)㞢(有)𡆥(擒)。

---

① 第 1291 則選自李愛輝《甲骨拼合第 421～425 則》之第 421 則,李文原載“中國社會科學院歷史研究所先秦史研究室網站”,https://www.xianqin.org/blog/archives/10733.html。綴合得到黄天樹師的悉心指導,謹致謝忱!

② 第 1292 則選自李愛輝《甲骨拼合第 421～425 則》之第 422 則,李文原載“中國社會科學院歷史研究所先秦史研究室網站”,https://www.xianqin.org/blog/archives/10733.html。綴合得到黄天樹師的悉心指導,謹致謝忱!

丙午卜，爭鼎（貞）：令逆㞢（還）㞢（有）田，［受］年。一
癸酉卜，爭鼎（貞）：令多射防。
庚寅卜，爭鼎（貞）：令登罘㚘斦工防，㞢（有）𡆥（擒）。一
□子卜，爭［鼎（貞）］：奉（禱）□于王▨。
癸酉卜，爭鼎（貞）：火以羌奠于隣。
乙亥卜，爭鼎（貞）：彡（酒）危方以牛自囬（上甲）。一月。
戊寅卜，爭鼎（貞）：奉（禱）年于河，燎三小宰，沈三牛，宜宰。
▨：彡（酒）▨方▨牛▨。
丁未卜，爭鼎（貞）：䝉東于[illegible]母敵。二月。一
鼎（貞）：于聿田母敵䝉東。二月。一
辛亥卜，古鼎（貞）：奉（禱）年于岳，燎三小宰卯三牛。二月。

① 第 1293 則

A：《合》1601。
B：《合》8108。
C：《合》15069。
釋文：
▨璧▨。九月。［才（在）］[illegible]。
鼎（貞）：弓（勿）令。九月。才（在）鯀。
▨步▨燎▨。
［鼎（貞）］：弓（勿）▨十月。二
▨宊▨豥▨㞢▨。
鼎（貞）：弓（勿）用。二
［鼎（貞）］：𣪊［于］且（祖）乙。才（在）坐。二
▨燎彡（酒）▨鯀。二

② 第 1294 則

A：《合》764（《甲》2049）。

① 第 1293 則選自李愛輝《甲骨拼合第 421～425 則》之第 423 則，李文原載“中國社會科學院歷史研究所先秦史研究室網站”，https://www.xianqin.org/blog/archives/10733.html。《合》1601+《合》8108 爲蔡哲茂先生綴合，筆者加綴《合》15069。綴合得到黄天樹師的悉心指導，謹致謝忱！
② 第 1294 則選自李愛輝《甲骨拼合第 421～425 則》之第 424 則，李文原載“中國社會科學院歷史研究所先秦史研究室網站”，https://www.xianqin.org/blog/archives/10733.html。綴合得到黄天樹師的悉心指導，謹致謝忱！

B：《合》1203 正（《京》652 正、北圖 7802、善 2400 正）。

C：《合》4061（《續存》下 216、歷拓 3089）。

釋文：

〼宰〼。

〼鼎（貞）：汎（皆）钟（禦）〼匣（上甲）至〼小〼。

〼匣（上甲）〼钟（禦）〼示。

癸子（巳）卜，鼎（貞）：翼（翌）丁酉奠𢍉（畢）桒（禱）于丁。二

鼎（貞）：令〼罘〼示〼㐲（俘）〼。二

鼎（貞）：〼令〼。二

鼎（貞）：〼則〼族。二

第 1295 則[①]

A：《合》31921。

B：《甲編未著録》2.2.0215。

C：《甲》647。

釋文：

其冓（遘）雨。

万其□，不［冓（遘）雨］。吉

第 1296 則[②]

A：《合補》8596。

B：《殷拾》9.1（《合》25515+《上博》17647.513）。

釋文：

丙辰卜，行鼎（貞）：王室夕祼，亡（無）囚（憂）。一

鼎（貞）：亡（無）吝。才（在）七月。

① 第 1295 則選自李愛輝《甲骨拼合第 421～425 則》之第 425 則，李文原載“中國社會科學院歷史研究所先秦史研究室網站”，https://www.xianqin.org/blog/archives/10733.html。《合》31921+《甲編未著録》2.2.0215 爲蔡哲茂先生綴合，筆者加綴《甲》647。綴合得到黄天樹師的悉心指導，謹致謝忱！

② 第 1296 則選自李愛輝《甲骨拼合第 426～428 則》之第 426 則，李文原載“中國社會科學院歷史研究所先秦史研究室網站”，https://www.xianqin.org/blog/archives/10767.html。綴合得到黄天樹師的悉心指導，謹致謝忱！

鼎（貞）：☐枏（夙）☐亡（無）□。

鼎（貞）：𠂹☐今井☐。

鼎（貞）：☐。二

第1297則①

A：《俄》60。

B：《俄》61。

釋文：

壬申卜，大鼎（貞）：王定（賓）曻，亡（無）囚（憂）。

第1298則②

A：《合》25710（《摭》1、善14440）。

B：《合》25721（善15084）。

釋文：

戊申卜，［行］鼎（貞）：王［定（賓）］戠，［亡（無）］囚。

己未卜，行鼎（貞）：王定（賓）戠，亡（無）囚（憂）。一

鼎（貞）：亡（無）尤。才（在）三月。一

鼎（貞）：二宰。才（在）☐。二

第1299則③

A：《合》13924（善14361、《後》下11.2、《粹》1131）。

B：《合》16258（《合》19344、善5360、《續存》上654）。

釋文：

弗正。

弗正。

鼎（貞）：正。

① 第1297則選自李愛輝《甲骨拼合第426～428則》之第427則，李文原載"中國社會科學院歷史研究所先秦史研究室網站"，https://www.xianqin.org/blog/archives/10767.html。綴合得到黃天樹師的悉心指導，謹致謝忱！

② 第1298則選自李愛輝《甲骨拼合第426～428則》之第428則，李文原載"中國社會科學院歷史研究所先秦史研究室網站"，https://www.xianqin.org/blog/archives/10767.html。綴合得到黃天樹師的悉心指導，謹致謝忱！

③ 第1299則選自李愛輝《甲骨拼合第429～433則》之第429則，李文原載"中國社會科學院歷史研究所先秦史研究室網站"，https://www.xianqin.org/blog/archives/10825.html。綴合得到黃天樹師的悉心指導，謹致謝忱！

鼎（貞）：正。

鼎（貞）：𡘋（？）犮生。

① 第 1300 則

A：《合》26941（《甲》2458）。

B：《合》29671（《甲》2741）。

釋文：

鼎（貞）：其十宰。

鼎（貞）：又（侑）羌。三

鼎（貞）：五☐。

② 第 1301 則

A：《合》27576（《甲》2455）。

B：《合》31830（《甲》2788）。

釋文：

鼎（貞）：于今☐。

鼎（貞）：于匕（妣）祼。

鼎（貞）：宰。

鼎（貞）：又（有）砯。

☐宰。

③ 第 1302 則

A：《合》27255（《甲》2766）。

B：《合補》9014［《合》28237（《甲》2824）+《合》28238（《京》4828、善 28236）］。

① 第 1300 則選自李愛輝《甲骨拼合第 429～433 則》之第 431 則，李文原載“中國社會科學院歷史研究所先秦史研究室網站”，https://www.xianqin.org/blog/archives/10825.html。綴合得到黄天樹師的悉心指導，謹致謝忱！

② 第 1301 則選自李愛輝《甲骨拼合第 429～433 則》之第 432 則，李文原載“中國社會科學院歷史研究所先秦史研究室網站”，https://www.xianqin.org/blog/archives/10825.html。綴合得到黄天樹師的悉心指導，謹致謝忱！

③ 第 1302 則選自李愛輝《甲骨拼合第 429～433 則》之第 433 則，李文原載“中國社會科學院歷史研究所先秦史研究室網站”，https://www.xianqin.org/blog/archives/10825.html。綴合得到黄天樹師的悉心指導，謹致謝忱！

釋文：

鼎（貞）：其令小臣乎（呼）射麋，叡。

辛［卯］卜，何鼎（貞）：其祉（延）巡且（祖）辛。

辛卯卜，何鼎（貞）：弜（勿）梟，今歲受年。

辛卯卜，何鼎（貞）：不其受年。二

□申卜，彭鼎（貞）：其又（有）歸。

第 1303 則[①]

A：《合》17694（善 21166）。

B：《合補》5529 反（歷藏 23837）。

釋文：

〼比〼，王固（占）曰："吉。"

第 1304 則[②]

A：《合》32715（《京》4072、善 277）。

B：《續存》上 2084。

釋文：

癸子（巳）卜：〼。

叡嫠，于父丁彡祼（卒）。

第 1305 則[③]

A：《合》9910 正（《京》577、善 22902 正）。

B：《合補》4549（歷藏 25484）。

釋文：

〼［鼎（貞）］：不〼。

---

① 第 1303 則選自李愛輝《甲骨拼合第 434～440 則》之替換則，李文原載"中國社會科學院歷史研究所先秦史研究室網站"，https://www.xianqin.org/blog/archives/10981.html。綴合得到黃天樹師的悉心指導，謹致謝忱！

② 第 1304 則選自李愛輝《甲骨拼合第 434～440 則》之第 435 則，李文原載"中國社會科學院歷史研究所先秦史研究室網站"，https://www.xianqin.org/blog/archives/10981.html。綴合得到黃天樹師的悉心指導，謹致謝忱！

③ 第 1305 則選自李愛輝《甲骨拼合第 434～440 則》之第 436 則，李文原載"中國社會科學院歷史研究所先秦史研究室網站"，https://www.xianqin.org/blog/archives/10981.html。綴合得到黃天樹師的悉心指導，謹致謝忱！

⍁吉，其隹（唯）丁⍁。

⍁其隹（唯）⍁。

[1] 第 1306 則

A:《合》2137（《前》1.27.3）。

B:《合》14227（《續》2.4.11）。

釋文：

鼎（貞）：㞢（侑）于父庚。

鼎（貞）：弜（勿）于宜奠。

鼎（貞）：㞢（侑）于父甲。

鼎（貞）：及今十三月雨。

鼎（貞）：燎于帝云。

[2] 第 1307 則

A:《合》7047（《粹》1246、善 14290）。

B:《合》13871（《續》3.47.7）。

釋文：

鼎（貞）：［涉］滜。

鼎（貞）：哀（庇）𩫖（郭）章（郭）。

㞢（有）彗土于□。

鼎（貞）：翼（翌）乙子（巳）子漁肩同（興），𡩟（賓）㞢（侑）且（祖）歲。

[3] 第 1308 則

A:《拼集》253（《合》649+《合》10538）。

① 第 1306 則選自李愛輝《甲骨拼合第 434～440 則》之第 437 則，李文原載“中國社會科學院歷史研究所先秦史研究室網站”，https://www.xianqin.org/blog/archives/10981.html。綴合得到黃天樹師的悉心指導，謹致謝忱！

② 第 1307 則選自李愛輝《甲骨拼合第 434～440 則》之第 438 則，李文原載“中國社會科學院歷史研究所先秦史研究室網站”，https://www.xianqin.org/blog/archives/10981.html。綴合得到黃天樹師的悉心指導，謹致謝忱！

③ 第 1308 則選自李愛輝《甲骨拼合第 434～440 則》之第 439 則，李文原載“中國社會科學院歷史研究所先秦史研究室網站”，https://www.xianqin.org/blog/archives/10981.html。綴合得到黃天樹師的悉心指導，謹致謝忱！

B：R031943。

釋文：

乙亥卜，爭鼎（貞）：今春王出田，若。一

鼎（貞）：王弜（勿）出田，叀（惠）示𡚬。二

丁☑告☑奚☑其☑。一

弜（勿）乎（呼）収。二

鼎（貞）：☑。二

[①] 第 1309 則

A：《合》25073（善 1430）。

B：《鐵雲藏龜四百種》0135。

釋文：

☑敖☑。

鼎（貞）：女（毋）又（侑）。八月。

鼎（貞）：弜（勿）又（侑）。

[②] 第 1310 則

A：《合》8028 [《簠拓》548、《簠人》86（不全）、《續》5.26.10（不全）]。

B：《契合》23（《合》2642+《合》2658）。

釋文：

乎（呼）先于誖。

鼎（貞）：弜（勿）乎（呼）。

☑令☑。

鼎（貞）：翼（翌）丁子（巳）乎（呼）帚（婦）好往于桼。

鼎（貞）：乎（呼）𠂤取。二

鼎（貞）：乎（呼）帚（婦）好視多帚（婦）于𢓊。

① 第 1309 則選自李愛輝《甲骨拼合第 434～440 則》之第 440 則，李文原載“中國社會科學院歷史研究所先秦史研究室網站”，https://www.xianqin.org/blog/archives/10981.html。綴合得到黃天樹師的悉心指導，謹致謝忱！

② 第 1310 則選自李愛輝《甲骨拼合第 441～445 則》之第 441 則，李文原載“中國社會科學院歷史研究所先秦史研究室網站”，https://www.xianqin.org/blog/archives/11070.html。綴合得到黃天樹師的悉心指導，謹致謝忱！

① 第 1311 則

A:《合》13499 [《簠拓》1031、《簠雜》74、《續》5.12.6（不全）]。

B:《合》13501（《北珍》1165、《南師》2.117、歷拓 5763、《考塡》365）。

釋文:

□□［卜］，㱿鼎（貞）：［我乍（作）邑］。
□□卜，㱿鼎（貞）：［我乍（作）邑］。
□□［卜］，㱿鼎（貞）：我［乍（作）邑］。
□□［卜，㱿鼎（貞）］：我乍（作）邑。
□□［卜，㱿鼎（貞）］：我乍（作）邑。
□□［卜，㱿鼎（貞）］：我乍（作）邑。
□□［卜，㱿鼎（貞）：我］乍（作）邑。
□□［卜，㱿］鼎（貞）：我乍（作）邑。

② 第 1312 則

A:《合》15815（善 18345、《京》2223、《續存》上 402）。

B:《中歷藏》831。

釋文:

鼎（貞）：乎（呼）□[illegible]奠□。
［鼎（貞）］：弓（勿）［乎（呼）］[illegible]□。

③ 第 1313 則

A:《合》27034（《甲》2005）。

B:《甲》1123。

釋文:

---

① 第 1311 則選自李愛輝《甲骨拼合第 441～445 則》之第 442 則，李文原載"中國社會科學院歷史研究所先秦史研究室網站"，https://www.xianqin.org/blog/archives/11070.html。綴合得到黄天樹師的悉心指導，謹致謝忱！

② 第 1312 則選自李愛輝《甲骨拼合第 441～445 則》之第 443 則，李文原載"中國社會科學院歷史研究所先秦史研究室網站"，https://www.xianqin.org/blog/archives/11070.html。綴合得到黄天樹師的悉心指導，謹致謝忱！

③ 第 1313 則選自李愛輝《甲骨拼合第 441～445 則》之第 444 則，李文原載"中國社會科學院歷史研究所先秦史研究室網站"，https://www.xianqin.org/blog/archives/11070.html。綴合得到黄天樹師的悉心指導，謹致謝忱！

酘（酒）三人，吉。二

① 第 1314 則

A：本書第 1292 則。

B：《合》13543（《甲釋》50、《甲》1048+《甲》1066）。

C：《合》13544（《甲》1296）。

D：《甲》3243。

釋文：

□□卜，爭［鼎（貞）］：令木眔□以丙（簟）㞢（有）𡆥（擒）。

丙午卜，爭鼎（貞）：令逆㞋（還）㞢（有）田，［受］年。一

癸酉卜，爭鼎（貞）：令多射防。

庚寅卜，爭鼎（貞）：令登眔𣪘斦工防，㞢（有）𡆥（擒）。一

□子卜，爭［鼎（貞）］：桒（禱）□于王☐。

癸酉卜，爭鼎（貞）：火以羌奠于㔶。

乙亥卜，爭鼎（貞）：酘（酒）危方以牛自𠁁（上甲）。一月。

戊寅卜，爭鼎（貞）：桒（禱）年于河，燎三小宰，沈三牛，宜宰。

☐：酘（酒）☐方☐牛☐。

丁未卜，爭鼎（貞）：烬東于𠂤母敵。二月。一

鼎（貞）：于聿田母敵烬東。二月。一

辛亥卜，古鼎（貞）：桒（禱）年于岳，燎三小宰卯三牛。二月。

丁酉卜，爭鼎（貞）：徲㝵宗，亡匕丙（簟）甫。一

鼎（貞）：弜（勿）徲㝵宗，亡戠（待）。二月　一

② 第 1315 則

A：《合》2547（《粹》389、善 01949、《京》809）。

B：《合》12327（《珠》16）。

---

① 第 1314 則選自李愛輝《甲骨拼合第 441～445 則》之第 445 則，李文原載“中國社會科學院歷史研究所先秦史研究室網站”，https://www.xianqin.org/blog/archives/11070.html。《合》13543+《合》13544 爲蔡哲茂先生綴合，見“中國社會科學院歷史研究所先秦史研究室網站”：https://www.xianqin.org/blog/archives/2430.html。綴合得到黄天樹師的悉心指導，謹致謝忱！

② 第 1315 則選自李愛輝《甲骨拼合第 451～455 則》之第 451 則，李文原載“中國社會科學院歷史研究所先秦史研究室網站”，https://www.xianqin.org/blog/archives/11549.html。綴合得到黄天樹師的悉心指導，謹致謝忱！

釋文：

鼎（貞）：☐。

王鄉（饗）。

鼎（貞）：㞢（侑）于且（祖）辛。

癸子（巳）卜，韋鼎（貞）：自今至于丁酉其雨。

鼎（貞）：㞢（侑）于母庚。

① 第 1316 則

A：《合》30488（《珠》627）。

B：《合》30945（《續存》上 1857）。

釋文：

丙戌卜：☐。

弜（勿）。

翼（翌）日朝祼。

弜（勿）。

其又莫（暮）歲。

② 第 1317 則

A：《合》33627（善 2949）。

B：《合》34433（善 1180）。

釋文：

丙子☐歲☐。

五牢。

③ 第 1318 則

A：《合》33662。

---

① 第 1316 則選自李愛輝《甲骨拼合第 451～455 則》之第 452 則，李文原載"中國社會科學院歷史研究所先秦史研究室網站"，https://www.xianqin.org/blog/archives/11549.html。綴合得到黃天樹師的悉心指導，謹致謝忱！

② 第 1317 則選自李愛輝《甲骨拼合第 451～455 則》之第 453 則，李文原載"中國社會科學院歷史研究所先秦史研究室網站"，https://www.xianqin.org/blog/archives/11549.html。綴合得到黃天樹師的悉心指導，謹致謝忱！

③ 第 1318 則選自李愛輝《甲骨拼合第 451～455 則》之第 454 則，李文原載"中國社會科學院歷史研究所先秦史研究室網站"，https://www.xianqin.org/blog/archives/11549.html。《合》33662+《合》33674 爲周忠兵先生綴合，筆者加綴北圖 9466。綴合得到黃天樹師的悉心指導，謹致謝忱！

B：《合》33674。

C：北圖 9466。

釋文：

其牢。

其牢又一牛。

其二牢。

☐歲☐未。

[①] 第 1319 則

A：《合》23199（《誠》160）。

B：北圖 9758。

釋文：

☐酉卜，旅［鼎（貞）］：王寶（賓）父丁，歲二宰，亡（無）尤。正［月］。

[②] 第 1320 則

A：《合》4113（《山東》1196、歷拓 7400）。

B：《合》4126（《龜》1.3.3、《掇三》167）。

釋文：

己卯卜，爭鼎（貞）：雀以启。一

鼎（貞）：雀㞢保。一

[③] 第 1321 則

A：《合》12385（《虚》252、《甲詮》327）。

B：《合》12422 正（歷拓 4750 正）。

---

① 第 1319 則選自李愛輝《甲骨拼合第 451～455 則》之第 455 則，李文原載“中國社會科學院歷史研究所先秦史研究室網站”，https://www.xianqin.org/blog/archives/11549.html。綴合得到黃天樹師的悉心指導，謹致謝忱！

② 第 1320 則選自李愛輝《甲骨拼合第 456～460 則》之第 456 則，李文原載“中國社會科學院歷史研究所先秦史研究室網站”，https://www.xianqin.org/blog/archives/11643.html。綴合得到黃天樹師的悉心指導，謹致謝忱！

③ 第 1321 則選自李愛輝《甲骨拼合第 456～460 則》之第 457 則，李文原載“中國社會科學院歷史研究所先秦史研究室網站”，https://www.xianqin.org/blog/archives/11643.html。綴合得到黃天樹師的悉心指導，謹致謝忱！

釋文：

鼎（貞）：翼（翌）辛丑其雨。不夆奄

鼎（貞）：翼（翌）辛丑不雨。二

① 第 1322 則

A：《北珍》2261。

B：《北珍》2264。

釋文：

□申卜，夫▨大𣥂于員。

② 第 1323 則

A：《合補》2443。

B：《合補》5997 倒。

C：《合補》5970（《東大》167）。

釋文：

正面：

鼎（貞）：弗其得（得）。

甲戌卜，鼎（貞）：古得（得）□。

鼎（貞）：▨。

反面：

四十才（在）臺。丁丑羌▨。

③ 第 1324 則

A：《合》12529（《續》4.21.9）。

---

① 第 1322 則選自李愛輝《甲骨拼合第 456～460 則》之第 458 則，李文原載"中國社會科學院歷史研究所先秦史研究室網站"，https://www.xianqin.org/blog/archives/11643.html。綴合得到黃天樹師的悉心指導，謹致謝忱！

② 第 1323 則選自李愛輝《甲骨拼合第 456～460 則》之第 459 則，李文原載"中國社會科學院歷史研究所先秦史研究室網站"，https://www.xianqin.org/blog/archives/11643.html。《合補》2443+《合補》5997 倒爲宋雅萍女士綴合，見"中國社會科學院歷史研究所先秦史研究室網站"：https://www.xianqin.org/blog/archives/5340.html，筆者加綴《合補》5970。綴合得到黃天樹師的悉心指導，謹致謝忱！

③ 第 1324 則選自李愛輝《甲骨拼合第 456～460 則》之第 460 則，李文原載"中國社會科學院歷史研究所先秦史研究室網站"，https://www.xianqin.org/blog/archives/11643.html。綴合得到黃天樹師的悉心指導，謹致謝忱！

B：《存補》6.143.3。

釋文：

鼎（貞）：☐亡☐。

鼎（貞）：㞢☐。

大今月不其［雨］。

① 第 1325 則

A：林宏明先生綴合第 837 例（《合》1390 正 +《合》13666+《合》14199 部分 +《乙補》1668 倒 +《乙補》5016+《乙補》5455）。

B：《乙》8309。

釋文：

鼎（貞）：𢼸弗其肩同（興）㞢（有）疾。一　二

［鼎（貞）：𢼸］肩同（興）㞢（有）疾。一　二　七　八

己未［卜］□鼎（貞）：旨□千，若于帝，又（祐）。［一］　二　三　四　六　七

鼎（貞）：旨□不，若于帝，ナ（左）。［一］　二　三　四　六　七

鼎（貞）：☐。一　二　二告　三　四

鼎（貞）：㢸（勿）。一　☐　四

鼎（貞）：王夢，隹（唯）大甲。一　二告

鼎（貞）：王夢，不隹（唯）大甲。

疾身，隹（唯）㞢（有）𡆥（害）。［一］　一

鼎（貞）：不隹（唯）㞢（有）𡆥（害）。一　一

隹（唯）。

疾身，隹（唯）㞢（有）𡆥（害）。三　四

疾身，不隹（唯）㞢（有）𡆥（害）。三　四

隹（唯）咸。一

鼎（貞）：不隹（唯）咸。一

① 第 1325 則選自李愛輝《甲骨拼合第 461～465 則》之第 461 則，李文原載“中國社會科學院歷史研究所先秦史研究室網站”，https://www.xianqin.org/blog/archives/11696.html。林宏明先生綴合見“中國社會科學院歷史研究所先秦史研究室網站”：https://www.xianqin.org/blog/archives/11494.html。綴合得到黃天樹師的悉心指導，謹致謝忱！

隹（唯）多父。一　二告　三

不隹（唯）多父。一　三

① 第 1326 則

A：R044557［《合》271 正（《合補》4579）+《合》704+《合》14222 正乙正丙 +《乙補》412+《乙補》1094+《乙補》2022+《乙補》2968+《乙補》3118+《乙補》3121+《乙補》6559］。

B：《乙補》3727。

釋文：

己［卯卜］，㱿鼎（貞）：钔（禦）帚（婦）好于父［乙］，盅羊㞢豕，酉五宰。二

鼎（貞）：弓（勿）酉父［乙］五宰。二

己卯卜，㱿鼎（貞）：钔（禦）帚（婦）好于父乙，盅羊㞢豕，酉十宰。

鼎（貞）：弓（勿）酉☐。三

鼎（貞）：隹（唯）帝肇王疾。一　二　二告　三　四

☐午☐帝匚（報）酉㞋卯小宰。一　二

☐弗其㝵（得）䊸。二告　一

☐隹（唯）帝肇王疾。☐二　三☐

② 第 1327 則

A：《乙補》117（《乙補》118 爲反）。

B：《乙補》269（《乙補》270 爲反）。

釋文：

正面：

四。

七。

---

① 第 1326 則選自李愛輝《甲骨拼合第 461～465 則》之第 462 則，李文原載“中國社會科學院歷史研究所先秦史研究室網站”，https://www.xianqin.org/blog/archives/11696.html。綴合得到黄天樹師的悉心指導，謹致謝忱！

② 第 1327 則選自李愛輝《甲骨拼合第 461～465 則》之第 464 則，李文原載“中國社會科學院歷史研究所先秦史研究室網站”，https://www.xianqin.org/blog/archives/11696.html。綴合得到黄天樹師的悉心指導，謹致謝忱！

反面：

□曰隹（唯）□。

□父□。

[①] 第 1328 則

A：《合》30480（《摭》116）。

B：《合》30663（《粹》578）。

釋文：

三牢。

五牢。

又𢦔。

弜（勿）又𢦔。

□酓。

[②] 第 1329 則

A：《合》29101（《佚》800）。

B：《醉古集》281。

釋文：

叀（惠）盂田省，亡（無）𢦏（災）。

叀（惠）□田省，亡（無）𢦏（災）。

叀（惠）宮田省，亡（無）𢦏（災）。

叀（惠）盂田省，亡（無）𢦏（災）。

[③] 第 1330 則

A：《合》8494（《乙》2751）。

① 第 1328 則選自李愛輝《甲骨拼合第 466～475 則》之第 467 則，李文原載“中國社會科學院歷史研究所先秦史研究室網站”，https://www.xianqin.org/blog/archives/12091.html。綴合得到黃天樹師的悉心指導，謹致謝忱！

② 第 1329 則選自李愛輝《甲骨拼合第 466～475 則》之第 468 則，李文原載“中國社會科學院歷史研究所先秦史研究室網站”，https://www.xianqin.org/blog/archives/12091.html。綴合得到黃天樹師的悉心指導，謹致謝忱！

③ 第 1330 則選自李愛輝《甲骨拼合第 466～475 則》之第 470 則，李文原載“中國社會科學院歷史研究所先秦史研究室網站”，https://www.xianqin.org/blog/archives/12091.html。綴合得到黃天樹師的悉心指導，謹致謝忱！

B:《合》16250(《乙》3550)。

釋文:

正面:

〼今至〼不〼。

鼎(貞):王其正(征)下危。受〼。

反面:

〼㫺〼。

第 1331 則[①]

A:《合》17089(《安明》719)。

B:《合》40619(《南上》61)。

釋文:

正面:

鼎(貞):𠤎其𡉚(殞)。

鼎(貞):𠤎不𡉚(殞)。

反面:

〼㝵气(乞)〼。

第 1332 則[②]

A:林宏明先生綴合第 760 例(《綴彙》541+《乙》1360)。

B:《乙》6209。

C:《乙》8576。

釋文:

甲午卜,爭鼎(貞):賈其㞢(有)𡆥(憂)。一

鼎(貞):賈亡(無)𡆥(憂)。

鼎(貞):子㞢(有)。

---

① 第 1331 則選自李愛輝《甲骨拼合第 466～475 則》之第 471 則,李文原載"中國社會科學院歷史研究所先秦史研究室網站",https://www.xianqin.org/blog/archives/12091.html。綴合得到黃天樹師的悉心指導,謹致謝忱!

② 第 1332 則選自李愛輝《甲骨拼合第 466～475 則》之第 472 則,李文原載"中國社會科學院歷史研究所先秦史研究室網站",https://www.xianqin.org/blog/archives/12091.html。林宏明先生綴合見"中國社會科學院歷史研究所先秦史研究室網站":https://www.xianqin.org/blog/archives/9612.html。綴合得到黃天樹師的悉心指導,謹致謝忱!

殼鼎（貞）：酘（酒）于河，匚（報）。二

鼎（貞）：酘（酒）王亥。二

鼎（貞）：斫祀今秋。二告

鼎（貞）：〼。二

鼎（貞）：彡，其酘（酒）祼自成告。二

鼎（貞）：乎（呼）雀酘（酒）于河五十［牛］。二

彡月二羊二豕，宜三羊三豕。二

彡月一羊一豕，［宜］二羊二豕。二

來辛亥燎于王亥五十牛。二

〼五十牛于王亥。

酘（酒）五十牛于河。二

弜（勿）五十牛酘（酒）于河。二

㞢（侑）于我河女。

鼎（貞）：叀（惠）王鄉（饗）。二告

鼎（貞）：乎（呼）子汏祝一牛于父甲。二

鼎（貞）：翼（翌）乙卯酘（酒）子汏。

翼（翌）乙卯酘（酒）子速，斫。二

㞢（侑）于成、大丁、大甲、大庚、大戊、中（仲）丁、且（祖）乙、且（祖）辛、且（祖）丁一牛它羊。三　二告

乙子（巳）卜，殼：弜（勿）卒。三

斫宗。

鼎（貞）：翼（翌）癸卯帝鳳（風）。

其令㞢（侑）于王亥女。二

酘（酒）河五十牛。二

酘（酒）河三十牛以我女。二　三

桒（禱）雨于囲（上甲）宰。二

鼎（貞）：桒（禱）年于大甲十牢且（祖）乙十牢。二

鼎（貞）：㞢（侑）于囲（上甲）十牢。二　二告

翼（翌）辛［亥］㞢（侑）于［王］亥三十牛。二

翼（翌）乙卯子汏酘（酒）。三　三

乙未卜，㱿鼎（貞）：酌（酒）各。一

乙未卜，㱿鼎（貞）：各。一

鼎（貞）：酌（酒）各。三

弓（勿）酌（酒）各。三

鼎（貞）：翼（翌）丁酉祉（延）㞢（侑）于大丁。三

翼（翌）丁酉弓（勿）㞢（侑）于大丁。三

癸卯卜，㱿［鼎（貞）］：翼（翌）甲辰酌（酒）大甲。三

鼎（貞）：甲辰弓（勿）酌（酒）大甲。三

乙未卜，㱿鼎（貞）：其㞢（有）來嬉（艱）。一　二

鼎（貞）：亡（無）來嬉（艱）。一

鼎（貞）：亡（無）來嬉（艱）。二

鼎（貞）：翼（翌）乙未酌（酒）成。三

翼（翌）［乙］未［酌（酒）］成□宰。用。

甲午卜，王鼎（貞）：于[illegible]㞢（侑）匚（報）。三

▨父甲。二

弓（勿）于父甲㞢（侑）。二

翼（翌）癸卯帝不令鳳（風），夕雈（陰）。一

第 1333 則[1]

A：《合》2779（《乙》4993+《乙》8135）。

B：《乙補》7218。

C：R057226。

釋文：

鼎（貞）：媟正王。一

［鼎（貞）］：媟弗正王。一

▨正▨。

---

[1] 第 1333 則選自李愛輝《甲骨拼合第 466～475 則》之第 473 則，李文原載"中國社會科學院歷史研究所先秦史研究室網站"，https://www.xianqin.org/blog/archives/12091.html。《合》2779+R057226 爲張惟捷先生綴合，筆者加綴《乙補》7218。綴合得到黄天樹師的悉心指導，謹致謝忱！

① 第 1334 則

A:《屯》3722。

B:《屯》3880。

釋文:

甲申☐。

恝 嫠。

己子(巳)卜:叀(惠)庚午酌(酒)。

甲寅卜:叀(惠)庚辰酌(酒)。

② 第 1335 則

A:《屯》1780。

B:《屯》2296。

釋文:

☐己☐。一

己未卜:中己歲眔兄己歲酌(酒)☐。兹用　一

庚申卜:王其尋舟☐。

庚申卜,舟燎二牢。

□牢,兹用。

③ 第 1336 則

A:《合》775 正。

B:《乙補》1105。

釋文:

鼎(貞):王条(遭)戈人。一　一　二　二告

鼎(貞):王弗条(遭)戈人。一　一　二

① 第 1334 則選自李愛輝《甲骨拼合第 466～475 則》之第 474 則,李文原載“中國社會科學院歷史研究所先秦史研究室網站”,https://www.xianqin.org/blog/archives/12091.html。綴合得到黃天樹師的悉心指導,謹致謝忱!

② 第 1335 則選自李愛輝《甲骨拼合第 466～475 則》之第 475 則,李文原載“中國社會科學院歷史研究所先秦史研究室網站”,https://www.xianqin.org/blog/archives/12091.html。綴合得到黃天樹師的悉心指導,謹致謝忱!

③ 第 1336 則選自李愛輝《甲骨拼合第 466～475 則》之替換第 463 則,李文原載“中國社會科學院歷史研究所先秦史研究室網站”,https://www.xianqin.org/blog/archives/12091.html。綴合得到黃天樹師的悉心指導,謹致謝忱!

鼎（貞）：今。一

王其飲☐。二　三

鼎（貞）：亡（無）來鳳（風）。一　二　二告　三

于父甲。一　一

于父辛。一　一　二告

☐娩［妫］。一　二　三　四　五

虫（侑）匕（妣）庚瓜（夫）。一

㢩（勿）瓜（夫）。一

二瓜（夫）。

㢩（勿）二瓜（夫）。一

三瓜（夫）。

㢩（勿）三。一

四瓜（夫）。二

㢩（勿）四。三

㢩（勿）五。二

説明：

黄天樹《今後甲骨文獻整理研究的展望》（《文獻》2023 年第 6 期第 137—139 頁）附有《拼六》第 1336 則摹本和釋文，可以參看。

[①] 第 1337 則

A：《合》25093（《存》上 1543）。

B：《合》25260（《文》469）。

釋文：

甲子卜，尹鼎（貞）：王窋（賓）［叙，亡（無）尤］。

甲子卜，尹鼎（貞）：王窋（賓）叙，亡（無）尤。才（在）☐。

乙丑卜，尹鼎（貞）：王窋（賓）歲叙，亡（無）［尤］。

乙☐［卜］，鼎（貞）：☐。

① 第 1337 則選自李愛輝《甲骨拼合第 476～480 則》之第 476 則，李文原載“中國社會科學院歷史研究所先秦史研究室網站”，https://www.xianqin.org/blog/archives/12179.html。綴合得到黄天樹師的悉心指導，謹致謝忱！

第 1338 則[1]

A：《合》9169（《北珍》941、《契》701）。

B：《北珍》2323。

釋文：

〼卜〼。

鼎（貞）：弓（勿）往。九月。

鼎（貞）：叀（惠）〼以〼九月。

第 1339 則[2]

A：《合》25295（《續存》上 1535）。

B：《天理》337。

釋文：

戊午卜，［旅］鼎（貞）：王宨（賓）𡭴，［亡（無）尤］。

戊辰卜，旅鼎（貞）：王宨（賓）歲三宰，亡（無）尤。才（在）十二月。

［戊］辰卜，旅［鼎（貞）］：王宨（賓）𡭴，［亡（無）］尤。

第 1340 則[3]

A：《合》37030（《續》2.17.3、《北珍》721）。

B：《合》37037（《續》2.25.3、《北珍》716）。

釋文：

其牢勿牛。二

叀（惠）勿牛。二

叀（惠）勿牛。兹用。二

［其］牢又一牛。

叀（惠）勿牛。二

---

① 第 1338 則選自李愛輝《甲骨拼合第 476～480 則》之第 477 則，李文原載“中國社會科學院歷史研究所先秦史研究室網站”，https://www.xianqin.org/blog/archives/12179.html。綴合得到黃天樹師的悉心指導，謹致謝忱！

② 第 1339 則選自李愛輝《甲骨拼合第 476～480 則》之第 478 則，李文原載“中國社會科學院歷史研究所先秦史研究室網站”，https://www.xianqin.org/blog/archives/12179.html。綴合得到黃天樹師的悉心指導，謹致謝忱！

③ 第 1340 則選自李愛輝《甲骨拼合第 476～480 則》之第 479 則，李文原載“中國社會科學院歷史研究所先秦史研究室網站”，https://www.xianqin.org/blog/archives/12179.html。綴合得到黃天樹師的悉心指導，謹致謝忱！

其牢又一牛。

其牢☐。

叀（惠）勿牛。二

叀（惠）勿牛。二

其牢又一牛。兹用。二

① 第 1341 則

A:《合補》7170（《天理》316）。

B:《合補》7826（《東大》1209）。

釋文：

鼎（貞）:［亡（無）］尤。二

［乙］丑卜，尹［鼎（貞）］：王室（賓）報乙祭，亡（無）囚（憂）。才（在）六［月］。

鼎（貞）:［亡（無）］尤。

乙丑［卜］，尹鼎（貞）：王出，［亡（無）］囚（憂）。

鼎（貞）：亡（無）尤。二

丙寅卜，尹鼎（貞）：王室（賓）報丙□，［亡（賓）］囚（憂）。

［鼎（貞）］：亡（無）尤。

② 第 1342 則

A:《合》2924（《安明》64）。

B:《合》2925。

釋文：

□□卜，穷（賓）［鼎（貞）］：☐㞢（有）求（咎），☐入㞢（有）☐。

☐其才（在）☐嬉（艱）。

丁酉卜，古鼎（貞）：多兄蚩（害）。二

鼎（貞）：不隹（唯）多兄蚩（害）。二

① 第 1341 則選自李愛輝《甲骨拼合第 476～480 則》之第 480 則，李文原載“中國社會科學院歷史研究所先秦史研究室網站”，https://www.xianqin.org/blog/archives/12179.html。綴合得到黄天樹師的悉心指導，謹致謝忱！

② 第 1342 則選自李愛輝《甲骨拼合第 481～490 則》之第 481 則，李文原載“中國社會科學院歷史研究所先秦史研究室網站”，https://www.xianqin.org/blog/archives/12391.html。綴合得到黄天樹師的悉心指導，謹致謝忱！

① 第 1343 則

A:《合》3247。

B:《天理》252。

釋文:

〼［多］子茉。六月　二

〼多子茉。二

癸〼鼎（貞）：〼。

〼戌〼鼎（貞）：〼。

② 第 1344 則

A:《合》7346（《上博》21569.195）。

B:《英藏》1171（《庫》428）。

釋文:

〼冒〼五百〼戱舌。二

〼㞢于〼癸〼尹。

③ 第 1345 則

A:《合》13048（《柏》2、《七》B31）。

B:《合》16521（《合》40576）。

釋文:

壬辰卜，鼎（貞）：今夕其㞢（有）囚（憂）。二月

壬［辰卜］，鼎（貞）：今［夕］亡（無）囚（憂）。癸［子（巳）］雨。才（在）宁。一月。一　二

癸子（巳）卜，鼎（貞）：今其㞢（有）囚（憂）。甲午暈。一　二告　四

---

① 第 1343 則選自李愛輝《甲骨拼合第 481～490 則》之第 482 則，李文原載“中國社會科學院歷史研究所先秦史研究室網站”，https://www.xianqin.org/blog/archives/12391.html。綴合得到黄天樹師的悉心指導，謹致謝忱！

② 第 1344 則選自李愛輝《甲骨拼合第 481～490 則》之第 483 則，李文原載“中國社會科學院歷史研究所先秦史研究室網站”，https://www.xianqin.org/blog/archives/12391.html。綴合得到黄天樹師的悉心指導，謹致謝忱！

③ 第 1345 則選自李愛輝《甲骨拼合第 481～490 則》之第 484 則，李文原載“中國社會科學院歷史研究所先秦史研究室網站”，https://www.xianqin.org/blog/archives/12391.html。綴合得到黄天樹師的悉心指導，謹致謝忱！

□雨□三。

乙卯卜，鼎（貞）：今夕亡（無）囚（憂）。二

乙卯卜，鼎（貞）：今夕其㞢（有）囚（憂）。夅　一　二

① 第 1346 則

A：《合》30515（《甲》634）。

B：《合補》10213（《甲》595）。

釋文：

癸丑卜：其又□。

叔燮。

其又叀（惠）豕。

② 第 1347 則

A：《合》33677（《甲》683）。

B：《合》34099（《甲》742）。

釋文：

□其牢。

癸□弜（勿）燎，其□。

癸亥卜：甲子又（侑）于丁。

于大示又（侑）。一

③ 第 1348 則

A：《英》1191（《合》39904、《庫》1591）。

B：《合補》4108（《天理》17）。

釋文：

鼎（貞）：弗戋（翦）羌。

---

① 第 1346 則選自李愛輝《甲骨拼合第 481～490 則》之第 485 則，李文原載“中國社會科學院歷史研究所先秦史研究室網站”，https://www.xianqin.org/blog/archives/12391.html。綴合得到黃天樹師的悉心指導，謹致謝忱！

② 第 1347 則選自李愛輝《甲骨拼合第 481～490 則》之第 486 則，李文原載“中國社會科學院歷史研究所先秦史研究室網站”，https://www.xianqin.org/blog/archives/12391.html。綴合得到黃天樹師的悉心指導，謹致謝忱！

③ 第 1348 則選自李愛輝《甲骨拼合第 481～490 則》之第 487 則，李文原載“中國社會科學院歷史研究所先秦史研究室網站”，https://www.xianqin.org/blog/archives/12391.html。綴合得到黃天樹師的悉心指導，謹致謝忱！

鼎（貞）：㞢（侑）于黄尹。

☐𠦪（禱）于示。

①第 1349 則

A：《合補》7878。

B：《安博》91。

釋文：

☐鼎（貞）：☐。

乙丑卜，行鼎（貞）：王穷（賓）□，亡（無）尤。

□□卜，行［鼎（貞）］：［王］穷（賓）☐。

②第 1350 則

A：《安博》96。

B：《安博》161。

釋文：

☐歲叙☐尤。七月

③第 1351 則

A：《安博》133。

B：《安博》425。

釋文：

□□卜，鼎（貞）：□□歲，亡（無）尤。

④第 1352 則

A：《合》30875。

① 第 1349 則選自李愛輝《甲骨拼合第 481～490 則》之第 488 則，李文原載“中國社會科學院歷史研究所先秦史研究室網站”，https://www.xianqin.org/blog/archives/12391.html。綴合得到黄天樹師的悉心指導，謹致謝忱！

② 第 1350 則選自李愛輝《甲骨拼合第 481～490 則》之第 489 則，李文原載“中國社會科學院歷史研究所先秦史研究室網站”，https://www.xianqin.org/blog/archives/12391.html。綴合得到黄天樹師的悉心指導，謹致謝忱！

③ 第 1351 則選自李愛輝《甲骨拼合第 481～490 則》之第 490 則，李文原載“中國社會科學院歷史研究所先秦史研究室網站”，https://www.xianqin.org/blog/archives/12391.html。綴合得到黄天樹師的悉心指導，謹致謝忱！

④ 第 1352 則選自李愛輝《甲骨拼合第 491～500 則》之第 491 則，李文原載“中國社會科學院歷史研究所先秦史研究室網站”，https://www.xianqin.org/blog/archives/12662.html。綴合得到黄天樹師的悉心指導，謹致謝忱！

B：《復旦》287。

釋文：

弜（勿）☐。

弜（勿）己彭（酒）。

叀（惠）丁彭（酒）。

① 第 1353 則

A：《合補》10280（《安明》1912）。

B：《復旦》292。

釋文：

丁丑卜：𦏸（翌）☐。

叔𤼲。

☐雨。

② 第 1354 則

A：《合》29059（《京》4422）。

B：北圖 11395。

釋文：

于喪亡（無）𢦏（災）。

于盂亡（無）𢦏（災）。

☐亡（無）𢦏（災），毕（擒）。

③ 第 1355 則

A：《合》28913 下半（《京》4425）。

B：《合》29062。

C：北圖 11420。

---

① 第 1353 則選自李愛輝《甲骨拼合第 491～500 則》之第 492 則，李文原載“中國社會科學院歷史研究所先秦史研究室網站”，https://www.xianqin.org/blog/archives/12662.html。綴合得到黃天樹師的悉心指導，謹致謝忱！

② 第 1354 則選自李愛輝《甲骨拼合第 491～500 則》之第 493 則，李文原載“中國社會科學院歷史研究所先秦史研究室網站”，https://www.xianqin.org/blog/archives/12662.html。綴合得到黃天樹師的悉心指導，謹致謝忱！

③ 第 1355 則選自李愛輝《甲骨拼合第 491～500 則》之第 494 則，李文原載“中國社會科學院歷史研究所先秦史研究室網站”，https://www.xianqin.org/blog/archives/12662.html。綴合得到黃天樹師的悉心指導，謹致謝忱！

釋文：

辛丑☐。

于喪亡（無）𢦏（災）。

于盂亡（無）𢦏（災）。

于宫亡（無）𢦏（災）。

□［于］温［亡（無）］𢦏（災）。

第1356則 [①]

A：《合》3798（《京》2378、《京》2379）。

B：《合》12472（《龜卜》93）。

釋文：

正面：

乙☐于己☐。

鼎（貞）：今日不雨。

☐日☐。

反面：

□寅卜亘。

之日雨。

第1357則 [②]

A：《合》14757正。

B：《乙》5687（R038711+R038558）。

C：《乙補》5738。

D：《乙》4568。

釋文：

丙戌卜，亘鼎（貞）：㞢兹。三　七　八

二告

① 第1356則選自李愛輝《甲骨拼合第491～500則》之第495則，李文原載"中國社會科學院歷史研究所先秦史研究室網站"，https://www.xianqin.org/blog/archives/12662.html。綴合得到黄天樹師的悉心指導，謹致謝忱！

② 第1357則選自李愛輝《甲骨拼合第491～500則》之第496則，李文原載"中國社會科學院歷史研究所先秦史研究室網站"，https://www.xianqin.org/blog/archives/12662.html。綴合得到黄天樹師的悉心指導，謹致謝忱！

〼玆。八

〼王亥于河匄。三　八

[①] 第 1358 則

A：《乙》8448。

B：《乙》8737。

釋文：

其〼。

吉。

[②] 第 1359 則

A：《乙補》239。

B：《乙補》243。

釋文：

正面：

〼令〼。二　二告

反面：

庚〼。

[③] 第 1360 則

A：《乙》7113。

B：林宏明先生綴合第 620 組（《丙》245+《乙》2390+《乙補》1968）。

釋文：

戊辰卜，㱿鼎（貞）：帚（婦）好娩，妫。丙子夕亞（嚮）丁丑娩妫。一

戊辰卜，㱿鼎（貞）：帚（婦）好娩，不其妫。一月　一

---

① 第 1358 則選自李愛輝《甲骨拼合第 491～500 則》之第 497 則，李文原載“中國社會科學院歷史研究所先秦史研究室網站”，https://www.xianqin.org/blog/archives/12662.html。綴合得到黃天樹師的悉心指導，謹致謝忱！

② 第 1359 則選自李愛輝《甲骨拼合第 491～500 則》之第 498 則，李文原載“中國社會科學院歷史研究所先秦史研究室網站”，https://www.xianqin.org/blog/archives/12662.html。綴合得到黃天樹師的悉心指導，謹致謝忱！

③ 第 1360 則選自李愛輝《甲骨拼合第 491～500 則》之第 499 則，李文原載“中國社會科學院歷史研究所先秦史研究室網站”，https://www.xianqin.org/blog/archives/12662.html。林宏明先生綴合見“中國社會科學院歷史研究所先秦史研究室網站”：https://www.xianqin.org/blog/archives/6174.html。綴合得到黃天樹師的悉心指導，謹致謝忱！

鼎（貞）：☐潛☐。一　二

乎（呼）☐于☐不☐。一　二

妥以。一

弗其以。一

大丁蚩（害）我。一

大丁不我蚩（害）。一

鼎（貞）：大甲蚩（害）我。一

鼎（貞）：☐。

第 1361 則[①]

A：《合》2318。

B：《合》5432。

釋文：

鼎（貞）：王聑（聽）不隹（唯）𡆥。王固（占）曰："吉，弜隹（唯）𡆥（憂）。"一

鼎（貞）：王聑（聽）隹（唯）𡆥（憂）。一　二　☐（以上反面）

鼎（貞）：隹（唯）良。四

［隹（唯）］父蚩（害）。一　六　七

不隹（唯）父蚩（害）。一（以上正面）

並［入］□。

王☐。（以上反面）

第 1362 則[②]

A：《合》4342（《簠雜》112）。

B：《合補》313（《合》4324+《合》4325）。

C：《合補》2170。

---

① 第 1361 則選自李愛輝《甲骨拼合第 491～500 則》之第 500 則，李文原載"中國社會科學院歷史研究所先秦史研究室網站"，https://www.xianqin.org/blog/archives/12662.html。綴合得到黄天樹師的悉心指導，謹致謝忱！

② 第 1362 則選自李愛輝《〈合集〉甲骨校訂四例》之第一例，《甲骨文與殷商史》新十輯，上海：上海古籍出版社，2020 年 11 月。

D：《合補》2178。

釋文：

丙［申卜：弜］𢦏（翦）敖。一月。乙［酉］𢦏（翦）。

丙［申卜：弜］，弗［其］𢦏（翦）敖。

戊戌卜，王：生二月敖𢦏（翦）。一

生二月敖不其𢦏（翦）。二

己亥卜：钔（禦）弜大甲宰。

己亥卜：钔（禦）弜大乙宰。

己亥卜：于大乙大甲钔（禦）弜五宰。三

辛☐。

［壬］寅［卜］：㞢（侑）［父］甲。☐

壬寅卜：㞢（侑）父甲。二

①第 1363 則

A：《合》6352（《續存》上 550）。

B：《契》596。

釋文：

戊寅卜，穷（賓）鼎（貞）：今龜（秋）舌方其𤰔（犯）于䜌（轡）。

庚子卜，穷（賓）鼎（貞）：翼（翌）甲辰用望乘來羌。一

□□［卜］，穷（賓）［鼎（貞）］：☐食隹（唯）囚。

②第 1364 則

A：《合補》10359（歷藏 6913）。

B：北圖 8235。

釋文：

☐且乙，王受［又（祐）］，［茲］隹（唯）卜。

① 第 1363 則選自李愛輝《〈合集〉甲骨校訂四例》之第二例，《甲骨文與殷商史》新十輯，上海：上海古籍出版社，2020 年 11 月。

② 第 1364 則選自李愛輝《國家圖書館藏甲骨殘片補考》之第二則，李文原載《文獻》2021 年第 1 期。

① 第 1365 則

A:《合》5924（北圖 10706）。

B：北圖 10741［《京》2232（不全）、《合補》2345、《合》8822］。

釋文：

己☐乎（呼）取☐。

鼎（貞）：☐取釋☐。

② 第 1366 則

A:《洹》17。

B:《殷遺》205。

釋文：

丁亥☐我☐不☐吾☐。二

庚寅卜，鼎（貞）：翼（翌）辛卯刿𡆥于帚辛，卯羊。二

☐鼎（貞）：☐帝☐疾☐。

説明：

關於“庚寅”條卜辭的解讀，詳參吴麗婉：《與商婦相關的兩條甲骨史料》,《文獻》2019 年第 4 期。

③ 第 1367 則

A:《合》13954（北圖 2438）。

B:《冬》45。

釋文：

丁卯卜，王：帚娘娩，妫。三

---

① 第 1365 則選自李愛輝《國家圖書館藏甲骨殘片補考》之第五則，李文原載《文獻》2021 年第 1 期。

② 第 1366 則選自吴麗婉《甲骨拼合第 55～57 則》之第 55 則，吴文原載“中國社會科學院歷史研究所先秦史研究室網站”，https://www.xianqin.org/blog/archives/9271.html。綴合得到黄天樹師的悉心指導，謹致謝忱！

③ 第 1367 則選自吴麗婉《甲骨拼合第 55～57 則》之第 56 則，吴文原載“中國社會科學院歷史研究所先秦史研究室網站”，https://www.xianqin.org/blog/archives/9271.html。綴合得到黄天樹師的悉心指導，謹致謝忱！

①第1368則

A：《合》13614（《柏》23、歷拓8069、《七》B13）。

B：《掇一》140。

釋文：

〼鼎（貞）：子〼疾首，□延。一

鼎（貞）〼延〼。一

〼今二月〼。二

②第1369則

A：《合》29331（《京人》2004）。

B：《合》28377（《佚》484）。

釋文：

□□卜：今日王其田迴，射又（有）麋〼。大吉。

③第1370則

A：《京津》949。

B：《英藏》1036（《合》40287、《庫》1737）。

釋文：

戊寅卜，鼎（貞）：既雨。之夕雨。五月。

④第1371則

A：《合》39498正反（《英藏》1117正反、《庫》1535正反）。

B：《庫》1545正反。

① 第1368則選自吴麗婉《甲骨拼合第55～57則》之第57則，吴文原載"中國社會科學院歷史研究所先秦史研究室網站"，https://www.xianqin.org/blog/archives/9271.html。綴合得到黄天樹師的悉心指導，謹致謝忱！

② 第1369則選自吴麗婉《甲骨拼合第58則》，吴文原載"中國社會科學院歷史研究所先秦史研究室網站"，https://www.xianqin.org/blog/archives/10016.html。綴合得到黄天樹師的悉心指導，謹致謝忱！

③ 第1370則選自吴麗婉《甲骨拼合第59～60則》之第59則，吴文原載"中國社會科學院歷史研究所先秦史研究室網站"，https://www.xianqin.org/blog/archives/10967.html。綴合得到黄天樹師的悉心指導，謹致謝忱！

④ 第1371則選自吴麗婉《甲骨拼合第59～60則》之第60則，吴文原載"中國社會科學院歷史研究所先秦史研究室網站"，https://www.xianqin.org/blog/archives/10967.html。綴合得到黄天樹師的悉心指導，謹致謝忱！

釋文：

正面：

戊午卜，㝱（賓）鼎（貞）：王固（占）[曰]☐。

壬戌卜，㝱（賓）鼎（貞）：王固（占）卜曰："子罒其隹（唯）丁娩，[女]，不其妿。"（以上正面）王曰："不其妿。"（以上反面）一

其隹（唯）。（以上正面）王曰："其妿。"（以上反面）一

☐妿。

其餘文字爲僞刻。

反面：

☐妿。

☐其☐妿。

☐钔（禦）☐子☐。

㞢（侑）于祖乙十羌。

廿羌。

卅羌。

㞢（侑）祖乙[十]羌。

廿羌。

卅羌。

目。

☐燎☐。

① 第1372則

A：《合補》2596 [《合》10965、《簠游》123、《續》5.33.4（不全）、《簠拓》728+《存補》5.30.1、《合》40125、《蘇德》附録一、《西瑞》1、《尊古齋》97.1]。

B：《合補》686（《誠》410）。

釋文：

丙戌卜，古鼎（貞）：燎于岳☐。

① 第1372則選自吴麗婉《甲骨拼合第61則》，吴文原載"中國社會科學院歷史研究所先秦史研究室網站"，https://www.xianqin.org/blog/archives/11631.html。綴合得到黄天樹師的悉心指導，謹致謝忱！

□寅卜，㱿鼎（貞）：今日我其狩盗〼。

□□［卜］，㱿鼎（貞）：今日我其狩盗〼允擒獲兕十一、鹿〼十㞢（又）四、豕四、麇七十㞢（又）四。

〼［子］漁㞢（侑）一牛于父〼。

〼乙弓（勿）㞢（侑）一牛于父乙〼。

第 1373 則[①]

A：《繪園》7。

B：《合》20372（《京人》3159）。

釋文：

庚戌卜，扶：奔〼。

第 1374 則[②]

A：《劬藏》37。

B：《合》7217（善 14295、《存》上 644、《京津》1347）。

釋文：

鼎（貞）：有去。

鼎（貞）：亡其去。

鼎（貞）：叀（惠）王自望。

鼎（貞）：勿隹（唯）王自望。

鼎（貞）：叀（惠）王。

第 1375 則[③]

A：《劬藏》33。

B：《合》1776（《鐵拾》2.2）。

釋文：

---

① 第 1373 則選自吴麗婉《甲骨拼合第 62 則》，吴文原載“中國社會科學院歷史研究所先秦史研究室網站”，https://www.xianqin.org/blog/archives/12037.html。綴合得到黄天樹師的悉心指導，謹致謝忱！

② 第 1374 則選自吴麗婉《甲骨拼合第 63 ～ 65 則》之第 63 則，吴文原載“中國社會科學院歷史研究所先秦史研究室網站”，https://www.xianqin.org/blog/archives/12678.html。綴合得到黄天樹師的悉心指導，謹致謝忱！

③ 第 1375 則選自吴麗婉《甲骨拼合第 63 ～ 65 則》之第 64 則，吴文原載“中國社會科學院歷史研究所先秦史研究室網站”，https://www.xianqin.org/blog/archives/12678.html。綴合得到黄天樹師的悉心指導，謹致謝忱！

鼎（貞）：㞢（侑）于祖辛。

㱄（禦）于南庚牢。

鼎（貞）：燎三羊、三豕。

鼎（貞）：萑。

鼎（貞）：萑。

☐萑。

① 第 1376 則

A：《京人》195。

B：《合》4025（《存》下 251、《甲零》109）。

C：《合》8731（《後》下 14.1）。

D：《合》294（《佚存》570）。

釋文：

［癸］丑卜，宂（賓）鼎（貞）：☐三百羌于丁。

乙卯卜，鼎（貞）：叀（惠）𢀛（畢）令比㱿［受由］。

乙卯卜，鼎（貞）：叀（惠）𠬞令比㱿受由。三

乙卯［卜，鼎（貞）］：叀（惠）𠆢令比㱿［受由］。

乙［卯卜］，鼎（貞）：［叀（惠）］大［令］比［㱿］受［由］□萑𦉢。七月。三

鼎（貞）：勿𢻱（殺），戠（待）。三

鼎（貞）：翌丁未不其昜日。三

□□［卜］，宂（賓）鼎（貞）☐𡆥☐旬☐。

☐勿☐𡆥☐。

鼎（貞）☐。

説明：

A、B、C 見於《拼五》1156，在此基礎上遥綴 D。陳劍先生在《釋“𠙵”》一文中指出 D 與《合》19202 當係卜同事（《出土文獻與古文字研究》第三輯第 50 頁）。《合》19202 即《中歷藏》1090，後者拓本清晰，

① 第 1376 則選自吴麗婉《甲骨拼合第 63～65 則》之第 65 則，吴文原載“中國社會科學院歷史研究所先秦史研究室網站”，https://www.xianqin.org/blog/archives/12678.html。綴合得到黄天樹師的悉心指導，謹致謝忱！

可看出“卯”和“惠”的殘筆。根據同文，可補全D下面一辭“乙［卯卜］，鼎（貞）：［叀（惠）］大［令］比［設］受［由］□隹舀。七月。三”。此辭兆序爲“三”，與B整版兆序相同，且內容與BC多條卜辭內容密切相關，很可能是同一龜版，可加綴在龜版的右甲部位。

① 第 1377 則

A：《京人序論》Fig.15（林良敬藏）。

B：《合補》6647（《天理》638）。

C：《京人》292。

釋文：

庚戌卜，穷鼎（貞）：王逐兕于弜，亡災。

［庚］戌卜，穷鼎（貞）：［王逐］在弜兕▨往逐▨。

［庚］戌卜，穷鼎（貞）：［王逐］在弜［兕］，亡［灾］。

庚辰卜，［穷鼎（貞）］：其㞢（侑）于▨王𠮛▨。十□月。

説明：

A、B兩版爲蔣玉斌先生所綴（見蔣先生講座“關於甲骨綴合的一些思考”，中國社會科學院古代史研究所先秦史研究室主辦，2020年10月26日），今加綴C。

② 第 1378 則

A：《屯》1255。

B：《屯》1061。

C：《屯》3956。

釋文：

叀（惠）父庚庸（鏞）［用，隹（唯）］父甲正，王受［又（祐）］。

▨又豊，叀（惠）祖丁庸（鏞）用，隹（唯）父甲正，王受［又（祐）］。吉。

---

① 第1377則選自吴麗婉《甲骨拼合第66則》，吴文原載“中國社會科學院歷史研究所先秦史研究室網站”，https://www.xianqin.org/blog/archives/14298.html。綴合得到黄天樹師的悉心指導，謹致謝忱！

② 第1378則選自吴麗婉《甲骨拼合第67則》，吴文原載“中國社會科學院歷史研究所先秦史研究室網站”，https://www.xianqin.org/blog/archives/15138.html。綴合得到黄天樹師的悉心指導，謹致謝忱！

吉。

吉。

說明：

A、B 爲林宏明先生所綴（見《醉古集》第 185 組），今加綴 C。B、C 拼合的卜辭“叀（惠）父庚鏞□父甲正，王受祐”與《屯》1055“叀（惠）父庚鏞用，唯父甲正，王受祐”當爲同文卜辭。根據後者辭例，可將前者“鏞”字後面漫漶之字擬補爲“用”和“唯”。

① 第 1379 則

A：《存補》5.266.1。

B：《合》18997（《京人》395）。

釋文：

追方，及。

鼎（貞）：令犬 祉（延）歸。六月。一

令〼羌〼多〼。一

② 第 1380 則

A：《旅藏》1036。

B：《懷特》323。

釋文：

甲午卜，鼎（貞）：王往〼。

說明：

此兩版字體均屬賓出類，“王”“午”二殘字可以補足，綴合應無誤。

③ 第 1381 則

A：《綴集》148。

---

① 第 1379 則選自張珊《甲骨拼合 1 則》，張文原載“中國社會科學院歷史研究所先秦史研究室網站”，https://www.xianqin.org/blog/archives/10030.html。綴合得到黃天樹師的悉心指導，謹致謝忱！

② 第 1380 則選自展翔《殷契綴合第一則》，展文原載“中國社會科學院歷史研究所先秦史研究室網站”，https://www.xianqin.org/blog/archives/10620.html。綴合得到黃天樹師的悉心指導，謹致謝忱！

③ 第 1381 則選自展翔《殷契綴合第三則》，展文原載“中國社會科學院歷史研究所先秦史研究室網站”，https://www.xianqin.org/blog/archives/12384.html。綴合得到黃天樹師的悉心指導，謹致謝忱！

B：奥缶齋（未入書）某片。

釋文：

癸酉［卜］，古鼎（貞）：［旬］亡囚。

癸未卜，古鼎（貞）：旬亡囚。二月。

癸巳卜，古鼎（貞）：旬亡囚。二月。

癸卯卜，古鼎（貞）：旬亡囚。三月。

癸丑。

癸亥卜，古鼎（貞）：旬亡囚。四月。

☐囚。

説明：

這是一組骨條邊綴合。A版爲《綴集》148，由蔡哲茂完成拼綴，今在其下加綴B。《奥缶齋 · 殷器别鑒》於2012年出版，其中收甲骨彩照108片。B版據傳原出自“奥缶齋”相關網站内，但《奥缶齋 · 殷器别鑒》成書時並未收録該片。此片之彩照爲筆者於網絡上偶得。

綴合後，原本殘缺的“古”“旬”二字可以補足，最左邊的月份可補齊爲“二月”，綴合應無誤。

① 第1382則

A：《合》6983（《上博》17645.452）。

B：《合補》1974（《天理》156）。

釋文：

癸子（巳）卜，㱿鼎（貞）：乎（呼）雀伐望戉。

甲午卜，爭鼎（貞）：叀（惠）雀乎（呼）比望滓伐戉。

[illegible]。

説明：

從字體看，兩版殘片均爲賓組一類字體。在腹甲形態方面，A版爲右後甲近胯凹處，B版爲左首甲、左前甲以及中甲交匯處。在卜辭内容上，其“癸巳”日與“甲午”日相連，所卜核心内容十分相近，構成準

① 第1382則選自展翔《殷契綴合第四則》，展文原載“中國社會科學院歷史研究所先秦史研究室網站”，https://www.xianqin.org/blog/archives/12546.html。綴合得到黄天樹師的悉心指導，謹致謝忱！

同文卜辭。綜上，兩版殘甲應可遥綴。

裘錫圭曾在《説殷墟卜辭的"奠"》一文中對兩版卜辭的内容分別進行過詳細的解釋，[①] 但遺憾的是，該文並未提出二者可能存在一版之折的關係。今爲前輩學者補齊。

[②] 第 1383 則

A：浙 & 哥藏 64。

B：《合》20500（《甲》206）。

釋文：

□酉卜：隹（唯）大庚。

戊戌卜：雀人芻于效（教）。三。

辛丑卜，王：叀（惠）稟𦎫，𢦏（翦）。

辛丑卜，王：叀（惠）稟𦎫，𢦏（翦）。三。

辛丑卜：壬寅弗𢦏（翦）。三。

才（在）𠱠。

辛丑卜。

説明：

A 版來源於"大學數字圖書館國際合作計劃（CADAL）"網站 [③] 公布的"Special Collection of Oracle Bones by Zhejiang University & Columbia University"甲骨彩照第 64 片。其左前甲下方殘邊的斷裂碴口與 B 版上殘邊的斷裂碴口基本可以密合。A 版的左前甲和 B 版拼合後可見，前者左右兩邊的殘斷是隨兆幹而斷，而此斷裂也從 A 版延續到了 B 版。另外，兩版有同文卜辭。綜上，筆者認爲兩版殘甲可以拼合。

[④] 第 1384 則

A：《京津》1261。

① 裘錫圭《説殷墟卜辭的"奠"》，《裘錫圭學術文集 · 古代歷史、思想民俗卷》，上海：復旦大學出版社，2012 年 6 月，第 174 頁。

② 第 1383 則選自展翔《殷契綴合第 7—10 則》之第 7 則，展文原載"中國社會科學院歷史研究所先秦史研究室網站"，https://www.xianqin.org/blog/archives/12558.html。綴合得到黄天樹師的悉心指導，謹致謝忱！

③ "大學數字圖書館國際合作計劃"網站：https://cadal.edu.cn/index/home。

④ 第 1384 則選自展翔《殷契綴合第 7—10 則》之第 9 則，展文原載"中國社會科學院歷史研究所先秦史研究室網站"，https://www.xianqin.org/blog/archives/12558.html。綴合得到黄天樹師的悉心指導，謹致謝忱！

B：《合》6515 正。

釋文：

鼎（貞）：今㫺（早）王叀（惠）下危伐，受㞢［又］。

〼王〼。

①第 1385 則

A：《合補》3233。

B：《謝文》300（《京津》2389）。

釋文：

己酉［卜］，㱿鼎（貞）：翼（翌）〼。一

己酉［卜］，㱿鼎（貞）：翼（翌）〼。

説明：

此則爲遥綴。從腹甲形態上看，A、B 兩版分别爲左右首甲、中甲、左右前甲的交匯處。從兩版保存的前辭及命辭來看，它們很可能是對同一事的正反對貞。從字體上看，兩版均爲典賓類字體。同時，兩版卜辭的行款走向基本一致。綜上判斷，兩殘片很可能是一版之折，構成遥綴。殘片所處位置參見綴合圖版。

②第 1386 則

A：《合》10704（《合補》2650、《京津》1450、北圖 12405）。

B：《明後》1397。

釋文：

□□卜，[illegible]鼎（貞）：敢〼。

③第 1387 則

A：《合》30110（《京津》3855、北圖 13638）。

---

① 第 1385 則選自展翔《殷契綴合第 7—10 則》之第 10 則，展文原載“中國社會科學院歷史研究所先秦史研究室網站”，https://www.xianqin.org/blog/archives/12558.html。綴合得到黄天樹師的悉心指導，謹致謝忱！

② 第 1386 則選自展翔《殷契綴合第 11—27 則》之第 11 則，展文原載“中國社會科學院歷史研究所先秦史研究室網站”，https://www.xianqin.org/blog/archives/12741.html。綴合得到黄天樹師的悉心指導，謹致謝忱！

③ 第 1387 則選自展翔《殷契綴合第 11—27 則》之第 12 則，展文原載“中國社會科學院歷史研究所先秦史研究室網站”，https://www.xianqin.org/blog/archives/12741.html。綴合得到黄天樹師的悉心指導，謹致謝忱！

B:《合補》3815。

釋文:

庚午卜，何鼎（貞）：王不冓（遘）雨。允不冓（遘）雨。

第 1388 則[①]

A：本書第 1259 則。

B:《上博》67761.4。

釋文:

乙酉［卜，爭鼎（貞）：］麇［告曰，方］由今［春］同（興），受㞢（有）又（祐）。

乙酉卜，爭鼎（貞）：麇告曰：方由今春同（興），受㞢（有）又（祐）。

鼎（貞）：今甲申［令］□以多射〼陟〼。

第 1389 則[②]

A:《懷特》1771。

B:《懷特》1776。

釋文:

〼牢〼。

〼其牢又一牛。二

〼其［牢］又一［牛］。二

第 1390 則[③]

A:《存補》3.118.4。

B:《安明》1544。

釋文:

① 第 1388 則選自展翔《殷契綴合第 11—27 則》之第 14 則，展文原載“中國社會科學院歷史研究所先秦史研究室網站”，https://www.xianqin.org/blog/archives/12741.html。綴合得到黃天樹師的悉心指導，謹致謝忱！

② 第 1389 則選自展翔《殷契綴合第 11—27 則》之第 15 則，展文原載“中國社會科學院歷史研究所先秦史研究室網站”，https://www.xianqin.org/blog/archives/12741.html。綴合得到黃天樹師的悉心指導，謹致謝忱！

③ 第 1390 則選自展翔《殷契綴合第 11—27 則》之第 17 則，展文原載“中國社會科學院歷史研究所先秦史研究室網站”，https://www.xianqin.org/blog/archives/12741.html。綴合得到黃天樹師的悉心指導，謹致謝忱！

鼎（貞）：☐方☐。一

鼎（貞）：不于多尹囚。二

☐五。

第 1391 則[①]

A：《合》39324。

B：《英藏》2662（《庫》1575、《合》41861）。

釋文：

癸亥王卜，鼎（貞）：旬亡畎。王固（占）曰："引吉。"

癸酉王卜，鼎（貞）：旬亡畎。

☐卜☐畎。

第 1392 則[②]

A：《英藏》75 正反（《庫》1816、《合》39609）。

B：《英藏》668 正反（《庫》555、《合》39962）。

釋文：

正面：

弓（勿）㞢［于］父□。

鼎（貞）：于父甲㞢犬。

鼎（貞）：弓（勿）比戠伐。

鼎（貞）：☐。

反面：

甲寅，帚（婦）井示☐。

第 1393 則[③]

A：《劬藏》19。

① 第 1391 則選自展翔《殷契綴合第 11—27 則》之第 23 則，展文原載"中國社會科學院歷史研究所先秦史研究室網站"，https://www.xianqin.org/blog/archives/12741.html。綴合得到黄天樹師的悉心指導，謹致謝忱！
② 第 1392 則選自展翔《殷契綴合第 11—27 則》之第 24 則，展文原載"中國社會科學院歷史研究所先秦史研究室網站"，https://www.xianqin.org/blog/archives/12741.html。綴合得到黄天樹師的悉心指導，謹致謝忱！
③ 第 1393 則選自展翔《殷契綴合第 11—27 則》之第 25 則，展文原載"中國社會科學院歷史研究所先秦史研究室網站"，https://www.xianqin.org/blog/archives/12741.html。綴合得到黄天樹師的悉心指導，謹致謝忱！

B：《謝文》390。

釋文：

甲寅卜，殻鼎（貞）：㞢受☐。

[①] 第 1394 則

A：《合補》4689。

B：《合補》4795（《中歷藏》1019）。

釋文：

□午卜，☐㞢☐丁。

癸酉卜，古鼎（貞）：今夕亡 𡆥。

[②] 第 1395 則

A：《合》9923 正（《中歷藏》544）。

B：《旅藏》546。

釋文：

鼎（貞）：不其受年。二月。

[③] 第 1396 則

A：《合》37882（《北珍》1377）。

B：《殷遺》559。

釋文：

□□［卜］，鼎（貞）：［王旬］亡畎。

癸丑卜，鼎（貞）：王旬亡畎。才（在）正月。

癸丑卜，［鼎（貞）］：王旬［亡］畎。才（在）［正月］。

□□卜，［鼎（貞）：王］旬［亡］畎。

---

① 第 1394 則選自展翔《殷契綴合第 11—27 則》之第 27 則，展文原載“中國社會科學院歷史研究所先秦史研究室網站”，https://www.xianqin.org/blog/archives/12741.html。綴合得到黄天樹師的悉心指導，謹致謝忱！

② 第 1395 則選自展翔《殷契綴合第 16 則（替换）》，展文原載“中國社會科學院歷史研究所先秦史研究室網站”，https://www.xianqin.org/blog/archives/13975.html。綴合得到黄天樹師的悉心指導，謹致謝忱！

③ 第 1396 則選自展翔《殷契綴合第 29 則（另替换 5 則）》之替换第 5 則，展文原載“中國社會科學院歷史研究所先秦史研究室網站”，https://www.xianqin.org/blog/archives/14167.html。綴合得到黄天樹師的悉心指導，謹致謝忱！

癸酉卜，鼎（貞）：王旬亡［𡆥］。才（在）□。

① 第 1397 則

A：《合》39014（《北珍》1405）。

B：《合》39144（《山東》1243）。

釋文：

□□［卜］，鼎（貞）：［王旬亡］𡆥。

癸酉卜，鼎（貞）：王旬亡𡆥。二

癸□［卜］，鼎（貞）：王［旬］亡［𡆥］。二

□□卜，［鼎（貞）：王］旬［亡］𡆥。

癸子（巳）卜，鼎（貞）：王旬亡𡆥。二

癸子（巳）［卜，鼎（貞）：］王旬［亡𡆥］。二

癸丑［卜，鼎（貞）：］王［旬］亡［𡆥］。二

□□［卜］，鼎（貞）：［王旬亡］𡆥。

② 第 1398 則

A：《合》17340。

B：《輯佚》9。

釋文：

丙子卜，爭鼎（貞）：令乍（作）孽。

□鼎（貞）：□。二

③ 第 1399 則

A：《續存》上 2560。

B：《北珍》1424。

---

① 第 1397 則選自展翔《殷契綴合第 29 則（另替換 5 則）》之第 29 則，展文原載“中國社會科學院歷史研究所先秦史研究室網站”，https://www.xianqin.org/blog/archives/14167.html。綴合得到黄天樹師的悉心指導，謹致謝忱！

② 第 1398 則選自展翔《殷契綴合第 30、31 則》之第 30 則，展文原載“中國社會科學院歷史研究所先秦史研究室網站”，https://www.xianqin.org/blog/archives/14284.html。綴合得到黄天樹師的悉心指導，謹致謝忱！

③ 第 1399 則選自展翔《殷契綴合第 30、31 則》之第 31 則，展文原載“中國社會科學院歷史研究所先秦史研究室網站”，https://www.xianqin.org/blog/archives/14284.html。綴合得到黄天樹師的悉心指導，謹致謝忱！

釋文：

［癸未卜］，鼎（貞）：［王旬亡］畎。一

癸未卜，鼎（貞）：王旬亡畎。二

癸［未卜］，鼎（貞）：［王旬］亡［畎］。

① 第 1400 則

A：《合》2314 正（《明後》1582 正）。

B：《明後》77 正。

釋文：

［隹（唯）］多［介］父蚩（害）王。［五月］。

☐七

② 第 1401 則

A：《合》20279（《前》8.5.7、《山東》306）。

B：《英藏》1784（《合》40818、《庫》257）。

釋文：

甲午卜，王：爰中。六月。

甲午☐叟☐。

戊戌卜，王鼎（貞）：余並立（涖）員宁（賈）史（事）眔視奠印（抑）。六月。

戊戌卜，王鼎（貞）：乙其雨。六月。

☐雨。

乙子（巳）卜，王鼎（貞）：乎（呼）取員宁（賈），戠（待）。六月。

乙子（巳）［卜，王］鼎（貞）：☐亡☐。

丙午卜，王鼎（貞）：余更□曰巫。六月。

① 第 1400 則選自展翔《殷契綴合第 32、33 則》之第 32 則，展文原載“中國社會科學院歷史研究所先秦史研究室網站”，https://www.xianqin.org/blog/archives/14359.html。綴合得到黃天樹師的悉心指導，謹致謝忱！

② 第 1401 則選自展翔《殷契綴合第 32、33 則》之第 33 則，展文原載“中國社會科學院歷史研究所先秦史研究室網站”，https://www.xianqin.org/blog/archives/14359.html。綴合得到黃天樹師的悉心指導，謹致謝忱！

癸□［卜］，王鼎（貞）：☐喪☐㞢☐。

①第 1402 則

A：《輯佚》679。

B：《笏二》1018。

釋文：

□□卜，［鼎（貞）：王］旬［亡］𡆥。

癸丑卜，鼎（貞）：王旬亡𡆥。

癸酉［卜］，鼎（貞）：王［旬］亡［𡆥］。

□□卜，鼎（貞）：［王旬］亡𡆥。

☐鼎（貞）：□旬☐。

②第 1403 則

A：《殷遺》388。

B：《北珍》1176。

釋文：

癸丑卜，尹鼎（貞）：今夕亡𡆥。

甲寅卜，尹鼎（貞）：今夕亡𡆥。

③第 1404 則

A：《存補》3.262.1（>《合》41654）。

B：《復旦》279。

釋文：

丙申，鼎（貞）：又伐于☐。

① 第 1402 則選自展翔《殷契綴合第 34、35 則》之第 34 則，展文原載"中國社會科學院歷史研究所先秦史研究室網站"，https://www.xianqin.org/blog/archives/14514.html。綴合得到黃天樹師的悉心指導，謹致謝忱！

② 第 1403 則選自展翔《殷契綴合第 34、35 則》之第 35 則，展文原載"中國社會科學院歷史研究所先秦史研究室網站"，https://www.xianqin.org/blog/archives/14514.html。綴合得到黃天樹師的悉心指導，謹致謝忱！

③ 第 1404 則選自展翔《殷契綴合第 36、37 則》之第 36 則，展文原載"中國社會科學院歷史研究所先秦史研究室網站"，https://www.xianqin.org/blog/archives/14607.html。綴合得到黃天樹師的悉心指導，謹致謝忱！

① 第 1405 則

A:《合》30457(《存補》3.173.2)。

B:《合》12853(《乙》8689)。

釋文:

□□卜:䎽(翌)癸未☐。

壬午卜:𠦪(禱)雨,燎☐。

壬午卜:于河𠦪(禱)雨,燎。一

壬午[卜]:隹(唯)不☐。

壬午。

② 第 1406 則

A:《存補》3.292.1(《中歷藏》644 正)。

B:《合》2659 正(《續》4.30.5、《北珍》1110 正)。

釋文:

丙戌卜,亘鼎(貞):帚(婦)好㞢☐。

丙戌卜,亘鼎(貞):帚(婦)好亡☐。

乙酉卜,[亘]鼎(貞):翼(翌)丙☐。

③ 第 1407 則

A:《合》3099(《山東》956)。

B:《合》4525。

釋文:

丙寅卜,古鼎(貞):叀(惠)引令取豕賈。三月。二

鼎(貞):于乙亥入黄尹丁人。一　二

鼎(貞):叀(惠)☐令取豕賈。三月。二告

① 第 1405 則選自展翔《殷契綴合第 36、37 則》之第 37 則,展文原載“中國社會科學院歷史研究所先秦史研究室網站”,https://www.xianqin.org/blog/archives/14607.html。綴合得到黄天樹師的悉心指導,謹致謝忱!

② 第 1406 則選自展翔《殷契綴合第 38、39 則》之第 38 則,展文原載“中國社會科學院歷史研究所先秦史研究室網站”,https://www.xianqin.org/blog/archives/14923.html。綴合得到黄天樹師的悉心指導,謹致謝忱!

③ 第 1407 則選自展翔《殷契綴合第 38、39 則》之第 39 則,展文原載“中國社會科學院歷史研究所先秦史研究室網站”,https://www.xianqin.org/blog/archives/14923.html。綴合得到黄天樹師的悉心指導,謹致謝忱!

□［令］耶［𢆶］祉。

① 第 1408 則

A:《珠》1434。

B:《東文研》477 正。

釋文:

□不𡕒鼄。

□不𡕒鼄。小告

② 第 1409 則

A:《合》17447（《山東》510）。

B:《輯佚》367。

釋文:

甲寅卜，鼎（貞）：亞多鬼夢，亡不若。

［己］亥卜，爭鼎（貞）：王亡不若。六月。一

鼎（貞）：□。一

□又□。

③ 第 1410 則

A:《綴彙》50（《合補》1203、《合》4258+《安明》597）。

B:《安明》652。

釋文:

□今夕□ 囚。

□𠦪［自］般才（在）誩，乎（呼）𠂤（次），才（在）之奠。十三月。

鼎（貞）：□𠦪自 般□。

① 第 1408 則選自展翔《殷契綴合第 40、41 則》之第 40 則，展文原載"中國社會科學院歷史研究所先秦史研究室網站"，https://www.xianqin.org/blog/archives/15005.html。綴合得到黄天樹師的悉心指導，謹致謝忱！

② 第 1409 則選自展翔《殷契綴合第 40、41 則》之第 41 則，展文原載"中國社會科學院歷史研究所先秦史研究室網站"，https://www.xianqin.org/blog/archives/15005.html。綴合得到黄天樹師的悉心指導，謹致謝忱！

③ 第 1410 則選自展翔《殷契綴合第 42、43 則》之第 42 則，展文原載"中國社會科學院歷史研究所先秦史研究室網站"，https://www.xianqin.org/blog/archives/15016.html。綴合得到黄天樹師的悉心指導，謹致謝忱！

① 第 1411 則

A:《京人》2691。

B:《笏二》1598(>《合補》13160、《東文研》794)。

釋文:

叀(惠)☐。兹[用]。

其牢又一牛。兹用。

☐用。二

② 第 1412 則

A:《上博》2426.1299。

B:《東文研》801(《合》37112)。

釋文:

☐勿牛☐。

其牢又一牛。

其牢又[一牛]。兹[用]。二

其牢☐。

③ 第 1413 則

A:《合》1513(《山東》610)。

B:《合補》129。

釋文:

甲申卜:乙酉㞢且(祖)乙三宰,𠀠卅牛。

甲申卜,鼎(貞):乙酉㞢且(祖)乙☐。

丙戌☐。

---

① 第 1411 則選自展翔《殷契綴合第 42、43 則》之第 43 則,展文原載"中國社會科學院歷史研究所先秦史研究室網站",https://www.xianqin.org/blog/archives/15016.html。綴合得到黃天樹師的悉心指導,謹致謝忱!

② 第 1412 則選自展翔《殷契綴合第 44、45 則》之第 44 則,展文原載"中國社會科學院歷史研究所先秦史研究室網站",https://www.xianqin.org/blog/archives/15068.html。綴合得到黃天樹師的悉心指導,謹致謝忱!

③ 第 1413 則選自展翔《殷契綴合第 44、45 則》之第 45 則,展文原載"中國社會科學院歷史研究所先秦史研究室網站",https://www.xianqin.org/blog/archives/15068.html。綴合得到黃天樹師的悉心指導,謹致謝忱!

[①] 第 1414 則

A：《北珍》2163。

B：《明後》1798 反。

釋文：

王固（占）曰：其㞢☐。

[②] 第 1415 則

A：《輯佚》335。

B：《殷遺》378（《奧缶齋》80）。

釋文：

壬午卜，尹鼎（貞）：王其往于田，亡災。才（在）九月。一

□□卜，尹☐田往☐災。

[③] 第 1416 則

A：《合補》1504（《東文研》440）

B：《合》6205（《珠》180）

釋文：

庚戌卜，亘鼎（貞）：舌方出，乎（呼）逆伐，受㞢（有）又（祐）。

[④] 第 1417 則

A：《京人》587。

B：《京人》1506。

---

① 第 1414 則選自展翔《殷契綴合第 46、47 則》之第 46 則，展文原載“中國社會科學院歷史研究所先秦史研究室網站”，https://www.xianqin.org/blog/archives/15094.html。綴合得到黃天樹師的悉心指導，謹致謝忱！

② 第 1415 則選自展翔《殷契綴合第 46、47 則》之第 47 則，展文原載“中國社會科學院歷史研究所先秦史研究室網站”，https://www.xianqin.org/blog/archives/15094.html。綴合得到黃天樹師的悉心指導，謹致謝忱！

③【编者按：原第 1416 則（《合》32070+《京津》3928）綴合有誤。因改動編號牽涉問題甚多，故以新綴替換之。】選自展翔《殷契綴合第 83、84 則》之第 84 則，展文原載“中國社會科學院歷史研究所先秦史研究室網站”，https://www.xianqin.org/blog/archives/16993.html。綴合得到黃天樹師的悉心指導，謹致謝忱！

④ 第 1417 則選自展翔《殷契綴合第 51（替换）、52、53 則》之替换第 51 則，展文原載“中國社會科學院歷史研究所先秦史研究室網站”，https://www.xianqin.org/blog/archives/15158.html。綴合得到黃天樹師的悉心指導，謹致謝忱！

釋文：

辛未卜，王。

□未卜，☐。

① 第 1418 則

A：《合補》4066（《存補》3.304.3）。

B：《北珍》2113。

釋文：

□卯卜，古鼎（貞）：帝其☐。

② 第 1419 則

A：《合》40146（《存補》5.62.3）。

B：《笏二》433。

釋文：

□□卜：王其逐鹿，隻（獲）。允八。王車☐。

③ 第 1420 則

A：《合》39822（《存補》3.56.2、《寧》3.95）。

B：《存補》5.145.1。

釋文：

庚寅卜，爭鼎（貞）：［王］其學，不冓（遘）［雨］。一

癸酉卜，爭鼎（貞）：王其學，不冓（遘）雨。一

□□［卜］，㽙［鼎（貞）］：翼（翌）☐不☐。

---

① 第 1418 則選自展翔《殷契綴合第 51（替换）、52、53 則》之第 52 則，展文原載“中國社會科學院歷史研究所先秦史研究室網站”，https://www.xianqin.org/blog/archives/15158.html。綴合得到黄天樹師的悉心指導，謹致謝忱！

② 第 1419 則選自展翔《殷契綴合第 51（替换）、52、53 則》之第 53 則，展文原載“中國社會科學院歷史研究所先秦史研究室網站”，https://www.xianqin.org/blog/archives/15158.html。綴合得到黄天樹師的悉心指導，謹致謝忱！

③ 第 1420 則選自展翔《殷契綴合第 54—78 則》之第 54 則，展文原載“中國社會科學院歷史研究所先秦史研究室網站”，https://www.xianqin.org/blog/archives/15635.html。綴合得到黄天樹師的悉心指導，謹致謝忱！

① 第 1421 則

A:《合補》12376(《天理》625)。

B:《輯佚》846(《合補》13002)。

釋文:

丁酉[卜],鼎(貞):☐夕☐。

癸丑卜,鼎(貞):王今夕亡𡆥。

□□卜,鼎(貞):□□[亡]𡆥。

② 第 1422 則

A:《拼集》313(《合》15483 正 +《合》15484)。

B:《存補》5.307.5。

釋文:

丁未卜,爭鼎(貞):弜(勿)复先以歲𢻫(殺)才(在)涂。

鼎(貞):复先以歲。二

[丁]未卜,爭[鼎(貞)]:今日弜(勿)复先以歲☐。四月。

③ 第 1423 則

A:《合》24181(《美藏》412、《庫方》1407)

B:《德瑞荷比》205

釋文:

乙卯卜,出鼎(貞):今日亡來艱。

④ 第 1424 則

A:《合》8299(>《前》5.7.4)。

---

① 第 1421 則選自展翔《殷契綴合第 54—78 則》之第 55 則,展文原載"中國社會科學院歷史研究所先秦史研究室網站",https://www.xianqin.org/blog/archives/15635.html。綴合得到黃天樹師的悉心指導,謹致謝忱!

② 第 1422 則選自展翔《殷契綴合第 54—78 則》之第 57 則,展文原載"中國社會科學院歷史研究所先秦史研究室網站",https://www.xianqin.org/blog/archives/15635.html。綴合得到黃天樹師的悉心指導,謹致謝忱!

③【編者按:原第 1423 則(《合》9095+《合》9387 反)綴合有誤。因改動編號牽涉問題甚多,故以新綴替換之。】選自展翔《殷契綴合第 86-89 則(附復原 7 則)》之第 87 則,展文原載"中國社會科學院歷史研究所先秦史研究室網站",https://www.xianqin.org/blog/archives/17637.html。綴合得到黃天樹師的悉心指導,謹致謝忱!

④ 第 1424 則選自展翔《殷契綴合第 54—78 則》之第 62 則,展文原載"中國社會科學院歷史研究所先秦史研究室網站",https://www.xianqin.org/blog/archives/15635.html。綴合得到黃天樹師的悉心指導,謹致謝忱!

B：《合》15939（北圖 11872>《京津》2580）。

釋文：

〼立〼于〼旃。

鼎（貞）：不以。

辛〼鼎（貞）：〼畀〼。三

鼎（貞）：〼畀〼。三

第 1425 則[①]

A：《合》28345（《粹》955、北圖 12043）。

B：《合》28711（《南明》741、《明後》2311）。

釋文：

甲寅卜：翼（翌）〼。

〼田□每（悔）。

叀（惠）阹麓（麓楸），隻（獲）又（有）大鹿，亡𢦏（災）。

〼大雨。

第 1426 則[②]

A：《合》29413（《京津》4482、北圖 12046）。

B：《合補》9257（北圖 12090）。

釋文：

于南田，亡𢦏（災），𢍰（擒）。

〼亡〼。

于北［田］，亡𢦏（災），𢍰（擒）。

第 1427 則[③]

A：北圖 12124（《合補》9184）。

① 第 1425 則選自展翔《殷契綴合第 54—78 則》之第 63 則，展文原載“中國社會科學院歷史研究所先秦史研究室網站”，https://www.xianqin.org/blog/archives/15635.html。綴合得到黄天樹師的悉心指導，謹致謝忱！

② 第 1426 則選自展翔《殷契綴合第 54—78 則》之第 64 則，展文原載“中國社會科學院歷史研究所先秦史研究室網站”，https://www.xianqin.org/blog/archives/15635.html。綴合得到黄天樹師的悉心指導，謹致謝忱！

③ 第 1427 則選自展翔《殷契綴合第 54—78 則》之第 65 則，展文原載“中國社會科學院歷史研究所先秦史研究室網站”，https://www.xianqin.org/blog/archives/15635.html。綴合得到黄天樹師的悉心指導，謹致謝忱！

B：《合補》9004（北圖 12412）。

釋文：

叀（惠）喪田省，亡𢦏（災）。

叀（惠）□，亡𢦏（災）。

[①] 第 1428 則

A：《合補》12101（《掇二》410）。

B：《掇二》417（《合》35714）。

釋文：

丁酉卜，鼎（貞）：王賓四且（祖）丁□日，亡尤。二月。

[②] 第 1429 則

A：《合》39338 下半（《掇二》423 下半）。

B：《京人》2900。

釋文：

癸酉王卜，鼎（貞）：旬亡𡆥。王𠧩（占）曰："吉。"

□□王卜，[鼎（貞）]：旬亡［𡆥］。王𠧩（占）[曰："吉。"]

[③] 第 1430 則

A：《合》1716（《掇二》453、《南坊》5.17、《中歷藏》223）。

B：《北珍》1652。

釋文：

丁子（巳）卜，㱿鼎（貞）：乎（呼）洗□。

［己］未卜，㱿鼎（貞）：钔（禦）于且（祖）辛□。

① 第 1428 則選自展翔《殷契綴合第 54—78 則》之第 66 則，展文原載"中國社會科學院歷史研究所先秦史研究室網站"，https://www.xianqin.org/blog/archives/15635.html。綴合得到黄天樹師的悉心指導，謹致謝忱！

② 第 1429 則選自展翔《殷契綴合第 54—78 則》之第 67 則，展文原載"中國社會科學院歷史研究所先秦史研究室網站"，https://www.xianqin.org/blog/archives/15635.html。綴合得到黄天樹師的悉心指導，謹致謝忱！

③ 第 1430 則選自展翔《殷契綴合第 54—78 則》之第 68 則，展文原載"中國社會科學院歷史研究所先秦史研究室網站"，https://www.xianqin.org/blog/archives/15635.html。綴合得到黄天樹師的悉心指導，謹致謝忱！

①第 1431 則

A：《合》13353（《後》下 41.11）。

B：《合》17465（《掇三》604、北圖 235）。

釋文：

☐夢，不隹（唯）孽。

甲午卜，古鼎（貞）：翼（翌）乙未不☐。

☐益㽙（韜），不冓（遘）鳳（風）。一

②第 1432 則

A：《合》39950 正（《英藏》638 正、《庫》722、蘇格蘭藏 526）。

B：北圖 517。

釋文：

☐鼎（貞）：旬☐三日☐㞢（有）來婮（艱）☐。

③第 1433 則

A：《合》8106。

B：《合》24382（《京津》3512、《合補》7248）。

釋文：

辛卯卜，［出］鼎（貞）：今夕亡［囚（憂）］。十月。［才（在）］緐。

壬辰卜，出鼎（貞）：今夕亡囚（憂）。十月。才（在）緐。

④第 1434 則

A：《笏二》56。

① 第 1431 則選自展翔《殷契綴合第 54—78 則》之第 69 則，展文原載“中國社會科學院歷史研究所先秦史研究室網站”，https://www.xianqin.org/blog/archives/15635.html。綴合得到黃天樹師的悉心指導，謹致謝忱！

② 第 1432 則選自展翔《殷契綴合第 54—78 則》之第 70 則，展文原載“中國社會科學院歷史研究所先秦史研究室網站”，https://www.xianqin.org/blog/archives/15635.html。綴合得到黃天樹師的悉心指導，謹致謝忱！

③ 第 1433 則選自展翔《殷契綴合第 54—78 則》之第 71 則，展文原載“中國社會科學院歷史研究所先秦史研究室網站”，https://www.xianqin.org/blog/archives/15635.html。綴合得到黃天樹師的悉心指導，謹致謝忱！

④ 第 1434 則選自展翔《殷契綴合第 54—78 則》之第 72 則，展文原載“中國社會科學院歷史研究所先秦史研究室網站”，https://www.xianqin.org/blog/archives/15635.html。綴合得到黃天樹師的悉心指導，謹致謝忱！

B：北圖 717。

釋文：

戊申卜：王弓（勿）乎（呼）往。

第 1435 則[①]

A：《合》9440 反。

B：《笏二》348（《笏二》941）。

釋文：

癸未，气（乞）自[illegible]冊。

☐谷☐。

第 1436 則[②]

A：《合》12618（《龜》2.6.5）。

B：《笏二》68。

釋文：

鼎（貞）：叀（惠）丁未酌河。一

鼎（貞）：雨☐隹（唯）☐。十月。一

第 1437 則[③]

A：《笏二》321。

B：《笏二》578。

釋文：

丁丑卜，鼎（貞）：叀（惠）翼（翌）庚［辰］令多☐。

① 第 1435 則選自展翔《殷契綴合第 54—78 則》之第 73 則，展文原載"中國社會科學院歷史研究所先秦史研究室網站"，https://www.xianqin.org/blog/archives/15635.html。綴合得到黃天樹師的悉心指導，謹致謝忱！
② 第 1436 則選自展翔《殷契綴合第 54—78 則》之第 74 則，展文原載"中國社會科學院歷史研究所先秦史研究室網站"，https://www.xianqin.org/blog/archives/15635.html。綴合得到黃天樹師的悉心指導，謹致謝忱！
③ 第 1437 則選自展翔《殷契綴合第 54—78 則》之第 75 則，展文原載"中國社會科學院歷史研究所先秦史研究室網站"，https://www.xianqin.org/blog/archives/15635.html。綴合得到黃天樹師的悉心指導，謹致謝忱！

第 1438 則[1]

A:《合》39232。

B:《合》39106(《山東》1200)。

釋文:

癸子(巳)卜,鼎(貞):王旬亡畎。三

癸丑卜,鼎(貞):王旬亡畎。

第 1439 則[2]

A:《合》37937(《山東》1091)。

B:《山東》1099。

釋文:

□□[王卜],鼎(貞):[旬亡畎。王固(占)曰:"吉。"]

癸卯王卜,鼎(貞):旬亡畎。王固(占)曰:"吉。"

癸丑王卜,鼎(貞):旬亡畎。王固(占)曰:"吉。"

癸亥王卜,鼎(貞):旬亡畎。王固(占)曰:"吉。"

癸酉王卜,鼎(貞):旬亡畎。王固(占)曰:"吉。"

癸未王卜,鼎(貞):旬亡畎。王固(占)曰:"吉。"二

癸子(巳)王卜,鼎(貞):旬亡畎。王固(占)曰:"吉。"才(在)八月。

第 1440 則[3]

A:《合》14557。

B:《山東》1279。

釋文:

丙午卜,鼎(貞):燎于河三牢。

---

① 第 1438 則選自展翔《殷契綴合第 54—78 則》之第 76 則,展文原載"中國社會科學院歷史研究所先秦史研究室網站",https://www.xianqin.org/blog/archives/15635.html。綴合得到黃天樹師的悉心指導,謹致謝忱!

② 第 1439 則選自展翔《殷契綴合第 54—78 則》之第 78 則,展文原載"中國社會科學院歷史研究所先秦史研究室網站",https://www.xianqin.org/blog/archives/15635.html。綴合得到黃天樹師的悉心指導,謹致謝忱!

③ 第 1440 則選自展翔《〈山東〉腹甲綴合一則》,展文原載"中國社會科學院歷史研究所先秦史研究室網站",https://www.xianqin.org/blog/archives/15787.html。綴合得到黃天樹師的悉心指導,謹致謝忱!

丁丑［卜，鼎（貞）］：今日☐示☐。二

① 第 1441 則

A：《合補》2702（北圖 8954）。

B：《合補》3176（北圖 16603）。

釋文：

☐牢☐。

乙酉卜，鼎（貞）：翼（翌）丁亥□日。

☐弗☐。三

② 第 1442 則

A：《合補》5734。

B：《上博》17645.78。

釋文：

☐日☐

癸丑卜，☐令☐。

③ 第 1443 則

A：《合補》12172（北圖 7471）。

B：北圖 8587。

釋文：

乙酉卜，鼎（貞）：王窴歲，亡尤。

④ 第 1444 則

A：《合補》12259（北圖 14947）。

① 第 1441 則選自展翔《北圖腹甲綴合一則》，展文原載“中國社會科學院歷史研究所先秦史研究室網站”，https://www.xianqin.org/blog/archives/15817.html。綴合得到黃天樹師的悉心指導，謹致謝忱！

② 第 1442 則選自展翔《〈上博〉背甲綴合一則》，展文原載“中國社會科學院歷史研究所先秦史研究室網站”，https://www.xianqin.org/blog/archives/15878.html。綴合得到黃天樹師的悉心指導，謹致謝忱！

③ 第 1443 則選自展翔《〈合補〉腹甲綴合兩則》之第一則，展文原載“中國社會科學院歷史研究所先秦史研究室網站”，https://www.xianqin.org/blog/archives/16248.html。綴合得到黃天樹師的悉心指導，謹致謝忱！

④ 第 1444 則選自展翔《〈合補〉腹甲綴合兩則》之第二則，展文原載“中國社會科學院歷史研究所先秦史研究室網站”，https://www.xianqin.org/blog/archives/16248.html。綴合得到黃天樹師的悉心指導，謹致謝忱！

B:《合補》12446(北圖 24988)。

釋文:

〼辛〼。

乙卯卜,鼎(貞):王今夕亡畎。

□□卜,鼎(貞):王今夕亡畎。

第 1445 則[①]

A:《合》17577 反(《考郭》78 反、北圖 1202 反)。

B:《京津》253。

釋文:

□子(巳)邑示〼。

説明:

王進鋒曾在《臣、小臣與商周社會》一書中,將《合》17577 反的"巳邑"讀爲"子邑",並認爲所謂的"子邑"可能是指商王在邑地的兒子。[②] 通過本則綴合來看,應將其視爲甲橋刻辭。

第 1446 則[③]

A:《合》34308(《合補》10672、《續存》上 1869)。

B:北圖 6822。

釋文:

〼鼎(貞):又升歲于〼。

第 1447 則[④]

A:《合》37340(善 1644、北圖 7047)。

B:北圖 8979。

釋文:

叀(惠)⺷(騂)。兹用。

① 第 1445 則選自展翔《國家圖書館藏甲骨(已公布部分)著録整理》之第一則,展文原載《文獻》2021 年第 1 期。
② 王進鋒:《臣、小臣與商周社會》,上海人民出版社,2018 年,第 114—115 頁。
③ 第 1446 則選自展翔《國家圖書館藏甲骨(已公布部分)著録整理》之第三則,展文原載《文獻》2021 年第 1 期。
④ 第 1447 則選自展翔《國家圖書館藏甲骨(已公布部分)著録整理》之第四則,展文原載《文獻》2021 年第 1 期。

叀（惠）羊（騂）。兹用。

［叀（惠）］羊（騂）。

[①] 第 1448 則

A：北圖 7588。

B：《合》25820（<《合補》7792、《誠》221、歷藏 2659、北圖 8061）。

釋文：

癸卯卜，旅鼎（貞）：王室戠，亡囚。

[②] 第 1449 則

A：《京人》2713。

B：《合》37243（善 2509、北圖 7911）。

釋文：

其☐。二

其牢又一牛。二

［其］牢［又］一牛。

[③] 第 1450 則

A：《旅藏》2042。

B：北圖 8422。

釋文：

其牢又一牛。二

［其］牢［又］一牛。

[④] 第 1451 則

A：《合》35991（《旅藏》1937）。

B：北圖 8492。

① 第 1448 則選自展翔《國家圖書館藏甲骨（已公布部分）著録整理》之第五則，展文原載《文獻》2021 年第 1 期。
② 第 1449 則選自展翔《國家圖書館藏甲骨（已公布部分）著録整理》之第六則，展文原載《文獻》2021 年第 1 期。
③ 第 1450 則選自展翔《國家圖書館藏甲骨（已公布部分）著録整理》之第七則，展文原載《文獻》2021 年第 1 期。
④ 第 1451 則選自展翔《國家圖書館藏甲骨（已公布部分）著録整理》之第八則，展文原載《文獻》2021 年第 1 期。

釋文：

丙戌卜，鼎（貞）：庚（康）且（祖）丁祊其牢。

☐武□祊其［牢］。兹用。

☐兹用。

第 1452 則[①]

A：《合》6962（善 5457、北圖 10858）。

B：《合》4170（《續存》上 633）。

釋文：

［乎（呼）］雀［伐］畀。三月。

弖（勿）乎（呼）雀伐畀。

叀（惠）㞢☐☐。三

第 1453 則[②]

A：《合》9541 正反（北圖 9920 正反、《粹》892、善 4520）。

B：北圖 11625 正反。

釋文：

正：

鼎（貞）：乎（呼）黍，［受］㞢（有）年。

反：

庚☐。

王固（占）曰："㞢至自𠂤。"

癸卯卜，宁。

第 1454 則[③]

A：《合》12885 反（北圖 744 反）。

B：《旅藏》774 反。

① 第 1452 則選自展翔《國家圖書館藏甲骨（已公布部分）著録整理》之第九則，展文原載《文獻》2021 年第 1 期。
② 第 1453 則選自展翔《國家圖書館藏甲骨（已公布部分）著録整理》之第十則，展文原載《文獻》2021 年第 1 期。
③ 第 1454 則選自展翔《國家圖書館藏甲骨（已公布部分）著録整理》之第十一則，展文原載《文獻》2021 年第 1 期。

釋文：

鼎（貞）：玆雨隹（唯）䅽（稼）。

① 第 1455 則

A：《合補》3253 正（北圖 249 正）。

B：《京人》267 正。

釋文：

〼今〼狩〼岳〼其［𡿪（擒）］〼九〼。一　二

② 第 1456 則

A：《合》1300 正（北圖 5190 正、《京津》659、《存補》5.244.6、《存補》6.113.6）。

B：《明後》1250。

釋文：

鼎（貞）：翼（翌）甲申弓（勿）取唐槑。

③ 第 1457 則

A：《合》18224（北圖 3056、《京津》2475、《存補》6.131.5）。

B：《存補》5.308.2。

釋文：

鼎（貞）：弓（勿）敨。十二月。一

鼎（貞）：敨。一

〼西〼。

癸亥〼鼎（貞）：〼來〼未〼。一

④ 第 1458 則

A：《合》20658（《文録》113）。

---

① 第 1455 則選自展翔《國家圖書館藏甲骨（已公布部分）著録整理》之第十三則，展文原載《文獻》2021 年第 1 期。

② 第 1456 則選自展翔《國家圖書館藏甲骨（已公布部分）著録整理》之第十四則，展文原載《文獻》2021 年第 1 期。

③ 第 1457 則選自展翔《國家圖書館藏甲骨（已公布部分）著録整理》之第十五則，展文原載《文獻》2021 年第 1 期。

④ 第 1458 則選自李曉曉《甲骨綴合第一則》，李文原載"中國社會科學院歷史研究所先秦史研究室網站"，https://www.xianqin.org/blog/archives/15795.html。綴合得到黄天樹師的悉心指導，謹致謝忱。

B：《合》90（《文録》603）。

釋文：

辛丑［卜，王］鼎（貞）：隹（唯）☐其☐。

壬寅卜，王鼎（貞）：年㞢隻（獲）雨。三月

☐不☐衆☐方。

説明：

綴合後可補足“㞢”“獲”二字。同文例爲《合補》6648（《天理》659）[①]：“壬寅卜，王貞：年㞢隻（獲）雨。三月。”

① 《合補》6648 或許可與本版遥綴。

附録

附録一

《甲骨拼合六集》索引表

胡東昕

拼 合 號 碼					綴合者	序列號
合 90	合 20658				李曉曉	本書第 1458 則
合 165	合 2873				綴多多	本書第 1219 則
合 294	合 4025	合 8731	京人 195		吴麗婉	本書第 1376 則
合 420	合 557	合 4184	甲骨文集 3.0.1814		李愛輝	本書第 1258 則
合 428	合 17172	輯佚 284			劉 影	本書第 1214 則
合 557	合 4184	甲骨文集 3.0.1814	合 420		李愛輝	本書第 1258 則
合 583 反	故宫新 180886 反				黄天樹	本書第 1207 則
合 764	合 1203 正	合 4061			李愛輝	本書第 1294 則
合 775 正	乙補 1105				李愛輝	本書第 1336 則
合 954	合 4248				綴多多	本書第 1245 則
合 1062	合 1663				李愛輝	本書第 1257 則
合 1139	合 18066				劉 影	本書第 1211 則
合 1203 正	合 4061	合 764			李愛輝	本書第 1294 則
合 1300 正	明後 1250				展 翔	本書第 1456 則
合 1513	合補 129				展 翔	本書第 1413 則
合 1601	合 8108	合 15069			李愛輝	本書第 1293 則
合 1663	合 1062				李愛輝	本書第 1257 則
合 1716	北珍 1652				展 翔	本書第 1430 則

（續表）

拼合號碼					綴合者	序列號
合 1776	飭藏 33				吴麗婉	本書第 1375 則
合 2137	合 14227				李愛輝	本書第 1306 則
合 2314 正	明後 77 正				展　翔	本書第 1400 則
合 2318	合 5432				李愛輝	本書第 1361 則
合 2547	合 12327				李愛輝	本書第 1315 則
合 2659 正	存補 3.292.1				展　翔	本書第 1406 則
合 2779	乙補 7218	R057226			李愛輝	本書第 1333 則
合 2824	合補 5175				綴多多	本書第 1220 則
合 2873	合 165				綴多多	本書第 1219 則
合 2924	合 2925				李愛輝	本書第 1342 則
合 2925	合 2924				李愛輝	本書第 1342 則
合 3007	合 12495				綴多多	本書第 1223 則
合 3078	本書第 1257 則				劉　影	本書第 1208 則
合 3099	合 4525				展　翔	本書第 1407 則
合 3247	天理 252				李愛輝	本書第 1343 則
合 3798	合 12472				李愛輝	本書第 1356 則
合 3965	合補 2018				劉　影	本書第 1209 則
合 4014	本書第 1382 則				李愛輝	本書第 1290 則
合 4025	合 8731	京人 195	合 294		吴麗婉	本書第 1376 則
合 4061	合 764	合 1203 正			李愛輝	本書第 1294 則
合 4113	合 4126				李愛輝	本書第 1320 則
合 4126	合 4113				李愛輝	本書第 1320 則
合 4170	合 6962				展　翔	本書第 1452 則
合 4184	甲骨文集 3.0.1814	合 420	合 557		李愛輝	本書第 1258 則
合 4248	合 954				綴多多	本書第 1245 則

（續表）

拼 合 號 碼					綴合者	序列號
合 4342	合補 313	合補 2170	合補 2178		李愛輝	本書第 1362 則
合 4525	合 3099				展　翔	本書第 1407 則
合 4597	合 5737				李愛輝	本書第 1259 則
合 5426	合 8182				李愛輝	本書第 1263 則
合 5432	合 2318				李愛輝	本書第 1361 則
合 5737	合 4597				李愛輝	本書第 1259 則
合 5924	北圖 10741				李愛輝	本書第 1365 則
合 5997	合補 1756				李愛輝	本書第 1253 則
合 6114	合 6180				綴多多	本書第 1233 則
合 6180	合 6114				綴多多	本書第 1233 則
合 6205	合補 1504				展　翔	本書第 1416 則
合 6306	合補 3927				綴多多	本書第 1244 則
合 6343	北珍 2523				綴多多	本書第 1240 則
合 6352	契 596				李愛輝	本書第 1363 則
合 6509	安明 580				李愛輝	本書第 1287 則
合 6515 正	京津 1261				展　翔	本書第 1384 則
合 6541	合 7483				綴多多	本書第 1225 則
合 6809	合 8581				李愛輝	本書第 1252 則
合 6962	合 4170				展　翔	本書第 1452 則
合 6983	合補 1974				展　翔	本書第 1382 則
合 7047	合 13871				李愛輝	本書第 1307 則
合 7106	合 7449				綴多多	本書第 1239 則
合 7198	本書第 1256 則				李愛輝	本書第 1261 則
合 7217	劬藏 37				吴麗婉	本書第 1374 則
合 7307	合補 1810				綴多多	本書第 1234 則
合 7346	英藏 1171				李愛輝	本書第 1344 則

（續表）

拼　合　號　碼					綴合者	序列號
合 7449	合 7106				綴多多	本書第 1239 則
合 7483	合 6541				綴多多	本書第 1225 則
合 7494	合 13242				綴多多	本書第 1221 則
合 7615 正反	旅藏 769 正反				綴多多	本書第 1217 則
合 7764	合 15080				李愛輝	本書第 1254 則
合 8010	合 8282				李愛輝	本書第 1274 則
合 8028	契合 23				李愛輝	本書第 1310 則
合 8106	合 24382				展　翔	本書第 1433 則
合 8108	合 15069	合 1601			李愛輝	本書第 1293 則
合 8182	合 5426				李愛輝	本書第 1263 則
合 8282	合 8010				李愛輝	本書第 1274 則
合 8299	合 15939				展　翔	本書第 1424 則
合 8494	合 16250				李愛輝	本書第 1330 則
合 8581	合 6809				李愛輝	本書第 1252 則
合 8711	合補 4340	合 10084	合 9104		李愛輝	本書第 1288 則
合 8731	合 4025	京人 195	合 294		吴麗婉	本書第 1376 則
北圖 10741	合 5924				李愛輝	本書第 1365 則
合 9048	京津 960				李愛輝	本書第 1265 則
合 9104	合 10084	合補 4340	合 8711		李愛輝	本書第 1288 則
合 9169	北珍 2323				李愛輝	本書第 1338 則
合 9248	合補 558 反				李愛輝	本書第 1289 則
合 9440 反	笏二 348				展　翔	本書第 1435 則
合 9510 正反	合補 4545 正反				李愛輝	本書第 1260 則
合 9541 正反	北圖 11625 正反				展　翔	本書第 1453 則

（續表）

拼 合 號 碼					綴合者	序列號
合 9575	本書第 1288 則	甲 1830			李愛輝	本書第 1292 則
合 9910 正	合補 4549				李愛輝	本書第 1305 則
合 9923 正	旅藏 546				展　翔	本書第 1395 則
合 10084	合補 4340	合 8711	合 9104		李愛輝	本書第 1288 則
合 10704	明後 1397				展　翔	本書第 1386 則
合 11481	合 11609				綴多多	本書第 1237 則
合 11609	合 11481				綴多多	本書第 1237 則
合 11759	合 15149				綴多多	本書第 1247 則
合 12327	合 2547				李愛輝	本書第 1315 則
合 12344	合補 3636				綴多多	本書第 1226 則
合 12385	合 12422 正				李愛輝	本書第 1321 則
合 12422 正	合 12385				李愛輝	本書第 1321 則
合 12472	合 3798				李愛輝	本書第 1356 則
合 12495	合 3007				綴多多	本書第 1223 則
合 12529	存補 6.143.3				李愛輝	本書第 1324 則
合 12618	笏二 68				展　翔	本書第 1436 則
合 12742	合 24947				劉　影	本書第 1215 則
合 12853	合 30457				展　翔	本書第 1405 則
合 12885 反	旅藏 774 反				展　翔	本書第 1454 則
合 13048	合 16521				李愛輝	本書第 1345 則
合 13132	合 17750				綴多多	本書第 1224 則
合 13183	合補 3923				綴多多	本書第 1241 則
合 13242	合 7494				綴多多	本書第 1221 則
合 13353	合 17465				展　翔	本書第 1431 則
合 13499	合 13501				李愛輝	本書第 1311 則
合 13501	合 13499				李愛輝	本書第 1311 則

（續表）

拼　合　號　碼					綴合者	序列號
合 13543	本書第 1292 則	合 13544	甲 3243		李愛輝	本書第 1314 則
合 13544	本書第 1292 則	合 13543	甲 3243		李愛輝	本書第 1314 則
合 13550	合 17444				劉　影	本書第 1216 則
合 13569	合 14449				李愛輝	本書第 1270 則
合 13614	掇一 140				吴麗婉	本書第 1368 則
合 13871	合 7047				李愛輝	本書第 1307 則
合 13924	合 16258				李愛輝	本書第 1299 則
合 13954	冬 45				吴麗婉	本書第 1367 則
合 14227	合 2137				李愛輝	本書第 1306 則
合 14430	北圖 728	北圖 7759			李愛輝	本書第 1272 則
合 14449	合 13569				李愛輝	本書第 1270 則
合 14557	山東 1279				展　翔	本書第 1440 則
合 14749 正反	綴續 531				綴多多	本書第 1242 則
合 14757 正	乙 5687	乙補 5738	乙 4568		李愛輝	本書第 1357 則
合 14772	合 15898				李愛輝	本書第 1275 則
合 14883	合 39546	合 40904			李愛輝	本書第 1262 則
合 14981	合 15543				綴多多	本書第 1222 則
合 15069	合 1601	合 8108			李愛輝	本書第 1293 則
合 15080	合 7764				李愛輝	本書第 1254 則
合 15149	合 11759				綴多多	本書第 1247 則
合 15521	綴彙 1004				李愛輝	本書第 1291 則
合 15543	合 14981				綴多多	本書第 1222 則
合 15815	中歷藏 831				李愛輝	本書第 1312 則
合 15898	合 14772				李愛輝	本書第 1275 則
合 15939	合 8299				展　翔	本書第 1424 則
合 16250	合 8494				李愛輝	本書第 1330 則

（續表）

拼　合　號　碼					綴合者	序列號
合 16258	合 13924				李愛輝	本書第 1299 則
合 16521	合 13048				李愛輝	本書第 1345 則
合 17089	合 40619				李愛輝	本書第 1331 則
合 17128	合 17133				李愛輝	本書第 1255 則
合 17132 正反	合補 318 正反	珠 1425			綴多多	本書第 1232 則
合 17133	合 17128				李愛輝	本書第 1255 則
合 17172	輯佚 284	合 428			劉　影	本書第 1214 則
合 17281	上博 21569.37				綴多多	本書第 1236 則
合 17340	輯佚 9				展　翔	本書第 1398 則
合 17444	合 13550				劉　影	本書第 1216 則
合 17447	輯佚 367				展　翔	本書第 1409 則
合 17465	合 13353				展　翔	本書第 1431 則
合 17577 反	京津 253				展　翔	本書第 1445 則
合 17694	合補 5529 反				李愛輝	本書第 1303 則
合 17750	合 13132				綴多多	本書第 1224 則
合 18066	合 1139				劉　影	本書第 1211 則
合 18224	存補 5.308.2				展　翔	本書第 1457 則
合 18997	存補 5.266.1				張　珊	本書第 1379 則
合 20279	英藏 1784				展　翔	本書第 1401 則
合 20372	繪園 7				吴麗婉	本書第 1373 則
合 20500	浙 & 哥藏 64				展　翔	本書第 1383 則
合 20658	合 90				李曉曉	本書第 1458 則
合 23199	北圖 9758				李愛輝	本書第 1319 則
合 24181	德瑞荷 比 205				展　翔	本書第 1423 則
合 24382	合 8106				展　翔	本書第 1433 則
合 24391	合 24449				劉　影	本書第 1213 則
合 24434	合 26817				劉　影	本書第 1210 則

（續表）

拼　合　號　碼					綴合者	序列號
合 24449	合 24391				劉　影	本書第 1213 則
合 24947	合 12742				劉　影	本書第 1215 則
合 25073	鐵雲藏龜 四百種 0135				李愛輝	本書第 1309 則
合 25093	合 25260				李愛輝	本書第 1337 則
合 25260	合 25093				李愛輝	本書第 1337 則
合 25295	天理 337				李愛輝	本書第 1339 則
合 25710	合 25721				李愛輝	本書第 1298 則
合 25721	合 25710				李愛輝	本書第 1298 則
合 25820	北圖 7588				展　翔	本書第 1448 則
合 26817	合 24434				劉　影	本書第 1210 則
合 26941	合 29671				李愛輝	本書第 1300 則
合 27006	續存上 2032				李愛輝	本書第 1278 則
合 27034	甲 1123				李愛輝	本書第 1313 則
合 27083	合補 5651				綴多多	本書第 1231 則
合 27255	合補 9014				李愛輝	本書第 1302 則
合 27576	合 31830				李愛輝	本書第 1301 則
合 27588	北圖 7290				李愛輝	本書第 1273 則
合 27589	謝文 430				李愛輝	本書第 1277 則
合 27754	合 28903				綴多多	本書第 1230 則
合 27773	合 28549				綴多多	本書第 1229 則
合 27957	合補 9513				綴多多	本書第 1228 則
合 28345	合 28711				展　翔	本書第 1425 則
合 28377	合 29331				吴麗婉	本書第 1369 則
合 28549	合 27773				綴多多	本書第 1229 則
合 28711	合 28345				展　翔	本書第 1425 則

（續表）

拼 合 號 碼					綴合者	序列號
合 28748	合 29286				李愛輝	本書第 1280 則
合 28862	謝文 234				李愛輝	本書第 1279 則
合 28903	合 27754				綴多多	本書第 1230 則
合 28913 下半	北圖 11420	合 29062			李愛輝	本書第 1355 則
合 29059	北圖 11395				李愛輝	本書第 1354 則
合 29062	北圖 11420	合 28913 下半			李愛輝	本書第 1355 則
合 29101	醉古集 281				李愛輝	本書第 1329 則
合 29249	合 29250				李愛輝	本書第 1281 則
合 29250	合 29249				李愛輝	本書第 1281 則
合 29286	合 28748				李愛輝	本書第 1280 則
合 29331	合 28377				吴麗婉	本書第 1369 則
合 29413	合補 9257				展 翔	本書第 1426 則
合 29523	合 29764				李愛輝	本書第 1282 則
合 29671	合 26941				李愛輝	本書第 1300 則
合 29705	合補 9587				莫伯峰	本書第 1250 則
合 29764	合 29523				李愛輝	本書第 1282 則
合 30110	合補 3815				展 翔	本書第 1387 則
合 30396	合 30819				李愛輝	本書第 1284 則
合 30457	合 12853				展 翔	本書第 1405 則
合 30480	合 30663				李愛輝	本書第 1328 則
合 30488	合 30945				李愛輝	本書第 1316 則
合 30515	合補 10213				李愛輝	本書第 1346 則
合 30552	屯 253				莫伯峰	本書第 1251 則
合 30588	合 30615	合 30751			劉 影	本書第 1212 則
合 30615	合 30588	合 30751			劉 影	本書第 1212 則

（續表）

拼　合　號　碼					綴合者	序列號
合 30663	合 30480				李愛輝	本書第 1328 則
合 30751	合 30588	合 30615			劉　影	本書第 1212 則
合 30819	合 30396				李愛輝	本書第 1284 則
合 30875	復旦 287				李愛輝	本書第 1352 則
合 30945	合 30488				李愛輝	本書第 1316 則
合 31830	合 27576				李愛輝	本書第 1301 則
合 31921	甲編未著録 2.2.0215	甲 647			李愛輝	本書第 1295 則
合 32715	續存上 2084				李愛輝	本書第 1304 則
合 33627	合 34433				李愛輝	本書第 1317 則
合 33662	合 33674	北圖 9466			李愛輝	本書第 1318 則
合 33674	北圖 9466	合 33662			李愛輝	本書第 1318 則
合 33677	合 34099				李愛輝	本書第 1347 則
合 33817	合補 10544				李愛輝	本書第 1266 則
合 34052	合 34326	英藏 2404	上博 2426.647	謝文 41	李愛輝	本書第 1283 則
	掇三 132					
合 34064	合 34584				李愛輝	本書第 1267 則
合 34099	合 33677				李愛輝	本書第 1347 則
合 34308	北圖 6822				展　翔	本書第 1446 則
合 34326	英藏 2404	上博 2426.647	謝文 41	掇三 132	李愛輝	本書第 1283 則
	合 34052					
合 35991	北圖 8492				展　翔	本書第 1451 則
合 37340	北圖 8979				展　翔	本書第 1447 則
合 34433	合 33627				李愛輝	本書第 1317 則

（續表）

拼 合 號 碼					綴合者	序列號
合 39338 下半	京人 2900				展 翔	本書第 1429 則
合 34584	合 34064				李愛輝	本書第 1267 則
合 35221	北圖 7903				李愛輝	本書第 1269 則
合 37030	合 37037				李愛輝	本書第 1340 則
合 37037	合 37030				李愛輝	本書第 1340 則
合 37243	京人 2713				展 翔	本書第 1449 則
合 37882	殷遺 559				展 翔	本書第 1396 則
合 37937	山東 1099				展 翔	本書第 1439 則
合 39014	合 39144				展 翔	本書第 1397 則
合 39106	合 39232				展 翔	本書第 1438 則
合 39144	合 39014				展 翔	本書第 1397 則
合 39232	合 39106				展 翔	本書第 1438 則
合 39324	英藏 2662				展 翔	本書第 1391 則
合 39498 正反	庫 1545 正反				吴麗婉	本書第 1371 則
合 39546	合 40904	合 14883			李愛輝	本書第 1262 則
合 39822	存補 5.145.1				展 翔	本書第 1420 則
合 39950 正	北圖 517				展 翔	本書第 1432 則
合 40146	笏二 433				展 翔	本書第 1419 則
合 40619	合 17089				李愛輝	本書第 1331 則
合 40904	合 14883	合 39546			李愛輝	本書第 1262 則
合補 129	合 1513				展 翔	本書第 1413 則
合補 313	合補 2170	合補 2178	合 4342		李愛輝	本書第 1362 則
合補 318 正反	珠 1425	合 17132 正反			綴多多	本書第 1232 則
合補 558 反	合 9248				李愛輝	本書第 1289 則
合補 686	合補 2596				吴麗婉	本書第 1372 則

（續表）

拼合號碼					綴合者	序列號
合補 1504	合 6205				展　翔	本書第 1416 則
合補 1756	合 5997				李愛輝	本書第 1253 則
合補 1810	合 7307				綴多多	本書第 1234 則
合補 1913 正臼	合補 2161				綴多多	本書第 1249 則
合補 1974	合 6983				展　翔	本書第 1382 則
合補 1996	拼集 54				綴多多	本書第 1235 則
合補 2018	合 3965				劉　影	本書第 1209 則
合補 2161	合補 1913 正臼				綴多多	本書第 1249 則
合補 2170	合補 2178	合 4342	合補 313		李愛輝	本書第 1362 則
合補 2178	合補 2170	合 4342	合補 313		李愛輝	本書第 1362 則
合補 2443	合補 5997 倒	合補 5970			李愛輝	本書第 1323 則
合補 2596	合補 686				吴麗婉	本書第 1372 則
合補 2684	上博 49003.250				綴多多	本書第 1248 則
合補 2702	合補 3176				展　翔	本書第 1441 則
合補 3176	合補 2702				展　翔	本書第 1441 則
合補 3233	謝文 300				展　翔	本書第 1385 則
合補 3253 正	京人 267 正				展　翔	本書第 1455 則
合補 3636	合 12344				綴多多	本書第 1226 則
合補 3659	上博 46456				綴多多	本書第 1243 則
合補 3815	合 30110				展　翔	本書第 1387 則
合補 3923	合 13183				綴多多	本書第 1241 則
合補 3927	合 6306				綴多多	本書第 1244 則
合補 4066	北珍 2113				展　翔	本書第 1418 則
合補 4108	英藏 1191				李愛輝	本書第 1348 則
合補 4340	合 10084	合 8711	合 9104		李愛輝	本書第 1288 則
合補 4545 正反	合 9510 正反				李愛輝	本書第 1260 則

（續表）

拼 合 號 碼					綴合者	序列號
合補 4549	合 9910 正				李愛輝	本書第 1305 則
合補 4689	合補 4795				展　翔	本書第 1394 則
合補 4795	合補 4689				展　翔	本書第 1394 則
合補 5175	合 2824				綴多多	本書第 1220 則
合補 5529 反	合 17694				李愛輝	本書第 1303 則
合補 5651	合 27083				綴多多	本書第 1231 則
合補 5679	本書第 1348 則				綴多多	本書第 1238 則
合補 5734	上博 17645.78				展　翔	本書第 1442 則
合補 5970	合補 5997 倒	合補 2443			李愛輝	本書第 1323 則
合補 5997 倒	合補 5970	合補 2443			李愛輝	本書第 1323 則
合補 6647	京人序論 Fig.15	京人 292			吴麗婉	本書第 1377 則
合補 7170	合補 7826				李愛輝	本書第 1341 則
合補 7826	合補 7170				李愛輝	本書第 1341 則
合補 7878	安博 91				李愛輝	本書第 1349 則
合補 8596	殷拾 9.1				李愛輝	本書第 1296 則
合補 9004	北圖 12124				展　翔	本書第 1427 則
合補 9014	合 27255				李愛輝	本書第 1302 則
合補 9257	合 29413				展　翔	本書第 1426 則
合補 9513	合 27957				綴多多	本書第 1228 則
合補 9587	合 29705				莫伯峰	本書第 1250 則
合補 10213	合 30515				李愛輝	本書第 1346 則
合補 10280	復旦 292				李愛輝	本書第 1353 則
合補 10359	北圖 8235				李愛輝	本書第 1364 則
合補 10544	合 33817				李愛輝	本書第 1266 則
合補 12101	掇二 417				展　翔	本書第 1428 則
合補 12172	北圖 8587				展　翔	本書第 1443 則

（續表）

拼　合　號　碼					綴合者	序列號
合補 12259	合補 12446				展　翔	本書第 1444 則
合補 12376	輯佚 846				展　翔	本書第 1421 則
合補 12446	合補 12259				展　翔	本書第 1444 則
輯佚 9	合 17340				展　翔	本書第 1398 則
輯佚 77	拼集 1147				李愛輝	本書第 1256 則
輯佚 284	合 428	合 17172			劉　影	本書第 1214 則
輯佚 335	殷遺 378				展　翔	本書第 1415 則
輯佚 367	合 17447				展　翔	本書第 1409 則
輯佚 679	笏二 1018				展　翔	本書第 1402 則
輯佚 846	合補 12376				展　翔	本書第 1421 則
旅藏 546	合 9923 正				展　翔	本書第 1395 則
旅藏 769 正反	合 7615 正反				綴多多	本書第 1217 則
旅藏 774 反	合 12885 反				展　翔	本書第 1454 則
旅藏 965	旅藏 1030				李愛輝	本書第 1276 則
旅藏 1030	旅藏 965				李愛輝	本書第 1276 則
旅藏 1036	懷特 323				展　翔	本書第 1380 則
旅藏 2042	北圖 8422				展　翔	本書第 1450 則
英藏 75 正反	英藏 668 正反				展　翔	本書第 1392 則
英藏 668 正反	英藏 75 正反				展　翔	本書第 1392 則
英藏 1036	京津 949				吴麗婉	本書第 1370 則
英藏 1168	拼集 65				綴多多	本書第 1218 則
英藏 1171	合 7346				李愛輝	本書第 1344 則
英藏 1191	合補 4108				李愛輝	本書第 1348 則
英藏 1424	英藏 1563				李愛輝	本書第 1285 則
英藏 1524	英藏 1537				李愛輝	本書第 1286 則
英藏 1537	英藏 1524				李愛輝	本書第 1286 則

（續表）

拼 合 號 碼					綴合者	序列號
英藏 1563	英藏 1424				李愛輝	本書第 1285 則
英藏 1784	合 20279				展　翔	本書第 1401 則
英藏 2404	上博 2426.647	謝文 41	掇三 132	合 34326	李愛輝	本書第 1283 則
	合 34052					
英藏 2662	合 39324				展　翔	本書第 1391 則
庫 1545 正反	合 39498 正反				吴麗婉	本書第 1371 則
懷特 323	旅藏 1036				展　翔	本書第 1380 則
懷特 1771	懷特 1776				展　翔	本書第 1389 則
懷特 1776	懷特 1771				展　翔	本書第 1389 則
拼集 54	合補 1996				綴多多	本書第 1235 則
拼集 65	英藏 1168				綴多多	本書第 1218 則
拼集 253	R031943				李愛輝	本書第 1308 則
拼集 313	存補 5.307.5				展　翔	本書第 1422 則
拼集 1147	輯佚 77				李愛輝	本書第 1256 則
契合 49	中歷藏 502				綴多多	本書第 1227 則
中歷藏 502	契合 49				綴多多	本書第 1227 則
中歷藏 831	合 15815				李愛輝	本書第 1312 則
珠 1425	合 17132 正反	合補 318 正反			綴多多	本書第 1232 則
珠 1434	東文研 477 正				展　翔	本書第 1408 則
上博 2426.647	謝文 41	掇三 132	合 34326	英藏 2404	李愛輝	本書第 1283 則
	合 34052					
上博 2426.1299	東文研 801				展　翔	本書第 1412 則
上博 17645.78	合補 5734				展　翔	本書第 1442 則

（續表）

拼 合 號 碼					綴合者	序列號
上博 21569.37	合 17281				綴多多	本書第 1236 則
上博 46456	合補 3659				綴多多	本書第 1243 則
上博 49003.250	合補 2684				綴多多	本書第 1248 則
上博 67761.4	本書第 1259 則				展　翔	本書第 1388 則
綴集 148	奧缶齋（未入書）某片				展　翔	本書第 1381 則
綴集 21	本書第 1220 則				綴多多	本書第 1246 則
綴續 531	合 14749 正反				綴多多	本書第 1242 則
綴彙 50	安明 652				展　翔	本書第 1410 則
綴彙 1004	合 15521				李愛輝	本書第 1291 則
屯 706	屯 4149 倒				李愛輝	本書第 1268 則
屯 253	合 30552				莫伯峰	本書第 1251 則
屯 1061	屯 1255	屯 3956			吴麗婉	本書第 1378 則
屯 1255	屯 1061	屯 3956			吴麗婉	本書第 1378 則
屯 1780	屯 2296				李愛輝	本書第 1335 則
屯 2296	屯 1780				李愛輝	本書第 1335 則
屯 3722	屯 3880				李愛輝	本書第 1334 則
屯 3880	屯 3722				李愛輝	本書第 1334 則
屯 3956	屯 1255	屯 1061			吴麗婉	本書第 1378 則
屯 4149 倒	屯 706				李愛輝	本書第 1268 則
甲骨文集 3.0.1814	合 420	合 557	合 4184		李愛輝	本書第 1258 則
安明 145	安明 352				李愛輝	本書第 1264 則
安明 352	安明 145				李愛輝	本書第 1264 則
安明 580	合 6509				李愛輝	本書第 1287 則

（續表）

拼　合　號　碼					綴合者	序列號
安明 652	綴彙 50				展　翔	本書第 1410 則
安明 1544	存補 3.118.4				展　翔	本書第 1390 則
京津 253	合 17577 反				展　翔	本書第 1445 則
京津 949	英藏 1036				吴麗婉	本書第 1370 則
京津 960	合 9048				李愛輝	本書第 1265 則
京津 1261	合 6515 正				展　翔	本書第 1384 則
北圖 517	合 39950 正				展　翔	本書第 1432 則
北圖 717	笏二 56				展　翔	本書第 1434 則
北圖 728	北圖 7759	合 14430			李愛輝	本書第 1272 則
北圖 1101	北圖 2101				李愛輝	本書第 1271 則
北圖 2101	北圖 1101				李愛輝	本書第 1271 則
北圖 6822	合 34308				展　翔	本書第 1446 則
北圖 7290	合 27588				李愛輝	本書第 1273 則
北圖 7588	合 25820				展　翔	本書第 1448 則
北圖 7759	合 14430	北圖 728			李愛輝	本書第 1272 則
北圖 7903	合 35221				李愛輝	本書第 1269 則
北圖 8235	合補 10359				李愛輝	本書第 1364 則
北圖 8422	旅藏 2042				展　翔	本書第 1450 則
北圖 8492	合 35991				展　翔	本書第 1451 則
北圖 8587	合補 12172				展　翔	本書第 1443 則
北圖 8979	合 37340				展　翔	本書第 1447 則
北圖 9466	合 33662	合 33674			李愛輝	本書第 1318 則
北圖 9758	合 23199				李愛輝	本書第 1319 則
北圖 11395	合 29059				李愛輝	本書第 1354 則
北圖 11420	合 28913 下半	合 29062			李愛輝	本書第 1355 則

（續表）

<table>
<tr><th colspan="5">拼　合　號　碼</th><th>綴合者</th><th>序列號</th></tr>
<tr><td>北圖 11625 正反</td><td>合 9541 正反</td><td></td><td></td><td></td><td>展　翔</td><td>本書第 1453 則</td></tr>
<tr><td>北圖 12124</td><td>合補 9004</td><td></td><td></td><td></td><td>展　翔</td><td>本書第 1427 則</td></tr>
<tr><td rowspan="2">謝文 41</td><td>掇三 132</td><td>合 34326</td><td>英藏 2404</td><td>合 34052</td><td rowspan="2">李愛輝</td><td rowspan="2">本書第 1283 則</td></tr>
<tr><td>上博 2426.647</td><td></td><td></td><td></td></tr>
<tr><td>謝文 234</td><td>合 28862</td><td></td><td></td><td></td><td>李愛輝</td><td>本書第 1279 則</td></tr>
<tr><td>謝文 300</td><td>合補 3233</td><td></td><td></td><td></td><td>展　翔</td><td>本書第 1385 則</td></tr>
<tr><td>謝文 390</td><td>劬藏 19</td><td></td><td></td><td></td><td>展　翔</td><td>本書第 1393 則</td></tr>
<tr><td>謝文 430</td><td>合 27589</td><td></td><td></td><td></td><td>李愛輝</td><td>本書第 1277 則</td></tr>
<tr><td>續存上 2032</td><td>合 27006</td><td></td><td></td><td></td><td>李愛輝</td><td>本書第 1278 則</td></tr>
<tr><td>續存上 2084</td><td>合 32715</td><td></td><td></td><td></td><td>李愛輝</td><td>本書第 1304 則</td></tr>
<tr><td>續存上 2560</td><td>北珍 1424</td><td></td><td></td><td></td><td>展　翔</td><td>本書第 1399 則</td></tr>
<tr><td>存補 3.118.4</td><td>安明 1544</td><td></td><td></td><td></td><td>展　翔</td><td>本書第 1390 則</td></tr>
<tr><td>存補 3.262.1</td><td>復旦 279</td><td></td><td></td><td></td><td>展　翔</td><td>本書第 1404 則</td></tr>
<tr><td>存補 3.292.1</td><td>合 2659 正</td><td></td><td></td><td></td><td>展　翔</td><td>本書第 1406 則</td></tr>
<tr><td>存補 5.145.1</td><td>合 39822</td><td></td><td></td><td></td><td>展　翔</td><td>本書第 1420 則</td></tr>
<tr><td>存補 5.266.1</td><td>合 18997</td><td></td><td></td><td></td><td>張　珊</td><td>本書第 1379 則</td></tr>
<tr><td>存補 5.307.5</td><td>拼集 313</td><td></td><td></td><td></td><td>展　翔</td><td>本書第 1422 則</td></tr>
<tr><td>存補 5.308.2</td><td>合 18224</td><td></td><td></td><td></td><td>展　翔</td><td>本書第 1457 則</td></tr>
<tr><td>存補 6.143.3</td><td>合 12529</td><td></td><td></td><td></td><td>李愛輝</td><td>本書第 1324 則</td></tr>
<tr><td>掇一 140</td><td>合 13614</td><td></td><td></td><td></td><td>吴麗婉</td><td>本書第 1368 則</td></tr>
<tr><td>掇二 417</td><td>合補 12101</td><td></td><td></td><td></td><td>展　翔</td><td>本書第 1428 則</td></tr>
<tr><td rowspan="2">掇三 132</td><td>上博 2426.647</td><td>合 34326</td><td>英藏 2404</td><td>謝文 41</td><td rowspan="2">李愛輝</td><td rowspan="2">本書第 1283 則</td></tr>
<tr><td>合 34052</td><td></td><td></td><td></td></tr>
<tr><td>甲 647</td><td>甲編未著録 2.2.0215</td><td>合 31921</td><td></td><td></td><td>李愛輝</td><td>本書第 1295 則</td></tr>
</table>

（續表）

拼　合　號　碼					綴合者	序列號
甲 1123	合 27034				李愛輝	本書第 1313 則
甲 1830	本書第 1288 則	合 9575			李愛輝	本書第 1292 則
甲 3243	合 13543	本書第 1292 則	合 13544		李愛輝	本書第 1314 則
乙 4568	合 14757 正	乙 5687	乙補 5738		李愛輝	本書第 1357 則
乙 5687	合 14757 正	乙補 5738	乙 4568		李愛輝	本書第 1357 則
乙 6209	林宏明先生綴合第 760 例	乙 8576			李愛輝	本書第 1332 則
乙 7113	林宏明先生綴合第 620 組				李愛輝	本書第 1360 則
乙 8309	林宏明先生綴合第 837 例				李愛輝	本書第 1325 則
乙 8448	乙 8737				李愛輝	本書第 1358 則
乙 8576	林宏明先生綴合第 760 例	乙 6209			李愛輝	本書第 1332 則
乙 8737	乙 8448				李愛輝	本書第 1358 則
乙補 117	乙補 269				李愛輝	本書第 1327 則
乙補 118	乙補 270				李愛輝	本書第 1327 則
乙補 239	乙補 243				李愛輝	本書第 1359 則
乙補 243	乙補 239				李愛輝	本書第 1359 則
乙補 269	乙補 117				李愛輝	本書第 1327 則
乙補 270	乙補 118				李愛輝	本書第 1327 則
乙補 1105	合 775 正				李愛輝	本書第 1336 則
乙補 3727	R044557				李愛輝	本書第 1326 則
乙補 7218	R057226	合 2779			李愛輝	本書第 1333 則
乙補 5738	合 14757 正	乙 5687	乙 4568		李愛輝	本書第 1357 則
甲編未著録 2.2.0215	合 31921	甲 647			李愛輝	本書第 1295 則

（續表）

拼　合　號　碼					綴合者	序列號
殷拾 9.1	合補 8596				李愛輝	本書第 1296 則
殷遺 205	洹 17				吴麗婉	本書第 1366 則
殷遺 378	輯佚 335				展　翔	本書第 1415 則
殷遺 388	北珍 1176				展　翔	本書第 1403 則
殷遺 559	合 37882				展　翔	本書第 1396 則
俄 60	俄 61				李愛輝	本書第 1297 則
俄 61	俄 60				李愛輝	本書第 1297 則
R031943	拼集 253				李愛輝	本書第 1308 則
R044557	乙補 3727				李愛輝	本書第 1326 則
R057226	合 2779	乙補 7218			李愛輝	本書第 1333 則
醉古集 281	合 29101				李愛輝	本書第 1329 則
契合 23	合 8028				李愛輝	本書第 1310 則
契 596	合 6352				李愛輝	本書第 1363 則
北珍 1176	殷遺 388				展　翔	本書第 1403 則
北珍 1424	續存上 2560				展　翔	本書第 1399 則
北珍 1652	合 1716				展　翔	本書第 1430 則
北珍 2113	合補 4066				展　翔	本書第 1418 則
北珍 2163	明後 1798 反				展　翔	本書第 1414 則
北珍 2261	北珍 2264				李愛輝	本書第 1322 則
北珍 2264	北珍 2261				李愛輝	本書第 1322 則
北珍 2323	合 9169				李愛輝	本書第 1338 則
北珍 2523	合 6343				綴多多	本書第 1240 則
天理 252	合 3247				李愛輝	本書第 1343 則
天理 337	合 25295				李愛輝	本書第 1339 則
安博 91	合補 7878				李愛輝	本書第 1349 則
安博 96	安博 161				李愛輝	本書第 1350 則

（續表）

拼 合 號 碼					綴合者	序列號
安博 133	安博 425				李愛輝	本書第 1351 則
安博 161	安博 96				李愛輝	本書第 1350 則
安博 425	安博 133				李愛輝	本書第 1351 則
復旦 279	存補 3.262.1				展 翔	本書第 1404 則
復旦 287	合 30875				李愛輝	本書第 1352 則
復旦 292	合補 10280				李愛輝	本書第 1353 則
洹 17	殷遺 205				吴麗婉	本書第 1366 則
冬 45	合 13954				吴麗婉	本書第 1367 則
繪園 7	合 20372				吴麗婉	本書第 1373 則
旅藏 19	謝文 390				展 翔	本書第 1393 則
旅藏 33	合 1776				吴麗婉	本書第 1375 則
旅藏 37	合 7217				吴麗婉	本書第 1374 則
京人序論 Fig.15	合補 6647	京人 292			吴麗婉	本書第 1377 則
京人 195	合 4025	合 8731	合 294		吴麗婉	本書第 1376 則
京人 267 正	合補 3253 正				展 翔	本書第 1455 則
京人 292	京人序論 Fig.15	合補 6647			吴麗婉	本書第 1377 則
京人 587	京人 1506				展 翔	本書第 1417 則
京人 1506	京人 587				展 翔	本書第 1417 則
京人 2691	笏二 1598				展 翔	本書第 1411 則
京人 2713	合 37243				展 翔	本書第 1449 則
京人 2900	合 39338 下半				展 翔	本書第 1429 則
明後 77 正	合 2314 正				展 翔	本書第 1400 則
明後 1250	合 1300 正				展 翔	本書第 1456 則
明後 1397	合 10704				展 翔	本書第 1386 則
明後 1798 反	北珍 2163				展 翔	本書第 1414 則

（續表）

拼合號碼					綴合者	序列號
山東 1099	合 37937				展　翔	本書第 1439 則
山東 1279	合 14557				展　翔	本書第 1440 則
笏二 56	北圖 717				展　翔	本書第 1434 則
笏二 68	合 12618				展　翔	本書第 1436 則
笏二 321	笏二 578				展　翔	本書第 1437 則
笏二 348	合 9440 反				展　翔	本書第 1435 則
笏二 433	合 40146				展　翔	本書第 1419 則
笏二 578	笏二 321				展　翔	本書第 1437 則
笏二 1018	輯佚 679				展　翔	本書第 1402 則
笏二 1598	京人 2691				展　翔	本書第 1411 則
東文研 477 正	珠 1434				展　翔	本書第 1408 則
東文研 801	上博 2426.1299				展　翔	本書第 1412 則
故宫新 180886 反	合 583 反				黄天樹	本書第 1207 則
德瑞荷比 205	合 24181				展　翔	本書第 1423 則

附録二

2004～2021 年甲骨新綴號碼表

莫伯峰　王子楊　吴麗婉　耿佳雋　胡東昕　劉影

説明：蔡哲茂先生編有《〈甲骨文合集〉綴合號碼表》等，附於《甲骨綴合集》（1999 年）書末出版；後來又對《〈甲骨文合集〉綴合號碼表》等做了增補，附於《甲骨綴合續集》（2004 年）書末出版。這些表使讀者對各家綴合成果一目了然。但是，蔡先生《〈甲骨文合集〉綴合號碼表》等收録的綴合成果截至 2004 年 8 月。爲此，莫伯峰、王子楊、吴麗婉、耿佳雋、胡東昕、劉影編寫了《2004 年～2021 年甲骨新綴號碼表》，繼續收録 2004 年到 2021 年 12 月 31 日各家綴合的新成果。本表所收的綴合成果，主要見於下列八種甲骨著録書（爲了便於查閲，這八種甲骨著録書以出版時間爲序來排列）：《合集》（1978 年）、《懷特》（1979 年）、《屯南》（1980 年）、《英藏》（1985 年）、《天理》（1987 年）、《合補》（1999 年）、《花東》（2003 年）、《輯佚》（2008 年）。爲使表格簡潔，凡《合補》已經收録的綴合成果，徑直標注《合補》編號；林宏明先生《醉古集》收録的綴合成果，没有新加綴的，徑直標注"已綴入《醉古集》第 x 則"。受篇幅所限，《合集》《合補》之外甲骨著録書的綴合成果，已綴入《合集》《合補》的，表中不再重複收録。

合 1	合補 657 （合補 624）					
合 14 正	合 3788					
合 22	合 10520					
合 23	合 3401					
合 25	合 2551	合 15165	合 18003	合補 3379		
合 29	合 3706					
合 35	北大 58					
合 43	合 16116	合 25974	合補 3166			
合 53	合 4673	合 22482	合 7024	合 19193	山東 226	善 2.71.1 倒
合 62	上博 2426.269 （合 41455）					
合 90	合 20658					

（續表）

合 93 正	乙補 6291	乙補 6294 （乙 7454）				
合 96	乙補 1877					
合 99	乙補 6752	乙 6431	乙 8445	合 8990		
合 102	存補 5.431.1	合 1520	合 15475			
合 113	合 12694	乙 5345				
合 119	合 125	合 123	乙補 2084			
合 123	合 125	合 119	乙補 2084			
合 125	合 119	合 123	乙補 2084			
合 135	乙 6505					
合 140	合 11416					
合 148	上博 21569.106					
合 154	合 13989					
合 165	合 2873					
合 178	合 7700	簠游 27				
合 185	合 5175					
合 186	合補 6					
合 190 正	合 8005					
合 191	4.0.0220					
合 201	乙 2335	乙補 1951	乙補 2013	乙 7948	乙補 6388	
合 217	輯佚 16					
合 226 正	合 13579	R44368	乙補 847			
合 227	合 9486	合 3307				
合 232 正	乙 7886	合 249	合 1208	合補 24 正		
合 249	乙 7886	合 232 正	合 1208	合補 24 正		
合 253	北大 31					
合 255	乙補 623	二版無號甲				

（續表）

<table>
<tr><td>合264正</td><td>合16078</td><td></td><td></td><td></td><td></td><td></td></tr>
<tr><td>合266</td><td>合489</td><td>合19285</td><td>旅藏1019</td><td></td><td></td><td></td></tr>
<tr><td>合268正</td><td>合補5191正</td><td></td><td></td><td></td><td></td><td></td></tr>
<tr><td rowspan="2">合271
（合補4579）</td><td>合704</td><td>合14222
正乙</td><td>合14222
正丙</td><td>乙補412</td><td>乙補1094</td><td>乙補2022</td></tr>
<tr><td>乙補2968</td><td>乙補3118</td><td>乙補3121</td><td>乙補6559</td><td>乙補3727</td><td></td></tr>
<tr><td>合272</td><td>合1892</td><td></td><td></td><td></td><td></td><td></td></tr>
<tr><td>合278</td><td>合3228
（合5755）</td><td></td><td></td><td></td><td></td><td></td></tr>
<tr><td>合294</td><td>合4025</td><td>合8731</td><td>京人195</td><td></td><td></td><td></td></tr>
<tr><td>合295</td><td>合340</td><td>合補4469</td><td>山東197</td><td></td><td></td><td></td></tr>
<tr><td>合296</td><td>合10048</td><td>合7836</td><td></td><td></td><td></td><td></td></tr>
<tr><td>合297</td><td>合431</td><td></td><td></td><td></td><td></td><td></td></tr>
<tr><td>合309</td><td>合311</td><td>合416</td><td>合13969</td><td></td><td></td><td></td></tr>
<tr><td>合311</td><td>合309</td><td></td><td></td><td></td><td></td><td></td></tr>
<tr><td>合334</td><td>合16182</td><td></td><td></td><td></td><td></td><td></td></tr>
<tr><td>合336</td><td>北圖1777</td><td></td><td></td><td></td><td></td><td></td></tr>
<tr><td>合340</td><td>合295</td><td>合補4469</td><td>山東197</td><td></td><td></td><td></td></tr>
<tr><td>合341</td><td>合343</td><td></td><td></td><td></td><td></td><td></td></tr>
<tr><td>合343</td><td>合341</td><td></td><td></td><td></td><td></td><td></td></tr>
<tr><td>合349</td><td>合358</td><td>合14737</td><td></td><td></td><td></td><td></td></tr>
<tr><td>合358</td><td>合349</td><td>合14737</td><td></td><td></td><td></td><td></td></tr>
<tr><td>合359</td><td>合5145</td><td></td><td></td><td></td><td></td><td></td></tr>
<tr><td>合405</td><td>合補786</td><td></td><td></td><td></td><td></td><td></td></tr>
<tr><td>合408</td><td>合412</td><td></td><td></td><td></td><td></td><td></td></tr>
<tr><td>合409</td><td>合14911</td><td></td><td></td><td></td><td></td><td></td></tr>
<tr><td>合412</td><td>合408</td><td></td><td></td><td></td><td></td><td></td></tr>
<tr><td>合412</td><td>合40895</td><td></td><td></td><td></td><td></td><td></td></tr>
</table>

（續表）

合 416	合 309	合 311	合 13969			
合 419 正	乙補 494	乙補 1832	乙補 1921			
合 420	甲骨文集 3.0.1814	合 557	合 4184	合補 4470		
合 423	合補 3260（乙補 470）	乙補 3029				
合 428	合 17172	輯佚 284				
合 432	北圖 706					
合 434	合 21791	合 439				
合 439	合 21791	合 434				
合 454 正反	合 1694	乙補 280	乙補 342	R28875	乙 930	乙 1134
	乙補 711	R37978				
合 479	合 12408	合 19255				
合 465	合 4025	合 8731	京人 195			
合 478 正反	已綴入《醉古集》第 124 則					
合 479	合補 3477					
合 489	合 19285	合 266	旅藏 1019			
合 492	中歷藏 454 正	合 6762（北大 768）				
合 497	明後 568					
合 506	乙 1990	乙補 3209				
合 517 正反	合 1395 正反					
合 522	合 7150					
合 526	合 8723					
合 541	中歷藏 293					
合 544	東文庫 193					
合 548	合 9539					

（續表）

合 556 正	合 7427	合 19642	乙 5732	乙 5937	乙補 5164	乙補 5261
合 556 反	合 7427 反	合 19642 反	合 7059			
合 557	甲骨文集 3.0.1814	合 420	合 4184	合補 4470		
合 558	京人 875					
合 562 正反	合 7715 正反					
合 583 正	合 7139	合 11454	合 40663			
合 583 反（合補 4923 反）	故宫新 180886 反					
合 584 正	合 7143 正	合 9498 正	合補 5597	東文研 571a		
合 584 反	合 7143 反	合 9498 反	東文研 517b			
合 585 正	乙補 1740					
合 586	合 5454	合 4240				
合 588 正	合 589					
合 589	合 588 正					
合 592	合 603					
合 593	掇三 708					
合 597	合補 1134					
合 603	合 592					
合 616	旅藏 540					
合 624	乙 8803	合 21511	乙 8731	合 21578	合 22277 部分	
	乙 8838	乙 8847	合 21505	合 20887		
合 625	輯佚 118	合 6286				
合 626	北圖 2375					
合 641	乙補 441	乙 7681	乙補 1447	乙補 1557	乙補 444	

（續表）

合 641 正	乙補 440	乙補 1447	乙補 1557	乙 7681		
合 641 反	乙補 1448	乙 7682				
合 643 正反	已綴入《醉古集》第 23 則					
合 649	合 10538	R31943				
合 655	合 1392	合補 5135	乙 5513			
合 663	合 14074	東文庫 111 正倒	英藏 125 正			
合 664（合 32163）	合 35128	掇三 214	合 35331			
合 672	合 1403	合 7176	合 15453	乙 2462	乙 1360	乙補 2855
合 701	合 11377					
合 704	合 271（合補 4579）	合 14222 正乙	合 14222 正丙	乙補 412	乙補 1094	乙補 2022
	乙補 2968	乙補 3118	乙補 3121	乙補 6559	乙補 3727	
合 712	合 11792	合補 338				
合 715 正	合 9088 正	乙補 6554	乙補 6656	乙補 6657	乙補 6659（乙 8065 倒）	
合 717	合 14061	合 13864	合 13874	合 770		
合 718 正	合補 5328					
合 724 正	合 2975 正	合 6597 正				
合 728	合 15101	合 9906				
合 729	合 792					
合 764	合 4061	合 1203 正				
合 766	合 3332					
合 769	合 788					
合 770	合 717	合 14061	合 13864	合 13874		
合 774	已綴入《醉古集》第 54 則					
合 775 正	乙補 1105					

（續表）

合 776 正	已綴入《醉古集》第 153 則					
合 777 正	合 9274 正	乙補 6493	乙 2473	乙補 91 正		
合 777 反	合 9274 反	乙補 6494	乙 2474	乙補 91 反		
合 778 正反	已綴入《醉古集》第 54 則					
合 788	合 769					
合 792	合 729					
合 811 正	乙 7102					
合 816 正	合 5530 甲	合 5530 乙				
合 829	乙補 1335	乙補 1376	乙補 1538	乙補 1367	乙 1593	乙補 1347
合 847	合 10104					
合 848	已綴入《醉古集》第 265 則					
合 850 （合補 58 乙）	上博 46464					
合 854 （乙 5448）	合 3715 正 （乙 630）	乙 8219	乙補 3429	R37981		
合 861	合 17150					
合 870	合 6232	合 2824	合補 5175			
合 888	合 1459					
合 891	已綴入《醉古集》第 308 則					
合 892 正	乙 6507					
合 894	合 897					
合 897	合 894					
合 898	乙補 4359	乙補 4375 倒	合 11297	乙補 4373	乙補 4377 倒	無號甲
	乙補 4391	乙補 4395				
合 900	乙補 3590					
合 907 正反	合 2947 正反	合 1156 正反				

（續表）

合 915 正反	合 16133	乙補 6283	乙 7915	合 1869	乙補 4469 倒	乙補 4479
	無號碎甲					
合 930	醉古集 87	乙 4496				
合 940	乙補 2808	乙補 3889	乙補 3935			
合 941	已綴入《醉古集》第 324 則					
合 947	R37757	合 1726				
合 954	合 4248					
合 973 正反	已綴入《醉古集》第 309 則					
合 991	乙 8261					
合 993	英藏 1101					
合 1004 甲乙	合 2461	無號甲	合 16075	乙補 2093	乙補 1926	乙補 6878
	乙 7982	合 15103	乙 1203	乙 7899	R044129	
合 1006	乙補 6333	合 13167	乙 7567	乙補 2009	乙 6779	乙 1292
合 1030 正反	合 11278					
合 1039	上博 17645.500					
合 1040	已綴入《醉古集》第 267 則					
合 1052 正	R37383					
合 1056	合 1305	合 14431				
合 1062 （北大 2301）	合 1663 （北大 1086）	合 3078				
合 1063	合補 2719					
合 1076 正反	合 14315 正反	乙補 4875				
合 1089	合 5913					
合 1106	合 12063	乙補 5337	乙補 5719	乙補 4960 倒		

（續表）

合 1111 正	英藏 730					
合 1122	已綴入《醉古集》第 229 則					
合 1123	上博 2426.798					
合 1139	合 18066					
合 1141	合 14536	合 17319				
合 1145	史購 128					
合 1156 正反	合 907 正反	合 2947 正反				
合 1164	合 3828					
合 1168	合補 5362					
合 1191	無號甲	乙 3548	乙 3447			
合 1197	合 1202					
合 1202	合 1197					
合 1203	合 764	合 4061				
合 1203 正	合 764	合 4061				
合 1208	合 249	乙 7886	合 232 正	合補 24 正		
合 1224	合補 1846（合 6149）					
合 1231	已綴入《醉古集》第 37 則					
合 1248	合 13642	合補 2653	合補 60	合補 4987		
合 1272	上博 2426.1343					
合 1276	合 8571	合 6244				
合 1277	合 39859					
合 1298	合 8815	合 5808				
合 1300 正	明後 1250					

（續表）

合 1303 正	合補 1805 甲					
合 1305 正反	合補 4980 正反	合 1506	合 14431			
合 1306	合 8094					
合 1309	合 1674	合 5486				
合 1325	合 11107					
合 1352	合 11667					
合 1362	北圖 762					
合 1363	合 6576					
合 1364 正	合 5381	合 1410	合 1463 甲乙	乙 7189（合補 4506）	乙補 805	乙補 6503
	乙補 1154	乙補 875	乙 3604	乙補 870	乙補 1128	乙 2598
	乙 7244	合 2689				
合 1365	英藏 1399	合 13540				
合 1371	合 1526					
合 1381	合 5565	合 3301	合 2859	合 15099		
合 1385 正	乙補 3126					
合 1385 反	合 18902（合補 3986）					
合 1390 正	合 13666	合 14199 部分	乙 8309	乙補 1668 倒	乙補 5016	乙補 5455
合 1392	合補 5135	合 655	乙 5513			
合 1395 正反	合 517 正反					
合 1402 正	乙補 1635	二版無號甲	乙補 1708	乙補 6946	R037585	
合 1403	合 672	合 7176	合 15453	乙 2462	乙 1360	乙補 2855
合 1410	合 5381	合 1364	合 1463 乙	合 1463 甲	乙補 805	乙補 870
	乙 3604	乙 7189	乙補 6503	乙補 1154	乙補 875	乙補 1128
	乙 7244	合 2689				

（續表）

合 1430	已綴入《醉古集》第 90 則					
合 1438	合 11231					
合 1452	合 5764	合補 4277				
合 1459	合 888					
合 1463 正甲、乙	乙 7244	合 1410 正	合 5381	合 1364 正	乙補 805	乙 1128
	乙 3604	乙 7189	乙補 6503	乙補 1154	乙補 875	
合 1469	合 2292					
合 1471	合 3309（合補 8）	合 3308	合補 502			
合 1494	北大 2167					
合 1506	合 14431	合 1305 正反	合補 4980 正反			
合 1518	北圖 3655					
合 1513	合補 129					
合 1520	合 102	存補 5.431.1	合 15475			
合 1526	合 1371					
合 1529	合 15083					
合 1532 正	R44038					
合 1558	合 13385					
合 1559	合 4288					
合 1571	英藏 608					
合 1584	R54239					
合 1590	合 19152					
合 1601	合 8108	合 15069				
合 1605	合 15046					
合 1621	合 2187					
合 1631	合 35188	合 17302				

（續表）

合 1636	合 17557 正					
合 1655	合 6471 正	乙補 1729	乙補 2065	乙補 6865	乙補 6935	乙補 2820
	乙 3147	乙 8306	乙 3627	乙 3624		
合 1663 （北大 1086）	合 1062 （北大 2301）	合 3078				
合 1670	合 15726	乙補 5398				
合 1674	合 5486					
合 1677 正	乙 5681					
合 1694	合 454	乙補 280	乙補 342	R28875	乙 930	乙 1134
	乙補 711	R37978				
合 1706	合補 4589					
合 1715	合 9178 甲乙	乙 1688	乙補 808	乙補 1316		
合 1716	北大 1652					
合 1717	合 1757	合 13667	合 13858	合補 217	乙補 2564	合 1720
	合 13668	乙 4877	乙補 5463	乙補 4321		
合 1720	合 1757	合 13667	合 13858	合補 217	乙補 2564	合 1717
	合 13668	乙 4877	乙補 5463	乙補 4321		
合 1726	R37757	合 947				
合 1749 正	合 19127 正	合 1821 正	合 5387	合 5985	乙 3512	乙 4134
	乙 4190	乙 6976	乙 7633	乙補 6539		
合 1757	合 13667	合 13858	合補 217	乙補 2564	合 1720	合 13668
	乙 4877	乙補 5463	乙補 4321			
合 1763	合 12977	合 13026	合 10431 正	乙 1280	合補 3476	乙 739
合 1769	合 14946					
合 1773	乙補 2861					
合 1776	劬藏 33					

（續表）

<table>
<tr><td>合 1777</td><td>合 10044</td><td></td><td></td><td></td><td></td><td></td></tr>
<tr><td>合 1784</td><td>合 1829</td><td></td><td></td><td></td><td></td><td></td></tr>
<tr><td rowspan="2">合 1821 正</td><td>合 19127 正</td><td>合 5387</td><td>合 5985</td><td>合 1749 正</td><td>乙 3512</td><td>乙 4134</td></tr>
<tr><td>乙 4190</td><td>乙 6976</td><td>乙 7633</td><td>乙補 6539</td><td></td><td></td></tr>
<tr><td>合 1828</td><td>合 1846</td><td></td><td></td><td></td><td></td><td></td></tr>
<tr><td>合 1829</td><td>合 1784</td><td></td><td></td><td></td><td></td><td></td></tr>
<tr><td>合 1846</td><td>合 1828</td><td></td><td></td><td></td><td></td><td></td></tr>
<tr><td rowspan="2">合 1869</td><td>合 915</td><td>乙補 6283</td><td>乙 7915</td><td>合 16133</td><td>乙補
4469 倒</td><td>乙補 4479</td></tr>
<tr><td>無號碎甲</td><td></td><td></td><td></td><td></td><td></td></tr>
<tr><td>合 1892</td><td>合 272</td><td></td><td></td><td></td><td></td><td></td></tr>
<tr><td>合 1910</td><td>合 8626</td><td></td><td></td><td></td><td></td><td></td></tr>
<tr><td>合 1923</td><td>合 1942</td><td></td><td></td><td></td><td></td><td></td></tr>
<tr><td>合 1924</td><td>合 11115
（合 40185）</td><td></td><td></td><td></td><td></td><td></td></tr>
<tr><td>合 1942</td><td>合 1923</td><td></td><td></td><td></td><td></td><td></td></tr>
<tr><td>合 1976</td><td>合 5626</td><td></td><td></td><td></td><td></td><td></td></tr>
<tr><td>合 1997</td><td>合 14335</td><td></td><td></td><td></td><td></td><td></td></tr>
<tr><td>合 2002 正</td><td>合 18900 正</td><td>合 12315
正乙</td><td></td><td></td><td></td><td></td></tr>
<tr><td>合 2003</td><td>合 10261</td><td></td><td></td><td></td><td></td><td></td></tr>
<tr><td>合 2023</td><td>合 2822</td><td></td><td></td><td></td><td></td><td></td></tr>
<tr><td>合 2033</td><td>合補 3263</td><td></td><td></td><td></td><td></td><td></td></tr>
<tr><td>合 2047</td><td>合 2559</td><td></td><td></td><td></td><td></td><td></td></tr>
<tr><td>合 2052 正</td><td>合 15917</td><td></td><td></td><td></td><td></td><td></td></tr>
<tr><td>合 2055</td><td>合 5122</td><td></td><td></td><td></td><td></td><td></td></tr>
<tr><td>合 2060</td><td>合 9829</td><td></td><td></td><td></td><td></td><td></td></tr>
<tr><td>合 2071</td><td>乙 8640</td><td>乙補 4872</td><td>乙 4334</td><td></td><td></td><td></td></tr>
</table>

（續表）

合 2089	合 3243	合 3244	合 10331	合 15205	合補 137 正	合補 2607
	乙 2395	乙補 6234 倒	乙補 6235 倒	乙補 6236 倒	乙補 6237	乙補 6238
	合 6826 正	合 2223	合 7600	合 9200 正	合 10155 正	乙 3812
合 2091	合補 865					
合 2100	合 23105					
合 2108	合 5466					
合 2117 正	乙補 6595	合 17231				
合 2117 反	合 2168					
合 2130	已綴入《醉古集》第 43 則					
合 2134	合補 1272					
合 2137	合 14227					
合 2150	合補 2388 正					
合 2168	已綴入《醉古集》第 99 則					
合 2187	合 1621					
合 2191 正	已綴入《醉古集》第 165 則					
合 2191 反	合 18242	乙補 2461				
合 2192	合 4632 正	合 13599				
合 2204	合 17992	合 17796 正	合 17309			
合 2209	合 3271	乙補 3145	乙 3579	合 3400	乙補 5524	乙 6265
	合 19529					
合 2223	合補 2607	合補 137 正	合 2089	合 3243	合 3244	合 10331
	合 15205	乙 2395	乙補 6234 倒	乙補 6235 倒	乙補 6236 倒	乙補 6237
	乙補 6238	合 6826 正	合 7600	合 9200 正	合 10155 正	乙 3812
合 2235 正甲乙	乙補 2539	合 12160	乙 7354	乙 7503	乙補 3283	

（續表）

合 2236	合 10040	合 3800	乙補 4665	乙 5832	乙 5372	合 16331 正
	合 15237	乙 5773	乙補 4661 倒	乙補 5552	乙補 5550	乙補 5504
	乙 6080	合 18935	乙 5054	乙補 5590	無號甲	乙補 4217
	R44050	R44016				
合 2239	合 5533					
合 2246 正甲	合 18599					
合 2251	合 9847	合 16474	合 16467 反	合補 1666 反		
合 2261	合 13695 乙	乙補 2571 倒				
合 2262	合 2630					
合 2274	乙補 6429	R44034				
合 2292	合 1469					
合 2314 正	明後 77					
合 2318	合 5432 正					
合 2323	合 5532	乙補 6642	乙補 6147 倒	合 15930 正	乙補 2275	乙補 2621
	乙補 2277					
合 2341	合 14095					
合 2353 正	合補 3121	合 18442	合 2358 正	合 17253 正		
合 2353 反	合 2358 反	合 17253 反				
合 2356 甲	合 2356 乙	合 16327	合 4498			
合 2358 正	合補 3121	合 18442	合 2353 正	合 17253 正		
合 2358 反	合 2353 反					
合 2372 正	乙補 3753	乙 2927				
合 2372 反	合 19445	乙 2928				
合 2387	史購 180					

（續表）

<table>
<tr><td>合 2388</td><td>R37170</td><td></td><td></td><td></td><td></td><td></td></tr>
<tr><td>合 2389 正</td><td colspan="6">已綴入《醉古集》第 44 則</td></tr>
<tr><td>合 2393</td><td>乙 5748</td><td>合 2399 正</td><td>合 13881</td><td>乙補
5245 倒</td><td></td><td></td></tr>
<tr><td>合 2394</td><td>乙補 4199</td><td>合 2433</td><td>乙補 4708</td><td></td><td></td><td></td></tr>
<tr><td>合 2399 正</td><td>合 13881</td><td>乙 5748</td><td>合 2393</td><td>乙補
5245 倒</td><td></td><td></td></tr>
<tr><td>合 2399 反</td><td>乙補 4365</td><td></td><td></td><td></td><td></td><td></td></tr>
<tr><td>合 2430 正</td><td>甲 2986</td><td></td><td></td><td></td><td></td><td></td></tr>
<tr><td>合 2433</td><td colspan="6">已綴入《醉古集》第 106 則</td></tr>
<tr><td>合 2434</td><td>合 4292</td><td></td><td></td><td></td><td></td><td></td></tr>
<tr><td>合 2448</td><td>合 19866</td><td></td><td></td><td></td><td></td><td></td></tr>
<tr><td rowspan="2">合 2461</td><td>合 1004 甲</td><td>合 1004 乙</td><td>合 16075</td><td>乙補 2093</td><td>乙補 6878</td><td>乙補 1926</td></tr>
<tr><td>無號甲</td><td>合 15103</td><td>乙 7982</td><td>乙 1203</td><td>乙 7899</td><td>R44129</td></tr>
<tr><td>合 2470 正</td><td>合 4381</td><td></td><td></td><td></td><td></td><td></td></tr>
<tr><td>合 2476 正</td><td>合 15232</td><td></td><td></td><td></td><td></td><td></td></tr>
<tr><td>合 2488 正</td><td>合 11372</td><td></td><td></td><td></td><td></td><td></td></tr>
<tr><td>合 2490</td><td>旅 342</td><td></td><td></td><td></td><td></td><td></td></tr>
<tr><td>合 2521 正
甲、正乙</td><td>乙補 5656</td><td>合補 4703</td><td>合 14222
正甲</td><td>合 13702</td><td>乙 7488</td><td></td></tr>
<tr><td>合 2521
反甲</td><td>乙補
5656 反</td><td>合 14222
反甲</td><td>乙 7489</td><td></td><td></td><td></td></tr>
<tr><td>合 2527</td><td>合 12652</td><td></td><td></td><td></td><td></td><td></td></tr>
<tr><td>合 2530 正</td><td>乙補 517</td><td>乙 2169</td><td></td><td></td><td></td><td></td></tr>
<tr><td>合 2530 反</td><td>乙補 1807</td><td></td><td></td><td></td><td></td><td></td></tr>
<tr><td>合 2542</td><td>合 8967</td><td>合 9046</td><td></td><td></td><td></td><td></td></tr>
<tr><td>合 2547</td><td>合 12327</td><td></td><td></td><td></td><td></td><td></td></tr>
<tr><td>合 2551</td><td>合 25</td><td>合 15165</td><td>合 18003</td><td>合補 3379</td><td></td><td></td></tr>
</table>

（續表）

合 2559	合 15142					
合 2597	合 17047					
合 2599	合 3106					
合 2630	合 2262					
合 2640	合 15211	合 14970 正	合 14937	合 14634	合 15628	合 16152
合 2642	合 2658	合 8028				
合 2649 正	合 7292					
合 2650	合 13660					
合 2658	合 2642	合 8028				
合 2659 正（北大 1110 正）	中歷藏 644 正					
合 2660	合 19388					
合 2667 正反	乙 3598	乙 3593	乙補 3138	三片無號甲		
合 2682	史購 148	旅藏 180				
合 2688	合 2701	京津 2053	合 8251 正	合 11646		
合 2689	合 1410	合 5381	合 1364	合 1463 乙	合 1463 甲	乙補 805
	乙補 870	乙 3604	乙 7189	乙補 6503	乙補 1154	乙補 875
	乙補 1128	乙 7244				
合 2698	上博 17645.622					
合 2699	安明 221					
合 2701	合 2688	京津 2053	合 8251 正	合 11646		
合 2707	合 14030					
合 2723	合補 948					
合 2729	合 6584					

（續表）

合 2734	合 9534	合 40078				
合 2752	合 27339	合補 415	朱孔陽 9.6			
合 2763 正	已綴入《醉古集》第 231 則					
合 2775	已綴入《醉古集》第 244 則					
合 2778	合 19724 正	合補 2136 正				
合 2779	R57226	乙補 7218				
合 2822	合 2023					
合 2823	合 2850	乙補 4805	乙 4418	乙補 4548	乙補 4802	乙 4494
	無號甲					
合 2824	合補 5175	合 6232	合 870			
合 2827 正反	已綴入《醉古集》第 332 則					
合 2850	合 2823	乙補 4805	乙 4418	乙補 4548	乙補 4802	無號甲
	乙 4494					
合 2851 反	合 3317 反					
合 2859	合 3301	合 1381	合 5565	合 15099		
合 2859	合 1381	合 5565	合 3301			
合 2861	北圖 2382	合 11573				
合 2873	合 165					
合 2879	合 9757					
合 2880	英藏 996					
合 2891	合 5908	乙補 2953	乙補 1839	乙補 1841	乙 3490	合 14135
	乙補 5883	乙補 1843				
合 2924	合 2925					
合 2925	合 2924					
合 2936	已綴入《醉古集》第 86 則					
合 2941	合 3256					

（續表）

合 2947	合 907	合 1156				
合 2967 正反	已綴入《醉古集》第 377 則					
合 2975 正	合 724 正	合 6597 正				
合 2978 正	合 12657 正					
合 3007	合 12495（北大 1453 正）					
合 3010 正	合補 2043（合補 2019）					
合 3018	合 17333	合 15417				
合 3037	合 7187 正					
合 3055	R37675	R57061	合 4835			
合 3078	合 1663（北大 1086）	合 1062（北大 2301）				
合 3079	上博 21691.62					
合 3099	合 4525					
合 3104	合 18404					
合 3106	合 2599					
合 3123	合 9474					
合 3139	合補 1760 正	北大 1715				
合 3147	合 3155	合 11149	史購 108			
合 3155	合 3147	合 11149	史購 108			
合 3165 正	乙補 2611	合 3174	乙 2976			
合 3171 正反	已綴入《醉古集》第 143 則					
合 3174	乙補 2611	合 3165 正	乙 2976			
合 3180	乙 4025					

（續表）

<table>
<tr><td>合 3187 正
（國博 28 正）</td><td>合補 4592</td><td></td><td></td><td></td><td></td><td></td></tr>
<tr><td>國博 28 反</td><td>合 14081</td><td></td><td></td><td></td><td></td><td></td></tr>
<tr><td>合 3189</td><td>明後 137</td><td></td><td></td><td></td><td></td><td></td></tr>
<tr><td>合 3201 正</td><td>R44066</td><td></td><td></td><td></td><td></td><td></td></tr>
<tr><td>合 3210</td><td>合 14271</td><td></td><td></td><td></td><td></td><td></td></tr>
<tr><td>合 3217</td><td>合 14393</td><td></td><td></td><td></td><td></td><td></td></tr>
<tr><td>合 3217</td><td>乙 5548
（乙 5549）</td><td></td><td></td><td></td><td></td><td></td></tr>
<tr><td>合 3222
正反</td><td>合 14783
正反</td><td></td><td></td><td></td><td></td><td></td></tr>
<tr><td>合 3228
（合 5755）</td><td>合 278</td><td></td><td></td><td></td><td></td><td></td></tr>
<tr><td rowspan="2">合 3234</td><td>合 8129 反</td><td>乙 8431</td><td>乙補 5390</td><td>乙 8389</td><td>乙補 6486</td><td>乙 8457</td></tr>
<tr><td>乙補 2391</td><td>乙補 2390</td><td>乙補 2372</td><td></td><td></td><td></td></tr>
<tr><td rowspan="3">合 3243</td><td>合 2089</td><td>合 3244</td><td>合 10331</td><td>合 15205</td><td>合補 137 正</td><td>合補 2607</td></tr>
<tr><td>乙 2395</td><td>乙補
6234 倒</td><td>乙補
6235 倒</td><td>乙補
6236 倒</td><td>乙補 6237</td><td>乙補 6238</td></tr>
<tr><td>合 6826 正</td><td>合 2223</td><td>合 7600</td><td>合 9200 正</td><td>合 10155 正</td><td>乙 3812</td></tr>
<tr><td rowspan="3">合 3244</td><td>合 2089</td><td>合 3243</td><td>合 10331</td><td>合 15205</td><td>合補 137 正</td><td>合補 2607</td></tr>
<tr><td>乙 2395</td><td>乙補
6234 倒</td><td>乙補
6235 倒</td><td>乙補
6236 倒</td><td>乙補 6237</td><td>乙補 6238</td></tr>
<tr><td>合 6826 正</td><td>合 2223</td><td>合 7600</td><td>合 9200 正</td><td>合 10155 正</td><td>乙 3812</td></tr>
<tr><td>合 3247</td><td>天理 252</td><td></td><td></td><td></td><td></td><td></td></tr>
<tr><td>合 3251</td><td>合 6815</td><td></td><td></td><td></td><td></td><td></td></tr>
<tr><td>合 3256</td><td>合 2941</td><td></td><td></td><td></td><td></td><td></td></tr>
<tr><td>合 3268</td><td>合 9480</td><td></td><td></td><td></td><td></td><td></td></tr>
<tr><td rowspan="2">合 3271</td><td>合 19529</td><td>乙補 3145</td><td>乙 3579</td><td>合 3400</td><td>乙補 5524</td><td>乙 6265</td></tr>
<tr><td>合 2209</td><td></td><td></td><td></td><td></td><td></td></tr>
</table>

（續表）

合 3282	已綴入《醉古集》第 309 則					
合 3283	合 19682					
合 3287（合 39699）	合 6552 正					
合 3288	合 10208					
合 3296 正	合 3299					
合 3298	笏二 393					
合 3299	合 3296 正					
合 3300	合 4620 正					
合 3301	合 2859	合 1381	合 5565	合 15099		
合 3301	合 1381	合 5565	合 2859			
合 3307	合 9486	合 227				
合 3308	合 3309（合補 8）	合 1471	合補 502			
合 3309（合補 8）	合 1471	合 3308	合補 502			
合 3311	合 9629	中歷藏 1116	合 9630	合 13016		
合 3314	合 6029					
合 3317 反	合 2851 反					
合 3320	合 7027					
合 3321	合 6751					
合 3332	合 766 正					
合 3336	合 25746	合 13079	合 15236			
合 3337	合 19073					
合 3343（乙 3462）	合 3377（乙 1350）	合 5489（乙 2766）	乙補 6724			
合 3367	合 7759	合 5379				
合 3375	合 6840					

（續表）

合 3377 （乙 1350）	合 3343 （乙 3462）	合 5489 （乙 2766）	乙補 6724			
合 3394	綴集 135					
合 3397	合補 39	合 3782				
合 3400	合 3271	乙補 3145	乙 3579	合 19529	乙補 5524	乙 6265
	合 2209					
合 3401	合 23					
合 3406 正反	已綴入《醉古集》第 340 則					
合 3410	合 11051					
合 3421	英藏 196					
合 3444	合 32418					
合 3469	東文研 390					
合 3473	東文研 527					
合 3475	合補 524	合 11073	合 14361			
合 3491	合 17408	乙 6603	乙補 5299	乙補 5745	乙補 5764	乙補 5766
合 3497	乙 5374					
合 3518	合 1631	合 17302				
合 3524	合 2763 正	合 4249	合 14288	合 18684	合 18799	
合 3526	合 16938					
合 3537	合補 655					
合 3539	合補 1340					
合 3572	合補 2105					
合 3578	合補 687					
合 3588	合 6912					
合 3596 正	合 16378	合 5132	張世放 42	合 5141		
合 3606	合 10607					

（續表）

合 3611 正反	已綴入《醉古集》第 100 則					
合 3647	合 39779					
合 3650 正	合補 1505					
合 3652	合 13158					
合 3662	合補 520 正	合補 5415 正				
合 3664	合 6158	合 13536 正				
合 3664	合 13536 正	合 6158	重藏 8			
合 3667（乙 6950）	合 8494（乙 2751）	合 16250 正（乙 3550）				
合 3672	已綴入《醉古集》第 134 則					
合 3688	合 20817					
合 3697 正	合 19246					
合 3706	合 29					
合 3707	英藏 724					
合 3709	合 7530	合補 971				
合 3714	合 3717					
合 3715 正（乙 630）	合 854（乙 5448）	乙 8219	乙補 3429	R37981		
合 3717	合 3714					
合 3728	合補 5209	甲釋 143	甲 3320			
合 3733	合 6025					
合 3747	合補 6038	合 1203				
合 3749	合 11508					
合 3750	合 8597	合 8014	合 8600			
合 3769	合 8333	合 14420				
合 3780（合 7571 正）	合 7890					

（續表）

合 3781	合 40681					
合 3782	合補 39	合 3397				
合 3788	合 14 正					
合 3798	合 12472					
合 3800	合 2236	合 10040	乙補 4665	乙 5832	乙 5372	合 16331 正
	合 15237	乙 5773	乙補 4661 倒	乙補 5552	乙補 5550	乙補 5504
	乙 6080	合 18935	乙 5054	乙補 5590	無號甲	乙補 4217
	R44050	R44016				
合 3804	合 7589					
合 3814	已綴入《醉古集》第 73 則					
合 3826	合 5566					
合 3828	合 1164					
合 3832	已綴入《醉古集》第 364 則					
合 3844 正	合 13793 正	乙 8446	乙補 5320	乙補 6879	乙補 6928	乙補 3822
	無號碎甲					
合 3846	合 39900（英藏 23 正）					
合 3850	合 11850	乙 1890				
合 3852	東文研 1181a					
合 3869 正反	已綴入《醉古集》第 359 則					
合 3895	合 6990	乙 5829				
合 3896（東文庫 65）	東文庫 19 正					
合 3928	合 16565					
合 3958	重藏 5					
合 3963 正	存補 4.2.1					

（續表）

合 3965	合補 2018					
合 3971 正	合 3992	合 7996	合 10863	合 13360	合 16456	合補 988
	合補 3275	乙 6076	乙 7952	合 12883	乙補 6619	
合 3974	合 8408					
合 3992	合 3971	合 10863	合補 3275	合 7996	乙 6076	合 13360
	合 16457	合 12883	合補 988	乙 7952	乙補 6619	
合 4010	合 40043	合 9637	中歷藏 1241			
合 4013	合 13557	合 15348	合 15690	合補 4095	合 15521	
合 4014	合 18997	存補 5.266.1				
合 4016	合 4346					
合 4025	合 465	合 8731	京人 195			
合 4025	合 8731	京人 195	合 294			
合 4061	合 764	合 1203 正				
合 4063	合 6051					
合 4090	合 6450					
合 4093	合 4302					
合 4097	合 7751					
合 4100	合 5093					
合 4102	已綴入《醉古集》第 330 則					
合 4113	合 4126					
合 4126	合 4113					
合 4135	合補 749	合 4209				
合 4140	合 15754					
合 4144（合補 6660、合 40217）	李光前文物館 9	合 10514				
合 4162	合 11839					

（續表）

<table>
<tr><td rowspan="2">合 4165</td><td>合 5028</td><td>合 5366</td><td>合補 1678</td><td>乙 4339</td><td>乙 4848</td><td>乙 6322</td></tr>
<tr><td>合 6876</td><td>合 7722</td><td>合補 5671</td><td>乙 5206</td><td>乙 4464</td><td></td></tr>
<tr><td>合 4170</td><td>合 6962</td><td></td><td></td><td></td><td></td><td></td></tr>
<tr><td>合 4173</td><td>合補 2793</td><td>北大 2341</td><td></td><td></td><td></td><td></td></tr>
<tr><td>合 4174
部分
（乙 7118）</td><td>乙補 5911</td><td></td><td></td><td></td><td></td><td></td></tr>
<tr><td>合 4179</td><td>乙補 3136</td><td></td><td></td><td></td><td></td><td></td></tr>
<tr><td>合 4184</td><td>甲骨文集
3.0.1814</td><td>合 420</td><td>合 557</td><td>合補 4470</td><td></td><td></td></tr>
<tr><td>合 4197 正
甲、乙</td><td>乙補 251</td><td>乙補 245</td><td></td><td></td><td></td><td></td></tr>
<tr><td>合 4199</td><td>合 31974</td><td></td><td></td><td></td><td></td><td></td></tr>
<tr><td>合 4203</td><td>合 3397</td><td>合 1078</td><td>合 3782</td><td></td><td></td><td></td></tr>
<tr><td>合 4209</td><td>合補 749</td><td>合 4135</td><td></td><td></td><td></td><td></td></tr>
<tr><td>合 4211</td><td>存補 6.213.1</td><td></td><td></td><td></td><td></td><td></td></tr>
<tr><td>合 4240</td><td>合 5454</td><td>合 586</td><td></td><td></td><td></td><td></td></tr>
<tr><td>合 4248</td><td>合 954</td><td></td><td></td><td></td><td></td><td></td></tr>
<tr><td>合 4249</td><td colspan="6">已綴入《醉古集》第 231 則</td></tr>
<tr><td rowspan="2">合 4257</td><td>合 5483</td><td>合 9249</td><td>乙 5300</td><td>乙 5332</td><td>乙 5337</td><td>乙 6024</td></tr>
<tr><td>乙補 5321</td><td></td><td></td><td></td><td></td><td></td></tr>
<tr><td>合 4258</td><td>安明 597</td><td>安明 652</td><td></td><td></td><td></td><td></td></tr>
<tr><td>合 4259</td><td>乙補 1791</td><td></td><td></td><td></td><td></td><td></td></tr>
<tr><td>合 4274</td><td>合補 1961</td><td></td><td></td><td></td><td></td><td></td></tr>
<tr><td>合 4280</td><td>合 5534</td><td></td><td></td><td></td><td></td><td></td></tr>
<tr><td>合 4285</td><td>合 9807</td><td></td><td></td><td></td><td></td><td></td></tr>
<tr><td>合 4288 正</td><td>合 1559</td><td></td><td></td><td></td><td></td><td></td></tr>
<tr><td>合 4292</td><td>合 2434</td><td></td><td></td><td></td><td></td><td></td></tr>
</table>

（續表）

合 4302	合 4093					
合 4324	合 4325	合 4342	合補 2178	合補 2170		
合 4325	合 4324	合 4342	合補 2178	合補 2170		
合 4326	合 18032	合 7015	合補 1991			
合 4330	合 4488					
合 4337	合 23668（合補 4780）					
合 4342	合補 313（合 4324+合 4325）	合補 2170	合補 2178			
合 4346	合 4016					
合 4349 正反甲、乙	已綴入《醉古集》第 59 則					
合 4353	合補 4005	合 13909				
合 4370	張世放 37					
合 4373	合 4721					
合 4381	合 2470 正					
合 4385	合 14915					
合 4387	史購 199	合 4394				
合 4394	史購 199	合 4387				
合 4415 臼	合補 1173 臼					
合 4468 正	京人 467a					
合 4477	合 19122	合 14022				
合 4488	合 4330					
合 4498	合 2356 甲	合 2356 乙	合 16327			
合 4525	合 3099					

（續表）

合 4550	合 9232 正	合 14239	合 15403 正	合 17691 正	乙 4492	乙補 4530
	乙 4855	乙 4905	乙 4907	乙 6118	乙補 4152	乙補 4158
	乙補 4195	乙補 4234	乙補 4238	乙補 4246	乙補 4270	乙補 4334
	乙補 4337	乙補 4339	乙補 4345	乙補 4394	乙補 4550	乙補 4584
	乙補 4847	乙補 5362	乙補 6791	乙 4353	乙補 4316	乙補 4354
	乙補 4229	R37138	乙 4560	乙補 4641	乙補 4284	
合 4565	合 4571					
合 4568	合補 6141					
合 4571	合 4565					
合 4595	合補 4981 正（合 16184）					
合 4597	合 5737（北大 769）	上博 67761.4				
合 4604	合 4605					
合 4605 正	合 4604					
合 4605 反	南坊 3.23					
合 4607	合 40220					
合 4620 正	合 3300					
合 4632 正	合 13599	合 2192				
合 4641	合補 1242					
合 4646	冬 118					
合 4654（合12878反）	合 7855					
合 4660	上博 2426.421					
合 4673	合 53（合 19191）	合 22482	合 7024	合 19193	山東 226	善 2.71.15 倒
合 4685	合 35216					

（續表）

<table>
<tr><td>合 4686</td><td>合 35204</td><td></td><td></td><td></td><td></td><td></td></tr>
<tr><td>合 4721</td><td>合 4373</td><td></td><td></td><td></td><td></td><td></td></tr>
<tr><td>合 4757</td><td>合 5799</td><td></td><td></td><td></td><td></td><td></td></tr>
<tr><td>合 4772</td><td>合 5638 正</td><td></td><td></td><td></td><td></td><td></td></tr>
<tr><td>合 4773 正</td><td>合 9067</td><td>乙補 6252</td><td>乙補 6104</td><td>合 17695 正</td><td>合 17304</td><td>合 9307 正</td></tr>
<tr><td rowspan="2">合 4773 反</td><td>合 18165</td><td>合 17695 反</td><td>合 4773 反</td><td>合 9067 反</td><td>合 19045</td><td>乙補 6105</td></tr>
<tr><td>合 17304 反</td><td>合 9307 反</td><td></td><td></td><td></td><td></td></tr>
<tr><td>合 4793</td><td>合補 1602</td><td></td><td></td><td></td><td></td><td></td></tr>
<tr><td>合 4811</td><td>合 7687</td><td>合 7699 正</td><td></td><td></td><td></td><td></td></tr>
<tr><td>合 4820
（合補 2284）</td><td>合 12080</td><td></td><td></td><td></td><td></td><td></td></tr>
<tr><td>合 4824</td><td>合 11415</td><td></td><td></td><td></td><td></td><td></td></tr>
<tr><td>合 4835</td><td colspan="6">已綴入《醉古集》第 36 則</td></tr>
<tr><td>合 4836</td><td colspan="6">已綴入《醉古集》第 36 則</td></tr>
<tr><td>合 4838</td><td>合 7880</td><td>乙 688</td><td></td><td></td><td></td><td></td></tr>
<tr><td>合 4876</td><td>合 9100</td><td></td><td></td><td></td><td></td><td></td></tr>
<tr><td>合 4879</td><td>合 10181</td><td>合 10189</td><td></td><td></td><td></td><td></td></tr>
<tr><td>合 4884</td><td>合 32407</td><td>輯佚 353</td><td></td><td></td><td></td><td></td></tr>
<tr><td>合 4904</td><td>合 7982</td><td>旅藏 102</td><td></td><td></td><td></td><td></td></tr>
<tr><td>合 4907
正反</td><td colspan="6">已綴入《醉古集》第 340 則</td></tr>
<tr><td>合 4915</td><td>合 14879</td><td></td><td></td><td></td><td></td><td></td></tr>
<tr><td>合 4919</td><td>合 15528</td><td></td><td></td><td></td><td></td><td></td></tr>
<tr><td>合 4935</td><td>屯南 2691</td><td></td><td></td><td></td><td></td><td></td></tr>
<tr><td>合 4963</td><td>合 26804</td><td></td><td></td><td></td><td></td><td></td></tr>
<tr><td>合 4977</td><td>北大 1045</td><td></td><td></td><td></td><td></td><td></td></tr>
<tr><td>合 4984</td><td>合 19047</td><td></td><td></td><td></td><td></td><td></td></tr>
</table>

（續表）

合 4994	合 6940					
合 5008	合 6898					
合 5028	合 4165	合 5366	合補 1678	乙 4339	乙 4848	乙 6322
	合 6876	合 7722	合補 5671	乙 5206	乙 4464	
合 5030	北圖 3609					
合 5044	合 19106	合 5045	英藏 436	合 11584		
合 5045	合 5044	合 19106	英藏 436	合 11584		
合 5056 正	上博 21691.293					
合 5057 甲、乙	乙補 1641	乙補 1642				
合 5071	合補 3215					
合 5075（乙 4542）	乙 4675					
合 5078	旅藏 1081					
合 5080	合 17331	合 9572	合 16399	合 17464	合 9583	
合 5081 正	合 19307					
合 5085	合補 1653	上博 2426.1439				
合 5092	合 9558					
合 5093	合 4100					
合 5111	旅藏 672					
合 5117	R37158					
合 5122	合 2055					
合 5129	合 16378	張世放 42				
合 5132	合 16378	張世放 42	合 3596 正	合 5141		
合 5139	北圖 610					
合 5141	合 16378	張世放 42	合 3596 正	合 5132		

（續表）

<table>
<tr><td>合 5145</td><td>合 359</td><td></td><td></td><td></td><td></td><td></td></tr>
<tr><td>合 5158</td><td>合 8759</td><td>合 8792</td><td>乙補 7035</td><td>R26859</td><td></td><td></td></tr>
<tr><td>合 5160</td><td>合 7802</td><td></td><td></td><td></td><td></td><td></td></tr>
<tr><td>合 5171</td><td>美 564</td><td></td><td></td><td></td><td></td><td></td></tr>
<tr><td>合 5175</td><td>合 185</td><td></td><td></td><td></td><td></td><td></td></tr>
<tr><td>合 5212</td><td>輯佚 35</td><td></td><td></td><td></td><td></td><td></td></tr>
<tr><td>合 5232
正反</td><td>合 5394
正反</td><td></td><td></td><td></td><td></td><td></td></tr>
<tr><td>合 5240</td><td>合 8538</td><td></td><td></td><td></td><td></td><td></td></tr>
<tr><td>合 5280
（北大 2037）</td><td>合 12936
（北大 1488）</td><td></td><td></td><td></td><td></td><td></td></tr>
<tr><td>合 5290 反</td><td>故宫新
74642 反</td><td></td><td></td><td></td><td></td><td></td></tr>
<tr><td>合 5294</td><td>合 23711</td><td>合補 3439</td><td></td><td></td><td></td><td></td></tr>
<tr><td>合 5305
正反</td><td colspan="6">已綴入《醉古集》第 166 則</td></tr>
<tr><td>合 5320</td><td>合 16447</td><td></td><td></td><td></td><td></td><td></td></tr>
<tr><td>合 5325</td><td>合 12830</td><td></td><td></td><td></td><td></td><td></td></tr>
<tr><td>合 5332</td><td>合 10313</td><td>合 10951</td><td></td><td></td><td></td><td></td></tr>
<tr><td>合 5347</td><td>合 5348</td><td></td><td></td><td></td><td></td><td></td></tr>
<tr><td>合 5348</td><td>合 5347</td><td></td><td></td><td></td><td></td><td></td></tr>
<tr><td rowspan="2">合 5366</td><td>合 5028</td><td>合 4165</td><td>合補 1678</td><td>乙 4339</td><td>乙 4848</td><td>乙 6322</td></tr>
<tr><td>合 6876</td><td>合 7722</td><td>合補 5671</td><td>乙 5206</td><td>乙 4464</td><td></td></tr>
<tr><td>合 5379</td><td>合 7759</td><td>合 3367</td><td></td><td></td><td></td><td></td></tr>
<tr><td rowspan="2">合 5380</td><td>合 13281
正甲</td><td>乙補 1114</td><td>合 13281
反甲</td><td>合 11479</td><td>合 18674</td><td>乙補 855</td></tr>
<tr><td>乙 3455</td><td></td><td></td><td></td><td></td><td></td></tr>
<tr><td rowspan="2">合 5381</td><td>合 1364 正</td><td>合 1410 正</td><td>合 1463
正乙</td><td>合 1463
正甲</td><td>乙補 805</td><td>乙補 870</td></tr>
<tr><td>乙 3604</td><td>乙 7189</td><td>乙補 6503</td><td>乙補 1154</td><td>乙補 0875</td><td>乙 1128</td></tr>
</table>

（續表）

合 5384	合補 7044					
合 5387	合 19127 正	合 1821 正	合 5985	合 1749 正	乙 3512	乙 4134
	乙 4190	乙 6976	乙 7633	乙補 6539		
合 5392	合 17399					
合 5394 正反	合 5232 正反					
合 5396	合 9439					
合 5400	合 16112					
合 5411	合補 6191 正					
合 5412 正	已綴入《醉古集》第 331 則					
合 5418	合 33058					
合 5425	合 13603					
合 5426	合 8182（合補 7180）	合 9631（合補 2328）				
合 5431	合 21369					
合 5432 正	合 2318					
合 5438	合 10575					
合 5444	合 17916					
合 5451	合 17466	合 6820	洹 101			
合 5454	旅藏 193 正	綴集 17				
合 5456	北圖 1895					
合 5471	合補 3014	屯南 5753				
合 5473 正	乙補 3510	乙補 3563				
合 5474	合 19203					
合 5477 正	合補 4009	乙補 2373	乙補 3458	R37398		
合 5483	合 4257	合 9249	乙 5300	乙 5332	乙 5337	乙 6024
	乙補 5321					

（續表）

合 5486	合 1674					
合 5487	北大 2828					
合 5489	合 3343	合 3377	乙補 6724			
合 5530 甲乙	合 816 正					
合 5531 正	乙 590					
合 5532 正	乙補 6642	合 2323	乙補 6147 倒	合 15930 正	乙補 2275	乙補 2621
	乙補 2277					
合 5533	合 2339					
合 5534	合 4280					
合 5565	合 1381					
合 5565	合 1381	合 3301	合 2859	合 15099		
合 5566	合 3826					
合 5568 正	合 13582（合補 5964 正）	合補 5964 反	合 5568 反			
合 5568 反	合補 5964 反					
合 5598 正	合 17394					
合 5620	合 19479	存補 3.138.1				
合 5626	合 1976					
合 5633	合 21915					
合 5635 甲	乙 8353					
合 5638 正	合 4772					
合 5654	已綴入《醉古集》第 302 則					
合 5666	安明 589					
合 5674	合 10896	輯佚 131				

（續表）

合 5714	合 5720					
合 5720	合 5714					
合 5733	合補 972	合 13563	合 15388			
合 5737（北大 769）	合 4597	上博 67761.4				
合 5739	合 5740	上田 3.008				
合 5740	合 5739	上田 3.008				
合 5753	西南大學 7					
合 5755（合 3228）	合 278					
合 5758（合 8855）	合 19486					
合 5760 正	合 11574					
合 5761	合 5762					
合 5762	合 5761					
合 5764	合 1452	合補 4277				
合 5771	R37399					
合 5776 正	已綴入《醉古集》第 58 則					
合 5778	綴續 376					
合 5779	甲 2514	甲 2534	合補 9484（合補 10389）			
合 5785	英藏 564 正	英藏 569				
合 5799	合 4757					
合 5808	合 1298	合 8815				
合 5817 正	笏二 363					
合 5826	合 17636 正					
合 5828	合 39938					

（續表）

合 5835	美藏 545					
合 5881	合 9606					
合 5902	合 9584	合 18837				
合 5908	合 2891	乙補 2953	乙補 1839	乙補 1841	乙 3490	合 14135
	乙補 5883	乙補 1843				
合 5924	合 8822（合補 2345）					
合 5934	合 17067					
合 5977	合 9974					
合 5979	合補 2490					
合 5985	合 19127 正	合 5387	合 1821 正	合 1749 正	乙 3512	乙 4134
	乙 4190	乙 6976	乙 7633	乙補 6539		
合 5997	合補 1756					
合 6005	合 14998					
合 6017 反	合 16124 反	合 17282				
合 6025	合 3733					
合 6029	合 3314					
合 6044	合 17902					
合 6051	合 4063					
合 6052	合 15110					
合 6053	合 13740					
合 6054	故宫新 160380					
合 6059	合 7152 正	續存上 975				
合 6061	合 7098					
合 6062	合補 6438					
合 6073	合 18596					

（續表）

合 6077	合 6300	天理選録 49				
合 6082	合 7326 正					
合 6084	合 8690					
合 6088	合 39589					
合 6093	京人 878	京人 898				
合 6103 正	上博 17645.209					
合 6107	東文庫 170	合 9973				
合 6114	合 6180					
合 6119	存補 5.146.3					
合 6129	合 17317					
合 6134	合 7464	合補 1658	英藏 1352			
合 6148	合補 1976					
合 6149（合補 1846）	合 1224					
合 6157	合 7318	史購 40				
合 6158	合 3664	合 13536 正	重藏 8			
合 6159	安博 315					
合 6163	合補 1360	山東 1177				
合 6166	合 7405 正					
合 6170 正	合 8974					
合 6172	合 7299					
合 6173	合補 562					
合 6180	合 6114					
合 6181 正	虛 1549					
合 6185	合補 2873					

（續表）

合6195	合14749正	存補5.140.2				
合6203	合補4565					
合6205	合補1504					
合6210	2018年中國嘉德（香港）秋季拍賣小林斗盦舊藏甲骨					
合6217	合17276正	合補759正				
合6221	合8562					
合6222	合補2119	合補1859	合7397（旅藏215）			
合6232	合870	合2824	合補5175			
合6238	合6262					
合6242	合6267					
合6244	合8571	合1276				
合6249	合補4507					
合6258	合6282					
合6262	合6238					
合6266	合16281					
合6267	合6242					
合6270正	京津1139					
合6279	合11891正	合11918				
合6282	合6258					
合6283	合補6139	合補1842	合補731	旅藏89		
合6286	輯佚118	合625				
合6298	蘇德218					
合6300	合6077	天理選録49				
合6306	合補3927					
合6308	合6371					
合6310	合6370	合補1860				

（續表）

合 6331	合 15770					
合 6343	北大 2523					
合 6345	合 8026					
合 6352	契 596（北大 309）					
合 6366	合 12803					
合 6369	英藏 570					
合 6370	合補 1860	合 6310				
合 6371	合 6308					
合 6390	東文研 287					
合 6393	合 6396	合 13684				
合 6396	合 6393	合 13684				
合 6400	北大 2290					
合 6404 正	東文庫 284					
合 6405	懷特 357					
合 6408	合 7314					
合 6426	笏二 26					
合 6437	合 7385 正					
合 6450	合 4090					
合 6457 正	合 17337 正	乙補 663				
合 6457 反	合 17337 反	乙補 664				
合 6461	乙補 2538	乙補 2741				
合 6468	乙 7664	乙 8121	乙補 6357	乙補 6446	乙補 6447	R37968
合 6471 正	乙補 1729	合 1655	乙補 2065	乙補 6865	乙補 6935	乙 2820
	乙 3147	乙 8306	乙 3627	乙 3624		
合 6472（乙 4387+乙 5614）	乙 4807					

（續表）

<table>
<tr><td>合 6473 正</td><td>合 16392</td><td>乙補 3454</td><td>乙補 3455</td><td></td><td></td><td></td></tr>
<tr><td>合 6475</td><td>合 9219</td><td>乙補 6416</td><td></td><td></td><td></td><td></td></tr>
<tr><td>合 6481</td><td>合 7502</td><td></td><td></td><td></td><td></td><td></td></tr>
<tr><td>合 6491</td><td>合補 5529</td><td></td><td></td><td></td><td></td><td></td></tr>
<tr><td>合 6492</td><td>善齋 5.41.9</td><td></td><td></td><td></td><td></td><td></td></tr>
<tr><td>合 6495</td><td>合 11525</td><td></td><td></td><td></td><td></td><td></td></tr>
<tr><td>合 6501</td><td>合 6914</td><td>合補 5356</td><td></td><td></td><td></td><td></td></tr>
<tr><td>合 6502</td><td>合 16278</td><td></td><td></td><td></td><td></td><td></td></tr>
<tr><td>合 6508</td><td>合 6510</td><td>合 18917</td><td>合補 1996</td><td></td><td></td><td></td></tr>
<tr><td>合 6509
（上博
17645.280）</td><td>安明 580</td><td></td><td></td><td></td><td></td><td></td></tr>
<tr><td>合 6510</td><td>合 6508</td><td>合 18917</td><td>合補 1996</td><td></td><td></td><td></td></tr>
<tr><td>合 6515</td><td>京津 1261</td><td></td><td></td><td></td><td></td><td></td></tr>
<tr><td>合 6517</td><td>合 7532</td><td></td><td></td><td></td><td></td><td></td></tr>
<tr><td>合 6525</td><td>合 7861</td><td>合 5129</td><td></td><td></td><td></td><td></td></tr>
<tr><td>合 6527</td><td>合 6529</td><td>合 7537</td><td></td><td></td><td></td><td></td></tr>
<tr><td>合 6529</td><td>合 6527</td><td>合 7537</td><td></td><td></td><td></td><td></td></tr>
<tr><td rowspan="2">合 6530 正</td><td>乙 5426</td><td>乙補 4256</td><td>乙補 6722</td><td>乙補 6434</td><td>乙補 6672</td><td>乙補 6673</td></tr>
<tr><td>乙補 6681</td><td>乙補
5570 倒</td><td>乙補 1817</td><td></td><td></td><td></td></tr>
<tr><td>合 6530 反</td><td>合 19050</td><td></td><td></td><td></td><td></td><td></td></tr>
<tr><td>合 6537</td><td>合 19667</td><td></td><td></td><td></td><td></td><td></td></tr>
<tr><td>合 6541</td><td>合 7483</td><td></td><td></td><td></td><td></td><td></td></tr>
<tr><td>合 6552 正</td><td>合 3287
（合 39699）</td><td></td><td></td><td></td><td></td><td></td></tr>
<tr><td>合 6553</td><td>英藏 669</td><td></td><td></td><td></td><td></td><td></td></tr>
<tr><td>合 6554</td><td>英藏 667</td><td>合 7549</td><td></td><td></td><td></td><td></td></tr>
</table>

（續表）

合 6576	合 1363					
合 6584	合 2729					
合 6591	合 9535					
合 6597 正	合 724 正	合 2975 正				
合 6601	合 7029					
合 6603	合 10060					
合 6609	合補 2052					
合 6612	合 14791					
合 6619	R53594					
合 6643	合 18071					
合 6644	英藏 657					
合 6649 正乙	乙補 641	合 13713	乙 6599			
合 6652	契合 12	乙補 4386	乙 6353			
合 6658	合 11288					
合 6665 正	合 16900 正					
合 6674	懷特 913	合補 2773	存補 5.140.1			
合 6676	京津 2583					
合 6690	合補 4615					
合 6703	英藏 623（合 39906 正）					
合 6706	旅藏 554	旅藏 996	旅藏 344	旅藏 907		
合 6715	合 6716					
合 6716	合 6715					
合 6723	合 12998					
合 6728	合 13212					
合 6746	合 19129	英藏 1133（合 39912）	英藏 304			

（續表）

合 6751	合 33219					
合 6762（北大 768）	合 492（北大 868）	中歷藏 454				
合 6782	中歷藏 43					
合 6793	合 27744					
合 6800	合 7421	合 6801	合 11004			
合 6801	合 6800	合 7421	合 11004			
合 6809（甲 3467）	合 8581					
合 6815	合 3251					
合 6820	合 17466	合 5451	洹 101			
合 6823	合 12998					
合 6826 正	合補 2607	合補 137 正	合 2089	合 3243	合 3244	合 10331
	合 15205	乙 2395	乙補 6234 倒	乙補 6235 倒	乙補 6236 倒	乙補 6237
	乙補 6238	合 2223	合 7600	合 9200 正	合 10155 正	乙 3812
合 6840	合 3375					
合 6858	合補 2147					
合 6866	合 7661					
合 6876	合 5028	合 5366	合補 1678	乙 4339	乙 4848	乙 6322
	合 4165	合 7722	合補 5671	乙 5206	乙 4464	
合 6892 正	合 6893					
合 6893	合 6892 正					
合 6898	合 5008					
合 6912	合 3588					
合 6914	合 6501	合補 5356				
合 6940	合 4994					

（續表）

合 6962	合 4170					
合 6983（上博 17645.452）	合補 1974（天理 156）					
合 6990	合 3895	乙 5829				
合 7015	合 18032					
合 7022	合 20312					
合 7024	合 22482	合 4673	合 53（合 19191）	合 19193	山東 226	
合 7027	合 3320					
合 7029	合 6601					
合 7030	合 7049					
合 7047	合 13871					
合 7049	合 7030					
合 7059	合 7427 反	合 556 反	合 19642 反			
合 7061	合 14151	合 19684				
合 7065 甲、乙	京人 176a					
合 7077	合補 2247	合補 1993	笏二 210			
合 7078	合補 1680					
合 7098	合 6061					
合 7136	合 7164					
合 7139	合 583 正	合 11454	合 40663			
合 7143 正	合 584 正甲	合 9498 正	合補 5597	東文研 571a		
合 7143 反	合 584 反甲	合 9498 反	東文研 571b			
合 7150	合 522					
合 7151 正	懷特 439					
合 7152 正	合 6059	續存上 975				

（續表）

<table>
<tr><td>合 7156 正</td><td>合 9841</td><td>合 16910 正反</td><td></td><td></td><td></td><td></td></tr>
<tr><td>合 7157</td><td>合補 831</td><td></td><td></td><td></td><td></td><td></td></tr>
<tr><td>合 7159 正反</td><td>合 17697 正反</td><td>合補 4838</td><td></td><td></td><td></td><td></td></tr>
<tr><td>合 7164 正</td><td>合 7136 正</td><td></td><td></td><td></td><td></td><td></td></tr>
<tr><td>合 7164 反</td><td>合 7136 反</td><td></td><td></td><td></td><td></td><td></td></tr>
<tr><td>合 7176</td><td>合 15453</td><td>乙 2462</td><td>乙 1360</td><td>乙補 2855</td><td>合 672 正</td><td>合 1403</td></tr>
<tr><td>合 7187 正</td><td>合 3037</td><td></td><td></td><td></td><td></td><td></td></tr>
<tr><td>合 7189</td><td>合 17827 正</td><td></td><td></td><td></td><td></td><td></td></tr>
<tr><td>合 7192</td><td>乙補 4327</td><td>乙補 4329</td><td></td><td></td><td></td><td></td></tr>
<tr><td rowspan="2">合 7198</td><td>合 10506</td><td>合 13564</td><td>合 13843</td><td>合 18765</td><td>北圖 1980</td><td>安明 357</td></tr>
<tr><td>輯佚 77</td><td></td><td></td><td></td><td></td><td></td></tr>
<tr><td>合 7202 正</td><td>合 16936 正</td><td></td><td></td><td></td><td></td><td></td></tr>
<tr><td>合 7217</td><td>劬藏 37</td><td></td><td></td><td></td><td></td><td></td></tr>
<tr><td>合 7219</td><td>合補 1773</td><td></td><td></td><td></td><td></td><td></td></tr>
<tr><td>合 7230</td><td>合補 833</td><td></td><td></td><td></td><td></td><td></td></tr>
<tr><td>合 7265</td><td>合 7266</td><td></td><td></td><td></td><td></td><td></td></tr>
<tr><td>合 7266</td><td>合 7265</td><td></td><td></td><td></td><td></td><td></td></tr>
<tr><td>合 7278</td><td>英藏 188（合 39701）</td><td></td><td></td><td></td><td></td><td></td></tr>
<tr><td>合 7292</td><td>合 2649 正</td><td></td><td></td><td></td><td></td><td></td></tr>
<tr><td>合 7299</td><td>合 6172</td><td></td><td></td><td></td><td></td><td></td></tr>
<tr><td>合 7307</td><td>合補 1810</td><td></td><td></td><td></td><td></td><td></td></tr>
<tr><td>合 7313</td><td>合 7350</td><td></td><td></td><td></td><td></td><td></td></tr>
<tr><td>合 7314</td><td>合 6408</td><td></td><td></td><td></td><td></td><td></td></tr>
<tr><td>合 7316</td><td>英藏 543</td><td>京人 777</td><td>合補 933</td><td></td><td></td><td></td></tr>
<tr><td>合 7317</td><td>蘇德 151</td><td></td><td></td><td></td><td></td><td></td></tr>
</table>

（續表）

合 7318	合 6157	史購 40				
合 7320 右半	北大 1576	善齋 7.60.1				
合 7325	英藏 477					
合 7326 正	合 6082					
合 7327	合 7333 正	北圖 244				
合 7330 左半	合補 5984 正					
合 7332	合 7511					
合 7333 正	合 7327	北圖 244				
合 7339	合 7424					
合 7346	英藏 1171					
合 7350	合 7313					
合 7363 反	合 11482 反					
合 7370	東文研 327					
合 7379 正	1.0.0056（R27056）					
合 7383 正	重藏 80					
合 7385 正	合 6437					
合 7386	合補 5670					
合 7390	東文庫 206					
合 7392	首師大歷史博物館藏品 119					
合 7396	合 7404					
合 7397	合 6222	合補 2119	合補 1859			
合 7400	合 7425	安明 629				
合 7404	合 7396					

（續表）

合 7405 正	合 6166					
合 7407 正	已綴入《醉古集》第 337 則					
合 7410	上博 2426.783					
合 7420	合補 1344					
合 7421	合 6800	合 6801	合 11004			
合 7424	合 7339					
合 7425	合 7400	安明 629				
合 7427 正	合 556 正	合 19642 正	乙 5732	乙 5937	乙補 5164	乙補 5261
合 7427 反	合 556 反	合 19642 反	合 7059			
合 7440	乙補 1765 倒	乙 3076				
合 7441 正	乙 4424					
合 7457	合 10102（北大 29）					
合 7464	合補 1658	合 6134				
合 7483	合 6541					
合 7494	合補 3222					
合 7497	合補 1881					
合 7502	合 6481					
合 7504	合 3010 正	合 7540（合 7201）				
合 7511	合 7332					
合 7529	合補 982 正	合補 1430				
合 7530	合補 971	合 3709				
合 7532	合 6517					
合 7537	合 6529	合 6527				
合 7543	合 6553	英藏 669				

（續表）

<table>
<tr><td>合 7549</td><td>合 6554</td><td></td><td></td><td></td><td></td><td></td></tr>
<tr><td>合 7563</td><td>合 15479</td><td></td><td></td><td></td><td></td><td></td></tr>
<tr><td>合 7571 正
（合 3780）</td><td>合 7890</td><td></td><td></td><td></td><td></td><td></td></tr>
<tr><td>合 7577</td><td>合補 2120</td><td></td><td></td><td></td><td></td><td></td></tr>
<tr><td>合 7584 正
反部分</td><td colspan="6">已綴入《醉古集》第 59 則</td></tr>
<tr><td>合 7587</td><td>合 13677</td><td>乙 6606
（乙補 5750）</td><td>乙補 7257</td><td>乙補
7258 倒</td><td></td><td></td></tr>
<tr><td>合 7589</td><td>合 3804</td><td></td><td></td><td></td><td></td><td></td></tr>
<tr><td>合 7593</td><td>英藏 686</td><td></td><td></td><td></td><td></td><td></td></tr>
<tr><td rowspan="3">合 7600</td><td>合 2223</td><td>合補 2607</td><td>合補 137 正</td><td>合 2089</td><td>合 3243</td><td>合 3244</td></tr>
<tr><td>合 10331</td><td>合 15205</td><td>乙 2395</td><td>乙補
6234 倒</td><td>乙補
6235 倒</td><td>乙補
6236 倒</td></tr>
<tr><td>乙補 6237</td><td>乙補 6238</td><td>合 6826 正</td><td>合 9200 正</td><td>合 10155 正</td><td>乙 3812</td></tr>
<tr><td>合 7605
甲乙</td><td>合 10748 甲</td><td>合 17188</td><td></td><td></td><td></td><td></td></tr>
<tr><td>合 7615</td><td>旅藏 769</td><td></td><td></td><td></td><td></td><td></td></tr>
<tr><td>合 7640</td><td>合 7641</td><td>合補 2154</td><td></td><td></td><td></td><td></td></tr>
<tr><td>合 7641</td><td>合 7640</td><td>合補 2154</td><td></td><td></td><td></td><td></td></tr>
<tr><td>合 7661</td><td>合 6866</td><td></td><td></td><td></td><td></td><td></td></tr>
<tr><td>合 7671</td><td>合補 1993</td><td></td><td></td><td></td><td></td><td></td></tr>
<tr><td>合 7687
（合補 1960）</td><td>合 7699 正</td><td>合 4811</td><td></td><td></td><td></td><td></td></tr>
<tr><td>合 7690</td><td>存補 4.1.1</td><td></td><td></td><td></td><td></td><td></td></tr>
<tr><td>合 7692</td><td>合 8622</td><td>善齋 7.26.1</td><td></td><td></td><td></td><td></td></tr>
<tr><td>合 7699 正</td><td>合 7687
（合補 1960）</td><td>合 4811</td><td></td><td></td><td></td><td></td></tr>
<tr><td>合 7699 反</td><td>上博 49003.
247 反</td><td></td><td></td><td></td><td></td><td></td></tr>
</table>

（續表）

合 7700	合 178	簠游 27				
合 7715 正	合 562 正					
合 7718 正	合補 596 正	合補 596 反	合 7718 反			
合 7722	合 5028	合 5366	合補 1678	乙 4339	乙 4848	乙 6322
	合 6876	合 4165	合補 5671	乙 5206	乙 4464	
合 7751	合 4097					
合 7757	合補 576					
合 7759	合 3367	合 5379				
合 7764	合 15080（山東 367）					
合 7775	合 7782（合 39817）					
合 7780 正	合補 3338	合補 543				
合 7782（合 39817）	合 7775					
合 7785	旅藏 139	合 14894				
合 7789	合 7793					
合 7790	合 19382					
合 7793	合 7789					
合 7795	合補 2216					
合 7802	合 5160					
合 7820	合 14318					
合 7836	合 10048	合 296				
合 7837	上博 17647.400	存補 5.264.1				
合 7852 正	乙 8629					
合 7854 正	英藏 1106					

（續表）

合 7855	合 12878 反 （合 4654）					
合 7859 正	合 14097					
合 7861	合 6525	合 5129				
合 7862	合補 769 （合 39727）					
合 7880	合 4838	乙 688				
合 7890	合 7571 正 （合 3780）					
合 7897	合 14591					
合 7906	已綴入《醉古集》第 85 則					
合 7907	已綴入《醉古集》第 85 則					
合 7920	合 9725					
合 7941 正	合 14766					
合 7942	乙補 5965	乙 7110				
合 7961	合 32781					
合 7962	合 17947	合 18792	合 18795	合 13377	北大 1005	合補 4670
合 7963	合 10436					
合 7964	合補 2159					
合 7967	合 11170 正					
合 7982	合 4904	旅藏 102				
合 7996	合 3971	合 3992	合 10863	合補 3275	合補 988	乙 6076
	合 13360	合 16457	合 12883	乙 7952	乙補 6619	
合 8005	合 190 正					
合 8010	合 8282					
合 8014	合 8597	合 8600	合 3750			
合 8015	已綴入《醉古集》第 254 則，林氏又加綴乙補 109					
合 8026	合 6345					

（續表）

<table>
<tr><td>合 8028</td><td>合 2642</td><td>合 2658</td><td></td><td></td><td></td><td></td></tr>
<tr><td>合 8029</td><td>合 15474</td><td></td><td></td><td></td><td></td><td></td></tr>
<tr><td>合 8034</td><td>合 8035</td><td></td><td></td><td></td><td></td><td></td></tr>
<tr><td>合 8035</td><td>合 8034</td><td></td><td></td><td></td><td></td><td></td></tr>
<tr><td>合 8037</td><td>合 13165</td><td>上博 54796.8</td><td></td><td></td><td></td><td></td></tr>
<tr><td>合 8039</td><td>合 13308</td><td>合 16353</td><td></td><td></td><td></td><td></td></tr>
<tr><td>合 8055</td><td>乙補 164</td><td></td><td></td><td></td><td></td><td></td></tr>
<tr><td>合 8065（合 15586）</td><td>合補 109</td><td></td><td></td><td></td><td></td><td></td></tr>
<tr><td>合 8070</td><td>合 13355</td><td></td><td></td><td></td><td></td><td></td></tr>
<tr><td>合 8094</td><td>合 1306</td><td></td><td></td><td></td><td></td><td></td></tr>
<tr><td>合 8106</td><td>合 24382（合補 7248）</td><td></td><td></td><td></td><td></td><td></td></tr>
<tr><td>合 8108</td><td>合 1601</td><td>合 15069</td><td></td><td></td><td></td><td></td></tr>
<tr><td>合 8120</td><td>合 16743</td><td>合 16744</td><td></td><td></td><td></td><td></td></tr>
<tr><td rowspan="2">合 8129 正</td><td>合 16178</td><td>乙 7820</td><td>乙補 6919</td><td>乙補 5389</td><td>乙 8430</td><td>乙補 2811</td></tr>
<tr><td>乙補 2372 正</td><td>乙補 2619</td><td>乙 8457 正</td><td>乙補 2390 正</td><td>乙補 2391 正（合補 5057）</td><td></td></tr>
<tr><td rowspan="2">合 8129 反</td><td>乙 8431</td><td>乙補 5390</td><td>乙 8389</td><td>乙補 6486</td><td>乙 8457</td><td>乙補 2391</td></tr>
<tr><td>乙補 2390</td><td>乙補 2372</td><td>合 3234</td><td></td><td></td><td></td></tr>
<tr><td>合 8142</td><td>山東 689</td><td></td><td></td><td></td><td></td><td></td></tr>
<tr><td>合 8182（合補 7180）</td><td>合 9631（合補 2328）</td><td>合 5426</td><td></td><td></td><td></td><td></td></tr>
<tr><td>合 8250 正（合補 6475）</td><td>合 17031</td><td>合 11447（合補 2811）</td><td>京津 2849</td><td>合 11448</td><td></td><td></td></tr>
<tr><td>合 8251 正</td><td>合 2688</td><td>合 2701</td><td>京津 2053</td><td>合 11646</td><td></td><td></td></tr>
<tr><td>合 8282</td><td>合 8010（旅藏 241）</td><td></td><td></td><td></td><td></td><td></td></tr>
</table>

（續表）

合 8299	合 15939					
合 8309	合 17508					
合 8331	合 12688					
合 8333	合 3769	合 14420				
合 8359	合 36417					
合 8401	合 18937					
合 8409	輯佚 18					
合 8411	已綴入《醉古集》第 357 則					
合 8443	已綴入《醉古集》第 330 則					
合 8472 正丙	乙補 5510	乙補 2753	乙補 2758	乙 3868	乙補 3608	合 8472 正乙
	乙補 3081	乙補 3101				
合 8472 反丙	乙 3136	乙 3876	乙補 3082			
合 8494	合 3667	合 16250 正				
合 8501 正	合 18925	英藏 552				
合 8512	合補 3925 正					
合 8538	合 5240					
合 8539	美藏 698					
合 8546	合 16017	合 13951				
合 8562	合 6221					
合 8571	合 1276	合 6244				
合 8574	京人 207					
合 8581	合 6809（甲 3467）					
合 8594 正反	已綴入《醉古集》第 257 則					
合 8597	合 8014	合 8600	合 3750			

（續表）

合 8600	合 8597	合 8014	合 3750			
合 8609	安明 618					
合 8622	合 7692	善齋 7.26.1				
合 8626	合 1910					
合 8650	旅藏 1065					
合 8652	珠 580					
合 8654	合 15954 正					
合 8657	合 8659	合 10932				
合 8659	合 8657	合 10932				
合 8672	殷遺（續五）4					
合 8690	合 6084					
合 8704	合 16487	存補 5.378.2				
合 8711（合 15756）	合 10084	合 9104（甲 1074）	合 9575	合補 4340（甲 1072）	甲 1830	
合 8723	合 526					
合 8731	京人 195	合 4025	合 465			
合 8745	英藏 681					
合 8759	合 5158	乙補 7035	R26859	合 8792		
合 8779	乙補 1238	R37883				
合 8780	已綴入《醉古集》第 334 則					
合 8792	合 8759	合 5158	乙補 7035	R26859		
合 8802	合 8934					
合 8815	合 5808	合 1298				
合 8822（合補 2345）	合 5924					
合 8824	乙補 4264					

（續表）

合 8825	合 17988					
合 8855 （合 5758）	合 19486					
合 8892	合 17846 正					
合 8900	合 14002	合 13663	R37265	合 13701		
合 8917 正反	已綴入《醉古集》第 50 則					
合 8919	鐵 85.1					
合 8934	合 8802					
合 8936	合 19706					
合 8957	合 3761 正					
合 8962	合 17797	合 8963				
合 8963	合 8962	合 17797				
合 8967	合 2542	合 9046				
合 8968	合 14647	合補 1346				
合 8974	合 6070 正					
合 8988	合 20184 （合 18647）					
合 8990 正	乙 8445	乙 6431	乙補 6752	合 99		
合 8996 正	英藏 38 （合 39500）					
合 9009 正反	已綴入《醉古集》第 196 則					
合 9017	合 9566	合 16171				
合 9045	英藏 1177 正					
合 9046	合 2542	合 8967				
合 9048	京津 960					

（續表）

合 9053	R37748	合 7584 正反部分（乙 3202）	合 18695	乙補 3808	乙補 3811	
合 9059 正	合 12897	合 13037	掇一 19	英藏 398		
合 9067	合 4773 正	合 18165 正	乙補 6252	乙補 6104	合 17304	合 19695 正
	合 9307 正					
合 9069	合 9071					
合 9071	合 9069					
合 9074 正	乙 4564	乙 6520	乙補 4281	乙補 4297		
合 9074 反	乙 4429	乙補 4399				
合 9076	張世放 61					
合 9082	明後 396					
合 9088 正	合 715 正	乙補 6554	乙補 6656	乙補 6657	乙補 6659（乙 8065 倒）	乙補 6554
合 9100	合 4876					
合 9104	合 10084	合 8711（合 15756）	合 9575	合補 4340（甲 1072）	甲 1830	
合 9132（乙 7847）	合 13488（乙 2143）	乙 7848	乙 7849	乙補 2190		
合 9144	合補 3016					
合 9169	北大 2323					
合 9178 甲乙	乙 1688	乙補 808	乙補 1316	合 1715		
合 9187	已綴入《醉古集》第 105 則					
合 9198	合補 6096					
合 9219	合 6475	乙補 6416				
合 9230	已綴入《醉古集》第 369 則					

（續表）

<table>
<tr><td rowspan="6">合 9232 正</td><td>合 4550</td><td>合 14239</td><td>合 15403 正</td><td>合 17691 正</td><td>乙 4492</td><td>乙補 4530</td></tr>
<tr><td>乙 4855</td><td>乙 4905</td><td>乙 4907</td><td>乙 6118</td><td>乙補 4152</td><td>乙補 4158</td></tr>
<tr><td>乙補 4195</td><td>乙補 4234</td><td>乙補 4238</td><td>乙補 4246</td><td>乙補 4270</td><td>乙補 4334</td></tr>
<tr><td>乙補 4337</td><td>乙補 4339</td><td>乙補 4345</td><td>乙補 4394</td><td>乙補 4550</td><td>乙補 4584</td></tr>
<tr><td>乙補 4847</td><td>乙補 5362</td><td>乙補 6791</td><td>乙 4353</td><td>乙補 4316</td><td>乙補 4354</td></tr>
<tr><td>乙補 4229</td><td>R37138</td><td>乙 4560</td><td>乙補 4641</td><td>乙補 4284</td><td></td></tr>
<tr><td>合 9234 正</td><td>乙補 5782</td><td></td><td></td><td></td><td></td><td></td></tr>
<tr><td>合 9248</td><td>合補 558 反</td><td></td><td></td><td></td><td></td><td></td></tr>
<tr><td rowspan="2">合 9249</td><td>合 4257</td><td>合 5483</td><td>乙 5300</td><td>乙 5332</td><td>乙 5337</td><td>乙 6024</td></tr>
<tr><td>乙補 5321</td><td></td><td></td><td></td><td></td><td></td></tr>
<tr><td>合 9256
（乙 1895）</td><td>乙補 1939</td><td></td><td></td><td></td><td></td><td></td></tr>
<tr><td>合 9257
正反</td><td colspan="6">已綴入《醉古集》第 345 則</td></tr>
<tr><td>合 9274 正</td><td>合 777 正</td><td>乙 2473</td><td>乙補 91 正</td><td></td><td></td><td></td></tr>
<tr><td>合 9274 反</td><td>乙補 6493</td><td>合 777 反</td><td></td><td></td><td></td><td></td></tr>
<tr><td>合 9287</td><td>北圖 5206</td><td></td><td></td><td></td><td></td><td></td></tr>
<tr><td>合 9305</td><td>合 5531 正</td><td>乙 590</td><td></td><td></td><td></td><td></td></tr>
<tr><td>合 9307 正</td><td>合 9067</td><td>乙補 6252</td><td>乙補 6104</td><td>合 17695 正</td><td>合 17304</td><td>合 4773 正</td></tr>
<tr><td>合 9307 反</td><td>合 17695 反</td><td>合 18165</td><td>乙補 6105</td><td>合 4773 反</td><td>合 19045</td><td></td></tr>
<tr><td>合 9309</td><td>乙 3386</td><td></td><td></td><td></td><td></td><td></td></tr>
<tr><td>合 9322
正反</td><td colspan="6">已綴入《醉古集》第 372 則</td></tr>
<tr><td>合 9409</td><td>合 28859</td><td>合 29064</td><td></td><td></td><td></td><td></td></tr>
<tr><td>合 9439</td><td>合 5396</td><td></td><td></td><td></td><td></td><td></td></tr>
</table>

（續表）

合 9440 反	笏二 348（笏二 941）					
合 9443	已綴入《醉古集》第 332 則					
合 9446	旅藏 625 正反	北大 1452				
合 9473（北大 36）	合 9475	合 9479				
合 9474	合 3123					
合 9475	合 9473（北大 36）	合 9479				
合 9479	合 9473（北大 36）	合 9475				
合 9480	合 3268					
合 9486	合 3307	合 227				
合 9497	合 21288					
合 9498 正	合補 5597	東文研 571a	合 7143 正			
合 9498 反	合 584 反甲	東文研 571b	合 7143 反			
合 9502 甲乙	R37203	乙補 6071	乙補 6299	乙補 6347	乙補 6517	乙補 7162 倒
合 9504 正	已綴入《醉古集》第 197 則					
合 9505	已綴入《醉古集》第 372 則					
合 9506	合 9848					
合 9510	合補 4545					
合 9519	英藏 814					
合 9529	合補 602	合 40117				
合 9534	合 2734	合 40078				
合 9535	合 6591					

（續表）

合 9539	合 548					
合 9541	北圖 11625					
合 9554	合 19426	合 9555	乙 3362	乙補 2870		
合 9555	合 9554	合 19426	乙 3362	乙補 2870		
合 9557 反	合 11897					
合 9558	合 5092					
合 9560	甲骨文集 3.0.1817	甲骨文集 3.0.1823				
合 9566	合 16171	合 9017				
合 9572	合 5080	合 17331	合 16399	合 17464	合 9583	
合 9575	合 10084	合 9104 （甲 1074）	合 8711 （合 15756）	合補 4340 （甲 1072）	甲 1830	
合 9583	合 5080	合 17331	合 9572	合 17464	合 16399	
合 9584	合 18837	合 5902				
合 9587	合 14393					
合 9594	合 9605					
合 9605	合 9594					
合 9606	合 5881					
合 9607 正	4.0.0256					
合 9616	合 12880					
合 9620	合 9625	合 9626	合 9623 （北大 40）			
合 9623 （北大 40）	合 9620	合 9625	合 9626			
合 9625	合 9620	合 9623 （北大 40）	合 9626			
合 9628	合 14382					
合 9629	中歷藏 1116	合 3311	合 9630	合 13016		

（續表）

合 9630	合 9629	中歷藏 1116	合 3311	合 13016		
合 9631（合補 2328）	合 8182（合補 7180）	合 5426				
合 9637	合 40043	合 4010	中歷藏 1241			
合 9686	合 9890					
合 9689	合 9699					
合 9693	英藏 804					
合 9699	合 9689					
合 9709	上博 2426.474	合 13316 正				
合 9713（合 40096）	合 10089	合 10090				
合 9718	合 9831					
合 9722	合補 5308					
合 9725	合 7920					
合 9740	合 16453					
合 9750	已綴入《醉古集》第 348 則					
合 9757	合 2879					
合 9759	合 24435					
合 9783 正	乙補 2852					
合 9783 反	乙補 2853					
合 9793	山東 171					
合 9800（北大 19）	北大 2638					
合 9802	已綴入《醉古集》第 348 則					
合 9807	合 4285					
合 9811	乙補 5952	乙補 5968				
合 9814	合補 1787					

（續表）

合 9820	乙補 2050					
合 9829	合 2060					
合 9831	合 9718					
合 9841	合 7156 正	合 16910 正反				
合 9847 正	乙補 4426	合 16467 正	合補 1666 正	乙補 2215	合補 5503 正	乙補 6143
	乙補 2142	無號甲				
合 9847 反	合 2251	合補 1666 反	合 16474	合 16467 反		
合 9848	合 9506					
合 9849	已綴入《醉古集》第 376 則					
合 9862	合 9971					
合 9871	乙補 550	乙補 2220 倒				
合 9890	合 9686					
合 9895	合補 1299					
合 9900	合 12988					
合 9906	合 15101	合 728				
合 9910 正	合補 4549					
合 9923（中歷藏 544）	旅藏 546					
合 9934 正	已綴入《醉古集》第 344 則					
合 9936	乙補 3502 倒	乙補 3568 倒	乙 3830 正	乙補 3517	乙 3824	乙補 3539
	乙補 3533					
合 9941	合 10042	英藏 824	英藏 1168			
合 9955	已綴入《醉古集》第 344 則					
合 9966（旅藏 340）	旅藏 884					

（續表）

合 9967	合 10143					
合 9971	合 9862					
合 9972	中歷藏 263					
合 9973	合 6107	東文庫 170				
合 9974	合 5977					
合 9979	京人 148					
合 9997	合 10052					
合 10022 甲乙	乙補 5657	乙補 5676	R37612			
合 10026 正反	已綴入《醉古集》第 48 則					
合 10029	合補 5658					
合 10032	合補 8867					
合 10034	已綴入《醉古集》第 48 則					
合 10040	合 3800	乙補 4665	乙 5832	乙 5372	合 16331 正	合 15237
	乙 5773	乙補 4661 倒	乙補 5552	乙補 5550	乙補 5504	乙 6080
	合 2236	合 18935	乙 5054	乙補 5590	無號甲	乙補 4217
	R44050	R44016				
合 10042	合 9941	英藏 824	英藏 1168			
合 10044	合 1777					
合 10046	通 444					
合 10048	合 296	合 7836				
合 10052	合 9997					
合 10055	合 14469 正					
合 10060	合 6603					
合 10068	合補 1989					
合 10082	合 10127					

（續表）

合 10084	合 8711 （合 15756）	合 9104	合 9575	合補 4340 （甲 1072）		
合 10087	合 10113					
合 10089	合 9713 （合 40096）	合 10090				
合 10090	合 10089	合 9713 （合 40096）				
合 10099	合 14141					
合 10102 （北大 29）	合 7457					
合 10104	合 847					
合 10106	合 10500					
合 10113	合 10087					
合 10120	山東 0459					
合 10127	合 10082					
合 10143	合 9967					
合 10146	合 10147					
合 10147	合 10146					
合 10155 正	合 2223	合補 2607	合補 137 正	合 2089	合 3243	合 3244
	合 10331	合 15205	乙 2395	乙補 6234 倒	乙補 6235 倒	乙補 6236 倒
	乙補 6237	乙補 6238	合 6826 正	合 7600	合 9200 正	乙 3812
合 10168	合 14157	合 14158				
合 10171	合 14293	乙補 6530	乙補 6739 倒			
合 10181	合 10189	合 4879				
合 10189	合 10181	合 4879				
合 10196	合 18338					
合 10198 正	乙 507	乙補 306	乙補 318	乙 5104	乙補 4138	

（續表）

合 10208	合 3288					
合 10212	合 10861					
合 10246	合補 2325					
合 10261	合 2003 正					
合 10275 正部分	乙補 3810					
合 10292	合 12309					
合 10302 正甲	合 10302 正乙	合 10302 正丙	乙補 3751			
合 10313	合 5332	合 10951				
合 10331	合 2089	合 3243	合 3244	合 15205	合補 137 正	合補 2607
	乙 2395	乙補 6234 倒	乙補 6235 倒	乙補 6236 倒	乙補 6237	乙補 6238
	合 6826 正	合 2223	合 7600	合 9200 正	合 10155 正	乙 3812
合 10338	乙 4348	乙 4576	合 10342	合補 927		
合 10342	合 10338	合補 927	乙 4348	乙 4576		
合 10346 正	乙 3898	乙 4007	乙 4015	乙 4021	乙補 3756	乙補 3793
合 10350	合 10364					
合 10360	合 19345	合補 5817				
合 10362	合 10749 （合補 2630）					
合 10364	合 10350					
合 10397	北圖 611					
合 10410 正	合補 2601					
合 10431	合 12977	合 13026	合 1763 正	乙 1280	合補 3476	乙 739
合 10436	合 7963					
合 10457 （上博 21691.211）	虚 1583					

（續表）

合 10493	合 10660					
合 10500	合 10106					
合 10506	合 13843	合 13564	合 18765	北圖 1980	安明 357	合 7198
	輯佚 77					
合 10514	合 4144（合補 6660）	李光前文物館 9				
合 10519	合 10548					
合 10520	合 22					
合 10538	合 649	R31943				
合 10548	合 10519					
合 10562	合 10968					
合 10575	合 5438					
合 10584	合補 6113					
合 10607	合 3606					
合 10608 正	合 10609					
合 10609	合 10608 正					
合 10620 正	合 10970 正右半					
合 10622	英藏 630					
合 10634	合 40111（英藏 793）	合 40112（英藏 1160）				
合 10660	合 10493					
合 10676	合 19590					
合 10692	合 12670	明後 1629				
合 10702 正	合 10895					
合 10704	明後 1397					

（續表）

合 10706	合 16704					
合 10716	上博 21691.302	合補 1651				
合 10724	英藏 1920					
合 10729	合補 2651					
合 10732（乙 5072）	乙補 4897					
合 10736	合補 2654					
合 10748 甲（乙 2869）	合 17188（乙 4241）	合 7605 甲乙				
合 10749（合補 2630 正反）	合 10362					
合 10796	安明 525					
合 10856	善 7.40A.5					
合 10861	合 10212					
合 10863 正	合 3971 正	合補 3275 正	合 7996	乙 6076	合 13360	合 16457
	合 12883	合補 988	乙 7952	乙補 6619		
合 10863 反	合補 3275 反	合 3971 反				
合 10895	合 10702 正					
合 10896	合 5674	輯佚 131				
合 10899	乙補 4796					
合 10902	乙 3909					
合 10931	史購 129					
合 10932	合 8659	合 8657				

（續表）

<table>
<tr><td>合 10940</td><td>合 14336</td><td></td><td></td><td></td><td></td><td></td></tr>
<tr><td>合 10943（上博 17645.99）</td><td>安明 1120</td><td></td><td></td><td></td><td></td><td></td></tr>
<tr><td rowspan="2">合 10945 正</td><td>合補 5370 正</td><td>合補 10351</td><td>合 17915</td><td>乙補 4696</td><td>乙補 5545</td><td>乙補 7209</td></tr>
<tr><td>乙 6330</td><td>乙 6436</td><td>乙補 4510</td><td>乙補 5195</td><td></td><td></td></tr>
<tr><td>合 10947</td><td>合 33368</td><td>1.0.0519</td><td></td><td></td><td></td><td></td></tr>
<tr><td>合 10948 正上半、下半、反</td><td colspan="6">已綴入《醉古集》第 377 則</td></tr>
<tr><td>合 10951</td><td>合 5332</td><td>合 10313</td><td></td><td></td><td></td><td></td></tr>
<tr><td>合 10965（合補 2596）</td><td>合補 686</td><td>存補 5.30.1（合 40125）</td><td></td><td></td><td></td><td></td></tr>
<tr><td>合 10968</td><td>合 10562</td><td></td><td></td><td></td><td></td><td></td></tr>
<tr><td>合 10970 正右半</td><td>合 10620 正</td><td></td><td></td><td></td><td></td><td></td></tr>
<tr><td>合 10970 左半</td><td>輯佚 3</td><td>明後 341</td><td></td><td></td><td></td><td></td></tr>
<tr><td>合 11004</td><td>合 6800</td><td>合 7421</td><td>合 6801</td><td></td><td></td><td></td></tr>
<tr><td>合 11021（旅藏 526）</td><td>旅藏 1171</td><td></td><td></td><td></td><td></td><td></td></tr>
<tr><td>合 11051</td><td>合 3410</td><td></td><td></td><td></td><td></td><td></td></tr>
<tr><td>合 11073</td><td>合補 524</td><td>合 3475</td><td>合 14361</td><td></td><td></td><td></td></tr>
<tr><td>合 11075</td><td>乙補 4007</td><td></td><td></td><td></td><td></td><td></td></tr>
<tr><td>合 11105</td><td>合 37174</td><td></td><td></td><td></td><td></td><td></td></tr>
<tr><td>合 11107</td><td>合 1325</td><td></td><td></td><td></td><td></td><td></td></tr>
<tr><td>合 11115（合 40185）</td><td>合 1924</td><td></td><td></td><td></td><td></td><td></td></tr>
<tr><td>合 11149</td><td>合 3155</td><td>合 3147</td><td>史購 108</td><td></td><td></td><td></td></tr>
</table>

（續表）

合 11170 正	合 7967					
合 11203	安明 97					
合 11230	碎骨 1	碎骨 2	碎骨 3			
合 11231	合 1438					
合 11278	合 1030					
合 11288	合 6658					
合 11297	無號甲	乙補 4375 倒	乙補 4373	合 898	乙補 4359	乙補 4377 倒
	乙補 4391	乙補 4395				
合 11300	合 15783					
合 11303	合 22511	乙 9049	乙補 7437			
合 11348	合 22567					
合 11355	山東 802	山東 1893				
合 11372	合 2488 正					
合 11373	合 37706					
合 11377 （乙 5336）	合 701 （乙 4878）					
合 11403	合補 829 正	安明 624				
合 11415	合 4824					
合 11416	合 140 正					
合 11447 （合補 2811）	合 8250 正 （合補 6475）	合 17031	京津 2849	合 11448		
合 11448	合 17031	合 11447 （合補 2811）	合 8250	京津 2849		
合 11451	上博 21569.100					
合 11454	合 583 正	合 7139	合 40663			

（續表）

合 11462 正	乙 8450					
合 11479	已綴入《醉古集》第 367 則					
合 11482 正	合補 462					
合 11482 反	合 7363 反					
合 11484	乙 3349	乙 3879				
合 11485（甲釋 55）	合補 8240（甲 1055）					
合 11508	合 3749					
合 11525	合 6495					
合 11546	甲骨文集 3.0.1819					
合 11553	已綴入《醉古集》第 93 則					
合 11565	合補 2261					
合 11569	合 11657	續 5.22.11				
合 11573	合 2861	北圖 2382				
合 11574	合 5760 正					
合 11584	英藏 436	合 5045	合 5044	合 19106		
合 11596	乙補 2136					
合 11602	乙補 5844	合補 5321	乙補 5830	乙 5706		
合 11609	旅藏 711					
合 11646	合 2688	京津 2053	合 2701	合 8251 正		
合 11648	合 16312	合 13442	中歷藏 621			
合 11657	合 11569	續 5.22.11				
合 11667	合 1352					
合 11671	合 11672					
合 11672	合 11671					
合 11674 正	已綴入《醉古集》第 68 則					

（續表）

合 11682	合補 4359					
合 11702	合 17710					
合 11705	檜垣 6					
合 11706	合 17305					
合 11722 正	合 16380	合 17468				
合 11725	合補 4180					
合 11728	合 13159					
合 11735	輯佚 2					
合 11746	已綴入《醉古集》第 328 則					
合 11747	合 15024					
合 11759	合 15149					
合 11762 正反	已綴入《醉古集》第 364 則					
合 11779 正	乙 4153	乙補 2004				
合 11785	合 34159					
合 11792	合補 338	合 712				
合 11797	合 14470					
合 11804	合補 3751	合 13248				
合 11807	合 12321	合 12019				
合 11814	合 12907					
合 11827	合 12350					
合 11832	合 20771	乙 84				
合 11835 正反	已綴入《醉古集》第 258 則					
合 11839	合 4162					
合 11845	合 20957					

（續表）

合 11850	合 3850	乙 1890				
合 11867	合 12752					
合 11882 正反	已綴入《醉古集》第 359 則					
合 11891 正	合 6279	合 11918				
合 11892	R37380					
合 11897	合 9557 反					
合 11912	合 13384					
合 11918	合 11891 正	合 6279				
合 11919	合補 5530					
合 11925	天理 S247					
合 11937	合 12107					
合 11944	合 40282					
合 11971 正反	已綴入《醉古集》第 338 則。蔡哲茂又加綴合 14577 正、乙 4646、合 16189、合 14580。					
合 12019	合 12321	合 11807				
合 12049	合補 3694					
合 12052 正反	合 17412 正反					
合 12057	已綴入《醉古集》第 161 則					
合 12063	合 1106	乙補 5337	乙補 5719	乙補 4960 倒		
合 12066 正	合補 1074					
合 12079 反	故宫新 78589 反					
合 12080	合補 2284（合 4820）					
合 12107	合 11937					
合 12109	合 16620					

（續表）

合 12115	史購 99					
合 12123（旅藏 613）	旅藏 763	旅藏 1628				
合 12160	乙 7503	乙 7354	乙補 2539	合 2235 正甲	乙補 3283	合 2235 正乙
合 12164	合 17349	合 19655	合補 856			
合 12213（中歷藏 1129）	中歷藏 N23					
合 12225	合 12283 反					
合 12241 正	合補 723					
合 12248	合 12640					
合 12260	山東 1420					
合 12283 反	合 12225					
合 12309	合 10292					
合 12312 正甲乙、反	已綴入《醉古集》第 381 則					
合 12315 正乙	合 18900 正	合 2002 正				
合 12315 正反	已綴入《醉古集》第 315 則					
合 12317	合 1124					
合 12318 正反	已綴入《醉古集》第 249 則					
合 12321	合 12019	合 11807				
合 12324 正	已綴入《醉古集》第 226 則					
合 12327	合 2547					
合 12333 正	英藏 1740					
合 12334	乙 7630	乙補 4654				
合 12344	合補 3636					

（續表）

合 12348	乙補 1621	乙補 1850				
合 12350	合 11827					
合 12358	合 12971					
合 12366	乙補 6023					
合 12367	乙 5195	乙 5136				
合 12376	已綴入《醉古集》第 368 則					
合 12385	合 12422 正					
合 12393	合 12413					
合 12400	合 12442					
合 12402	合 12460 右半（乙 3945）					
合 12408	合 459	合 19255				
合 12409	乙補 6602	乙補 6603	合 12460 左半（乙 3278）			
合 12413	合 12393					
合 12420	合 24898					
合 12422 正	合 12385					
合 12432	合 19251					
合 12442	合 12400					
合 12446 部分	已綴入《醉古集》第 284 則					
合 12447	已綴入《醉古集》第 63 則					
合 12449 甲乙	乙補 5924 倒	乙 1234	乙補 540	乙補 760		
合 12451	合補 3293					
合 12460 左半（乙 3278）	乙補 6602	乙補 6603	合 12409			

（續表）

合 12460 右半（乙 3945）	合 12402					
合 12466	乙補 5548	乙補 5581	乙補 5359	乙 5675		
合 12472	合 3798					
合 12476	合 13447					
合 12495（北大 1453 正）	合 3007					
合 12506 正	合 12507					
合 12507	合 12506 正					
合 12515	合 14508 正					
合 12529 正	存補 6.143.3					
合 12573	合補 4481	合 23679（合 24878）				
合 12573	合補 4481					
合 12614（旅藏 629）	旅藏 765					
合 12618	笏二 68					
合 12640	合 12248					
合 12644 正	英藏 1157					
合 12652	合 2527					
合 12657 正	合 2978 正					
合 12670	合 10692	明後 1629				
合 12688	合 8331					
合 12694	合 113	乙 5345				
合 12739	合 27064					
合 12742	合 24947					

（續表）

<table>
<tr><td>合 12762</td><td>合補 3792</td><td></td><td></td><td></td><td></td><td></td></tr>
<tr><td>合 12777</td><td>善齋卷 5</td><td></td><td></td><td></td><td></td><td></td></tr>
<tr><td>合 12803</td><td>合 6366</td><td></td><td></td><td></td><td></td><td></td></tr>
<tr><td>合 12812</td><td>合補 2140</td><td></td><td></td><td></td><td></td><td></td></tr>
<tr><td>合 12814 正</td><td>合 13601</td><td></td><td></td><td></td><td></td><td></td></tr>
<tr><td>合 12814 反</td><td>合補 1515</td><td></td><td></td><td></td><td></td><td></td></tr>
<tr><td>合 12817</td><td>乙 4649</td><td>乙 5172</td><td>合補 3363</td><td>乙補 4470</td><td>乙補 4799</td><td>乙補 5237</td></tr>
<tr><td>合 12830</td><td>合 5325</td><td></td><td></td><td></td><td></td><td></td></tr>
<tr><td>合 12841 正</td><td colspan="6">已綴入《醉古集》第 123 則</td></tr>
<tr><td>合 12851</td><td>無號甲</td><td>乙補 4640</td><td></td><td></td><td></td><td></td></tr>
<tr><td>合 12853
（乙 8689）</td><td>合 30457
（存補
3.173.2）</td><td></td><td></td><td></td><td></td><td></td></tr>
<tr><td>合 12862 正</td><td>乙補 5446</td><td></td><td></td><td></td><td></td><td></td></tr>
<tr><td>合 12863</td><td colspan="6">已綴入《醉古集》第 332 則</td></tr>
<tr><td>合 12878 正</td><td>合 14167</td><td></td><td></td><td></td><td></td><td></td></tr>
<tr><td>合 12878 反
（合 4654）</td><td>合 7855</td><td></td><td></td><td></td><td></td><td></td></tr>
<tr><td>合 12880</td><td>合 9616
（上博
17647.348）</td><td></td><td></td><td></td><td></td><td></td></tr>
<tr><td rowspan="2">合 12883</td><td>乙補 6619</td><td>合 3971</td><td>合 3992</td><td>合 7996</td><td>合 10863</td><td>合 13360</td></tr>
<tr><td>合 16475</td><td>合補 988</td><td>合補 3275</td><td>乙 6076</td><td>乙 7952</td><td></td></tr>
<tr><td>合 12885</td><td>旅藏 774</td><td></td><td></td><td></td><td></td><td></td></tr>
<tr><td>合 12887</td><td>合補 4609</td><td></td><td></td><td></td><td></td><td></td></tr>
<tr><td>合 12897</td><td>合 9059</td><td></td><td></td><td></td><td></td><td></td></tr>
<tr><td>合 12897</td><td>合 9059 正</td><td>合 13037</td><td>掇一 19</td><td>英藏 398</td><td></td><td></td></tr>
<tr><td>合 12898</td><td>乙補 1617</td><td>乙補 1618</td><td></td><td></td><td></td><td></td></tr>
</table>

（續表）

合 12907	合 11814					
合 12913（旅藏 611）	旅藏 1199					
合 12936（北大 1488）	合 5280（北大 2037）					
合 12954	合 15620					
合 12971	合 12358					
合 12976	已綴入《醉古集》338 則，蔡哲茂又遥綴合 14577 正、乙 4646、合 16189、合 14580。					
合 12977	合 10431	合 13026	合 1763 正	乙 1280	合補 3476	乙 739
合 12988	合 9900					
合 12998	合 6723					
合 13016	合 9629	中歷藏 1116	合 3311	合 9630		
合 13026	合 10431	合 12977	合 1763 正	乙 1280	合補 3476	乙 739
合 13034	已綴入《醉古集》第 73 則					
合 13037	合 12897	合 9059 正	掇一 19	英藏 398		
合 13048	合 16521（合 40576）					
合 13062	合補 3078					
合 13074 甲乙	合 13074 乙	合 13449	北珍 2108			
合 13079	合 25746	合 3336	合 15236			
合 13108	合 17927					
合 13110	合 13140	合 13126				
合 13126	合 13110	合 13140				
合 13132	合 17750					
合 13140	合 13110	合 13126				

（續表）

合 13158	合 3652					
合 13159	合 11728					
合 13165	合 8037	上博 54796.8				
合 13167 正反	合 1006	乙補 6333	乙 7567	乙補 2009	乙 6779	乙 1292
合 13169	合 21008 正					
合 13171（山東 1270）	復旦 221					
合 13179 甲	合 22299	合 22473	京人 3144	合 34576		
合 13183	合補 3923					
合 13197	合 16994	哥大 C080	合補 820	R34306		
合 13200 正反	已綴入《醉古集》第 156 則					
合 13212	合 6728					
合 13213	合 13312（合 15162）					
合 13216	英藏 1079					
合 13221	天理 255					
合 13225	合 39588（英藏 39）					
合 13267	笏二 178	笏二 429				
合 13281 甲正反	已綴入《醉古集》第 367 則					
合 13292	東文研 576					
合 13308	合 8039	合 16353				
合 13312（合 15162）	合 13213					

（續表）

合 13316 正	合 9709	上博 2426.474				
合 13317	瑞典 24					
合 13324 正反	已綴入《醉古集》第 156 則					
合 13326	合 17296					
合 13333 正	R37289					
合 13347	已綴入《醉古集》第 340 則					
合 13353	合 17465					
合 13355	合 8070					
合 13360	合 3971	合 3992	合 7996	合 10863	合 16457	合補 988
	合補 3275	乙 6076	乙 7952	合 12883	乙補 6619	
合 13377	合 18792	合補 2294（合 7962+合 17947）	合 18795	北大 1005	合補 4670	
合 13384	合 11912					
合 13385	合 1558					
合 13403	已綴入《醉古集》第 259 則					
合 13420	北大 2441					
合 13442 正	中歷藏 621	合 11648				
合 13442 反	合 16312（合補 4553）					
合 13447	合 12476					
合 13449	合 13074 乙	合 13074 甲	北珍 2108			
合 13475	合 17731 正					
合 13485	已綴入《醉古集》第 73 則					
合 13488	乙 7848	乙 7849	乙補 2190	合 9132		
合 13492	國博 50					

（續表）

合 13498（合補 2776 不全）	合補 580					
合 13499	合 13501（北大 1165）	合 13543	合 13544			
合 13500	瑞典 28					
合 13501（北大 1165）	合 13499					
合 13506 正	乙補 4533					
合 13515	史購 46 正					
合 13517	乙 6087	R60751				
合 13519	合 13927					
合 13536 正	合 6158	合 3664				
合 13536 正	合 3664	合 6158	重藏 8			
合 13540	英藏 1399	合 1365				
合 13543（甲 1048）	合 13499	合 13501	合 13544			
合 13544	合 13499	合 13501	合 13543（甲 1048）			
合 13548	合 14871					
合 13550	合 17444					
合 13557	合 4013	合 15348	合 15690	合補 4095	合 15521	
合 13560	英藏 1976					
合 13561	英藏 2187	合 23525	合 23579			
合 13563	合 5733	合 15388	合補 972			
合 13564	合 10506	合 13843	合 18765	北圖 1980	安明 357	合 7198（北大 2045）
	輯佚 77					

（續表）

合 13569（北大 1169）	合 14449					
合 13579	合 226 正	R44368	乙補 847			
合 13582（合補 5964 正）	合 5568 正					
合 13584 正	合 17683 正	合 16470 正	乙補 4320	乙補 4644	乙補 4679	乙補 4521
	乙補 4507	乙補 5236 倒	乙補 6984	合集 17847 正	乙 6284	乙補 1415
	乙補 4360	乙補 4504	乙補 4909	乙補 5358	乙補 5000	乙補 1428
	乙補 5333 倒	乙補 4969 倒	R044167			
合 13587	合 18006	中歷藏 502				
合 13599	合 4632 正	合 2192				
合 13601	合 12814					
合 13603	合 5425					
合 13604 正	乙 7092	乙 7093	R44119	乙補 797	乙補 863	乙補 2085
	乙補 1876	乙補 2137	乙補 2138			
合 13614	掇一 140					
合 13619	合 40379					
合 13625 正反	已綴入《醉古集》第 268 則					
合 13627	乙 1831					
合 13642	合 1248 正	合補 2653	合補 60	合補 4987		
合 13648 正反	已綴入《醉古集》第 306 則					
合 13660	合 2650					
合 13663	R37265	合 14002	合 8900	合 13701		
合 13666	合 14199 部分	乙 8309	乙補 1668 倒	乙補 5016	乙補 5455	合 1390 正

（續表）

<table>
<tr><td rowspan="2">合 13667</td><td>合 1757</td><td>合 13858</td><td>合補 217</td><td>乙補 2564</td><td>合 1720</td><td>合 13668</td></tr>
<tr><td>乙 4877</td><td>乙補 5463</td><td>乙補 4321</td><td></td><td></td><td></td></tr>
<tr><td rowspan="2">合 13668</td><td>合 1757</td><td>合 13858</td><td>合補 217</td><td>乙補 2564</td><td>合 1720</td><td>合 13667</td></tr>
<tr><td>乙 4877</td><td>乙補 5463</td><td>乙補 4321</td><td></td><td></td><td></td></tr>
<tr><td>合 13669</td><td colspan="6">已綴入《醉古集》第 255 則</td></tr>
<tr><td>合 13673</td><td colspan="6">已綴入《醉古集》第 377 則</td></tr>
<tr><td>合 13677</td><td>乙 6606</td><td>乙補 7257</td><td>合 7587</td><td></td><td></td><td></td></tr>
<tr><td>合 13684</td><td>合 6393</td><td>合 6396</td><td></td><td></td><td></td><td></td></tr>
<tr><td>合 13692
（合 17984）</td><td>合 15664</td><td></td><td></td><td></td><td></td><td></td></tr>
<tr><td>合 13693</td><td>合 13694</td><td></td><td></td><td></td><td></td><td></td></tr>
<tr><td>合 13694</td><td>合 13693</td><td></td><td></td><td></td><td></td><td></td></tr>
<tr><td>合 13695
正甲</td><td>合 6652</td><td>乙補 4386</td><td>乙補 4844</td><td></td><td></td><td></td></tr>
<tr><td>合 13695 乙</td><td>乙補
2571 倒</td><td>合 2261</td><td></td><td></td><td></td><td></td></tr>
<tr><td>合 13701</td><td>合 8900</td><td>合 14002</td><td>合 13663</td><td>R37265</td><td></td><td></td></tr>
<tr><td>合 13702</td><td>合 2521 甲、
乙</td><td>乙補 5656</td><td>合補 4703</td><td>合 14222 正
甲</td><td>乙 7488</td><td></td></tr>
<tr><td>合 13709</td><td>合 18137</td><td>合補 26</td><td>合 14795 正</td><td></td><td></td><td></td></tr>
<tr><td>合 13713</td><td>乙 6599</td><td>合 6649 乙</td><td>乙補 641</td><td></td><td></td><td></td></tr>
<tr><td>合 13721</td><td colspan="6">已綴入《醉古集》第 105 則</td></tr>
<tr><td>合 13740</td><td>合 6053</td><td></td><td></td><td></td><td></td><td></td></tr>
<tr><td>合 13750 正</td><td>乙補 617</td><td>乙補 532</td><td>乙補
5410 倒</td><td>乙補 166</td><td></td><td></td></tr>
<tr><td>合 13782</td><td colspan="6">已綴入《醉古集》第 317 則</td></tr>
<tr><td rowspan="2">合 13793 正</td><td>合 3844 正</td><td>乙 8446</td><td>乙補 5320</td><td>乙補 6879</td><td>乙補 6928</td><td>乙補 3822</td></tr>
<tr><td>無號碎甲</td><td></td><td></td><td></td><td></td><td></td></tr>
</table>

（續表）

<table>
<tr><td>合 13803</td><td>合 13804</td><td></td><td></td><td></td><td></td><td></td></tr>
<tr><td>合 13804</td><td>合 13803</td><td></td><td></td><td></td><td></td><td></td></tr>
<tr><td>合 13805</td><td colspan="6">已綴入《醉古集》第 370 則</td></tr>
<tr><td rowspan="2">合 13843</td><td>合 10506</td><td>合 13564</td><td>合 18765</td><td>北圖 1980</td><td>安明 357</td><td>合 7198
（北大 2045）</td></tr>
<tr><td>輯佚 77</td><td></td><td></td><td></td><td></td><td></td></tr>
<tr><td rowspan="2">合 13858</td><td>合 1757</td><td>合 13667</td><td>合補 217</td><td>乙補 2564</td><td>合 1720</td><td>合 13668</td></tr>
<tr><td>乙 4877</td><td>乙補 5463</td><td>乙補 4321</td><td></td><td></td><td></td></tr>
<tr><td>合 13864</td><td>合 770</td><td>合 717</td><td>合 14061</td><td>合 13874</td><td></td><td></td></tr>
<tr><td>合 13868</td><td>合補 5066</td><td></td><td></td><td></td><td></td><td></td></tr>
<tr><td>合 13871</td><td>合 7047</td><td></td><td></td><td></td><td></td><td></td></tr>
<tr><td>合 13874</td><td>合 770</td><td>合 717</td><td>合 14061</td><td>合 13864</td><td></td><td></td></tr>
<tr><td>合 13876</td><td>合 13877</td><td></td><td></td><td></td><td></td><td></td></tr>
<tr><td>合 13877</td><td>合 13876</td><td></td><td></td><td></td><td></td><td></td></tr>
<tr><td>合 13881</td><td colspan="6">已綴入《醉古集》第 250 則</td></tr>
<tr><td>合 13886</td><td>善齋 2.52.11</td><td></td><td></td><td></td><td></td><td></td></tr>
<tr><td>合 13909</td><td>合補 4005</td><td>合 4353</td><td></td><td></td><td></td><td></td></tr>
<tr><td>合 13924</td><td>合 16258
（合 19344）</td><td></td><td></td><td></td><td></td><td></td></tr>
<tr><td>合 13927</td><td>合 13519</td><td></td><td></td><td></td><td></td><td></td></tr>
<tr><td>合 13951</td><td>合 8546</td><td>合 16017</td><td></td><td></td><td></td><td></td></tr>
<tr><td>合 13954
（北圖 2438）</td><td>冬 45</td><td></td><td></td><td></td><td></td><td></td></tr>
<tr><td>合 13958</td><td colspan="6">已綴入《醉古集》第 372 則</td></tr>
<tr><td>合 13969</td><td>合 416</td><td>合 309</td><td>合 311</td><td></td><td></td><td></td></tr>
<tr><td>合 13970</td><td>合 14054</td><td></td><td></td><td></td><td></td><td></td></tr>
<tr><td>合 13989</td><td>合 154</td><td></td><td></td><td></td><td></td><td></td></tr>
<tr><td>合 13992</td><td colspan="6">已綴入《醉古集》第 44 則</td></tr>
</table>

（續表）

<table>
<tr><td>合 13996</td><td>合 14092</td><td>史購 63 正</td><td></td><td></td><td></td><td></td></tr>
<tr><td>合 13999</td><td>合 19597</td><td></td><td></td><td></td><td></td><td></td></tr>
<tr><td>合 14002</td><td>合 13663</td><td>R37265</td><td>合 8900</td><td>合 13701</td><td></td><td></td></tr>
<tr><td>合 14006 正</td><td>旅藏 1184</td><td>善齋 7.20A.3</td><td></td><td></td><td></td><td></td></tr>
<tr><td>合 14009 正</td><td>合補 867</td><td>史購 116</td><td></td><td></td><td></td><td></td></tr>
<tr><td>合 14019 正反</td><td colspan="6">已綴入《醉古集》第 87 則，林氏又加綴乙 4496</td></tr>
<tr><td>合 14022</td><td>合 4477</td><td>合 19122</td><td></td><td></td><td></td><td></td></tr>
<tr><td>合 14030</td><td>合 2707</td><td></td><td></td><td></td><td></td><td></td></tr>
<tr><td>合 14032</td><td>乙補 5787</td><td>乙 7110</td><td>乙補 5965</td><td>R37074</td><td>乙 7111</td><td></td></tr>
<tr><td rowspan="2">合 14033 正</td><td>合 14506</td><td>合 14507</td><td>合 19707</td><td>乙 4188</td><td>乙補 3926</td><td>乙 3893</td></tr>
<tr><td>乙補 3924</td><td>乙 3887</td><td></td><td></td><td></td><td></td></tr>
<tr><td>合 14035 正</td><td colspan="6">已綴入《醉古集》第 157 則</td></tr>
<tr><td>合 14042</td><td>合補 1008</td><td>合補 385 正</td><td>北大 1717</td><td></td><td></td><td></td></tr>
<tr><td>合 14054</td><td>合 13970</td><td></td><td></td><td></td><td></td><td></td></tr>
<tr><td rowspan="2">合 14060 正</td><td>乙補 3989</td><td>乙補 3972</td><td>乙補 3967 倒</td><td>乙補 3970</td><td>乙補 3951</td><td>乙補 3977</td></tr>
<tr><td>乙補 3956 倒</td><td>乙 4214</td><td></td><td></td><td></td><td></td></tr>
<tr><td>合 14061</td><td>合 13874</td><td>合 770</td><td>合 717</td><td>合 13864</td><td></td><td></td></tr>
<tr><td>合 14074</td><td>合 663</td><td>東文庫 111 正倒</td><td>英藏 125 正</td><td></td><td></td><td></td></tr>
<tr><td>合 14081</td><td>國博 28 反</td><td></td><td></td><td></td><td></td><td></td></tr>
<tr><td>合 14092</td><td>合 13996</td><td>史購 63 正</td><td></td><td></td><td></td><td></td></tr>
<tr><td>合 14095</td><td>合 2341</td><td></td><td></td><td></td><td></td><td></td></tr>
<tr><td>合 14097</td><td>合 7859 正</td><td></td><td></td><td></td><td></td><td></td></tr>
<tr><td>合 14115</td><td>合 14116</td><td></td><td></td><td></td><td></td><td></td></tr>
<tr><td>合 14116</td><td>合 14115</td><td></td><td></td><td></td><td></td><td></td></tr>
</table>

（續表）

合 14125	合 23431					
合 14128	乙補 380					
合 14131	已綴入《醉古集》第 328 則					
合 14135	合 2891 正	合 5908	乙補 1839	乙補 1841	乙補 2953	乙補 5883
	乙補 1843					
合 14141	合 10099					
合 14146	已綴入《醉古集》第 252 則					
合 14149	乙補 529	乙補 6396				
合 14151	合 7061	合 19684				
合 14156	合補 1312	乙 8002	乙補 1620			
合 14157	合 10168	合 14158				
合 14158	合 10168	合 14157				
合 14167	合 12878 正					
合 14168 正反	已綴入《醉古集》第 100 則					
合 14177	掇三 331					
合 14179	合 14583					
合 14182	已綴入《醉古集》第 101 則					
合 14184	已綴入《醉古集》第 100 則					
合 14196	續 6.18.4					
合 14198 正	已綴入《醉古集》第 299 則					
合 14199 部分	乙 8309	乙補 1668 倒	乙補 5016	乙補 5455	合 1390 正	合 13666
合 14211 正	乙 2377	乙補 3816 倒	乙補 3817 倒	乙補 3818		
合 14211 反	乙補 1969	乙 4079				
合 14213	合 14217					
合 14217	合 14213					

（續表）

合 14222 甲正	合 2521 甲乙	乙補 5656	合補 4703	合 13702	乙 7488	
合 14222 乙丙	合 271 正（合補 4579）	合 704	乙補 412	乙補 1094	乙補 2022	乙補 2968
	乙補 3118	乙補 3121	乙補 6559	乙補 3727		
合 14227	合 2137					
合 14229	已綴入《醉古集》第 147 則					
合 14235 部分	已綴入《醉古集》第 100 則					
合 14239	合 4550	合 9232 正	合 15403 正	合 17691 正	乙 4492	乙補 4530
	乙 4855	乙 4905	乙 4907	乙 6118	乙補 4152	乙補 4158
	乙補 4195	乙補 4234	乙補 4238	乙補 4246	乙補 4270	乙補 4334
	乙補 4337	乙補 4339	乙補 4345	乙補 4394	乙補 4550	乙補 4584
	乙補 4847	乙補 5362	乙補 6791	乙 4353	乙補 4316	乙補 4354
	乙補 4229	R37138	乙 4560	乙補 4641	乙補 4284	
合 14246	已綴入《醉古集》第 134 則					
合 14257	合 14258	北大 1154	北大 1748			
合 14258	合 14257	北大 1154	北大 1748			
合 14260	合 40446					
合 14261	笏二 362					
合 14262	合補 2051					
合 14271	合 3210					
合 14288	合 2763 正	合 3524	合 4249	合 18684	合 18799	
合 14293 正	合 10171	乙補 6530	乙補 6739 倒			
合 14295	已綴入《醉古集》第 73 則					
合 14315	合 1076	乙補 4875				

（續表）

合 14318	合 7820					
合 14328	合 15981	乙補 6103	乙補 1859	乙 3565	乙補 3094	
合 14329	合 17271	乙補 6251				
合 14335	合 1997					
合 14336	合 10940					
合 14338	合 15125					
合 14361	合補 524	合 3475	合 11073			
合 14364（乙 4966+乙 5577）	乙補 3664	R44009				
合 14365	合 19363					
合 14372	合 14373					
合 14373	合 14372					
合 14382	合 9628					
合 14393	合 9587					
合 14420	合 3769	合 8333				
合 14430	北圖 728	北圖 7759				
合 14431	合 1305	合補 4980	合 1506			
合 14440	合 15396	合 15540	合補 1489			
合 14449	合 13569（北大 1169）					
合 14457	合 14482					
合 14462	劬藏 9					
合 14469 正	合 10055					
合 14470	合 11797					
合 14474 正	合補 1705					
合 14482	合 14457					

（續表）

合 14506	合 14033 正	合 14507	合 19707	乙補 3926	乙 4188	乙 3893
	乙補 3924	乙 3887				
合 14507	合 14506	合 14033 正	合 19707	乙補 3926	乙 4188	乙 3893
	乙補 3924	乙 3887				
合 14508 正	合 12515					
合 14524	合 14527 正	合 15582				
合 14527 部分	已綴入《醉古集》第 102 則					
合 14529	合 15206 倒					
合 14536	合 1141	合 17319				
合 14542	合 17323	乙補 5915	乙補 5967	乙補 5997	R37397	
合 14545	乙補 2355					
合 14556	甲 2045	合 15455				
合 14557	山東 1279					
合 14567	京津 617					
合 14572 正	乙 8420					
合 14577	乙 4646	合 14600				
合 14579	已綴入《醉古集》第 338 則，蔡哲茂又遥綴合 14577 正 + 乙 4646、合 16189+ 合 14580。					
合 14583	合 14179					
合 14591	合 7897	合 16021				
合 14592	合 15269					
合 14599	已綴入《醉古集》338 則，蔡哲茂又遥綴合 14577 正 + 乙 4646、合 16189 + 合 14580。					
合 14600	合 14577	乙 4646				
合 14605（上博 17645.377）	復旦 33					

（續表）

合 14610	上博 17647.746					
合 14621	已綴入《醉古集》第 154 則					
合 14634	合 14937	合 14970	合 2640	合 15628	合 16152	合 15211
合 14643	合 15269	合 15275				
合 14647	合 8968	合補 1346				
合 14686 正	乙 4478	乙補 4997	乙補 6934			
合 14686 反	乙 4479	乙 5458	乙 8411			
合 14708	合 15596					
合 14722 正反	已綴入《醉古集》第 324 則					
合 14731	明後 1888					
合 14737	合 349	合 358				
合 14749 正	合 6195	存補 5.140.2				
合 14757	合 14959（合補 6168）	乙 5687	乙補 5738			
合 14766	合 7941 正					
合 14772	合 15898（北大 267）					
合 14783	合 3222					
合 14785	合 14787					
合 14787	合 14785					
合 14791	合 6612					
合 14795 正	合 18137	合補 26	合 13709			
合 14871	合 13548					
合 14879	合 4915					

（續表）

合 14883（甲 3423）	合 39546	合 40904				
合 14894	旅藏 139	合 7785				
合 14909	合 22218	合 22287	R37093	R37035		
合 14911	合 409					
合 14915	合 4385					
合 14920	合 33035					
合 14937	合 14970	合 2640	合 14634	合 15628	合 16152	合 15211
合 14946	合 1769					
合 14959（合補 6168）	合 14757	乙 5687	乙補 5738			
合 14970	合 2640	合 14634	合 14937	合 15628	合 16152	合 15211
合 14976	合補 2163					
合 14981	合 15543					
合 14987 正反	已綴入《醉古集》第 143 則					
合 14998	合 6005					
合 15020	合 15047					
合 15024	合 11747					
合 15026	合 7167					
合 15046	合 1605					
合 15047	合 15020					
合 15065	已綴入《醉古集》第 337 則					
合 15069	合 8108	合 1601				
合 15080（山東 367）	合 7764					

（續表）

合 15083	合 1529					
合 15099	合 1381	合 5565	合 3301	合 2859		
合 15101	合 728	合 9906				
合 15103	乙 7982	乙補 1926	合 16075	乙補 2093	合 2461	無號甲
	乙補 6878	合 1004 甲乙	乙 1203	乙 7899	R44129	
合 15108	合 22045					
合 15110	合 6052					
合 15125	合 14338					
合 15127 正反	已綴入《醉古集》第 87 則，林氏又加綴乙 4496					
合 15142	合 2559					
合 15149	合 11759					
合 15164	合 18616					
合 15165	合 2551	合 25	合 18003	合補 3779		
合 15185	合補 573					
合 15193	合補 714					
合 15205	合 2089	合 3243	合 3244	合 10331	合補 137 正	合補 2607
	乙 2395	乙補 6234 倒	乙補 6235 倒	乙補 6236 倒	乙補 6237	乙補 6238
	合 6826 正	合 2223	合 7600	合 9200 正	合 10155 正	乙 3812
合 15206 倒	合 14529					
合 15208	合 25965					
合 15211	合 2640	合 14634	合 14937	合 14970	合 15628	合 16152
合 15232	合 2476 正					
合 15236	合 25746	合 3336	合 13079			

（續表）

合 15237	合 10040	合 3800	乙補 4665	乙 5832	乙 5372	合 16331 正
	乙 5773	乙補 4661 倒	乙補 5552	乙補 5550	乙補 5504	乙 6080
	合 2236	合 18935	乙 5054	乙補 5590	無號甲	乙補 4217
	R44050	R44016				
合 15242（旅藏 1316）	合 41183（旅藏 443）					
合 15253	合 19290					
合 15269	合 14592					
合 15275	合 14643	合 15269				
合 15348	合 4013	合 13557	合 15690	合補 4095	合 15521	
合 15388	合 13563	合 5733	合補 972			
合 15396	合 14440	合 15540	合補 1489			
合 15403 正	合 4550	合 9232 正	合 14239	合 17691 正	乙 4492	乙補 4530
	乙 4855	乙 4905	乙 4907	乙 6118	乙補 4152	乙補 4158
	乙補 4195	乙補 4234	乙補 4238	乙補 4246	乙補 4270	乙補 4334
	乙補 4337	乙補 4339	乙補 4345	乙補 4394	乙補 4550	乙補 4584
	乙補 4847	乙補 5362	乙補 6791	乙 4353	乙補 4316	乙補 4354
	乙補 4229	R37138	乙 4560	乙補 4641	乙補 4284	
合 15417	合 17333	合 3018				
合 15432	合 23574	山東 1144	法藏 17			
合 15450	北圖 9771					
合 15453	合 672 正	合 1403	合 7176	乙 2462	乙 1360	乙 6209
	乙 8576					
合 15455	甲 2045	合 14556				

（續表）

合 15462	合 19037					
合 15474	合 8029					
合 15475	合 1520	合 102	存補 5.431.1			
合 15476	合 16217					
合 15479	合 7563					
合 15483 正	合 15484	存補 5.307.5				
合 15484	合 15483 正	存補 5.307.5				
合 15521	合 4013	合 13557	合 15348	合 15690	合補 4095	
合 15525	合 15984	國博 73				
合 15526	合 19031	輯佚 23				
合 15528 正	合 4919	合 39987				
合 15530	合 15576	合 15552				
合 15540	合 14440	合 15396	合補 1489			
合 15543	合 14981					
合 15552	合 15530	合 15576				
合 15576	合 15530	合 15552				
合 15580	合補 2496 正					
合 15586（合 8065）	合補 109					
合 15596	合 14708					
合 15605（北大 191）	北大 2872					
合 15620	合 12954					
合 15621	合補 4348					

（續表）

合 15628	合 16152	合 2640	合 14634	合 14937	合 14970	合 15211
合 15650	合 21039	合 21785				
合 15653	乙 8988					
合 15664	合 13692（合 17984）					
合 15690	合 4013	合 13557	合 15348	合補 4095	合 15521	
合 15701	合 19166					
合 15726	合 1670	乙補 5398				
合 15754	合 4140					
合 15756（合 8711）	合 10084	合 9104（甲 1074）	合 9575	合補 4340	甲 1830	
合 15760	合 24941					
合 15770	合 6331					
合 15777	合補 2447					
合 15783	合 11300					
合 15805（中歷藏 1209）	北圖 1002					
合 15815	中歷藏 831					
合 15842	掇三 779					
合 15854 正反	已綴入《醉古集》第 50 則					
合 15889	美藏 506					
合 15895	合 15903					
合 15898（北大 267）	合 14772					

（續表）

合 15899	美 506					
合 15902	合補 5502					
合 15903	合 15895					
合 15905	笏二 394					
合 15917	合 2052 正					
合 15927	北大 2500					
合 15930 正	合 5532 正	乙補 6642	乙補 6147 倒	乙補 2275	乙補 2621	乙補 2277
合 15939	合 8299					
合 15948	合 15949					
合 15949	合 15948					
合 15954 正	合 8654					
合 15954 反	京人 66b					
合 15981	合 14328	乙補 6103	乙補 1859	乙 3565	乙補 3094	
合 15984	合 15525	國博 73				
合 15986	乙補 271	合 15986	乙 665	乙補 273		
合 15995	合補 1311					
合 16016	北大 942					
合 16017	合 8546	合 13951				
合 16021	合 7897	合 14591				
合 16029	京人 603					
合 16037	英藏 1149					
合 16050	東文研 645					
合 16055（北大 291）	合補 3053					
合 16075	合 1004 甲乙	合 2461	乙 1203	乙補 6878	乙補 1926	無號甲
	乙補 2093	合 15103	乙 7982	乙 7899	R44129	

（續表）

合 16078	合 264 正					
合 16112	合 5400					
合 16116	合 43	合補 3166	合 25974			
合 16124 反	合 6017 反	合 17282				
合 16133	合 915	乙補 6283	乙 7915	合 1869	乙補 4469 倒	乙補 4479
	無號碎甲					
合 16152	合 2640	合 14634	合 14937	合 14970	合 15628	合 15211
合 16171	合 9017	合 9566				
合 16178	合 8129 正	乙 7820	乙補 6919	乙補 5389	乙 8430	乙 8457
	乙補 2811	乙補 2391				
合 16182	合 334					
合 16184（合補 4981 正）	合 4595					
合 16217	合 15476					
合 16250 正	合 8494	合 3667				
合 16258（合 19344）	合 13924					
合 16278	合 6502					
合 16281	合 6266					
合 16297	合 39895	合 40264				
合 16302 正反	已綴入《醉古集》第 323 則					
合 16312（合補 4553）	合 13442 反	合 17274				
合 16327	合 2356 甲	合 2356 乙	合 16327			

（續表）

合 16331 正	合 10040	合 3800	乙補 4665	乙 5832	乙 5372	合 15237
	乙 5773	乙補 4661 倒	乙補 5552	乙補 5550	乙補 5504	乙 6080
	合 2236	合 18935	乙 5054	乙補 5590	無號甲	乙補 4217
	R44050	R44016				
合 16353	合 13308	合 8039				
合 16355	乙 3884	乙補 3707	乙補 1986			
合 16373	合 21454					
合 16375 正	存補 5.95.1					
合 16375 反	存補 5.95.2					
合 16376 正	北大 2166					
合 16378	合 5132	張世放 42	合 3596 正	合 5141		
合 16380	合 17468	合 11722 正				
合 16392	合 6473 正	乙補 3454	乙補 3455			
合 16399	合 5080	合 17331	合 9572	合 17464	合 9583	
合 16432	合 19359					
合 16437	已綴入《醉古集》第 101 則					
合 16442	已綴入《醉古集》第 372 則					
合 16446	乙補 6391	乙補 5848	乙 5622	乙 5427 倒		
合 16447	合 5320					
合 16449	合 17387					
合 16453	合 9740					
合 16457	合 3971	合 3992	合 7996	合 10863	合 13360	合補 988
	合補 3275	乙 6076	乙 7952	合 12883	乙補 6619	
合 16463 甲乙	乙 5533	乙補 1786	乙補 2070	乙補 2197	乙補 6207	
合 16467 正	合補 1666 正	合補 5503 正	乙補 2142	乙補 2215	乙補 4426	乙補 6143
	無號甲					

（續表）

合 16467 反	合補 1666 反	合 9847	合 16474	合 2251		
合 16470 正	合集 17847 正	合 17683 正	乙補 4320	乙補 4644	乙補 4679	乙補 4521
	乙補 4507	乙補 5236 倒	乙補 6984	合 13584 正	乙 6284	乙補 1415
	乙補 4360	乙補 4504	乙補 4909	乙補 5358	乙補 5000	乙補 1428
	乙補 5333 倒	乙補 4969 倒	R044167			
合 16474	合 16467 反	合補 1666 反	合 2251	合 9847		
合 16487	合 8704	存補 5.378.2				
合 16497	乙 3135	乙 3137	乙補 2751	乙補 2752 倒	乙補 3220	乙 3874
	乙補 3610					
合 16504	合補 5878					
合 16521（合 40576）	合 13048					
合 16548（旅藏 753）	合 29719	合 31626	合 31623（北大 1239）	合補 8814		
合 16565	合 3928					
合 16572	合補 3067					
合 16583	懷特 214					
合 16613	合 16616					
合 16616	合 16613					
合 16620	合 12109					
合 16655	合 16750 正					
合 16666	英藏 1591	奥缶齋某片				
合 16685	合 11545	合 9449 正				
合 16686	合 16828	安明 471	東文研 73			

（續表）

合 16687	合 19744					
合 16696	合補 4835					
合 16700	合補 936					
合 16730	山本竟山 29					
合 16743	合 16744	合 8120				
合 16744	合 16743	合 8120				
合 16750 正	合 16655（北大 1009）					
合 16769	天理選録 38					
合 16775	合 16840					
合 16794	合 16901	合補 4845				
合 16801	合 33135					
合 16805（旅藏 734）	旅藏 1291					
合 16828	合 16686	安明 471	東文研 73			
合 16840	合 16775					
合 16847	合 16870					
合 16867	乙 3239					
合 16870	合 16847					
合 16874	蘇德附録二					
合 16887	合補 5851					
合 16900	合 6665					
合 16901	合補 4845	合 16794				
合 16910	合 7156	合 9841				
合 16911	合 34805	合 35000（合補 10780）				
合 16913 正	合 17076					

（續表）

合 16936 正	合 7202 正					
合 16936 反	東文研 392a					
合 16938	合 3526					
合 16943	英藏 1590	合 16945				
合 16945	合 16943	英藏 1590				
合 16952（合補 5046）	輯佚 274					
合 16963	合 22244	合 22269	合 22243	合 22259 左	合 16982	乙 8839
	合 18483	乙 8767	乙 8945	乙補 7359		
合 16982	合 22244	合 22269	合 22243	合 22259 左	合 16963	乙 8839
	合 18483	乙 8767	乙 8945	乙補 7359		
合 16989	乙補 6710	乙補 6661	R37437			
合 16994	哥大 C080	合 13197	合補 820	R34306		
合 16998 正	合 13333 正	R37289				
合 17002	已綴入《醉古集》第 86 則					
合 17006	已綴入《醉古集》第 166 則					
合 17009	笏二 555					
合 17014	京人 637					
合 17028 正	合補 3446					
合 17031	合 11448	合 11447（合補 2811）	合 8250 正（合補 6475）	京津 2849		
合 17033	冬 142					
合 17035（乙 2378）	合 17234（乙 8289）	乙 2066	乙補 2698			
合 17041	乙補 365	乙補 367				
合 17047	合 2597					
合 17056	史購 41 正					

（續表）

合 17061	合補 5044					
合 17066	合 26628	合 26630	合 26680	合 26649		
合 17067	合 5934					
合 17076	合 16913 正					
合 17082	北珍 0247					
合 17083 甲乙	已綴入《醉古集》第 35 則					
合 17084	合 17105	乙 6186	乙 6591	乙補 0275	乙 6181	乙補 5737
	乙補 5512	乙補 5716 （合補 3473）	乙補 277	乙補 4746		
合 17089	合 40619					
合 17096 正 （合補 43 正）	合 17139					
合 17097	合 23599					
合 17105	合 17084	乙 6186	乙 6591	乙補 275	乙 6181	乙補 5737
	乙補 5512	（合補 3473）	乙補 277	乙補 4746		
合 17115	合 17169					
合 17128	合 17133					
合 17132	珠 1425	合補 318				
合 17133	合 17128					
合 17134	合 17355					
合 17139	合 17096 正 （合補 43 正）					
合 17149 正	合補 6439					
合 17150	合 861					
合 17168	合 17171	合 17170				
合 17169	合 17115					
合 17170	合 17168	合 17171				

（續表）

合 17171	合 17168	合 17170				
合 17172（北大 339）	合 428	輯佚 284				
合 17188	合 10748 甲（乙 2869）	合 7605 甲乙				
合 17220	已綴入《醉古集》第 147 則					
合 17226	已綴入《醉古集》第 166 則					
合 17228（乙 8197）	合補 3974（乙 8403）	乙 691	乙 2449	乙 2717	乙 5240	乙 6086
	乙補 1887	乙補 1888	乙補 2278 倒	乙補 6059	乙補 6243	乙補 6312
	乙補 6343	乙補 6344	乙補 6912	乙補 6922		
合 17231	已綴入《醉古集》第 99 則					
合 17234（乙 8289）	合 17035（乙 2378）	乙 2066	乙補 2698			
合 17242	乙 4245					
合 17253	合 2358	合補 3121	合 18442	合 2353		
合 17255 正反	已綴入《醉古集》第 143 則					
合 17265 正反	已綴入《醉古集》第 365 則					
合 17271	乙補 6251	合 14329				
合 17274	合 13442 反	合 16312（合補 4553）				
合 17276 正	合 6217	合補 759 正				
合 17276 反	合補 759 反					
合 17281	上博 21569.37					
合 17282	合 16124 反	合 6017 反				
合 17293	已綴入《醉古集》第 364 則					

（續表）

合 17296	合 13326					
合 17302	合 1631	合 35188				
合 17304	合 17695 正	合 18165	乙補 6104	合 4773 正	乙補 6252	合 9307 正
	合 9067					
合 17305	合 11706					
合 17309	合 17796 正	合 17992	合 2204			
合 17311 正反	已綴入《醉古集》第 381 則					
合 17317	合 6129					
合 17319	合 1141	合 14536				
合 17323	乙補 5915	乙補 5967	乙補 5997	R37397	合 14542	
合 17325	合 17819					
合 17328	乙 6798 部分					
合 17331	合 5080	合 9572	合 16399	合 17464	合 9583	
合 17333	合 3018	合 15417				
合 17337 正	合 6457 正	乙補 663				
合 17337 反	合 6457 反	乙補 664				
合 17340	輯佚 9					
合 17341	已綴入《醉古集》第 100 則					
合 17344	已綴入《醉古集》第 150 則					
合 17349	合 12164	合 19655	合補 856			
合 17354	英藏 82（合 39618）					
合 17355	合 17134					
合 17360 正	合 3773					
合 17372	乙補 6348	合 17374 正	合 17373 甲乙	乙 2985		

（續表）

合 17373 甲乙	乙補 6348	合 17374 正	合 17372	乙 2985		
合 17374 正	乙補 6348	合 17373 甲乙	合 17372	乙 2985		
合 17386	存補 6.198.2					
合 17387	合 16449					
合 17394	合 5598 正					
合 17397 正	R44025					
合 17399	合 5392					
合 17408	合 3491	乙 6603	乙補 5299	乙補 5745	乙補 5764	乙補 5766
合 17412	合 12052					
合 17432	已綴入《醉古集》第 85 則					
合 17434	R44010					
合 17435	乙 4273					
合 17444	合 13550（北圖 3341）					
合 17447	輯佚 367					
合 17464	合 5080	合 17331	合 9572	合 16399	合 9583	
合 17465	合 13353					
合 17466	合 6820	合 5451	洹 101			
合 17468	合 11722 正	合 16380				
合 17478	乙 5082					
合 17508	合 8309					
合 17517 正	戩 29.4	合 26712	戩 29.3	合 26619		
合 17557 正	合 1636					
合 17577 反（北圖 1202 反）	京津 253					

（續表）

合 17608	善齋 7.18b.9					
合 17636 正	合 5826					
合 17681	明後 1814					
合 17683 正（乙 4415）	合 16470 正	乙補 1428	乙補 4320	乙補 4507	乙補 4521	乙補 4644
	乙補 4679	乙補 4969 倒	乙補 5000	乙補 5236 倒	乙補 5333 倒	乙補 6984
	R44167	合 13584	合 17847 正	乙 6284	乙補 1415	乙補 4360
	乙補 4504	乙補 4909	乙補 5358			
合 17689 下半	乙 4383					
合 17691 正	合 4550	合 9232 正	合 14239	合 15403 正	乙 4492	乙補 4530
	乙 4855	乙 4905	乙 4907	乙 6118	乙補 4152	乙補 4158
	乙補 4195	乙補 4234	乙補 4238	乙補 4246	乙補 4270	乙補 4334
	乙補 4337	乙補 4339	乙補 4345	乙補 4394	乙補 4550	乙補 4584
	乙補 4847	乙補 5362	乙補 6791	乙 4353	乙補 4316	乙補 4354
	乙補 4229	R37138	乙 4560	乙補 4641	乙補 4284	
合 17694	合補 5529 反					
合 17695 正	乙補 6104	合 17304	合 4773 正	合 9307 正	合 9067	乙補 6252
合 17695 反	乙補 6105	合 9067 反	合 18165 反	乙補 6252	合 4773 反	合 17304 反
合 17697	合 7159	合補 4838				
合 17705	乙補 3925					
合 17710	合 11702					
合 17715	山本竟山 8					
合 17729	合補 5287					
合 17731 正	合 13475					
合 17732	已綴入《醉古集》第 143 則					

（續表）

<table>
<tr><td>合 17750</td><td>合 13132</td><td></td><td></td><td></td><td></td><td></td></tr>
<tr><td>合 17796 正</td><td>合 17992</td><td>合 2204</td><td>合 17309</td><td></td><td></td><td></td></tr>
<tr><td>合 17797</td><td>合 8963</td><td>合 8962</td><td></td><td></td><td></td><td></td></tr>
<tr><td>合 17800</td><td colspan="6">已綴入《醉古集》第 370 則</td></tr>
<tr><td>合 17819</td><td>合 17325</td><td></td><td></td><td></td><td></td><td></td></tr>
<tr><td>合 17827 正</td><td>合 7189</td><td></td><td></td><td></td><td></td><td></td></tr>
<tr><td>合 17846 正</td><td>合 8892</td><td></td><td></td><td></td><td></td><td></td></tr>
<tr><td>合 17846 反</td><td>乙補 338</td><td></td><td></td><td></td><td></td><td></td></tr>
<tr><td rowspan="4">合集
17847 正</td><td>合 17683 正</td><td>合 16470 正</td><td>乙補 4320</td><td>乙補 4644</td><td>乙補 4679</td><td>乙補 4521</td></tr>
<tr><td>乙補 4507</td><td>乙補
5236 倒</td><td>乙補 6984</td><td>合 13584 正</td><td>乙 6284</td><td>乙補 1415</td></tr>
<tr><td>乙補 4360</td><td>乙補 4504</td><td>乙補 4909</td><td>乙補 5358</td><td>乙補 5000</td><td>乙補 1428</td></tr>
<tr><td>乙補
5333 倒</td><td>乙補
4969 倒</td><td>R044167</td><td></td><td></td><td></td></tr>
<tr><td>合 17902</td><td>合 6044</td><td></td><td></td><td></td><td></td><td></td></tr>
<tr><td rowspan="2">合 17915</td><td>合 10945 正</td><td>合補
5370 正</td><td>合補 10351</td><td>乙補 4696</td><td>乙補 5545</td><td>乙補 7209</td></tr>
<tr><td>乙 6330</td><td>乙 6436</td><td>乙補 4510</td><td>乙補 5195</td><td></td><td></td></tr>
<tr><td>合 17916</td><td>合 5444</td><td></td><td></td><td></td><td></td><td></td></tr>
<tr><td>合 17922</td><td colspan="6">已綴入《醉古集》第 86 則</td></tr>
<tr><td>合 17927
（中歷藏
116）</td><td>合 13108</td><td></td><td></td><td></td><td></td><td></td></tr>
<tr><td>合 17947</td><td>合 7962</td><td>合 18792</td><td>合 18795</td><td>合 13377</td><td>北大 1005</td><td>合補 4670</td></tr>
<tr><td>合 17984
（合 13692）</td><td>合 15664</td><td></td><td></td><td></td><td></td><td></td></tr>
<tr><td>合 17987</td><td>合 26774</td><td></td><td></td><td></td><td></td><td></td></tr>
<tr><td>合 17988</td><td>合 8825</td><td></td><td></td><td></td><td></td><td></td></tr>
<tr><td>合 17992</td><td>合 2204</td><td>合 17796 正</td><td>合 17309</td><td></td><td></td><td></td></tr>
</table>

（續表）

合 17999	綴集 262					
合 18003	合 25	合 2551	合 15165	合補 3379		
合 18006	合 13587	中歷藏 502				
合 18032	合 7015	合 4326	合補 1991			
合 18066	合 1139					
合 18071	合 6643					
合 18137	合 14795 正	合補 26	合 13709			
合 18144	已綴入《醉古集》第 336 則					
合 18150	合補 1306					
合 18165	合 17695 反	乙補 6105	合 19045	合 4773 反	合 9307 反	
合 18174	合 18614					
合 18217	合 23611	合 23432				
合 18224（北圖 3056）	存補 5.308.2					
合 18234	乙 6363					
合 18242	已綴入《醉古集》第 165 則					
合 18254	已綴入《醉古集》第 195 則					
合 18321	已綴入《醉古集》第 59 則					
合 18338	合 10196					
合 18404	合 3104					
合 18412	合 18413（復旦 101）					
合 18413（復旦 101）	合 18412					
合 18439	合 22078	合 22106	合 22111	乙 1851		
合 18442	合 17253	合 2358	合補 3121	合 2353		
合 18469（旅藏 1229）	旅藏 1546					

（續表）

合 18483	合 22244	合 22269	合 22243	合 22259 左	合 16982	乙 8839
	合 16963	乙 8767	乙 8945	乙補 7359		
合 18504	英藏 337					
合 18510	合 22003	合 21988				
合 18511	合 20639					
合 18587	合補 72					
合 18596	合 6073					
合 18599	合 2246 正甲					
合 18612	上博 2426.1399					
合 18614	合 18174					
合 18616	合 15164					
合 18647（合 20184）	合 8988					
合 18661（北大 1584）	北大 2455					
合 18663	安明 793					
合 18674	已綴入《醉古集》第 367 則					
合 18681	合 11355					
合 18684	合 2763 正	合 3524	合 4249	合 14288	合 18799	
合 18695	合 7584 部分（乙 3202）	R37748	合 9053	乙補 3808	乙補 3811	
合 18724	乙補 4142	乙補 4212	乙補 4221			
合 18730 正反	已綴入《醉古集》第 259 則					
合 18749	合 18750					
合 18750	合 18749					

（續表）

合 18765	合 10506	合 13564	合 13843	北圖 1980	安明 357	合 7198（北大 2045）
	輯佚 77					
合 18777	合 24508					
合 18792	合補 2294（合 7962+合 17947）	合 18795	合 13377	北大 1005	合補 4670	
合 18795	合 18792	合補 2294（合 7962+合 17947）	合 13377	北大 1005	合補 4670	
合 18797 正	合 18996	史購 43 正				
合 18797 反	史購 43 反					
合 18801	合 24739					
合 18821	合補 2736					
合 18837	合 9584	合 5902				
合 18869（旅藏 71）	旅藏 36					
合 18900 正	合 12315 正乙	合 2002 正				
合 18900 正反	已綴入《醉古集》第 315 則					
合 18902（合補 3986）	合 1385 反					
合 18917	合 6508	合 6510	合補 1996			
合 18919	合補 5854					
合 18925	合 8501 正					
合 18935	合 16331 正	合 10040	合 3800	乙補 4665	乙 5832	乙 5372
	合 15237	乙 5773	乙補 4661 倒	乙補 5552	乙補 5550	乙補 5504
	乙 6080	合 2236	乙 5054	乙補 5590	無號甲	乙補 4217
	R44050					

（續表）

<table>
<tr><td>合 18937</td><td>合 8401</td><td></td><td></td><td></td><td></td><td></td></tr>
<tr><td>合 18943</td><td>合 18947</td><td></td><td></td><td></td><td></td><td></td></tr>
<tr><td>合 18947</td><td>合 18943</td><td></td><td></td><td></td><td></td><td></td></tr>
<tr><td>合 18948</td><td>英藏 1890</td><td></td><td></td><td></td><td></td><td></td></tr>
<tr><td>合 18956</td><td colspan="6">已綴入《醉古集》第 230 則</td></tr>
<tr><td>合 18996</td><td>史購 43 正</td><td>合 18797 正</td><td></td><td></td><td></td><td></td></tr>
<tr><td>合 18997</td><td>合 4014</td><td>存補 5.266.1</td><td></td><td></td><td></td><td></td></tr>
<tr><td>合 19031</td><td>合 15526</td><td>輯佚 23</td><td></td><td></td><td></td><td></td></tr>
<tr><td>合 19037</td><td>合 15462</td><td></td><td></td><td></td><td></td><td></td></tr>
<tr><td>合 19045</td><td>合 9307 反</td><td>合 17695 反</td><td>合 18165</td><td>乙補 6105</td><td>合 4773 反</td><td></td></tr>
<tr><td>合 19047</td><td>合 4984</td><td></td><td></td><td></td><td></td><td></td></tr>
<tr><td>合 19050</td><td>合 6530 反</td><td></td><td></td><td></td><td></td><td></td></tr>
<tr><td>合 19059</td><td>R44041 倒</td><td></td><td></td><td></td><td></td><td></td></tr>
<tr><td>合 19073</td><td>合 3337</td><td></td><td></td><td></td><td></td><td></td></tr>
<tr><td>合 19106</td><td>合 5044</td><td>合 5045</td><td>英藏 436</td><td>合 11584</td><td></td><td></td></tr>
<tr><td>合 19122</td><td>合 14022</td><td>合 4477</td><td></td><td></td><td></td><td></td></tr>
<tr><td rowspan="2">合 19127 正</td><td>合 1821 正</td><td>合 5387</td><td>合 5985</td><td>合 1749 正</td><td>乙 3512</td><td>乙 4134</td></tr>
<tr><td>乙 4190</td><td>乙 6976</td><td>乙 7633</td><td>乙補 6539</td><td></td><td></td></tr>
<tr><td>合 19129</td><td>合 6746</td><td>英藏 1133
（合 39912）</td><td>英藏 304</td><td></td><td></td><td></td></tr>
<tr><td>合 19136</td><td>乙 1785</td><td></td><td></td><td></td><td></td><td></td></tr>
<tr><td>合 19139</td><td colspan="6">已綴入《醉古集》第 57 則</td></tr>
<tr><td>合 19143</td><td>輯佚 30</td><td></td><td></td><td></td><td></td><td></td></tr>
<tr><td>合 19152 正</td><td>合 1590</td><td></td><td></td><td></td><td></td><td></td></tr>
<tr><td>合 19166</td><td>合 15701</td><td></td><td></td><td></td><td></td><td></td></tr>
<tr><td>合 19191
（合 53）</td><td>合 4673</td><td>合 22482</td><td>合 7024</td><td>合 19193</td><td>山東 0226</td><td>善 2.71.15
倒</td></tr>
</table>

（續表）

合 19193	合 7024	合 22482	合 4673	合 53 （合 19191）	山東 226	
合 19203	合 5474					
合 19208 正	乙補 5649	乙 6487				
合 19229	已綴入《醉古集》第 131 則					
合 19236	中歷藏 20					
合 19246	合 3697 正					
合 19251	合 12432					
合 19255	合 12408	合 459				
合 19256 （旅藏 324）	旅藏 1115					
合 19283	合補 5744					
合 19287	乙 8890					
合 19290	合 15253					
合 19307	合 5081 正					
合 19312	已綴入《醉古集》第 196 則					
合 19337 （旅藏 402）	旅藏 120	旅藏 1308				
合 19388	合 2660					
合 19344 （合 16258）	合 13924					
合 19345	合 10360	合補 5817				
合 19359	合 16432					
合 19363	合 14365					
合 19370	明後 374					
合 19372	乙 5331	乙 5294	乙補 4888	乙補 4911	乙 6542	乙補 4675
	乙補 5408					
合 19382	合 7790					

（續表）

合 19387	契合 57					
合 19388	合 2660					
合 19404（北大 2151）	北大 1829					
合 19426	合 9554	合 9555	乙 3362	乙補 2870		
合 19445	合 2372 反	乙 2928				
合 19479	合 5620	存補 3.138.1				
合 19486	合 5758（合 8855）					
合 19511	上博 17645.359					
合 19515（中歷藏 479）	中歷藏 317					
合 19529	合 3271	乙補 3145	乙 3579	合 3400	乙補 5524	乙 6265
	合 2209					
合 19590	合 10676					
合 19597	合 13999					
合 19634	上博 49003.89					
合 19638	已綴入《醉古集》第 328 則					
合 19642	乙 5732	乙 5937	乙補 5164	乙補 5261	合 556	合 7427
合 19643	合補 3435					
合 19655	合 17349	合 12164	合補 856			
合 19662	存補 6.103.3（北圖 3070）					
合 19667	合 6537					
合 19682	合 3283					

（續表）

合 19684	合 7061	合 14151				
合 19690	明後 1740					
合 19696	後下 11.9					
合 19697	存上 1841					
合 19706	合 8936					
合 19707	合 14507	合 14506	合 14033 正	乙補 3924	乙 4188	乙補 3926
	乙 3887	乙 3893				
合 19717	乙 4178	乙補 3923				
合 19721	合補 2907					
合 19724 正	合 2778	合補 2136 正				
合 19724 反	合補 2136 反					
合 19744	合 16687					
合 19755	合 20923					
合 19759	合 20401					
合 19772	乙 214	合 20924	合 20903			
合 19785	合 19911	合 22527	合 21382			
合 19786	合 20767	合 20988				
合 19789	合 20064					
合 19796	合 21251					
合 19801	合 20899	合 20961	合 20609			
合 19804	合 21227					
合 19810	合 20659					
合 19811	合 22335					
合 19863	已綴入《醉古集》第 261 則					
合 19866	合 2448					
合 19867	合 20318					

（續表）

合 19893	綴彙 764	R37640				
合 19895	合 22221	合補 6915 （合補 3984）	乙 8774	乙補 7394		
合 19911	合 22527	合 21382	合 19785			
合 19941	已綴入《醉古集》第 353 則					
合 19942	合 20814					
合 19965	合 21071					
合 19966	合補 6588 甲乙					
合 19981	合 20055					
合 19982	合 21457					
合 19996	合 22266	合 39668	合 21560	甲骨文集 2.2.0051	合 32758	
合 20012	合 20664	合補 6736				
合 20014	3.2.0942					
合 20049	乙 8772	R37086				
合 20050	合 22401	R37085	R37088	R37681	合 21303	
合 20055	合 19981					
合 20064	合 19789					
合 20072	合 20859					
合 20112	外 215					
合 20114	合 21350	京津 2969	合 21356	合 21348		
合 20120	合 20744					
合 20124	合 21151					
合 20125	合 21540					
合 20139	合 19908					
合 20140	合 21343					
合 20160	合 21357					

（續表）

合 20163	已綴入《醉古集》第 162 則					
合 20171	合 20385	合 32839				
合 20184（合 18647）	合 8988					
合 20191	合 21229					
合 20195	掇三 761					
合 20199	合 20412					
合 20222	乙補 3					
合 20242	合 20601					
合 20265	合 20594	合 20779				
合 20269	乙補 18 倒	乙補 19 倒				
合 20274	合 20655	掇三 763				
合 20279（山東 306）	英藏 1784					
合 20303	合 20387	R44117				
合 20312	合 7022					
合 20318	合 19867					
合 20323	合 20500	浙 & 哥藏 64				
合 20324	甲 2291	甲 2311				
合 20338	合 21844					
合 20341	合 22025	合 22015	R37406	合 21207 主體		
合 20352	合 22209	乙 8964	乙補 7418	乙 8984	R37445	R37415 倒
合 20359	乙 9077					
合 20366	合 22207	合 22208	合 22210	乙 8957	乙 8724 倒	
合 20372	繪園 7					
合 20376	3.2.0949					

（續表）

合 20379 部分	已綴入《醉古集》第 170 則					
合 20385	合 32839	合 20171				
合 20387	合 20303	R44117				
合 20401	合 19759					
合 20408	合 20420					
合 20412	合 20199					
合 20412 部分	合 20421	乙 8508	合 20773			
合 20420	合 20408					
合 20421	合 20412 部分	乙 8508	合 20773			
合 20436	合 20438	乙 358				
合 20437	合 20952	合 20918				
合 20438	乙 358	合 20436				
合 20440	3.2.0205	3.2.0165				
合 20444	合 20660					
合 20455	合 20545	合 21995	乙補 9	乙補 66		
合 20475	已綴入《醉古集》第 162 則					
合 20476	已綴入《醉古集》第 261 則					
合 20500	浙 & 哥藏 64	合 20323				
合 20506	合 20507					
合 20507	合 20506					
合 20529	合補 6932 甲乙	京人 2992				
合 20537	乙補 8	合 20771	合 20908			
合 20545	合 21995	合 20455	乙補 9	乙補 66		
合 20574	合 20823					

（續表）

合 20591	乙 8954					
合 20594	合 20779	合 20265				
合 20601	合 20242					
合 20609	合 19801	合 20899	合 20961			
合 20621	合 21426					
合 20639	合 18511					
合 20650	合 20652					
合 20652	合 20650					
合 20653	合補 6654					
合 20655	合 20274	掇三 763				
合 20658	合 90					
合 20659	合 19810					
合 20660	合 20444					
合 20662	乙補 7408	乙 8930	乙 9010 正反	乙 9015		
合 20664	合 20012	合補 6736				
合 20670	史購 252					
合 20684	乙 328					
合 20691	乙 8975	乙 8972				
合 20699	合 20980					
合 20704	合 21218					
合 20708	合 21323					
合 20710	已綴入《醉古集》第 263 則					
合 20720	合 20995					
合 20725	合 20811					
合 20727	合 21927	乙 81				
合 20744	合 20120					
合 20767	合 19786	合 20988				

（續表）

合 20771	合 20908	合 20537	乙補 8			
合 20773	合 20412 部分	合 20421	乙 8508			
合 20776	已綴入《醉古集》第 240 則					
合 20779	合 20594	合 20265				
合 20811	合 20725					
合 20814	合 19942					
合 20817	合 3688					
合 20821	合 20991	乙 24				
合 20823	合 20574					
合 20824（合補 6663）	乙補 21					
合 20834	合補 6659					
合 20835	合 21387	乙 477				
合 20841	合 20914					
合 20842	已綴入《醉古集》第 353 則					
合 20857	合 21413	乙補 7383	乙補 7406			
合 20859	合 20072					
合 20864	已綴入《醉古集》第 284 則					
合 20866	合 21000	合 20900				
合 20871	合 22372					
合 20872	乙 8933					
合 20873	合 20876					
合 20876	合 20873					
合 20887	乙 8803	合 21511	乙 8731	合 21578	合 624	合 21505
	乙 8838	乙 8847	合 22277 部分			
合 20899	合 20961	合 19801	合 20609			

（續表）

合 20900	合 21000	合 20866				
合 20903	合 19772	乙 214	合 20924			
合 20914	合 20841					
合 20916	乙 5553					
合 20918	合 20952	合 20437				
合 20920 部分	乙補 7084 倒	合 20946	乙 122			
合 20923	合 19755					
合 20924	乙 214	合 19772	合 20903			
合 20925	乙補 7083 倒					
合 20946	乙補 7084 倒	合 20920 部分	乙 122			
合 20947	乙 1826	合 21979	乙 622			
合 20952	合 20437	合 20918				
合 20957	合 11845					
合 20961	合 20899	合 19801	合 20609			
合 20962	已綴入《醉古集》第 353 則					
合 20967	乙補 64					
合 20980	合 20699					
合 20986	合 21025	合補 6862				
合 20988	合 19786	合 20767				
合 20989	合 20992					
合 20991	合 20821	乙 24				
合 20992	合 20989					
合 20995	合 20720					
合 20997	乙 88					
合 21000	合 20866	合 20900				

（續表）

合 21008 正	合 13169					
合 21012	已綴入《醉古集》第 262 則					
合 21018	乙補 69					
合 21021 部分	合 21321	合 21316				
合 21025	合補 6862	合 20986				
合 21037	已綴入《醉古集》第 261 則					
合 21039	合 21785	合 15650				
合 21040	合 22309	合 22197	R37066	R37403	R37412	R21057
合 21053	已綴入《醉古集》第 266 則					
合 21055	合 21153					
合 21057	合 21040	合 22390	合 22197	R37066	R37403	R37412
合 21059	合 21133					
合 21071	合 19965					
合 21073	乙補 5573					
合 21099	合 27072					
合 21109	合 22489					
合 21123（合 21853）	京津 2993					
合 21133	合 21059					
合 21151	合 20124					
合 21153	合 21055					
合 21176	合 20579	合 20529	京人 2992			
合 21187	1.0.0520					
合 21207 主體	合 20341	合 22025	合 22015	R37406		
合 21207 部分	合 22460					
合 21218	合 20704					

（續表）

合 21227	合 19804					
合 21229	合 20191					
合 21251	合 19796					
合 21265	合 22007	合 21946				
合 21288	合 9497					
合 21303	合 22401	R37085	R37088	R37681	合 20050	
合 21309	合 11832	乙 84				
合 21316	合 21021 部分	合 21321				
合 21318	合補 6810					
合 21321	合 21316	合 21021 部分				
合 21323	合 20708					
合 21328	合 21340					
合 21340	合 21328					
合 21341 部分	合 21354 部分	乙 211				
合 21343	合 20140					
合 21348	合 21350	合 20114	京津 2969	合 21356		
合 21350	合 20114	京津 2969	合 21348	合 21356		
合 21354 部分	乙 211	合 21341 部分				
合 21356	合 21350	京津 2969	合 20114	合 21348		
合 21357	合 20160					
合 21369	合 5431					
合 21375	懷特 434					
合 21382	合 19911	合 22527	合 19785			
合 21387	合 20835	乙 477				
合 21389	安明 788					

（續表）

<table>
<tr><td>合 21390</td><td>合 40819</td><td>合 21394</td><td>復旦 173
（掇三 533）</td><td>英藏 1779
（合 40820）</td><td></td><td></td></tr>
<tr><td>合 21394</td><td>復旦 173
（掇三 533）</td><td>合 21390</td><td>合 40819</td><td>英藏 1779
（合 40820）</td><td></td><td></td></tr>
<tr><td>合 21413</td><td>合 20857</td><td>乙補 7383</td><td>乙補 7406</td><td></td><td></td><td></td></tr>
<tr><td>合 21426</td><td>合 20621</td><td></td><td></td><td></td><td></td><td></td></tr>
<tr><td>合 21454</td><td>合 16373</td><td></td><td></td><td></td><td></td><td></td></tr>
<tr><td>合 21456</td><td>合 22132</td><td>合 22222
部分</td><td></td><td></td><td></td><td></td></tr>
<tr><td>合 21457</td><td>合 19982</td><td></td><td></td><td></td><td></td><td></td></tr>
<tr><td>合 21480</td><td>乙 8746</td><td></td><td></td><td></td><td></td><td></td></tr>
<tr><td rowspan="2">合 21505</td><td>乙 8803</td><td>合 21511</td><td>乙 8731</td><td>合 21578</td><td>合 624</td><td>合 20887</td></tr>
<tr><td>乙 8838</td><td>乙 8847</td><td>合 22277
部分</td><td></td><td></td><td></td></tr>
<tr><td rowspan="2">合 21511</td><td>乙 8731</td><td>合 21578</td><td>乙 8803</td><td>合 624</td><td>合 22277
部分</td><td>合 20887</td></tr>
<tr><td>乙 8838</td><td>乙 8847</td><td>合 21505</td><td></td><td></td><td></td></tr>
<tr><td>合 21527</td><td>合 21534</td><td></td><td></td><td></td><td></td><td></td></tr>
<tr><td>合 21534</td><td>合 21527</td><td></td><td></td><td></td><td></td><td></td></tr>
<tr><td>合 21540</td><td>合 20125</td><td></td><td></td><td></td><td></td><td></td></tr>
<tr><td>合 21552</td><td>合 22277
部分</td><td>合 22251</td><td>乙 8993</td><td>R41146</td><td>R53555</td><td></td></tr>
<tr><td>合 21560</td><td>合 19996</td><td>合 22266</td><td>合 39668</td><td>甲骨文集
2.2.0051</td><td>合 32758</td><td></td></tr>
<tr><td>合 21564</td><td colspan="6">已綴入《醉古集》第 374 則</td></tr>
<tr><td>合 21572</td><td>合 21706</td><td>合 21654</td><td>合 21626
左中</td><td></td><td></td><td></td></tr>
<tr><td rowspan="2">合 21578</td><td>乙 8731</td><td>合 21511</td><td>乙 8803</td><td>合 624</td><td>合 22277
部分</td><td>合 20887</td></tr>
<tr><td>乙 8847</td><td>合 21505</td><td></td><td></td><td></td><td></td></tr>
</table>

（續表）

合 21584	合 32740					
合 21586	乙 5235					
合 21597	乙補 901	乙 8581	合 21600			
合 21600	乙 8581	乙補 901	合 21597			
合 21622	已綴入《醉古集》第 353 則					
合 21626 右	已綴入《醉古集》第 374 則					
合 21626 左中	合 21654	合 21706	合 21572			
合 21629	R37789					
合 21653	合 21804	乙 5725	乙 5203	乙 5731	乙補 4838	
合 21654	合 21626 左中	合 21706	合 21572			
合 21662	合 19941	合 20842	合 20962			
合 21693	合 21773	合 21774				
合 21702	合 21833					
合 21706	合 21654	合 21626 左中	合 21572			
合 21718	合 21836					
合 21728	合 21823					
合 21773	合 21693	合 21774				
合 21774	合 21693	合 21773				
合 21781（合集 21782、合補 6836 下、合補 6710 下）			英藏 1913（合 40891）			
合 21782（合補 6678、合集 21781、合補 6836 下、合補 6710 下）			英藏 1913（合 40891）			
合 21785	合 21039	合 15650				
合 21787	乙補 1229	乙 7717				
合 21788	合補 6823					
合 21791	合 439	合 434				

（續表）

合 21799	上博 2426.700					
合 21804	合 21653	乙 5725	乙 5203	乙 5731	乙補 4838	
合 21809	合 21822	乙補 1352				
合 21810	乙 1843	乙 620				
合 21822	合 21809	乙補 1352				
合 21823	合 21728					
合 21833	合 21702					
合 21836	合 21718					
合 21839 左	合 21878	合 21952	乙補 684			
合 21844	合 20338					
合 21853（合 21123）	京津 2993					
合 21856	已綴入《醉古集》第 374 則					
合 21863	已綴入《醉古集》第 262 則					
合 21864	合 21947					
合 21866	乙 1304					
合 21868	存補 2.89.1					
合 21875	合 21938 上	合 21973	合 21977	乙 1658	乙 179 倒	乙 1791 倒
	乙 1517	乙 1832 倒				
合 21877	合補 6912	乙 1840				
合 21878	合 21839 左	合 21952	乙補 684			
合 21879	合 22228	合 22229				
合 21887	乙補 1380	乙 635	合補 6941	合 22459		
合 21893	合 21894					
合 21894	合 21893					
合 21896	合 21898	英藏 1911				
合 21898	合 21896	英藏 1911				

（續表）

合 21907	合 22471					
合 21909	乙補 1035					
合 21910	乙 9046	乙補 7439				
合 21915	合 5633					
合 21921 部分（乙 1518）	乙 1179	合 21932	乙補 591	合 21974	合 21939	
合 21921 下（乙 1454 倒）	乙補 511	乙補 595				
合 21923	乙補 1047	R62466				
合 21926 下	乙補 1362					
合 21927	乙 81	合 20727				
合 21928	合 22041	乙補 1034				
合 21931	乙 717	乙補 576	乙補 1350			
合 21932	乙 1179	合 21921	乙補 591	合 21974	合 21939	
合 21934	合 21972					
合 21937	乙 1012					
合 21938 上	合 21875	合 21973	合 21977	乙 1658	乙 1791 倒	乙 1791 倒
	乙 1517	乙 1832 倒				
合 21938 下	合 21942					
合 21939	乙 1179	合 21932	合 21921	合 21974	乙補 591	
合 21940	已綴入《醉古集》第 318 則					
合 21941	合 21996					
合 21942	合 21938 下					
合 21944	合 22189	國博 12	國博 15			
合 21946	合 22007	合 21265				
合 21947	合 21864					
合 21951	乙 613	乙 609				

（續表）

合 21952	合 21839 左	合 21878	乙補 684			
合 21953	乙 7803					
合 21964	已綴入《醉古集》第 241 則					
合 21972	合 21934					
合 21973	合 21938 上	合 21875	合 21977	乙 1658	乙 1791 倒	乙 1832 倒
	乙 1517					
合 21974	乙 1179	合 21932	合 21921	乙補 591	合 21939	
合 21977	合 21938 上	合 21875	合 21973	乙 1658	乙 1791 倒	乙 1832 倒
	乙 1517					
合 21978	乙 1649					
合 21979	乙 622	合 20947	乙 1826			
合 21988	合 22003	合 18510				
合 21990	合 21994					
合 21994	合 21990					
合 21995	合 20545	合 20455	乙補 9	乙補 66		
合 21996	合 21941					
合 22000	乙 1762					
合 22003	合 21988	合 18510				
合 22007	合 21946	合 21265				
合 22015	合 22025	合 20341	R37406	合 21207 主體		
合 22016	乙補 1230					
合 22021	乙補 1357					
合 22025 部分	合 20341	合 21207 主體	R37406	合 22015		
合 22026	乙補 1257	乙 7932				
合 22041	合 21928	乙補 1034				
合 22042	乙 1817					
合 22043	合 22095					

（續表）

<table>
<tr><td>合 22045</td><td>合 15108</td><td></td><td></td><td></td><td></td><td></td></tr>
<tr><td>合 22055</td><td>乙補 1534</td><td>乙 1557</td><td>合補 8583</td><td></td><td></td><td></td></tr>
<tr><td>合 22061</td><td>合 22431</td><td></td><td></td><td></td><td></td><td></td></tr>
<tr><td>合 22063
部分</td><td colspan="6">已綴入《醉古集》第 104 則</td></tr>
<tr><td>合 22066</td><td>乙 2112</td><td></td><td></td><td></td><td></td><td></td></tr>
<tr><td>合 22070
甲乙</td><td>乙補 217</td><td>乙補 0890</td><td></td><td></td><td></td><td></td></tr>
<tr><td>合 22078</td><td>合 22106</td><td>合 22111</td><td>合 18439</td><td>乙 1851</td><td></td><td></td></tr>
<tr><td>合 22079
甲乙</td><td>合 22101</td><td>合 22129</td><td></td><td></td><td></td><td></td></tr>
<tr><td>合 22086</td><td>合 22087 正</td><td>合補 6884</td><td></td><td></td><td></td><td></td></tr>
<tr><td>合 22087 正</td><td>合 22086</td><td>合補 6884</td><td></td><td></td><td></td><td></td></tr>
<tr><td>合 22088</td><td colspan="6">已綴入《醉古集》第 104 則</td></tr>
<tr><td rowspan="2">合 22091
甲乙</td><td>合 22212</td><td>合 22309</td><td>乙補 3399</td><td>乙補 3400</td><td>乙補 6106</td><td>乙 8557</td></tr>
<tr><td>合 22124</td><td>合 22410</td><td>合補 5638</td><td>合 22418</td><td></td><td></td></tr>
<tr><td>合 22093</td><td>乙 4944</td><td></td><td></td><td></td><td></td><td></td></tr>
<tr><td>合 22094</td><td>合 22441</td><td></td><td></td><td></td><td></td><td></td></tr>
<tr><td>合 22095</td><td>合 22043</td><td></td><td></td><td></td><td></td><td></td></tr>
<tr><td>合 22101</td><td>合 22079
甲乙</td><td>合 22129</td><td></td><td></td><td></td><td></td></tr>
<tr><td>合 22104</td><td>合 22128</td><td>合 22126</td><td>合 22125</td><td>合 22121</td><td></td><td></td></tr>
<tr><td>合 22106</td><td>合 22078</td><td>合 22111</td><td>合 18439</td><td>乙 1851</td><td></td><td></td></tr>
<tr><td>合 22111</td><td>合 22078</td><td>合 22106</td><td>合 18439</td><td>乙 1851</td><td></td><td></td></tr>
<tr><td>合 22113</td><td colspan="6">已綴入《醉古集》第 104 則</td></tr>
<tr><td>合 22121</td><td>合 22125</td><td>合 22104</td><td>合 22128</td><td>合 22126</td><td></td><td></td></tr>
<tr><td rowspan="2">合 22124</td><td>乙補 3399</td><td>合 22309</td><td>合 22212</td><td>合 22091
甲乙</td><td>乙補 6106</td><td>乙 8557</td></tr>
<tr><td>乙補 3400</td><td>合 22410</td><td>合補 5638</td><td>合 22418</td><td></td><td></td></tr>
</table>

（續表）

合 22125	合 22104	合 22128	合 22126	合 22121		
合 22126	合 22128	合 22104	合 22125	合 22121		
合 22127	合 22495					
合 22128	合 22126	合 22104	合 22125	合 22121		
合 22129	合 22079 甲乙	合 22101				
合 22130	合 32179	乙補 7371	乙補 7369 倒			
合 22132	合 21456	合 22222 部分				
合 22133	合 22144	合補 6898	乙 8845	乙補 7364	乙補 7338 倒	乙 8787
	乙 8989	乙補 7367	乙 8798			
合 22135	合 22263					
合 22144	合 22133	合補 6898	乙 8845	乙補 7364	乙補 7338 倒	乙 8787
	乙 8989	乙補 7367	乙 8798			
合 22147	R37078					
合 22172	合 22351					
合 22186	已綴入《醉古集》第 104 則					
合 22187	合 22206 甲	R37014 正				
合 22189	合 21944	國博 12	國博 15			
合 22197	乙 8873	乙 8942	合 22390	合 21040	合 21057	R37412
	R37403	R37066				
合 22206 甲	合 22187	R37014 正				
合 22207	合 20366	合 22208	合 22210	乙 8957	乙 8724 倒	
合 22208	合 22207	合 20366	合 22210	乙 8957	乙 8724 倒	
合 22209	合 20352	乙 8964	乙補 7418	乙 8984	R37445	R37415 倒

（續表）

<table>
<tr><td>合 22210</td><td>合 22208</td><td>合 22207</td><td>合 20366</td><td>乙 8957</td><td>乙 8724 倒</td><td></td></tr>
<tr><td rowspan="2">合 22212</td><td>合 22091
甲乙</td><td>合 22309</td><td>乙補 3399</td><td>乙補 3400</td><td>乙補 6106</td><td>乙 8557</td></tr>
<tr><td>合 22124</td><td>合 22410</td><td>合補 5638</td><td>合 22418</td><td></td><td></td></tr>
<tr><td>合 22216</td><td>合 22278</td><td>乙 8732</td><td>乙補 7390</td><td></td><td></td><td></td></tr>
<tr><td>合 22217</td><td>合 22220</td><td>合 22277 右</td><td>乙 8831</td><td>乙補 7347</td><td>乙補 7374</td><td></td></tr>
<tr><td>合 22218</td><td>合 22287</td><td>合 14909</td><td>R37093</td><td>R37035</td><td></td><td></td></tr>
<tr><td>合 22220</td><td>合 22217</td><td>合 22277 右</td><td>乙 8831</td><td>乙補 7347</td><td>乙補 7374</td><td>乙 8557</td></tr>
<tr><td>合 22221</td><td>合補 3984
（合補 6915）</td><td>乙補 7394</td><td>合 19895</td><td>乙 8774</td><td></td><td></td></tr>
<tr><td>合 22222
部分</td><td>合 21456</td><td>合 22132</td><td></td><td></td><td></td><td></td></tr>
<tr><td>合 22223</td><td>合 22264</td><td></td><td></td><td></td><td></td><td></td></tr>
<tr><td>合 22228</td><td>合 21879</td><td>合 22229</td><td></td><td></td><td></td><td></td></tr>
<tr><td>合 22229</td><td>合 22228</td><td>合 21879</td><td></td><td></td><td></td><td></td></tr>
<tr><td>合 22234</td><td>合 22279</td><td>乙 8866</td><td>乙補
7400 倒</td><td></td><td></td><td></td></tr>
<tr><td>合 22240</td><td>乙 8943</td><td>合 22291</td><td>合 19893</td><td>R37640</td><td></td><td></td></tr>
<tr><td>合 22242</td><td>合 22391</td><td></td><td></td><td></td><td></td><td></td></tr>
<tr><td rowspan="2">合 22243</td><td>合 22259 左</td><td>合 22269</td><td>合 22244</td><td>合 16982</td><td>合 16963</td><td>乙 8839</td></tr>
<tr><td>合 18483</td><td>乙 8767</td><td>乙 8945</td><td>乙補 7359</td><td></td><td></td></tr>
<tr><td rowspan="2">合 22244</td><td>合 22269</td><td>合 22243</td><td>合 22259 左</td><td>合 16982</td><td>合 16963</td><td>乙 8839</td></tr>
<tr><td>合 18483</td><td>乙 8767</td><td>乙 8945</td><td>乙補 7359</td><td></td><td></td></tr>
<tr><td rowspan="3">合 22245</td><td>合 22247
主體</td><td>合 22254</td><td>合 22510</td><td>合 31941</td><td>乙補
7363 倒</td><td>R37122</td></tr>
<tr><td>乙補 7378</td><td>乙補 7405</td><td>乙 8757</td><td>乙 8739</td><td>乙補
7377 倒</td><td>R37062</td></tr>
<tr><td>乙 8868</td><td>乙補 7354</td><td>R37514</td><td></td><td></td><td></td></tr>
<tr><td>合 22247
部分</td><td>乙 8769</td><td>乙 8754</td><td></td><td></td><td></td><td></td></tr>
</table>

（續表）

<table>
<tr><td rowspan="3">合 22247
主體</td><td>合 22245</td><td>合 22254</td><td>合 22510</td><td>合 31941</td><td>乙補
7363 倒</td><td>R37122</td></tr>
<tr><td>乙補 7378</td><td>乙補 7405</td><td>乙 8757</td><td>乙 8739</td><td>乙補
7377 倒</td><td>R37062</td></tr>
<tr><td>乙 8868</td><td>乙補 7354</td><td>R37514</td><td></td><td></td><td></td></tr>
<tr><td>合 22251</td><td>合 22277
部分</td><td>合 21552</td><td>乙 8993</td><td>R41146</td><td>R53555</td><td></td></tr>
<tr><td rowspan="3">合 22254</td><td>合 22245</td><td>合 22247</td><td>合 22510</td><td>合 31941</td><td>乙補
7363 倒</td><td>R37122</td></tr>
<tr><td>乙補 7378</td><td>乙補 7405</td><td>乙 8757</td><td>乙 8739</td><td>乙補
7377 倒</td><td>R37062</td></tr>
<tr><td>乙 8868</td><td>乙補 7354</td><td>R37514</td><td></td><td></td><td></td></tr>
<tr><td>合 22255</td><td>乙補 7341</td><td></td><td></td><td></td><td></td><td></td></tr>
<tr><td>合 22256</td><td>乙補 7427</td><td>R37159</td><td>合 22261</td><td></td><td></td><td></td></tr>
<tr><td>合 22257</td><td>乙補 7373</td><td></td><td></td><td></td><td></td><td></td></tr>
<tr><td rowspan="2">合 22259 左</td><td>合 22243</td><td>合 22269</td><td>合 22244</td><td>合 16982</td><td>合 16963</td><td>乙 8839</td></tr>
<tr><td>合 18483</td><td>乙 8767</td><td>乙 8945</td><td>乙補 7359</td><td></td><td></td></tr>
<tr><td>合 22260</td><td>合 22360</td><td>乙 8799</td><td>乙補
7365 倒</td><td></td><td></td><td></td></tr>
<tr><td>合 22261</td><td>合 22256</td><td>乙補 7427</td><td>R37159</td><td></td><td></td><td></td></tr>
<tr><td>合 22263</td><td>合 22135</td><td></td><td></td><td></td><td></td><td></td></tr>
<tr><td>合 22264</td><td>合 22223</td><td></td><td></td><td></td><td></td><td></td></tr>
<tr><td>合 22265</td><td>乙補 7387</td><td>乙 8743</td><td>乙 8833</td><td>R37046</td><td></td><td></td></tr>
<tr><td>合 22266</td><td>合 19996</td><td>合 39668</td><td>合 21560</td><td>甲骨文集
2.2.0051</td><td>合 32758</td><td></td></tr>
<tr><td rowspan="2">合 22269</td><td>合 22243</td><td>合 22259</td><td>合 22244</td><td>合 16982</td><td>合 16963</td><td>乙 8839</td></tr>
<tr><td>合 18483</td><td>乙 8767</td><td>乙 8945</td><td>乙補 7359</td><td></td><td></td></tr>
<tr><td>合 22274</td><td>無號碎甲 a</td><td>無號碎甲 b</td><td>無號碎甲 c</td><td>無號碎甲 d</td><td>無號碎甲 e</td><td></td></tr>
<tr><td>合 22277
部分</td><td>合 21552</td><td>合 22251</td><td>乙 8993</td><td>R41146</td><td>R53555</td><td></td></tr>
</table>

（續表）

合 22277 右	乙補 7347	乙補 7374	乙 8831	合 22217	合 22220	乙 8775
合 22277 左	乙 8838	乙 8847	合 21505	合 20887	合 624	合 21578
	乙 8803	合 21511	乙 8731			
合 22278	合 22216	乙 8732	乙補 7390			
合 22279	合 22234	乙 8866	乙補 7400 倒			
合 22280	R39603					
合 22282	綴續 479					
合 22283	乙補 7342					
合 22284	乙補 7393	乙補 7382				
合 22287	合 22218	合 14909	R37093	R37035		
合 22291	乙 8943	合 22240	合 19893	R37640		
合 22294	R37034	R37036				
合 22296	合 22428					
合 22299	合 22473	京人 3144	合 13179 乙	合 13179 甲	合 34576	
合 22309	合 22212	合 22091 甲乙	乙補 3399	乙補 3400	乙補 6106	乙 8557
	合 22124	合 22410	合補 5638	合 22418		
合 22322	乙補 7417					
合 22332 （乙 8932）	乙 8923					
合 22335	合 19811					
合 22338	乙 8967					
合 22351	合 22172					
合 22360	合 22260	乙 8799	乙補 7365 倒			
合 22365	乙補 7461					
合 22367	上博 2426.267 （合 40797）					

（續表）

合 22372	合 20871					
合 22373	已綴入《醉古集》第 240 則					
合 22390	乙 8942	乙 8873	合 22197	R37066	R37403	R37412
	合 21057	R21040				
合 22391	合 22242					
合 22392	乙補 7384					
合 22393	乙補 7346	乙補 7361	乙補 7355 倒	乙補 7420	乙補 7351	
合 22397	已綴入《醉古集》第 170 則					
合 22401	R37085	R37088	R37681	合 20050	合 21303	
合 22410	乙補 3399	合 22309	合 22212	合 22091 甲乙	乙補 6106	乙 8557
	乙補 3400	合 22124	合補 5638	合 22418		
合 22418	乙補 3399	合 22309	合 22212	合 22091 甲乙	乙補 6106	乙 8557
	乙補 3400	合 22124	合 22410	合補 5638		
合 22428	合 22296					
合 22431	合 22061					
合 22441	合 22094					
合 22452	合 31810	山東 1860				
合 22459	合 21887	合補 6941	乙 635	乙補 1380		
合 22460	合 21207 部分					
合 22471	合 21907					
合 22473	合 22299	京人 3144	合 13179 乙	合 13179 甲	合 34576	
合 22482	合 4673	合 53（合 19191）	合 7024	合 19193	山東 226	善 2.71.15 倒
合 22484	甲 2283	合補 10436				

（續表）

合 22489	合 21109					
合 22492	乙 8771					
合 22494	乙 9014	乙 9025				
合 22495	合 22127					
合 22510	合 22254	合 22245	合 22247	合 31941	乙補 7363 倒	R37122
	乙補 7378	乙補 7405	乙 8757	乙 8739	乙補 7377 倒	R37062
	乙 8868	乙補 7354	R37514			
合 22511	合 11303	乙 9049	乙補 7437			
合 22527	合 19911	合 21382	合 19785			
合 22542	合補 7362					
合 22543	合 23570					
合 22552	合 41209					
合 22554	合 26914					
合 22567	合 11348					
合 22579	虚 292					
合 22583	合 23605					
合 22608	輯佚 475					
合 22636	合 24406					
合 22638（合 24873、合 40929）	合補 8025					
合 22664	合補 8615					
合 22667	合 22668					
合 22668	合 22667					
合 22669	合 26485					
合 22710	合 25993					

（續表）

合 22724	運臺 1.1072					
合 22732	合 22785	合補 7738				
合 22734	合補 7117					
合 22737	合 22769					
合 22750	合 23568					
合 22751	殷遺（續六）19					
合 22758	合 25015（北大 1203）	合補 7518				
合 22759	安明 1302					
合 22762	合 41197	合 23741				
合 22769	合 22737					
合 22785	合補 7738					
合 22791	合 25059					
合 22795	合補 8690					
合 22802	合補 3153					
合 22803	粹 306					
合 22806	合 26037					
合 22817	合補 6976					
合 22825	北圖 2037					
合 22828（合 41118）	合 22846					
合 22829	殷餘 6.6					
合 22839 上半	合 25384					
合 22846	合 22828（合 41118）					
合 22848	合補 6998					
合 22850	合 22871					

（續表）

合 22868	合 25112	安明 1291				
合 22870	合 23204					
合 22871	合 22850					
合 22900	合 25326（合 41153）					
合 22928	英藏 1945					
合 22963	上博 17647.684					
合 22972	合 25784	合 25848				
合 22973	合 23254					
合 22993（中歷藏 1340）	合補 7770					
合 23017	愛 31					
合 23018	合 24552					
合 23031	合 25341	合補 7811	合 25642			
合 23034	輯佚 474					
合 23051	合補 8497					
合 23054	合 22848					
合 23074	合 41193					
合 23105	合 2100					
合 23106	拾遺 313 正	輯佚 319				
合 23118	合 25321					
合 23120	合 25301					
合 23147	合補 7860					
合 23152	合補 7768					
合 23153	合補 7005					
合 23157（合補 7003）	合 23193					

（續表）

合 23164	合補 8589					
合 23170	合 25195					
合 23181	合 25835					
合 23191	合 23223					
合 23193	合補 7003（合 23157）					
合 23199	北圖 9758					
合 23202	合 25261					
合 23204	合 22870					
合 23215	殷遺（續五）5					
合 23223	合 23191					
合 23251	合 25818					
合 23254	合 22973					
合 23277	英藏 1974					
合 23301	合 24457					
合 23314 下	合 23318					
合 23318	合 23314 下					
合 23329	合 23497					
合 23335	合補 7049					
合 23380	合 25313	合補 8504				
合 23387	合 26029					
合 23409	輯佚 459					
合 23430	合補 8587（合補 13196）					
合 23431	合 14125					
合 23432	合 18217	合 23611				

（續表）

合 23445	安明 1307					
合 23461	合 25063					
合 23474	合 23479（山東 1484）					
合 23479（山東 1484）	合 37427					
合 23494	合 25967					
合 23497	合 23329					
合 23504	合 25771					
合 23511	合 26371					
合 23525	合 23579	英藏 2187	合 13561			
合 23550（合 41010）	合 25310					
合 23568	合 22750					
合 23570	合 22543					
合 23574	山東 1144	法藏 17	合 15432			
合 23579	合 23525	英藏 2187	合 13561			
合 23586	合補 7094	存補 7.3.1				
合 23594	合 25943					
合 23599	合 17097					
合 23605	合 22583					
合 23611	合 18217	合 23432				
合 23623	合 24983					
合 23624	輯佚 70					
合 23640	美藏 185					
合 23651	英藏 2085					
合 23668（合補 4780）	合 4337					

（續表）

合 23679（合 24878）	合 12573	合補 4481				
合 23711	合補 3439	合 5294				
合 23721	合 27237					
合 23741	合 41197	合 22762				
合 23749	合 26119					
合 23751	合 26337					
合 23753（合 25273）	合 25676					
合 23766	合 25442	合補 7602				
合 23827（運臺 1.0537）	運臺摹 1.0517					
合 23835	甲 1661					
合 23840	合補 8511					
合 23845	合補 8371	外 414	東文研 1234			
合 23846	合 24256					
合 23848	合補 8455	合補 8543				
合 23867	旅藏 1380	旅藏 1381	旅藏 1400			
合 23873	北大 1211					
合 23881	合 25143					
合 23892	合補 8412					
合 23894	合 23897	合 24493				
合 23897	合 23894	合 24493				
合 23900	合 23908	合 23909	運臺 1.0338			
合 23908	合 23900	合 23909	運臺 1.0338			
合 23909	合 23900	合 23908	運臺 1.0338			

（續表）

合 23922	上博 17645.8					
合 23928	合 23933					
合 23933	合 23928					
合 23948	合 24261	合補 8366				
合 23952	六束 144					
合 23970	中歷藏 1504 倒					
合 23976	合補 8408					
合 23981	已綴入《醉古集》第 216 則					
合 23983	運臺拓 1.0331					
合 23985	運臺 1.0511	運臺 1.1857				
合 24001	合 24002					
合 24002	合 24001					
合 24009	上博 17645.15					
合 24014（運臺 1.0842）	運臺 1.0544	懷特 1181				
合 24025	運臺拓 1.0578	運臺摹 1.1223				
合 24047	運臺拓 1.0514					
合 24057	懷特 1295					
合 24060（運臺 1.0304）	懷特 1193	運臺 1.1089（真 1.57）				
合 24065	合 24070					

（續表）

合 24069（運臺 1.0190）	合 24072					
合 24070	合 24065					
合 24072	合 24069（運臺 1.0190）					
合 24100	合 24102	合 26264				
合 24102	合 24100	合 26264				
合 24115（北大 438）	合 26026（北大 435）					
合 24136	合 26186（上博 17647.336）	英藏 2082（合 41184）				
合 24181	德瑞荷比 205					
合 24190	拾遺 383					
合 24199	合 24753					
合 24200	旅藏 1527					
合 24229	安明 1528	北圖 2010				
合 24256	合 23846					
合 24259	合補 7601					
合 24261	合 23948	合補 8366				
合 24264	合 24100	合 24102				
合 24266	合補 7554（合 25259+合 25092）					
合 24293	合補 7240					
合 24303	合補 8319					
合 24304	運臺 1.1670					
合 24309	合補 8093					

（續表）

合 24325	合補 7570					
合 24339	河南拓 2815	河南拓 2955				
合 24345（合 25800）	合補 7836（合補 7901）					
合 24359 下半	合 24359 上半	河南拓 2952				
合 24363	庫 1277（美藏 280）					
合 24364	合 24367	善齋 7.12b.3				
合 24367	合 24364	善齋 7.12b.3				
合 24382（合補 7248）	合 8106					
合 24391	合 24449					
合 24406	合 22636					
合 24417	合 27877					
合 24421	合 28176					
合 24434（美藏 343）	合 26817（美藏 138）					
合 24435	合 9759					
合 24439	明後 1879					
合 24449	合 24391					
合 24457	合 23301					
合 24462	上博 46452					
合 24492	合 26239	合 26234	合 26230	合 26241		
合 24493	合 23897	合 23894				
合 24508	合 18777					
合 24535	合 25192					
合 24552	合 23018					
合 24660	合 26192					
合 24688	拾遺 383	合 24190				

（續表）

合 24739	合 18801					
合 24753	合 24199					
合 24762	合 26156					
合 24769	拾遺 386					
合 24778（合 29950）	合 24802					
合 24791	合 24803					
合 24799（北大 1596）	北大 2651					
合 24802	合 24778（合 29950）					
合 24803	合 24791					
合 24873（合 22638、合 40929）	合補 8025					
合 24878（合 23679）	合補 4481	合 12573				
合 24898	合 12420					
合 24941	合 15760					
合 24947（北圖 2114）	合 12742					
合 24983	合 23623					
合 24991	合 26075	合 26731				
合 24996	合 26087					
合 25015（北大 1203）	合 22758	合補 7518				
合 25032	合補 7765					
合 25035	合補 7040					
合 25049	合 25184					

（續表）

合 25059	合 22791					
合 25061	安明 1239					
合 25063	合 23461					
合 25073	鐵雲藏龜 四百種 0135					
合 25093	合 25260					
合 25112	合 22868	安明 1291				
合 25123	合 22583	合 23605	合 23246			
合 25143	合 23881					
合 25184	合 25049					
合 25192	合 24535					
合 25195	合 23170					
合 25218	京人 1484					
合 25240	合 25926					
合 25243	合 25894					
合 25248	英藏 2149					
合 25260	合 25093					
合 25261	合 23202					
合 25273 （合 23753）	合 25676					
合 25290	合 25348	合補 7555				
合 25293	安明 1219					
合 25295	天理 337					
合 25301	合 23120					
合 25310	合 23550 （合 41010）					
合 25313	合 23380	合補 8504				
合 25321	合 23118					

（續表）

合 25326（合 41153）	合 22900					
合 25335	合 25336					
合 25336	合 25335					
合 25341	合補 7811	合 25642	合 23031			
合 25346	合 25912					
合 25348	合 25290	合補 7555				
合 25354	合補 7487（合補 7523）	輯佚 322				
合 25369（合 27437）	英藏 2264（合 41317）					
合 25378	英藏 2243					
合 25384	合 22839 上半					
合 25395	合補 7898					
合 25402	海巴 2.43					
合 25430	合 25803					
合 25442	合 23766	合補 7602				
合 25466	合補 7922					
合 25504	合補 7683					
合 25510	合 41163					
合 25515	上博 17647.513	合補 8596				
合 25516	合 25588					
合 25543	北圖 7538					
合 25579	上博 2426.874					
合 25588	合 25516					
合 25599	合補 7884					

（續表）

合 25607	馬林舊藏甲骨					
合 25629	掇三 779					
合 25642	合補 7811	合 25341	合 23031			
合 25643	合補 7231					
合 25676	合 23753（合 25273）					
合 25696	英藏 1954（合 41145）					
合 25710	合 27521					
合 25746	合 3336	合 13079	合 15236			
合 25771	合 23504					
合 25778	合補 7685					
合 25784	合 22972	合 25848				
合 25799	山東 825					
合 25800（合 24345）	合補 7836（合補 7901）					
合 25803	合 25430					
合 25818	合 23251					
合 25819	合補 7543					
合 25820（合補 7792）	北圖 7588					
合 25832	合補 7735					
合 25835	合 23181					
合 25848	合 25784	合 22972				
合 25894	合 25243					
合 25907	英藏 1999					
合 25912	合 25346					
合 25920	安明 1215					
合 25925	運臺 1.0122					

（續表）

合 25926	合 25240					
合 25943	合 23594					
合 25965	合 15208					
合 25967	合 23494					
合 25974	合 43	合補 3166	合 16116			
合 25993	合 22720					
合 26026（北大 435）	合 24115（北大 438）					
合 26029	合 23387					
合 26037	合 22806					
合 26075	合 24991	合 26731				
合 26087	合 24996					
合 26119	合 23749					
合 26147	合補 7617					
合 26156	合 24762					
合 26186（上博 17647.336）	英藏 2082（合 41184）	合 24136				
合 26192	合 24660					
合 26217	合 26227 甲	笏二 600				
合 26223	合 26236					
合 26227 甲	合 26217	笏二 600				
合 26230	合 26234	合 26239				
合 26234	合 26230	合 26239				
合 26236	合 26223					
合 26239	合 26230	合 26234				
合 26241	合 26239	合 26230	合 26234	合 24492		
合 26252	合 26254					

（續表）

合 26254	合 26252					
合 26258	天理 397					
合 26262	合 26263					
合 26263	合 26262					
合 26312	合 26314	合 41266				
合 26314	合 26312	合 41266				
合 26321	北大 1172					
合 26336	天理 400					
合 26337	合 23751					
合 26362	合 26443					
合 26371	合 23511					
合 26373	合補 8014	合補 8132（合補 8044）				
合 26381	合 26454					
合 26398	録 924					
合 26443	合 26362					
合 26453	美藏 90	愛 13				
合 26454	合 26381					
合 26460	合補 8098					
合 26484	合 26491	英藏 2383				
合 26485	合 22669					
合 26491	合 26484	英藏 2383				
合 26493	上博 54790.12					
合 26529	合 26723					
合 26535	英藏 2232					
合 26539	虚 367	東文庫 355	合 26646			
合 26550（合補 8227）	合 26604					

（續表）

合 26564	合 26660					
合 26580	英藏 2234	英藏 2235				
合 26585	合 26607	合 26596				
合 26587	合 26654					
合 26588	合補 8245					
合 26596	合 26585	合 26607				
合 26604	合 26550（合補 8227）					
合 26607	合 26585	合 26596				
合 26609	上博 21691.125					
合 26619	戩 29.4	合 26712	合 17517 正	戩 29.3		
合 26628	合 26630	合 17066	合 26680	合 26649		
合 26630	合 26628	合 17066	合 26680	合 26649		
合 26634（中歷藏 1432）	合 26687（旅藏 1618）					
合 26646	東文庫 355	合 26539	虛 367			
合 26648	合補 8246	合 26652				
合 26649	合 26628	合 26630	合 17066	合 26680		
合 26652	合 26648	合補 8246				
合 26653	旅藏 1619					
合 26654	合 26587					
合 26660	合 26564					
合 26661	合 26708					
合 26680	合 26628	合 26630	合 17066	合 26649		
合 26687（旅藏 1618）	合 26634（中歷藏 1432）					

（續表）

合 26701（國博 172）	運臺摹 1.0166					
合 26706	合補 10117					
合 26708	合 26661					
合 26712	戬 29.4	戬 29.3	合 17517 正	合 26619		
合 26723	合 26529					
合 26731	合 26075	合 24991				
合 26748	合 26755					
合 26755	合 26748					
合 26766	北大 2467	輯佚 317				
合 26774	合 17987					
合 26804	合 4963	北圖 786				
合 26817（美藏 138）	合 24434（美藏 343）					
合 26888	已綴入《醉古集》第 269 則					
合 26899	合 27875					
合 26911	合 41425（合補 10305）					
合 26914	合 22554					
合 26937	合 27030					
合 26941（甲 2458）	合 29671（甲 2741）					
合 26950	英藏 2259（合 41312）	英藏 2261（合 41320）				
合 26956	合 27093					
合 26974	合 27171					
合 26977	已綴入《醉古集》第 354 則					
合 26980	合 27281					

（續表）

合 26987	存補 5.25.2					
合 26990	合 31169					
合 26994	合 27419					
合 27006	續存上 2032					
合 27010	合 28156					
合 27016	已綴入《醉古集》第 223 則					
合 27020	已綴入《醉古集》第 223 則					
合 27030	合 26937					
合 27032	合 27739					
合 27033	合 34669					
合 27034（甲 2005）	甲 1123					
合 27042 正	合 41328	合補 10209	甲 2556	合 41416		
合 27051	合 30663	合 30480				
合 27064	合 12739					
合 27072	合 21099					
合 27075	甲 2707					
合 27077	合 30764					
合 27083	合補 5651					
合 27093	合 26956					
合 27104	合 30955					
合 27109（甲 1207）	合 31195（甲 2054）					
合 27123	合 27130					
合 27129	合 31227					
合 27130	合 27123					
合 27147	合 29500					
合 27150	合 30532					

（續表）

合 27167（存補 6.15.2）	屯南 3709					
合 27171	合 26974					
合 27172	合 32454	合 32593				
合 27207	已綴入《醉古集》第 270 則					
合 27209	已綴入《醉古集》第 270 則					
合 27223（甲 2618）	合 27265（甲 2648）					
合 27231	合 28573					
合 27237	合 23721					
合 27255（甲 2766）	合 28237	合 28238				
合 27265（甲 2648）	合 27223（甲 2618）					
合 27269	合 27515					
合 27271	合補 9699					
合 27281	合 26980					
合 27301	已綴入《醉古集》第 271 則					
合 27302（甲 2772）	甲 2424	甲骨文集 3.2.0278				
合 27302	綴彙 911					
合 27311	合 33746 正	3.2.0606	3.2.0607	甲 2463		
合 27323	合補 10291					
合 27339	合 27623					
合 27341	北圖 1175					
合 27342	合補 9359					
合 27355	合補 10277					
合 27359	甲編未著録 2.2.0357					

（續表）

合 27361	合補 9730					
合 27370	屯南 132					
合 27390	合補 8745					
合 27391	合 30010					
合 27395	合補 9701 （天理 501）	合補 9711				
合 27397	屯南 4453					
合 27399	合補 9719					
合 27419	合 26994					
合 27427	合 31168					
合 27428	合補 9712					
合 27432	合 27473					
合 27433	合 30787	合 27496				
合 27437 （合 25369）	英藏 2264 （合 41317）					
合 27450	合 30496					
合 27456	合補 10222					
合 27473	合 27432					
合 27484	合 27617					
合 27496	合 30787	合 27433				
合 27515	合 27269					
合 27521	合 25710					
合 27531	已綴入《醉古集》第 275 則					
合 27554	合 29415	合 30560	文擄 2240			
合 27568	合 30625					
合 27576 （甲 2455）	合 31830 （甲 2788）					

（續表）

合 27588	北圖 7290					
合 27589	謝文 430					
合 27591	合 30708					
合 27617	合 27484					
合 27623	合 27339					
合 27635	上博 21691.323					
合 27653	山東 1308 倒					
合 27657	合 32797 倒					
合 27667	合 9529					
合 27668	合 27597					
合 27679（甲 1971）	合補 9772（甲 1482）					
合 27683（甲 2601）	合補 8777（甲 2939）	合 29968（甲 2453）				
合 27702	合 30800					
合 27712	合 27883					
合 27720	合 29423	合 29418				
合 27736	合 27740	合 27742				
合 27739	合 27032					
合 27740	合 27736	合 27742				
合 27742	合 27740	合 27736				
合 27744	合 6793					
合 27745	美藏 490					
合 27747	合 31259					
合 27754	合 28903					
合 27772	合 33528	合 33514				

（續表）

合 27773	合 28549					
合 27785	合 29110					
合 27792	合 27805	合 28750				
合 27805	合 27792	合 28750				
合 27809	合 29117					
合 27819	合補 10397					
合 27820	合 28786					
合 27831	合 27854					
合 27832	北大 2039					
合 27835	合 27872					
合 27854	合 27831					
合 27856	合 27867	合 27866	合 29718	合 27862	合 27863	合 27864
	合 27861	合 30927				
合 27857	合 27869					
合 27861	合 27867	合 27856	合 27866	合 29718	合 27862	合 27863
	合 27864	合 30927				
合 27862	合 27867	合 27856	合 27866	合 29718	合 27861	合 27863
	合 27864	合 30927				
合 27863	合 27867	合 27856	合 27866	合 29718	合 27861	合 27862
	合 27864	合 30927				
合 27864	合 27867	合 27856	合 27866	合 29718	合 27861	合 27862
	合 27863	合 30927				
合 27866	合 27867	合 27856	合 27864	合 29718	合 27861	合 27862
	合 27863	合 30927				
合 27867	合 27866	合 27856	合 27864	合 29718	合 27861	合 27862
	合 27863	合 30927				
合 27869	合 27857					

（續表）

合 27872	合 27835					
合 27875	合 26899					
合 27876	合 30910					
合 27877	合 24417					
合 27883	合 27712					
合 27888	合 31964					
合 27898	美藏 484					
合 27901	屯南 2127					
合 27907	合 29024					
合 27947	合 28115					
合 27957	合補 9513					
合 27965	合 29855					
合 27997	已綴入《醉古集》第 272 則					
合 28027	已綴入《醉古集》第 273 則					
合 28060	已綴入《醉古集》第 269 則					
合 28066	已綴入《醉古集》第 273 則					
合 28087	合補 9151	甲 1592				
合 28099 正	合 32185					
合 28114	合補 4439					
合 28115	合 27947					
合 28131	合 28825					
合 28146	甲 1461					
合 28156	合 27010					
合 28176	合 28185					
合 28185	合 28176					
合 28188	合 31003					
合 28215	合 27947					

（續表）

合 28218	合 29427	合 30689				
合 28237	合 28238	合 27255 （甲 2766）				
合 28238	合 28237	合 27255 （甲 2766）				
合 28249	已綴入《醉古集》第 276 則					
合 28266	合 30026					
合 28288	合 28293					
合 28293	合 28288					
合 28315	屯南 4585					
合 28331	合 28823					
合 28341	合 28706					
合 28345	合 28711					
合 28349	合 28795					
合 28377	合 29331					
合 28379	合補 9210					
合 28401	合補 9261					
合 28433	合補 9143					
合 28434	合補 9115					
合 28438	北大 95	合補 8961				
合 28460	合補 9334					
合 28464	旅藏 1775					
合 28513 （合 30112）	已綴入《醉古集》第 277 則					
合 28515	安明 1952	合 30144				
合 28539	合 28973	合 28547	合 30146			
合 28541	合 29092					
合 28543	英藏 2342					

（續表）

合 28546	已綴入《醉古集》第 278 則					
合 28547	合 28973	合 28539	合 30146			
合 28549	合 27773					
合 28551	合 28718					
合 28559	合 29106					
合 28562	合 28712					
合 28569	合 29093	合 29172				
合 28573	合 27231					
合 28588	旅藏 1482					
合 28589（河南拓 3507）	河南拓 3480					
合 28610	合 29072					
合 28618	合 29893					
合 28623	合 29175					
合 28625	合 30137	合 29907				
合 28632	已綴入《醉古集》第 277 則					
合 28633	合補 7455					
合 28641	合補 9128					
合 28655	合 30990					
合 28656	合 28714					
合 28683（合補 9228）	合 28778					
合 28688	合補 9142					
合 28706	合 28341					
合 28711	合 28345					
合 28712	合 28562					
合 28714	合 28656					

（續表）

合 28718	合 28551					
合 28740	合補 9087					
合 28748（上博 17645.344）	合 29286（上博 17647.72）					
合 28749	合 31059					
合 28750	合 27805	合 27792				
合 28754	合 28922					
合 28761	已綴入《醉古集》第 279 則					
合 28773	合 31721					
合 28778	合 28683（合補 9228）					
合 28786	合 27820					
合 28794	甲骨文集 2.2.0313					
合 28795	合 28349					
合 28803	合補 9254					
合 28823	合 28331					
合 28825	合 28131					
合 28843	合 33425					
合 28859	合補 9409					
合 28862	謝文 234					
合 28865	已綴入《醉古集》第 280 則					
合 28894	英藏 2321					
合 28903	合 27754					
合 28908	合 31687					
合 28913 下半	合 29062	北圖 11420				
合 28919	合 30142	安明 1899				

（續表）

合 28922	合 28754					
合 28926	合 28944					
合 28932	加拿大維多利亞博物館藏甲骨 23					
合 28933	英藏 2315					
合 28936	合 29158					
合 28938	合補 9852					
合 28943	合 29140					
合 28944	合 28926					
合 28953	合 29048					
合 28956	合補 8997					
合 28963（合 29021）	英藏 2314					
合 28969	合 29065					
合 28973	合 28547	合 28539	合 30146			
合 28981	合 29178					
合 28996	合 41383					
合 29021（合 28963）	英藏 2314					
合 29024	合 27907					
合 29036	合 29123					
合 29040	合 41363					
合 29048	合 28953					
合 29059	北圖 11395					
合 29062	合 28913 下半	北圖 11420				
合 29064	合 28859	合補 9409				
合 29065	合 28969					

（續表）

合 29072	合 28610					
合 29080	善齋 1.59b.3					
合 29086	合 29155					
合 29092	合 28541					
合 29093	合 28569	合 29172				
合 29099	合 29171	合 29101				
合 29101	合 29099	合 29171				
合 29106	合 28559					
合 29110	合 27785					
合 29123	合 29036					
合 29132	冬 338					
合 29140	合 28943					
合 29144	已綴入《醉古集》第 279 則					
合 29148	合 30074					
合 29155	合 29086					
合 29158	合 28936					
合 29165	合補 9541					
合 29169 （合 33558）	合補 9173	天理 560				
合 29171	合 29099	合 29101				
合 29172	合 29093	合 28569				
合 29175	合 28623					
合 29177	合 27809					
合 29178	合 28981					
合 29201	合 29862					
合 29223	合 31252	天理 563				
合 29249 （合補 9027）	合 29250					

（續表）

合 29250	合 29249（合補 9027）					
合 29258	合補 9818					
合 29278	屯南 217					
合 29280	合 30158					
合 29286（上博 17647.72）	合 28748（上博 17645.344）					
合 29289	合 29370					
合 29296	合 29302					
合 29298	合 29373					
合 29302	合 29296					
合 29314	甲骨文集 2.2.0464					
合 29316	合補 9042					
合 29331	合 28377					
合 29343	明後 2644					
合 29348	合 29349					
合 29349	合 29348					
合 29360（甲 2033）	甲 1939					
合 29370	合 29289					
合 29373	合 29298					
合 29376	已綴入《醉古集》第 241 則					
合 29382	合 29856					
合 29413	合補 9257					
合 29415	合 27554	合 30560	文攈 2240			
合 29418	合 29423	合 27720				
合 29423	合 27720	合 29418				

（續表）

合 29427	合 28218	合 30689				
合 29449	合 29524					
合 29500	合 27147					
合 29520	掇三 824					
合 29523	合 29764					
合 29524	合 29449					
合 29529	合 27667					
合 29532	合 30434					
合 29534	甲 2210					
合 29542	合 28460					
合 29561	已綴入《醉古集》第 280 則					
合 29603	合 30494					
合 29605	合 31214					
合 29632 （合 29633）	掇三 127					
合 29633 （合 29632）	掇三 127					
合 29665	合 31135					
合 29671 （甲 2741）	合 26941 （甲 2458）					
合 29673 （甲 2595）	甲 2767					
合 29688	京人 2228	合 30272	合 29689			
合 29689	京人 2228	合 30272	合 29688			
合 29699	合 30821					
合 29705	合補 9587					
合 29718	合 27867	合 27856	合 27866	合 27863	合 27861	合 27862
	合 27864	合 30927				

（續表）

合 29719	合 31626	合 31623（北大 1239）	合 16548（旅藏 753）	合補 8814		
合 29721	合補 10058					
合 29722	合 31541 正					
合 29724	合 31351					
合 29726	甲編未著録 3.2.0593					
合 29737	合 30922					
合 29738	合 31764					
合 29764	合 29523					
合 29791	合 29792					
合 29792	合 29791					
合 29795	安明 2259 倒					
合 29813 正	甲 2662	甲 2883				
合 29815 正	合 32289					
合 29834	合 30072					
合 29855	合 27965					
合 29856	合 29382					
合 29857	上博 17647.695	村中南 14				
合 29862	合 29201					
合 29865	合 30081					
合 29888	謝文 505					
合 29893	合 28618					
合 29904	合 31776	合 29943	合 30775			
合 29907	合 30137	合 28625				
合 29924	天理 116					
合 29937	笏二 548					

（續表）

合 29943	合 31776	合 29904	合 30775			
合 29950（合 24778）	合 24802					
合 29968	合 27683	合補 8777				
合 29984	合補 9429					
合 29990	合 30174	合 30130				
合 29995	已綴入《醉古集》第 270 則					
合 29998	存補 6.18.3					
合 29999	合 31149					
合 30000	合 30026					
合 30010	合 27391					
合 30015	已綴入《醉古集》第 253 則					
合 30026	合 28266					
合 30054	合 30318					
合 30058	已綴入《醉古集》第 253 則					
合 30072	合 29834					
合 30074	合 29148					
合 30080	合 30125					
合 30081	合 29865					
合 30083	合補 9335					
合 30106	合 30107	合 30108	合 30110	合 30109		
合 30107	合 30106	合 30108	合 30110	合 30109		
合 30108	合 30107	合 30106	合 30110	合 30109		
合 30109	合 30110	合 30108	合 30107	合 30106		
合 30110	合 30108	合 30107	合 30106	合 30109		
合 30110	合補 3815					
合 30112（合 28513）	已綴入《醉古集》第 277 則					

（續表）

合 30125	合 30080					
合 30130	合 30174	合 29990				
合 30137	合 28625	合 29907				
合 30142	合 28919	安明 1899				
合 30144	合 28515	安明 1952				
合 30146	合 28547	合 28973	合 28539			
合 30148	已綴入《醉古集》第 278 則					
合 30158	合 29280					
合 30174	合 29990	合 30130				
合 30177	甲骨文集 2.2.0369					
合 30180	合 38179（北大 128）	拾遺 527				
合 30239	屯南 815					
合 30257	北圖 13350					
合 30272	合 29688	京人 2228				
合 30300	安明 2252	合補 9749				
合 30318	合 30054					
合 30320	已綴入《醉古集》第 282 則					
合 30331	合 30410					
合 30351	合 30734					
合 30396	合 30819					
合 30401	合補 10356					
合 30402	已綴入《醉古集》第 244 則					
合 30405	已綴入《醉古集》第 282 則					
合 30410	合 30331					
合 30429	已綴入《醉古集》第 244 則					
合 30430	已綴入《醉古集》第 285 則					

（續表）

合 30434	合 29532					
合 30440	瑞典 108	合 30967				
合 30445	天理 569					
合 30452	京人 1854					
合 30457（存補 3.173.2）	合 12853（乙 8689）					
合 30466	已綴入《醉古集》第 283 則					
合 30479	已綴入《醉古集》第 275 則					
合 30480	合 30663	合 27051				
合 30488	合 30945					
合 30493	合 30747					
合 30494	合 29603					
合 30496	合 27450					
合 30515	合補 10213					
合 30532	合 27150					
合 30552	屯南 253					
合 30560	合 29415	合 27554	文攈 2240			
合 30586	甲 1155					
合 30588	合 30615	合 30751				
合 30596	甲骨文集 3.2.0278					
合 30609	已綴入《醉古集》第 241 則					
合 30615	合 30588	合 30751				
合 30622	合 30659					
合 30625	合 27568					
合 30634	合 31846					
合 30658	合 31012					

（續表）

合 30659	合 30622					
合 30663	合 30480	合 27051				
合 30685	英藏 2288					
合 30689	合 29427	合 28218				
合 30706	合 41573					
合 30708	合 27591					
合 30734	合 30351					
合 30747	合 30493					
合 30751	合 30615	合 30588				
合 30764	合 27077					
合 30775	合 29943	合 29904	合 31776			
合 30780	已綴入《醉古集》第 276 則					
合 30787	合 27433	合 27496				
合 30800	合 27702					
合 30806	合 30807	合 30951				
合 30807	合 30806	合 30951				
合 30810	合補 10212					
合 30819	合 30396					
合 30821	合 29699					
合 30875	復旦 287					
合 30878	北大 451					
合 30882	2.2.0107	2.2.0253				
合 30894	上博 21691.14					
合 30896	屯南 4181					
合 30910	合 27876					

（續表）

合 30922	合 29737					
合 30927	合 27867	合 27866	合 27856	合 29718	合 27861	合 27862
	合 27863	合 27864				
合 30945	合 30488					
合 30951	合 30807	合 30806				
合 30955	合 27104					
合 30967	合 30440	瑞 108				
合 30974	已綴入《醉古集》第 239 則					
合 30990	合 28655					
合 31003	合 28188					
合 31004	天理 490	合 32435				
合 31012	合 30658					
合 31035	合補 9465	合補 9211				
合 31046（甲 1256）	甲 2013					
合 31058	已綴入《醉古集》第 285 則					
合 31059	合 28749					
合 31066	輯佚 565					
合 31079	合補 9709					
合 31083	合 31844					
合 31100	合 31106					
合 31101	已綴入《醉古集》第 354 則					
合 31106	合 31100					
合 31111	合補 9382					
合 31126	合 32122					
合 31128	北大 455					
合 31135	合 29665					

（續表）

合 31144（中歷藏 1588）	合補 9445					
合 31149	合 29999					
合 31168	合 27427					
合 31169	合 26990					
合 31173	合補 9706（天理 492）	合補 8975（天理 494）				
合 31195（甲 2054）	合 27109（甲 1207）					
合 31214	合 29065					
合 31227	合 27129					
合 31252	合 29223	天理 563				
合 31259	合 27747					
合 31281	合 36445	合補 13135				
合 31287	合補 9710					
合 31296	R35173					
合 31318	合 31338	合 31358	施美士 9			
合 31330	合 31356（合 31365）	合補 10124	合 31363（合補 9999）			
合 31333	虚 2359					
合 31334	明後 2307					
合 31338	合 31318	合 31358	施美士 9			
合 31351	合 29724					
合 31356（合 31365）	合 31330	合補 10124	合 31363（合補 9999）			
合 31358	施美士 9	合 31318	合 31338			
合 31363（合補 9999）	合 31330	合 31356（合 31365）	合補 10124			

（續表）

合 31365（合 31356）	合 31330	合補 10124	合 31363（合補 9999）			
合 31369	已綴入《醉古集》第 301 則					
合 31380	合 31392	合補 9828（合補 10095）				
合 31384	已綴入《醉古集》第 300 則					
合 31387	甲骨文集 3.2.0463	甲骨文集 3.2.0505				
合 31392	合補 9828（合補 10095）	合 31380				
合 31393	已綴入《醉古集》第 300 則					
合 31403	合補 8844	合 31416				
合 31416	合補 8844	合 31403				
合 31428	合 31434					
合 31434	合 31428					
合 31466	合 31580					
合 31470	北大 1706					
合 31518	合補 10090（合補 10107）					
合 31526	合補 8640					
合 31530	合 31626	合 29719	合 16548			
合 31541 正	合 29722					
合 31565	合補 9885					
合 31580	合 31466					
合 31603	甲 1309					
合 31623（北大 1239）	合 31626	合 29719	合 16548（旅藏 753）	合補 8814		

（續表）

合 31626	合 29719	合 31623（北大 1239）	合 16548（旅藏 753）	合補 8814		
合 31676	《殷虚“骨簡”及其有關問題》圖 11					
合 31687	合 28908					
合 31715	合 27501					
合 31720	已綴入《醉古集》第 239 則					
合 31721	合 28773					
合 31764	合 29738					
合 31776	合 29943	合 29904	合 30775			
合 31792	合 41322（英藏 2367）					
合 31810	合 22452	山東 1860				
合 31824	合 32433					
合 31830（甲 2788）	合 27576（甲 2455）					
合 31846	合 30634					
合 31921（甲 619）	甲編未著録 2.2.0215	甲 647				
合 31935	合補 8760					
合 31941	合 22510	合 22254	乙 8868	合 22247	乙補 7377 倒	乙補 7354
	乙補 7363 倒	乙補 7378	乙補 7405	乙 8757	乙 8739	R37122
	R37062	R37514				
合 31966	合 32953					
合 31974	合 4199					
合 32008	合補 6909	合 34560	合 32747			

（續表）

合 32012	合補 10298					
合 32020	合 34638					
合 32026	已綴入《醉古集》第 214 則					
合 32029	合 32743					
合 32044	上博 46451	合 32686				
合 32057	合 33526					
合 32066	已綴入《醉古集》第 286 則					
合 32067	合 32105	山東 1451				
合 32070（存補 1.117.2）	謝文 47					
合 32075	合 35142					
合 32082	合 34236					
合 32105	合 32067	山東 1451				
合 32108	合 33584	合 35160				
合 32114	屯南 3673	屯南 3723				
合 32115	合 32511					
合 32122	合 31126					
合 32130	合 34667	英藏 2416				
合 32136	已綴入《醉古集》第 287 則					
合 32150	已綴入《醉古集》第 286 則					
合 32163（合 664）	掇三 214	合 35128	合 35331			
合 32167	合 32431					
合 32168	北圖 2891					
合 32179	乙補 7371	乙補 7369 倒	合 22130			
合 32185	合 28099 正					

（續表）

合 32191	合 33716					
合 32193	合 34409					
合 32194	合 32217					
合 32211	合 33224					
合 32212	合 33224	合 33334				
合 32214	安明 2772					
合 32215	合 33218	合 32860	合 34124	國博 133		
合 32217	合 32194					
合 32218	合 32407					
合 32229	合 34309					
合 32233	合補 10462					
合 32234	合 32250					
合 32250	合 32234					
合 32257	已綴入《醉古集》第 290 則					
合 32261	合 34320					
合 32276	合 33018					
合 32289	合 29815 正					
合 32297	已綴入《醉古集》第 291 則					
合 32301	摭續 92					
合 32326	合 32469					
合 32334	合 34555					
合 32335	合 32619					
合 32360	上博 46465					
合 32361	合 33723					
合 32363	合 34466（上博 21569.19）					
合 32380	合 32478	合 35188				

（續表）

合 32385	甲 2283	合 22484				
合 32389	合 32440	合 32847	合 32482			
合 32407	合 32218					
合 32413	已綴入《醉古集》第 292 則					
合 32418	合 34444					
合 32425	合 34595					
合 32431	合 32167					
合 32433	合 31824					
合 32435	天理 490	合 31004				
合 32436	屯南 4276	屯南 4287				
合 32440	合 32389	合 32847	合 32482			
合 32453 部分	已綴入《醉古集》第 271 則					
合 32454	合 27172	合 32593				
合 32461 反右半	合 34660	合 34665				
合 32463	已綴入《醉古集》第 292 則					
合 32468	輯佚 629 正					
合 32478	合 35188	合 32380				
合 32482	合 32847	合 32389	合 32440			
合 32501	已綴入《醉古集》第 247 則					
合 32505	合 32889					
合 32511	合 32115					
合 32544	合 32643					
合 32548	合補 10903					
合 32558	合 32790					
合 32586 正	已綴入《醉古集》第 236 則					

（續表）

合 32593	合 27172	合 32454				
合 32619	合 32335					
合 32621	上博 2426.326					
合 32622	合 34650					
合 32643	合 32544					
合 32663（甲 2622）	甲 2486					
合 32681	合 34369					
合 32686	上博 46451	合 32044				
合 32695 左	合 34423					
合 32695 右	寧 1.684					
合 32711	合補 10553					
合 32713	已綴入《醉古集》第 283 則					
合 32715	續存上 2084					
合 32716	已綴入《醉古集》第 272 則					
合 32724	合 33049					
合 32740	合 21584					
合 32743	合 32029					
合 32747	合 34560	合補 6909	合 32008			
合 32757	殷拾 10.2					
合 32758	合 19996	合 22266	合 39668	合 21560	甲骨文集 2.2.0051	
合 32760	已綴入《醉古集》第 243 則					
合 32762 甲正、乙正	合 33291 部分	合 34680				
合 32768	已綴入《醉古集》第 246 則					
合 32769	合 35319					

（續表）

合 32771	安明 1131					
合 32781	合 7961					
合 32782	懷特 1640					
合 32790	合 32558					
合 32797 倒	合 27657					
合 32815	合 33017	合 33014				
合 32825	合 41664					
合 32831	屯南 2273					
合 32833	已綴入《醉古集》第 296 則					
合 32839	合 20385	合 20171				
合 32846	合補 10493					
合 32847	合 32389	合 32440	合 32482			
合 32848	合 34102					
合 32860	合 33218	合 32215	合 34124	國博 133		
合 32866	合 33060					
合 32871	已綴入《醉古集》第 220 則					
合 32889	合 32505					
合 32890	合 33044					
合 32898	北圖 510					
合 32923	合 34083					
合 32931	合 34524					
合 32933	合補 10529					
合 32953	合 31966					
合 32971	合補 10786					
合 32973	合 33107					
合 33000	合 35223					
合 33001	合補 10864					

（續表）

合 33004	合 31977					
合 33007	合 34442					
合 33008	合補 9309					
合 33014	合 32815	合 33017				
合 33017	合 32815	合 33014				
合 33018	合 32276					
合 33021	屯南 4103	合 33120				
合 33035	合 14920					
合 33043	蘇德 350					
合 33044	合 32890					
合 33047	已綴入《醉古集》第 233 則					
合 33049	合 32724					
合 33050	合 33095（合補 10526）					
合 33053	合 33056	英藏 397				
合 33056	合 33053	英藏 397				
合 33058	合 5418					
合 33060	合 32866					
合 33064	屯南 2915					
合 33066	合 33281	合 34395				
合 33076	屯南 4215	屯南 4188	上博 2426.41			
合 33095（合補 10526）	合 33050					
合 33098	村中南 245					
合 33107 部分	合 32973					

（續表）

合 33120	合 33021	屯南 4103				
合 33124	合補 225					
合 33135	合 16801					
合 33145	懷特 1615					
合 33151	後下 35.3					
合 33152	合 35148					
合 33161	合 33789					
合 33162	合 33391					
合 33165	合補 10218					
合 33193	已綴入《醉古集》第 214 則					
合 33218	合 32215	合 32860	合 34124	國博 133		
合 33219	合 34123					
合 33223	已綴入《醉古集》第 237 則					
合 33224	合 33334	合 32212				
合 33246	殷拾 12.5	合 33267				
合 33267	殷拾 12.5	合 33246				
合 33275	合補 10634					
合 33279	合 33307					
合 33280	屯南 943	屯南 1335				
合 33281	合 33066	合 34395				
合 33283	已綴入《醉古集》第 295 則					
合 33289	村中南 229					
合 33291 部分	合 32762 乙正	合 32762 甲正	合 34680			
合 33305	已綴入《醉古集》第 329 則					
合 33307	合 33279					
合 33313	已綴入《醉古集》第 329 則					

（續表）

合 33321	已綴入《醉古集》第 296 則					
合 33322	已綴入《醉古集》第 295 則					
合 33327	屯南 4100					
合 33330	合 34147					
合 33334	合 32212	合 33224				
合 33352 正反	已綴入《醉古集》第 246 則					
合 33355	合 33917					
合 33366	已綴入《醉古集》第 240 則					
合 33368	合 10947	1.0.0519				
合 33371	合 33372					
合 33372	合 33371					
合 33383	合補 10674	合 33628				
合 33385	合補 10660					
合 33391	合 33162					
合 33425	合 28843					
合 33434	已綴入《醉古集》第 379 則					
合 33451	京人 2502					
合 33454	合 33470					
合 33462	合補 10578					
合 33469 上半	合 33474	合 33501				
合 33472	合補 9107					
合 33474	合 33469 上半	合 33501				
合 33475	輯佚 608					
合 33485	合補 9811（合補 9810）	旅藏 1532				

（續表）

合 33501	合 33469 上半	合 33474				
合 33502	合補 9101					
合 33514	合 33524					
合 33520	合 37812	合 37800				
合 33523	屯南 648					
合 33524	合 33514					
合 33526	合 32057					
合 33528	合 33514	合 27772				
合 33538	合 33545					
合 33545	合 33538					
合 33558 （合 29169）	合補 9173	天理 560				
合 33569	屯南 2758	屯南 2727				
合 33576	已綴入《醉古集》第 245 則					
合 33583	已綴入《醉古集》第 224 則					
合 33584	合 32108	合 35160				
合 33615	英藏 2398 （合 41468）	英藏 2458 （合 41467）				
合 33626	合 33681					
合 33627	合 34433					
合 33628	合補 10674	合 33383				
合 33635	合 34641					
合 33656	合 33808					
合 33662	合 33674	北圖 9466				
合 33674	合 33662	北圖 9466				
合 33677	合 34099					
合 33681	合 33626					

（續表）

合 33691	合補 9605					
合 33694	合 34324					
合 33695	合 34365					
合 33705	安明 2665					
合 33707	英藏 2464					
合 33716	合 32191					
合 33717	掇三 685（復旦 237）					
合 33723	合 32361					
合 33742	合補 10405					
合 33746 正	3.2.0606	3.2.0607	甲 2463	合 27311		
合 33770	合 34630					
合 33784	山東 1520	合 33826				
合 33789	合 33161					
合 33796	已綴入《醉古集》第 379 則					
合 33808	合 33656					
合 33817（旅藏 1894）	合補 10544（天理 591）					
合 33826	合 33784	山東 1520				
合 33837	合 34515					
合 33841	天理 601					
合 33844	已綴入《醉古集》第 245 則					
合 33884	甲骨文集 2.2.0015					
合 33896	甲編未著録 2.2.0034					
合 33903	合補 10620					
合 33917	合 33355					

（續表）

合 33927	合 34349	合 33576				
合 33954	已綴入《醉古集》第 245 則					
合 33978	合 34031					
合 33983	已綴入《醉古集》第 246 則					
合 33985	合 34701					
合 34020	合 34021					
合 34021	合 34020					
合 34028	合 34032					
合 34031	合 33978					
合 34032	合 34028					
合 34052	合 41458（英藏 2404）	上博 2426.647	合 34326	謝文 41	掇三 132	
合 34054	合補 9509					
合 34063	已綴入《醉古集》第 233 則					
合 34064	合 34584					
合 34083	合 32923					
合 34090	合補 10474					
合 34099	合 33677					
合 34102	合 32848					
合 34104	已綴入《醉古集》第 242 則					
合 34113	合 32188	英藏 1771	合 32189			
合 34116	合 34253					
合 34123	合 33219					
合 34124	合 32215	合 32860	合 33218	國博 133		
合 34131	粹 1184					
合 34147	合 33330					
合 34159	合 11785					
合 34164	合 34473					

（續表）

合 34167	合 34715					
合 34195	合 34534	2015 年西泠印社秋季拍賣會甲骨彩圖之一				
合 34219	已綴入《醉古集》第 296 則					
合 34233	屯南 1076	屯南 1074				
合 34236	合 32082					
合 34237	合 35326					
合 34253	合 34116					
合 34280	已綴入《醉古集》第 291 則					
合 34302	已綴入《醉古集》第 287 則					
合 34303	已綴入《醉古集》第 290 則					
合 34308（合補 10672）	北圖 6822					
合 34309	合 32229					
合 34314	已綴入《醉古集》第 236 則					
合 34320	合 32261					
合 34324	合 33694					
合 34325	已綴入《醉古集》第 224 則					
合 34326	掇三 132	合 34052	合 41458（英藏 2404）	上博 2426.647	謝文 41	
合 34328	合 34459					
合 34344	已綴入《醉古集》第 379 則					
合 34349	已綴入《醉古集》第 245 則					
合 34361	已綴入《醉古集》第 235 則					
合 34365	合 33695					
合 34369	合 32681					

（續表）

合 34380	合 35093					
合 34395	合 33281	合 33066				
合 34409	合 32193					
合 34421	安明 1793					
合 34423	合 32695 部分					
合 34433	合 33627					
合 34442	合 33007					
合 34444	合 32418					
合 34454	合 34456					
合 34456	合 34454					
合 34459	合 34328					
合 34466	合 32363					
合 34467	已綴入《醉古集》第 296 則					
合 34473	合 34164					
合 34490	屯南 4120					
合 34494	合補 10558					
合 34509	已綴入《醉古集》第 222 則					
合 34515	合 33837					
合 34524	合 32931					
合 34530	合 34544	京人 2223				
合 34534	合 34195	2015 年西泠印社秋季拍賣會甲骨彩圖之一				
合 34544	合 34530	京人 2223				
合 34546	合 34632					
合 34555	合 32334					

（續表）

合 34560	合 32747	合補 6909	合 32008			
合 34565	掇三 129					
合 34572	屯南 1295					
合 34576	合 13179 甲	合 22299	合 22473	京人 3144	合 13179 乙	
合 34582	合補 7021 甲乙					
合 34584	合 34064					
合 34595	合 32425					
合 34615	已綴入《醉古集》第 242 則					
合 34630	合 33770					
合 34632	合 34546					
合 34637	合補 10511					
合 34638	合 32020					
合 34639	合補 10572					
合 34641	合 33635					
合 34650	合 32622					
合 34660	合 34665	合 32461 反右半				
合 34665	合 34660	合 32461 反右半				
合 34667	合 32130	英藏 2416				
合 34669	合 27033					
合 34680	合 33291 部分	合 32762 乙正	合 32762 甲正			
合 34687	英藏 2439					
合 34688	合補 10606					
合 34701	合 33985					
合 34715	合 34167					

（續表）

合 34721	存補 5.340.2					
合 34738	合 35037					
合 34741	合 35098					
合 34756	綴續 385					
合 34758	合 35013					
合 34784	合 35026	黑川 7				
合 34795	合 35055					
合 34805	合 35000（合補 10780）	合 16911				
合 34810	天理 600	合 34936				
合 34816	合 31361					
合 34844（北大 1250）	合 34982（北大 1249）					
合 34853	中歷藏 1488					
合 34855	善齋 5.39b.2					
合 34878	殷遺 458 正					
合 34882	合 35010	合 35039				
合 34912	善齋 6.44b.7					
合 34923	國博 150					
合 34926	合補 6933					
合 34934	村中南 136					
合 34936	合 34810	天理 600				
合 34964	合 35027					
合 34982（北大 1249）	合 34844（北大 1250）					
合 34984	合 35100					
合 35000（合補 10780）	合 34805	合 16911				

（續表）

合 35010	合 34882	合 35039				
合 35013	合 34758					
合 35026	合 34784	黑川 7				
合 35027	合 34964					
合 35037	合 34738					
合 35039	合 34882	合 35010				
合 35055	合 34795					
合 35081	上博 48704.1	合補 6704	殷餘 14.3			
合 35093	合 34380					
合 35098	合 34741					
合 35100	合 34984					
合 35106	合補 10771	合補 10762				
合 35119	京人 2482					
合 35128	合 35331	掇三 214	合 664（合 32163）			
合 35142	合 32075					
合 35146	已綴入《醉古集》第 220 則					
合 35148	合 33152					
合 35160	合 33584	合 32108				
合 35170	北圖 493					
合 35188	合 32478	合 32380				
合 35190	已綴入《醉古集》第 243 則					
合 35197	已綴入《醉古集》第 246 則					
合 35200	已綴入《醉古集》第 247 則					
合 35204	合 4686					
合 35212	已綴入《醉古集》第 243 則					
合 35216	合 4685					
合 35219	中歷藏 62					

（續表）

合 35221	北圖 7903					
合 35223	合 33000					
合 35261 甲中“乙”片的反面（存補 3.277.2）	合補 10535 反					
合 35262	已綴入《醉古集》第 240 則					
合 35263	已綴入《醉古集》第 238 則					
合 35274	已綴入《醉古集》第 238 則					
合 35277	甲 2283	合 22484				
合 35291	已綴入《醉古集》第 237 則					
合 35309	甲骨文集 2.2.0513					
合 35319	合 32769					
合 35326	已綴入《醉古集》第 293 則					
合 35331	掇三 214	合 35128	合 664（合 32163）			
合 35363	已綴入《醉古集》第 298 則					
合 35364	合 35363					
合 35374	掇三 140	掇二 419	合 37137	安明 2909	輯佚 824	
合 35384	合 38617	北大 505				
合 35386	合 36031					
合 35405	笏二 1111					
合 35406	史購 172	合補 12927				
合 35408	輯佚 765	輯佚 764	合 38827			
合 35410	合 35741					
合 35412	合 38260					
合 35415	合補 11920					

（續表）

合 35418	合 36928	合補 11039（東文研 894）				
合 35429	英藏 2594					
合 35432	合補 11093（合 37835）					
合 35437	合 35920					
合 35493	合 35586	合 35891	存補 6.132.5			
合 35508	合 35531	北大 615				
合 35531	合 35508	北大 615				
合 35541	合 36894	上博 2426.1373				
合 35556	合 38264					
合 35577	合 35582	合 37909				
合 35582	合 35577	合 37909				
合 35586	合 35493	合 35891	存補 6.132.5			
合 35596	合補 11695					
合 35652	合補 11897					
合 35655	合 35704					
合 35660	合 35908	北大 1413	輯佚 861			
合 35661	合 35705	合 39178				
合 35663	合補 11472					
合 35674	合 36295					
合 35684	安明 3032					
合 35686	合 35708					
合 35701	南明 784					
合 35703	契合 144					
合 35704	合 35655					

（續表）

合 35705	合 35661	合 39178				
合 35709	合 35716					
合 35716	合 35709					
合 35741	合 35410					
合 35745	合補 12872	英藏 2508				
合 35759	合 37961					
合 35765	善齋 2.20A.8					
合 35780	合 38271					
合 35815	合 37163	合 37211				
合 35833	合補 11884					
合 35839	合補 10977	合 38749				
合 35843	旅藏 2013					
合 35852	合 35813					
合 35857	合 35954					
合 35891	存補 6.132.5	合 35586	合 35493			
合 35897	京人 2924					
合 35908	北大 1413	合 35660	輯佚 861			
合 35920	合 35437					
合 35922	北大 702					
合 35929	安明 2955					
合 35931	合 35950	合 37173	掇二 419			
合 35940	合 38725					
合 35950	合 35931	合 37173	掇二 419			
合 35953	合補 10993					
合 35954	合 35857					
合 35965	存補 7.3.2	合 36177	笏二 986			
合 35970	拾遺 472					

（續表）

合 35973	合 36021					
合 35977	合 37015					
合 35984	合 41739					
合 35989	合 36004					
合 35990	安明 2907					
合 35991（旅藏 1937）	北圖 8492					
合 36004	合 35989					
合 36021	合 35973					
合 36022	合補 11047					
合 36031	合 35386					
合 36039	合補 11086					
合 36053	輯佚 711					
合 36059	合 36330					
合 36078	合 38235	合 37308				
合 36127	合補 13157	合補 13134				
合 36143（北圖 2844）	輯佚 683					
合 36150	旅藏 1924					
合 36174	合 36178	合 37142				
合 36177	存補 7.3.2	合 35965	笏二 986			
合 36178	合 37142	合 36174				
合 36196 乙	合補 10955					
合 36203	合 37711	合 37522	合 37405	北大 2881	拾遺 618	
合 36231	合 36309					
合 36246	懷特 1715					
合 36248	合 36301					
合 36258	合補 10989					

（續表）

合 36276	山東 1252					
合 36295（中歷藏 1651）	合 35674（中歷藏 1641）					
合 36301	合 36248					
合 36309	合 36231					
合 36324	合 36334	合補 11433				
合 36325	合 37356					
合 36328	合 37301					
合 36330	合 36059					
合 36334	合補 11433	合 36324				
合 36347	合 36355	合 36747				
合 36355	合 36347	合 36747				
合 36357	合補 13148	輯佚 957				
合 36360	合 36514					
合 36372	合 36381					
合 36381	合 36372					
合 36395	合補 11107					
合 36401	明後 2774					
合 36406	合 36678					
合 36414	合 36721					
合 36415	合 37780	合 36546	合 36622			
合 36417	合 8359					
合 36419	合 36790					
合 36429	中歷藏 1769					
合 36430	合 40895	輯佚 684				
合 36432	輯佚 700					
合 36436	合 36447	合補 2208				

（續表）

合 36437	輯佚 734					
合 36445	合 31281	合補 13135				
合 36447	合補 2208	合 36436				
合 36450	合補 12434					
合 36454	合補 12534					
合 36455	國博 258					
合 36457	合 36474	合 36818	合補 12282	合 36460		
合 36460	合 36474	合 36818	合補 12282	合 36457		
合 36474	合 36818	合 36457	合補 12282	合 36460		
合 36488	合 36803					
合 36490	合 36494	合補 12877	英藏 2525			
合 36494	合 36490	合補 12877	英藏 2525			
合 36501	合 36752	合 37410	合 36772			
合 36514	合 36360					
合 36517	合 36927					
合 36518	存補 5.146.1					
合 36531	合 37458					
合 36546	合 36415	合 37780	合 36622			
合 36549	合 36553	合 36550				
合 36550	合 36553	合 36549				
合 36553	合 36550	合 36549				
合 36555（合 36567）	合補 11115					
合 36564	京人 2870					
合 36567（合 36555）	合補 11115					
合 36573	合 36581					
合 36579	合 37637					

（續表）

合 36581	合 36573					
合 36591	合 36697	合 36600	北大 2919			
合 36600	合 36591	合 36697	北大 2919			
合 36601	合 36718	合補 11328				
合 36606	合補 12226	合 36903	合 41776	洹 131	合補 12424	
合 36607	合 38724	通 587	合 36826	存補 6.149.4		
合 36609	英藏 2622					
合 36620	合 37926					
合 36622	合 36546	合 37780	合 36415			
合 36629	合 37827					
合 36630	合 36938	合 36946	英藏 2564（合 41762）	存補 5.304.1	上博 2426.367	合 36968
合 36632（合 36635）	合 36759					
合 36635（合 36632）	合 36759					
合 36638（合補 12784）	合 39367					
合 36639	合 35950	合 35931	掇二 419			
合 36648（合 41769）	合 37463					
合 36649	合 36699					
合 36652	合補 11120					
合 36654	合 36724					
合 36673	合 36834					
合 36675	合 36694					
合 36678	合 36406					
合 36685	旅藏 1958					

（續表）

合 36693	合 36701					
合 36694	合 36675					
合 36697	合 36591	合 36600	北大 2919			
合 36699	合 36649					
合 36701	合 36693					
合 36718	合 36601	合補 11328				
合 36721	合 36414					
合 36722	合 36414					
合 36724	合 36654					
合 36739	合補 11652					
合 36744	合補 11140					
合 36747	合 36347	合 36355				
合 36748	合 36840					
合 36752	合 37410	合 36772	合 36501			
合 36753	合 37504	合 36755	合 36754	合 36777	合 36837	合 36842
	拾遺 622	合 36956				
合 36754	合 36837	合 36753	合 37504	合 36842	合 36755	合 36777
	拾遺 622	合 36956				
合 36755	合 36837	合 36753	合 37504	合 36842	合 36754	合 36777
	拾遺 622	合 36956				
合 36757	輯佚附 67	合 36782				
合 36759	合 36632 （合 36635）					
合 36764	合 36639	合補 13064	合 37508			
合 36767	合 37718	續存上 2384				
合 36768	合 36837	合 36842				
合 36772	合 37410	合 36752	合 36501			

（續表）

<table>
<tr><td>合 36774</td><td>合 36895</td><td>合 36757</td><td>合 36779</td><td></td><td></td><td></td></tr>
<tr><td>合 36775</td><td>合 36778</td><td></td><td></td><td></td><td></td><td></td></tr>
<tr><td rowspan="2">合 36777</td><td>合 36837</td><td>合 36753</td><td>合 37504</td><td>合 36842</td><td>合 36755</td><td>合 36754</td></tr>
<tr><td>拾遺 622</td><td>合 36956</td><td></td><td></td><td></td><td></td></tr>
<tr><td>合 36778</td><td>合 36775</td><td></td><td></td><td></td><td></td><td></td></tr>
<tr><td>合 36779</td><td>合 36774</td><td>合 36895</td><td>合 36757</td><td></td><td></td><td></td></tr>
<tr><td>合 36782</td><td>輯佚附 67</td><td>合 36757</td><td></td><td></td><td></td><td></td></tr>
<tr><td>合 36787</td><td>合 39259</td><td>合 39097</td><td></td><td></td><td></td><td></td></tr>
<tr><td>合 36790</td><td>合 36419</td><td></td><td></td><td></td><td></td><td></td></tr>
<tr><td>合 36791</td><td>合 37568</td><td></td><td></td><td></td><td></td><td></td></tr>
<tr><td>合 36793</td><td>英藏 2660</td><td>英藏 2661</td><td></td><td></td><td></td><td></td></tr>
<tr><td>合 36798</td><td>合 36951</td><td></td><td></td><td></td><td></td><td></td></tr>
<tr><td>合 36799</td><td>上博
2426.1048</td><td>合 36919</td><td></td><td></td><td></td><td></td></tr>
<tr><td>合 36803</td><td>合 36488</td><td></td><td></td><td></td><td></td><td></td></tr>
<tr><td>合 36818</td><td>合 36474</td><td>合 36457</td><td>合補 12282</td><td>合 36460</td><td></td><td></td></tr>
<tr><td>合 36820</td><td>合 36917</td><td></td><td></td><td></td><td></td><td></td></tr>
<tr><td>合 36826</td><td>合 41729</td><td>合 36607</td><td>通 587</td><td>合 38724</td><td>合補 12226</td><td></td></tr>
<tr><td>合 36828</td><td>合補 13062</td><td></td><td></td><td></td><td></td><td></td></tr>
<tr><td>合 36830</td><td>合 36555</td><td>合補 11115</td><td>前 2.9.6</td><td></td><td></td><td></td></tr>
<tr><td>合 36833</td><td>合 37769</td><td>合 37762</td><td></td><td></td><td></td><td></td></tr>
<tr><td>合 36834</td><td>合 36673</td><td></td><td></td><td></td><td></td><td></td></tr>
<tr><td rowspan="2">合 36837</td><td>合 36842</td><td>合 36753</td><td>合 37504</td><td>合 36755</td><td>合 36754</td><td>合 36777</td></tr>
<tr><td>拾遺 622</td><td>合 36956</td><td></td><td></td><td></td><td></td></tr>
<tr><td>合 36839</td><td>合 37487</td><td></td><td></td><td></td><td></td><td></td></tr>
<tr><td>合 36840</td><td>36748</td><td></td><td></td><td></td><td></td><td></td></tr>
<tr><td>合 36841</td><td>安散 53</td><td></td><td></td><td></td><td></td><td></td></tr>
</table>

（續表）

合 36842	合 36837	合 36753	合 37504	合 36755	合 36754	合 36777
	拾遺 622	合 36956				
合 36844	拼三 706					
合 36848	合 36867					
合 36850	合 36930	合補 12656				
合 36852	合 36863					
合 36857	合 37862	合補 13089				
合 36858	合 36877	合 36865	合 36881	合 36852	合 36863	北大 1286
合 36859	合 36864	合補 12252				
合 36860	京人 2920					
合 36862	存補 6.149.4	合 36607	合 38724	通 587		
合 36863	合 36852					
合 36864	合 36859	合補 12252				
合 36865	合 36877	合 36858	合 36852	合 36863	合 36881	北大 1286
合 36867	合 36848					
合 36877	合 36865	合 36858	合 36852	合 36863	合 36881	北大 1286
合 36881	合 36865	合 36858	合 36852	合 36863	合 36877	北大 1286
合 36885	合 37885					
合 36894	合 35541	上博 2426.1373				
合 36895	合補 12732	合 36757				
合 36896	合補 11283					
合 36903	合補 12226	合 36606	合 41776	洹 131	合補 12424	
合 36915	合 38244					
合 36917	合 36820					
合 36919	合 36799	上博 2426.1048				
合 36920	山東 1236					

（續表）

合 36921	合補 13144					
合 36927	合 36517					
合 36928	合補 11039（東文研 894）	合 35418				
合 36930	合 36850	合補 12656				
合 36933	合 36549					
合 36938	合 36630	存補 5.304.1	英藏 2564（合 41762）	上博 2426.367	合 36946	合 36968
合 36941	輯佚 681	合 36960				
合 36946	存補 5.304.1	英藏 2564（合 41762）	合 36630	上博 2426.367	合 36938	合 36968
合 36951	合 36798					
合 36952	合 36754	合 36755				
合 36956	合 36837	合 36842	合 36753	合 37504	合 36755	合 36754
	合 36777	拾遺 622				
合 36957	合補 11141	英藏 2562 正	合 37475			
合 36960	合 36941	輯佚 481				
合 36968	合 36630	存補 5.304.1	英藏 2564（合 41762）	上博 2426.367	合 36946	合 36938
合 36973	合 36989					
合 36987	合 39441					
合 36989	合 36973					
合 37013	中歷藏 1712					
合 37015	合 35977					
合 37027	京人 2738	合 37124				
合 37030	合 37037					
合 37037	合 37030					

（續表）

合 37055	合補 11381					
合 37056（合 37126）	合 37082	續存上 2342				
合 37071	北大 2861					
合 37072	京人 2726					
合 37074	合 37146					
合 37080	東文研 803					
合 37082	合 37056（合 37126）	續存上 2342				
合 37085	合 38465					
合 37086	合 37178					
合 37112（東文研 801）	上博 2426.1299					
合 37115	合 37132					
合 37124	京人 2738	合 37027				
合 37126（合 37056）	合 37082	續存上 2342				
合 37132	東文庫 409					
合 37137	掇二 419	合 35950	合 35931			
合 37142	合補 13425					
合 37146	合 37074					
合 37163	合 37211	合 35815				
合 37172	合 37312	合 37328	史購 294	合補 11442	愛 193	
合 37174	合 11105					
合 37178	合 37086					
合 37183	合補 11402					
合 37195	外 159	外 154				
合 37211	合 37163	合 35815				
合 37243	京人 2713					

（續表）

合 37297	合 37302					
合 37301	合 36328					
合 37302	合 37297					
合 37308	合 36078	合 38235				
合 37310	北大 725					
合 37312	合 37172	合 37328	史購 294	合補 11442	愛 193	
合 37320	北大 696					
合 37328	合 37312	合 37172	史購 294	合補 11442	愛 193	
合 37340	北圖 8979					
合 37356	合 36325					
合 37367	合 37683					
合 37372	合 37374					
合 37373	合 37513					
合 37374	合 37372					
合 37375	合 37517					
合 37378	合 37725					
合 37386	合 37420					
合 37394	合 38726					
合 37399	合 37373	英藏 2542				
合 37405	合 37522	合 36203	合 37711	北大 2881	拾遺 618	
合 37406（北大 132）	京人 2875	合 37580				
合 37409	合 37433	合 37565	合 37625			
合 37410	合 36772	合 36752	合 36501			
合 37416	合 37499	巴黎藏甲骨 25				
合 37417	合 37678					
合 37420	合 37386					

（續表）

合 37427	合 37436	英藏 2549	上博 43970			
合 37428	合 37784					
合 37431	合補 11332					
合 37433	合 37565	合 37409	合 37625			
合 37434	英藏 2565					
合 37436	英藏 2549	上博 43970	合 23474	合 37427	合 23479	
合 37448	合補 11323					
合 37458	合 36531					
合 37459	合 37833					
合 37463	合 36648 （合 41769）					
合 37474	合 37767 （合 37770）	輯佚 729				
合 37475	英藏 2562 正	合補 11141	合 36957			
合 37487	合 36839					
合 37496	合 37776					
合 37499	巴黎藏 甲骨 25	合 37416				
合 37500	合 37724					
合 37502	英藏 2539					
合 37504	合 36837	合 36753	合 36842	合 36755	合 36754	合 36777
	拾遺 622	合 36956				
合 37508	合 36639	合 36764	合補 13064			
合 37513	合 37373					
合 37517	合 37375					
合 37522	合 37405	合 36203	合 37711	北大 2881	拾遺 618	

（續表）

合 37536	合 37538					
合 37538	合 37536					
合 37541	輯佚 1002					
合 37543	合補 11298					
合 37545	合補 13167					
合 37549	合補 11307					
合 37553	合補 11366					
合 37555	合 37562					
合 37562	合 37555					
合 37565	合 37433	合 37409	合 37625			
合 37568	合 36791					
合 37574	合補 11274					
合 37576	合 37713					
合 37580	京人 2875	合 37406（北大 132）				
合 37582	合 37717					
合 37599	合 37747					
合 37600	存補 3.27.1					
合 37601	明後 2758					
合 37603	合 37814					
合 37614	合 37674					
合 37625	合 37409	合 37565	合 37433			
合 37627	合 37745（復旦 219）					
合 37637	合 36579					
合 37653	英藏 2547					
合 37654	合 37659					
合 37659	合 37654					

（續表）

合 37661	合 37496	合 37776	史購 279			
合 37663	合 37749					
合 37668	合 37708	合 37763	合 37709			
合 37669	合 37727	合 38156				
合 37674	合 37614					
合 37678	合 37417					
合 37683	合 37367					
合 37706	合補 11373	續 3.30.1				
合 37708	合 37668	合 37763	合 37709			
合 37709	合 37668	合 37708	合 37763			
合 37711	合 36203	合 37405	合 37522	北大 2881	拾遺 618	
合 37713	合 37576					
合 37717	合 37582					
合 37718	合 36767	續存上 2384				
合 37724	合 37500					
合 37725	合 37378					
合 37727	合 37669	合 38156				
合 37745（復旦 219）	合 37627					
合 37747	合 37599					
合 37749	合 37663					
合 37750（合補 11108）	合 37772（北圖 1271）					
合 37759	合 37782					
合 37762	合 36833	合 37769				
合 37763	合 37708	合 37668	合 37709			
合 37764	合補 11377					

（續表）

合 37767 （合 37770）	合 37474	輯佚 729				
合 37769	合 36833	合 37762				
合 37770 （合 37767）	合 37474	輯佚 729				
合 37772 （北圖 1271）	合 37750 （合補 11108）					
合 37775	合補 13080					
合 37776	合 37496					
合 37777	合 38171					
合 37779	合 39427	拾遺 587				
合 37780	合 36415	合 36546	合 36622			
合 37782	合 37759					
合 37784	合 37428					
合 37786	珠 441					
合 37789	合 37798					
合 37790	合補 11303					
合 37798	合 37789					
合 37800	合 37812	合 33520				
合 37812	合 37800	合 33520				
合 37813	合 35852					
合 37814	合 37603					
合 37819	合補 11322					
合 37821	京人 2869					
合 37827	合 36629					
合 37828	輯佚 1004					
合 37833	合 37459					

（續表）

合 37835（合補 11093）	合 35432					
合 37851	合 37864	明後 2773				
合 37854	合 37857					
合 37857	合 37854					
合 37860	合 38731					
合 37862	合 36857	合補 13089				
合 37864	明後 2773	合 37851				
合 37867	合 38965					
合 37875	合 37922	合 37929	合補 12871			
合 37882（北大 1377）	殷遺 559					
合 37883	京津 5510					
合 37885	合 36885					
合 37894	懷特 1896					
合 37900	合補 11225					
合 37903	合補 12609					
合 37909	合 35582	合 35577				
合 37917	合 39331	合補 13088				
合 37921	合 36850					
合 37922	合 37875	合 37929	合補 12871			
合 37926	合 36620					
合 37928	合補 12715					
合 37929	合 37875	合 37922	合補 12871			
合 37932	合補 12848					
合 37933	合 39278					
合 37937（山東 1091）	山東 1099					

（續表）

合 37944	上博 64962					
合 37949	英藏 2644					
合 37950	合補 12355	合補 12699	合補 13034			
合 37958	合補 12356	上博 2426.1466				
合 37961	合 35759					
合 37968	合 39127					
合 37979	合 39199					
合 37989	合補 11500（合補 11477）					
合 37997	合補 11517	英藏 2586	合補 11610	合 38011		
合 38004	合 38035	合補 11592	合補 11601			
合 38005	合 38023					
合 38011	合補 11610	英藏 2586	合補 11517	合 37997		
合 38014	笏二 1511					
合 38023	合 38005					
合 38026	京人 2963	合補 11576（合補 11480）				
合 38035	合 38004	合補 11592	合補 11601			
合 38046	北大 1870 正					
合 38049	明後 2792					
合 38055	合補 11524					
合 38061	掇三 142					
合 38062	前 3.11.6	蘇德 412				
合 38081	合補 11485					
合 38084	合補 12097					

（續表）

合 38085	合補 13136					
合 38086	旅藏 2003					
合 38087	北圖 3087					
合 38089	合補 12083	合補 11611 倒	明後 2720 倒			
合 38090	合補 12098					
合 38093	英藏 2579 倒					
合 38104	拾遺 644					
合 38108	旅藏 2203					
合 38118	拾遺 528					
合 38120	合 38136					
合 38136	合 38120					
合 38156	合 37669	合 37727				
合 38171	合 37777					
合 38179（北大 128）	合 30180	拾遺 527				
合 38180（合 41863）	合補 11645					
合 38198	珠 442					
合 38215	合 41737	上博 34502.4				
合 38216	北大 2904					
合 38228	合 39395					
合 38235	合 36078	合 37308				
合 38244	合 36915					
合 38246	輯佚 943					
合 38248	合補 11064					
合 38255	北圖 1171					

（續表）

合 38258	東文研 788					
合 38260	合 35412					
合 38264	合 35556					
合 38271	合 35780					
合 38293	輯佚 864					
合 38302	合補 10952	合補 12606				
合 38315	上博 2426.1236					
合 38464	北大 606					
合 38465	合 37085					
合 38467	合補 11185					
合 38550	合 38557					
合 38557	合 38550					
合 38617	北大 505					
合 38652	合補 11809					
合 38724	合 36607	通 587	合 36826	存補 6.149.4		
合 38725	合 35940					
合 38726	合 37394					
合 38731	合 37860					
合 38749	合 35839	合補 10977				
合 38756	合補 11019					
合 38772	合補 12567					
合 38774	合補 12517					
合 38783	合補 12413					
合 38786	合補 12267	合補 12416	合 38835			
合 38787	合補 12347					
合 38789	合補 12266	英藏 2617	合補 12333			
合 38790	合 38809					

（續表）

合 38791	合 38813					
合 38796	合補 12452					
合 38807	合 38832					
合 38808	合 38934					
合 38809	合 38790					
合 38813	合 38791					
合 38826	合補 12405					
合 38827	輯佚 764	輯佚 765	合 35408			
合 38829	合 38831					
合 38831	合 38829					
合 38832	合 38807					
合 38835	合補 12267	合補 12416	合 38786			
合 38850	合補 12989					
合 38867	合補 12369					
合 38878	合 38880					
合 38880	合 38878					
合 38892	北大 653					
合 38925	合補 12528					
合 38933	合補 12358					
合 38934	合 38808					
合 38948	上博 2426.1435					
合 38953（合補 12926）	合 39112	合 38959				
合 38954	笏二 1034					
合 38959	合補 12926（合 38953）	合 39112				
合 38962	合 39157					

（續表）

合 38964	東文庫 466					
合 38965	合 37867					
合 38967	合 38968					
合 38968	合 38967					
合 38972	合補 12788					
合 38975	合 39237					
合 38977	明後 2754					
合 38978	合 39154					
合 38987	合 39187					
合 38989	簠雜 8					
合 39002	合 39221					
合 39005	北大 1371	善齋 5.29B.2				
合 39014（北大 1405）	合 39144（山東 1243）					
合 39024	誠 24					
合 39055	合 39056					
合 39056	合 39055					
合 39062	合 39179					
合 39072	合補 12791	明後 2740				
合 39074	合 39311					
合 39078	合 39211					
合 39079	山本竟山 41					
合 39096	合 39260					
合 39097	合 36787	合 39259				
合 39099	合 39321	合 39291				
合 39101	合 39147	合補 12630	合補 12587			
合 39104	合 39133	合 39247（旅藏 2122）				

（續表）

合 39111	合 39223					
合 39112	合補 12926（合 38953）	合 38959				
合 39125	合 39250					
合 39127	合 37968					
合 39128	京人 2919					
合 39133	合 39104	合 39247（旅藏 2122）				
合 39144（山東 1243）	合 39014					
合 39147	合 39101					
合 39152	京津 5605					
合 39154	合 38978					
合 39157	合 38962					
合 39158	合補 12549					
合 39163	天理 618					
合 39178	合 35661	合 35705				
合 39179	合 39062					
合 39186	合 39306（西南大學 2）					
合 39187	合 38987					
合 39193	合補 12714					
合 39198	旅藏 2123	合補 12890				
合 39199	合 37979					
合 39201	合 39257					
合 39204	合 39305					
合 39211	合 39078					
合 39214	上博 2426.680					

（續表）

合 39215	英藏 2537					
合 39216	合 39270					
合 39218	東文研 928					
合 39220	珠 1250	鄴齋 14.2				
合 39221	合 39002					
合 39222	合 39265					
合 39223	合 39111					
合 39227	合 39293 （合 39294）					
合 39232	山東 1200					
合 39237	合 38975					
合 39242	虛 536					
合 39246	山西文物 2					
合 39247 （旅藏 2122）	合 39104	合 39133				
合 39250	合 39125					
合 39251	存補 6.399.2					
合 39257	合 39201					
合 39259	合 36787	合 39097				
合 39260	合 39096					
合 39265	合 39222					
合 39270	合 39216					
合 39271	合補 12882					
合 39278	合 37933					
合 39283	明後 2742					
合 39291	合 39099	合 39321				
合 39293 （合 39294）	合 39227					

（續表）

合 39294（合 39293）	合 39227					
合 39301	合補 12617					
合 39305	合 39204					
合 39306（西南大學 2）	合 39186					
合 39307	北大 1321					
合 39311	合 39074					
合 39321	合 39099	合 39291				
合 39324	英藏 2662					
合 39330	合補 12813					
合 39331	合 37917	合補 13088				
合 39337	合 39395					
合 39338 下半	京人 2900					
合 39341	合 39404	北大 1393				
合 39351	合 39376					
合 39353	合 39380					
合 39354	合 39381	合 39372				
合 39363	合 39384	合補 12572	懷特 1895			
合 39365	合 39394	輯佚 692				
合 39367	合 36638（合補 12784）					
合 39371	合 39373	續存上 2646				
合 39372	合 39354	合 39381				
合 39373	合 39371	續存上 2646				
合 39375	合 39407					

（續表）

合 39376	合 39351					
合 39380	合 39353					
合 39381	合 39354	合 39372				
合 39383	旅藏 2132					
合 39384	合 39363	合補 12572	懷特 1895			
合 39394	輯佚 692	合 39365				
合 39395	合 39337	合 38228				
合 39396	英藏 2629					
合 39400	合 39401					
合 39401	合 39400					
合 39404	合 39341	北大 1393				
合 39407	合 39375					
合 39427	合 37779	拾遺 587				
合 39441	合 36987					
合 39500（英藏 38）	合 8996 正					
合 39515	合補 798					
合 39546	合 40904	合 14883（甲 3423）				
合 39557	旅藏 1140					
合 39588（英藏 39）	合 13225					
合 39589	合 6088					
合 39618（英藏 82）	合 17354					
合 39626	合 22928					
合 39668	合 22266	合 19996	合 21560	甲骨文集 2.2.0051	合 32758	
合 39683	合 39712					

（續表）

合 39699（合 3287）	合 6552 正					
合 39701（英藏 188）	合 7278					
合 39712	合 39683					
合 39723	英藏 1187					
合 39727（合補 769）	合 7862					
合 39779	合 36474					
合 39817（合 7782）	合 7775					
合 39822	存補 5.145.1					
合 39836	英藏 293					
合 39854	京人 777	合補 933				
合 39859	合 1277					
合 39863	合補 1997					
合 39895	合 16297	合 40264				
合 39900（英藏 23）	合 3846					
合 39904（英藏 1191）	合補 4108	合補 5679				
合 39906 正（英藏 623）	合 6703					
合 39912（英藏 1133）	英藏 304	合 6746	合 19129			
合 39938	合 5828					
合 39950 正（英藏 638 正）	北圖 517					
合 40015	日彙 212					

（續表）

合 40043	合 4010	合 9637	中歷藏 1241			
合 40052 （英藏 774）	英藏 872					
合 40078	合 2734	合 9534				
合 40096 （合 9713）	合 10089	合 10090				
合 40110	英藏 2377					
合 40111 （英藏 793）	合 40112 （英藏 1160）	合 10634				
合 40112 （英藏 1160）	合 40111 （英藏 793）	合 10634				
合 40117	合 9529	合補 602				
合 40125 （存補 5.30.1）	合 10965 （合補 2596）	合補 686				
合 40146	笏二 433					
合 40178 （合補 2748）	合補 2749					
合 40185 （合 11115）	合 1924					
合 40217 （合 4144、 合補 6660）	合 10514	李光前 文物館 9				
合 40220	合 4607					
合 40229 （英藏 970）	合補 3412					
合 40236	英藏 1001					
合 40264	合 39895	合 16297				
合 40282	合 11944					
合 40379	合 13619					

（續表）

合 41425（合補 10305）	合 26911					
合 40429	合 2880					
合 40446	合 14260					
合 40538	日彙 527					
合 40576（合 16521）	合 13048					
合 40602	合補 5720					
合 40608	旅藏 735	合補 1480				
合 40612	佚 101					
合 40619	合 17089					
合 40663	合 583 正	合 7139	合 11454			
合 40681	合 3781					
合 40736	合 15842					
合 40797（上博 2426.267）	合 22367					
合 40819	合 40820（英藏 1779）	合 21390	合 21394	復旦 173（掇三 533）		
合 40820（英藏 1779）	合 40819	合 21390	合 21394	復旦 173（掇三 533）		
合 40830	英藏 1770					
合 40891（英藏 1913）	合 21782（合補 6678、合集 21781、合補 6836 下、合補 6710 下）					
合 40895	合 36430	輯佚 684				
合 40904	合 39546	合 14883（甲 3423）				
合 40929（合 22638、合 24873）	合補 8025					

（續表）

合 40951	北珍 400					
合 41000	合 23277					
合 41010（合 23550）	合 25310					
合 41118（合 22828）	合 22846					
合 41145（英藏 1954）	合 25696					
合 41153（合 25326）	合 22900					
合 41163	合 25510					
合 41183（旅藏 443）	合 15242（旅藏 1316）					
合 41184（英藏 2082）	合 26186（上博 17647.336）	合 24136				
合 41193	合 23074					
合 41197	合 23741	合 22762				
合 41209	合 22552					
合 41266	合 26314	合 26312				
合 41287	愛 31					
合 41312（英藏 2259）	英藏 2261（合 41320）	合 26950				
合 41317（英藏 2264）	合 27437（合 25369）					
合 41320（英藏 2261）	英藏 2259（合 41312）	合 26950				
合 41322（英藏 2367）	合 31792					
合 41328	合 27042	合補 10209	甲 2556	合 41416		

（續表）

合 41362	合補 13405					
合 41363	合 29040					
合 41367	日彙 343					
合 41383	合 28996					
合 41386	合 41648					
合 41416	合 27042 正	合 41328	合補 10209	甲 2556		
合 41443	合補 8773					
合 41455（上博 2426.269）	合 62					
合 41458（英藏 2404）	合 34052	上博 2426.647	合 34326	謝文 41	掇三 132	
合 41467（英藏 2458）	合 41468（英藏 2398）	合 33615				
合 41468（英藏 2398）	合 41467（英藏 2458）	合 33615				
合 41513	合補 8893					
合 41541	庫 61					
合 41563	合 28894					
合 41573	合 30706					
合 41648	合 41386					
合 41664	合 32826					
合 41727	安博 195					
合 41729	合 36826					
合 41737	上博 34502.4	合 38215				
合 41739	合 35984					
合 41748（英藏 2528）	合 41751					

（續表）

合 41750	京人 2915					
合 41751	合 41748 （英藏 2528）					
合 41762 （英藏 2564）	合 36938	合 36630	存補 5.304.1	上博 2426.367	合 36946	合 36968
合 41763 （英藏 2556）	合補 11275					
合 41767 （英藏 2558）	庫 1515					
合 41769 （合 36648）	合 37463					
合 41776	合補 12226	合 36903	合 36606	洹 131	合補 12424	
合 41816	合 37800	合 33520				
合 41818 （英藏 2555）	安陽散見 殷墟甲骨					
合 40819	合 21390	合 21394	復旦 173 （掇三 533）	英藏 1779 （合 40820）		
合 40820 （英藏 1779）	合 40819	合 21390	合 21394	復旦 173 （掇三 533）		
合 41836	京津 5384					
合 41838	合補 12578 （北大 1418）					
合 41839	合補 12733	北圖 1606				
合 41860	合補 11489					
合 41863 （合 38180）	合補 11645					
合 41898	契合 331					
合 41928	笏二 1250					
合 41940	鄴齋 6.1					
合補 6	合 186	上博 20889.46				

（續表）

合補 8（合 3309）	合 1471	合 3308	合補 502			
合補 24 正	合 249	乙 7886	合 232 正	合 1208		
合補 26	合 18137	合 14795 正	合 13709			
合補 39	合 3782	合 3397				
合補 43 正（合 17096 正）	合 17139					
合補 58 乙（合 850）	上博 46464					
合補 60	合補 2653	合 1248	合 13642	合補 4987		
合補 72	合 18587					
合補 84（合 1298+合 5808）	合 8815					
合補 100（合 672+合 1403）	合 7176	合 15453	乙 2462	乙 1360	乙補 2855	
合補 109	合 8065（合 15586）					
合補 129	合 1513					
合補 137 正	合 2089	合 3243	合 3244	合 10331	合 15205	合補 2607
	乙 2395	乙補 6234 倒	乙補 6236 倒	乙補 6236 倒	乙補 6237	乙補 6238
	合 6826 正	合 2223	合 7600	合 9200 正	合 10155 正	乙 3812
合補 172	東文庫 246					
合補 179（東文研 18）	山東 84	京人 1519				
合補 217	合 1757	合 13667	合 13858	乙補 2564	合 1720	合 13668
	乙 4877	乙補 5463	乙補 4321			
合補 222	中歷藏 965					

（續表）

合補 238	合補 1751					
合補 283	合補 2664					
合補 313（合 4324+合 4325）	合補 2170	合補 2178	合 4342			
合補 318	合 17132	珠 1425				
合補 385 正	合補 1008	合 14042 正	北大 1717			
合補 404	乙 8792	乙補 7385	乙補 7344			
合補 415	合 2752	合 2733	朱孔陽 9.6			
合補 448	合 14135	合 2891 正右半	合 5908	乙補 1839	乙補 1841	乙補 2953
	乙補 5883	乙補 1843				
合補 457	北珍 2576					
合補 462	合 11482 正					
合補 465 正	合 13158					
合補 502	合 3309（合補 8）	合 1471	合 3308			
合補 520 正	合補 5415 正	合 3662				
合補 524	合 3475	合 11073	合 14361			
合補 536	重藏 93					
合補 545 正	合補 3297					
合補 549	合補 588					
合補 558 反	合 9248					
合補 562	合 6173					
合補 565	合 7782					
合補 573	合 15185					
合補 576	合 7757					
合補 577	善齋卷 7					

（續表）

合補 579	合補 6533	東文研 1234				
合補 580	合 13498（合補 2776 不全）					
合補 588	合補 549					
合補 595	已綴入《醉古集》第 299 則					
合補 596 正	合 7718 正					
合補 596 反	合 7718 反					
合補 602	合 9529	合 40117				
合補 624（合補 657）	合 1					
合補 650	中歷藏 666					
合補 655	合 3537					
合補 657（合補 624）	合 1					
合補 682	已綴入《醉古集》第 37 則					
合補 686	合補 2596（合 10965）	存補 5.30.1（合 40125）				
合補 687	合 3578					
合補 714	合 15193					
合補 723	合 12241 正					
合補 731	合補 6139	合補 1842	合 6283	旅藏 89		
合補 747	合補 908					
合補 749	合 4209	合 4135				
合補 752	合補 1305					
合補 759 正	合 17276 正	合 6217				
合補 759 反	合 6217	合 17276 反				
合補 765（中歷藏 632）	中歷藏 717					

（續表）

合補 769 （合 39727）	合 7862					
合補 786	合 405					
合補 798	英藏 609					
合補 820	合 13197	合 16994	哥大 C080	R34306		
合補 829 正	合 11403	安明 624				
合補 831	合 7157					
合補 833	合 7230					
合補 856	合 12164	合 17349	合 19655			
合補 865	合 2091					
合補 867	合 14009 正	史購 116				
合補 894	合補 5655					
合補 905	輯佚 207					
合補 908	合補 747					
合補 919	旅藏 406					
合補 925	旅藏 705					
合補 927	合 10342	合 10338	乙 4348	乙 4576		
合補 933	英藏 543	京人 777	合 7316	合 39854		
合補 936	合 16700					
合補 948	合 2723					
合補 971	合 7530	合 3709				
合補 972	合補 1714 （合 5733+ 合 13563+ 合 15388）					
合補 982	合 7529	合補 1430				
合補 988	合 3971 正	合 7996	合 3992	合 10863	合 13360	合 16457
	合補 3275	乙 6076	乙 7952	合 12883	乙補 6619	

（續表）

合補 1008	合 14042 正	合補 385 正	北大 1717			
合補 1014	合補 1083					
合補 1060	天理 154	上博 2426.683				
合補 1074	合 12066 正					
合補 1083	合補 1014					
合補 1134	合 597					
合補 1173 臼			合 4415 臼			
合補 1173 正	合 4415 正					
合補 1175	合補 9428	旅藏 583				
合補 1203（合 4258+安明 597）	安明 652					
合補 1223	合 4066					
合補 1239	北大 925					
合補 1242	合 4641					
合補 1246	合補 3643					
合補 1272	合 2134					
合補 1299	合 9895					
合補 1305	合補 752					
合補 1306	合 18150					
合補 1311	合 15995					
合補 1312	合 14156	乙 8002	乙補 1620			
合補 1330	合 13178					
合補 1344	合 7420					

（續表）

合補 1346	合 8968	合 14647				
合補 1360	合 6163	山東 1177				
合補 1374	天理 55					
合補 1420	英藏 457					
合補 1429 正反	已綴入《醉古集》第 341 則					
合補 1430	合補 982	合 7529				
合補 1480	旅藏 735	合 40608				
合補 1489	合 14440	合 15396	合 15540			
合補 1504	合 6205					
合補 1505	合 3650 正					
合補 1515	合 12814 反					
合補 1550	已綴入《醉古集》第 166 則					
合補 1563	山東 650					
合補 1581	英藏 197					
合補 1602	合 4793					
合補 1645	合補 2380	合補 2408				
合補 1651	合 10716	上博 21691.302				
合補 1653	合 5085	上博 2426.1439				
合補 1657	合補 4133					
合補 1658	合 7464	合 6134				
合補 1666 正	合 16467 正	合補 5503 正	乙補 2142	乙補 2215	乙補 4426	乙補 6143
	無號甲					
合補 1666 反	合 2251	合 9847	合 16467 反			

（續表）

合補 1669	善齋卷六.27b.8					
合補 1678	合 5028	合 5366	合 4165	乙 4339	乙 4848	乙 6322
	合 6876	合 7722	合補 5671	乙 5206	乙 4464	
合補 1680	合 7078					
合補 1705	合 14474 正					
合補 1714（合 5733+合 13563+合 15388）	合補 972					
合補 1738 正反	已綴入《醉古集》第 23 則					
合補 1751	合補 238					
合補 1756	合 5997					
合補 1760 正	合 3139	北大 1715				
合補 1773	合 7219					
合補 1776	合補 4637					
合補 1787	合 9814					
合補 1801	合 6371					
合補 1805 甲	合 1303 正					
合補 1810	合 7307					
合補 1842	合補 6139	合補 731	合 6283	旅藏 89		
合補 1846（合 6149）	合 1224					
合補 1851	善齋 5.28B.8					

（續表）

合補 1857	天理 243					
合補 1859	合 6222	合 7397（旅藏 215）	合補 2119			
合補 1860	合 6370	合 6310				
合補 1880	英藏 685					
合補 1881	合 7497					
合補 1889	旅藏 219					
合補 1913	合補 2161（天理 216）					
合補 1921	合 8554	合補 2140	合 12812			
合補 1938（合 19129+合 6746）	英藏 1133 正	英藏 304				
合補 1956	上博 7645.261					
合補 1960（合 7687）	合 4811	合 7699				
合補 1961	合 4274					
合補 1974（天理 156）	合 6983（上博 17645.452）					
合補 1976	合 6148					
合補 1978	合 2434					
合補 1989	合 10068					
合補 1991	合 18032	合 7015	合 4326			
合補 1993	合補 2247	笏二 210	合 7077	合 7671		
合補 1995	英藏 422					
合補 1996	合 6508	合 6510	合 18917			
合補 1997	合 39863					
合補 2012	東文研 228					

（續表）

合補 2018	合 3965					
合補 2019（合補 2043）	合 3010 正					
合補 2022	合 18917					
合補 2043（合補 2019）	合 3010 正					
合補 2051	合 14262					
合補 2052	合 6609					
合補 2060	合補 2098					
合補 2064	上博 21691.184	上博 21569.158				
合補 2076	合補 4362					
合補 2082	3.0.1441					
合補 2098	合補 2060					
合補 2105	合 3572					
合補 2116	東文庫 57					
合補 2117	合補 4064					
合補 2119	合 6222	合補 1859	合 7397（旅藏 215）			
合補 2120	合 7577					
合補 2136 正	合 2778	合 19724 正				
合補 2136 反	合 19724 反					
合補 2140	合 12812					
合補 2147	合 6858					
合補 2154	合 7640	合 7641				
合補 2159	合 7964					

（續表）

合補 2161 （天理 216）	合補 1913					
合補 2163	合 14976					
合補 2164	明後 875					
合補 2170	合補 313 （合 4324+ 合 4325）	合補 2178	合 4342			
合補 2178	合補 313 （合 4324+ 合 4325）	合補 2170	合 4342			
合補 2184	合 19617					
合補 2200	北大 1798					
合補 2208	合 36447	合 36436				
合補 2216	合 7795					
合補 2247	合補 1993	笏二 210	合 7077			
合補 2261	合 11565					
合補 2284 （合 4820）	合 12080					
合補 2294 （合 7962+ 合 17947）	合 18792	合 18795	合 13377	北大 1005	合補 4670	
合補 2325	合 10246					
合補 2328 （合 9631）	合補 7180 （合 8182）	合 5426				
合補 2345 （合 8822）	合 5924					
合補 2380	合補 1645	合補 2408				
合補 2388 正	合 2150					

（續表）

合補 2408	合補 1645	合補 2380				
合補 2443	合補 5997 倒	合補 5970				
合補 2447	合 15777					
合補 2479	合補 6072					
合補 2490	合 5979					
合補 2496	合 15580					
合補 2538（合 9620+合 925）	合 9626	合 9623（北大 40）				
合補 2574（天理 211）	天理 85					
合補 2596（合 10965）	合補 686	存補 5.30.1（合 40125）				
合補 2601	合 10410 正					
合補 2607	合補 137 正	合 2089	合 3243	合 3244	合 10331	合 15205
	乙 2395	乙補 6234 倒	乙補 6235 倒	乙補 6236 倒	乙補 6237	乙補 6238
	合 6826 正	合 2223	合 7600	合 9200 正	合 10155 正	乙 3812
合補 2617	合補 4314					
合補 2630（合 10749）	合 10362					
合補 2651	合 10729					
合補 2653	合 1248	合 13642	合補 60	合補 4987		
合補 2654	合 10736					
合補 2664	合補 283					
合補 2679	已綴入《醉古集》第 8 則					

（續表）

合補 2684（天理 61）	上博 49003.250					
合補 2702（北圖 8954）	合補 3176（北圖 16603）					
合補 2707	合 19166					
合補 2719	合 1063					
合補 2736	合 18821					
合補 2748（合 40178）	合補 2749					
合補 2749	合補 2748（合 40178）					
合補 2773	合 6674	存補 5.140.1				
合補 2775	合 7671					
合補 2776（合 13498）	合補 580					
合補 2782	合補 4067					
合補 2793	合 4173	北大 2341				
合補 2811（合 11447）	合 8250 正（合補 6475）	合 11447	合 11448	合 17031	京津 2849	
合補 2819	合補 5876					
合補 2873	合 6185					
合補 2905	東文研 273					
合補 2907	合 19721					
合補 2924	輯佚附 15					
合補 3014	已綴入《醉古集》第 251 則					
合補 3016	合 9144					

（續表）

合補 3044（甲 3664）	甲 3661					
合補 3053	合 16055（北大 291）					
合補 3067	合 16572					
合補 3078	合 13062					
合補 3121	合 17253	合 2358	合補 3121	合 18442	合 2353	
合補 3153	合 22802					
合補 3166	合 43					
合補 3176（北圖 16603）	合補 2702（北圖 8954）					
合補 3215	合 5071					
合補 3220	已綴入《醉古集》第 153 則					
合補 3222	合 7494					
合補 3225	山東 721					
合補 3233	京津 2389					
合補 3244	上博 17645.596					
合補 3253 正	合補 6118	京人 267 正				
合補 3260（乙補 470）	合 423	乙補 3029				
合補 3263	合 2033					
合補 3264	合補 6282					
合補 3275	合 3971 正	合 3992	合 7996	合 10863	合 13360	合 16457
	合補 988	乙 6076	乙 7952	合 12883	乙補 6619	
合補 3293	合 12451					

（續表）

<table>
<tr><td>合補 3297</td><td>合補 545 正</td><td></td><td></td><td></td><td></td><td></td></tr>
<tr><td>合補 3335</td><td>六束 84</td><td></td><td></td><td></td><td></td><td></td></tr>
<tr><td>合補 3337</td><td>哥大 C075</td><td></td><td></td><td></td><td></td><td></td></tr>
<tr><td>合補 3338</td><td>合 7780</td><td>合補 543</td><td></td><td></td><td></td><td></td></tr>
<tr><td>合補 3363</td><td>合 12817</td><td>乙 4649</td><td>乙 5172</td><td>乙補 4470</td><td>乙補 4799</td><td>乙補 5237</td></tr>
<tr><td>合補 3380</td><td>屯南 2680</td><td>屯南 2249</td><td></td><td></td><td></td><td></td></tr>
<tr><td>合補 3397</td><td>上博
2426.645</td><td></td><td></td><td></td><td></td><td></td></tr>
<tr><td>合補 3403
（合補 6320）</td><td>英藏 848</td><td></td><td></td><td></td><td></td><td></td></tr>
<tr><td>合補 3412</td><td>英藏 970
（合 40229）</td><td></td><td></td><td></td><td></td><td></td></tr>
<tr><td>合補 3435</td><td>合 19643</td><td></td><td></td><td></td><td></td><td></td></tr>
<tr><td>合補 3439</td><td>合 23711</td><td>合 5294</td><td></td><td></td><td></td><td></td></tr>
<tr><td>合補 3446</td><td>合 17028 正</td><td></td><td></td><td></td><td></td><td></td></tr>
<tr><td>合補 3466 正
（乙 5102）</td><td>R55595</td><td></td><td></td><td></td><td></td><td></td></tr>
<tr><td rowspan="2">合補 3473</td><td>合 17084</td><td>合 17105</td><td>乙 6186</td><td>乙 6591</td><td>乙補 275</td><td>乙 6181</td></tr>
<tr><td>乙補 5737</td><td>乙補 5512</td><td>乙補 277</td><td>乙補 4746</td><td></td><td></td></tr>
<tr><td>合補 3476</td><td>合 10431</td><td>合 12977</td><td>合 13026</td><td>合 1763 正</td><td>乙 1280</td><td>乙 739</td></tr>
<tr><td>合補 3477</td><td>合 479</td><td></td><td></td><td></td><td></td><td></td></tr>
<tr><td>合補 3506</td><td>笏二 653</td><td></td><td></td><td></td><td></td><td></td></tr>
<tr><td>合補 3547</td><td>合補 6516</td><td></td><td></td><td></td><td></td><td></td></tr>
<tr><td>合補 3636</td><td>合 12344</td><td></td><td></td><td></td><td></td><td></td></tr>
<tr><td>合補 3643</td><td>合補 1246</td><td></td><td></td><td></td><td></td><td></td></tr>
<tr><td>合補 3657</td><td colspan="6">已綴入《醉古集》第 284 則</td></tr>
<tr><td>合補 3659</td><td>上博 46456</td><td></td><td></td><td></td><td></td><td></td></tr>
<tr><td>合補 3666</td><td>合補 3667</td><td></td><td></td><td></td><td></td><td></td></tr>
<tr><td>合補 3667</td><td>合補 3666</td><td></td><td></td><td></td><td></td><td></td></tr>
</table>

（續表）

合補 3694	合 12049					
合補 3762	已綴入《醉古集》第 56 則					
合補 3779	合 15165	合 2551	合 25	合 18003		
合補 3792	合 12762					
合補 3815	合 30110					
合補 3833	已綴入《醉古集》第 56 則					
合補 3859	合 7027					
合補 3923	合 13183					
合補 3925 正	合 8512					
合補 3927	合 6306					
合補 3970	已綴入《醉古集》第 372 則					
合補 3974（乙 8403）	合 17228（乙 8197）	乙 691	乙 2449	乙 2717	乙 5240	乙 6086
	乙補 1887	乙補 1888	乙補 2278 倒	乙補 6059	乙補 6243	乙補 6312
	乙補 6343	乙補 6344	乙補 6912	乙補 6922		
合補 3984（合補 6915）	合 22221	合 19895	乙補 7394	乙 8774		
合補 3986（合 18902）	合 1385 反					
合補 4002 正反	已綴入《醉古集》第 257 則					
合補 4005	合 13909	合 4353				
合補 4009	合 5477 正	乙補 2373	乙補 3458	R37398		
合補 4018	合補 5926 正					
合補 4038（懷特 485）	懷特 653					
合補 4064	合補 2117					

（續表）

合補 4066	北大 2113					
合補 4067	合補 2782					
合補 4095	合 4013	合 13557	合 15348	合 15690	合 15521	
合補 4108	合補 5679	英藏 1191（合 39904）				
合補 4133	合補 1657					
合補 4180	合 11725					
合補 4188	已綴入《醉古集》第 308 則					
合補 4237	合補 6047					
合補 4277	合 1452	合 5764				
合補 4307（乙補 2841）	乙 3275					
合補 4340	合 10084	合 9104	合 9575	合 8711（合 15756）	甲 1830	
合補 4348	合 15621					
合補 4359	合 11682					
合補 4362	合補 2076					
合補 4393	文録 136					
合補 4439	合 28114					
合補 4469	合 295	合 340	山東 197			
合補 4470	合 4184	甲骨文集 3.0.1814	合 420	合 557		
合補 4481	合 12573	合 23679（合 24878）				
合補 4497	已綴入《醉古集》第 338 則					
合補 4507	合 6249					
合補 4524（懷特 918）	英藏 792					

（續表）

合補 4536	北大 2184					
合補 4545	合 9510					
合補 4549	合 9910 正					
合補 4553（合 16312）	合 13442 反	合 17274				
合補 4565	合 6203					
合補 4572 正反	已綴入《醉古集》第 254 則，林氏又加綴乙補 109					
合補 4589	合 1706					
合補 4592	合 3187（國博 28 正）					
合補 4609	合 12887					
合補 4615	合 6690					
合補 4637	合補 1776					
合補 4670	合 18792	合 18795	合 13377	北大 1005	合補 2294（合 7962+合 17947）	
合補 4680	合補 4747					
合補 4689	合補 4795（中歷藏 1019）					
合補 4703	合 2521 甲、乙	乙補 5656	合 13702	合 14222 正甲	乙 7488	
合補 4707	旅藏 487					
合補 4747	合補 4680					
合補 4779	北大 2572					
合補 4780（合 23668）	合 4337					

（續表）

合補 4795（中歷藏 1019）	合補 4689					
合補 4830	合補 4847					
合補 4835	合 16696					
合補 4838	合 17697	合 7159				
合補 4845	合 16901	合 16794				
合補 4847	合補 4830					
合補 4856	3.0.0379					
合補 4870（懷特 265）	合補 4694					
合補 4903	上博 17645.92 正					
合補 4923 正（合 583 正 + 合 7139）	合 11454	合 40663				
合補 4923 反（合 583 反）	故宮新 180886 反					
合補 4948	上博 2426.760					
合補 4960	中歷藏 1253					
合補 4979	京人 1426					
合補 4980	合 1305	合 1506	合 14431			
合補 4981 正（合 16184）	合 4595					
合補 4987	合補 60	合補 2653	合 1248	合 13642		
合補 5044	合 17061					

（續表）

合補 5046（合 16952）	輯佚 274					
合補 5066	合 13868					
合補 5135（乙 5667）	合 1392（乙 5512）	合 655	乙 5513			
合補 5175	合 2824	合 6232	合 870			
合補 5191 正	合 268 正					
合補 5209	合 3728	甲釋 143	甲 3320			
合補 5284	乙補 4478					
合補 5287	合 17729					
合補 5308	合 9722					
合補 5321	合 11602	乙補 5844	乙補 5830	乙 5706		
合補 5328	合 718 正					
合補 5356	合 6914	合 6501				
合補 5362	合 1168					
合補 5370 正	合補 10351	合 17915	合 10945 正	乙補 4696	乙補 5545	乙補 7209
	乙 6330	乙 6436	乙補 4510	乙補 5195		
合補 5370 反	乙 5772	乙補 4511	乙補 5284	乙補 5546	乙 5772	
合補 5415 正	合補 520 正	合 3662				
合補 5415 反	合補 520 反					
合補 5501	合 552 反	合 7150 反				
合補 5502（天理 65）	合 15902					
合補 5503 正	合補 1666 正	合 16467 正	乙補 2142	乙補 2215	乙補 4426	乙補 6143
	無號甲	合 9847 正	乙補 4426			

（續表）

合補 5529 反	合 17694					
合補 5530	合 11919					
合補 5558	史購 64					
合補 5596	合 17810					
合補 5597	東文研 571a	合 7143 正	合 584 正甲	合 9498 正		
合補 5628	中歷藏 46					
合補 5638	乙補 3399	合 22309	合 22212	合 22091 甲乙	乙補 6106	乙 8557
	乙補 3400	合 22124	合 22410	合 22418		
合補 5651	合 27083					
合補 5655	合補 894					
合補 5658	合 10029					
合補 5663	合補 5664					
合補 5664	合補 5663					
合補 5670	合 7386					
合補 5671	合 5028	合 5366	合補 1678	乙 4339	乙 4848	乙 6322
	合 6876	合 7722	合 4165	乙 5206	乙 4464	
合補 5679	合補 4108	英藏 1191（合 39904）				
合補 5691	合補 5717					
合補 5710	合補 9125					
合補 5717	合補 5691					
合補 5720	合 40602					
合補 5734	上博 17645.78					
合補 5744	合 19283					
合補 5817	合 10360	合 19345				
合補 5851	合 16887					

（續表）

合補 5854	合 18919					
合補 5876	合補 2819					
合補 5878	合 16504					
合補 5907	乙 4267	乙補 4042				
合補 5912	已綴入《醉古集》第 8 則					
合補 5926 正	合補 4018					
合補 5964 正（合 13582）	合 5568 正					
合補 5964 反			合 5568 反			
合補 5970	合補 5997 倒	合補 2443				
合補 5984 正	合 7330 左半					
合補 5997 倒	合補 2443	合補 5970				
合補 6009 正	謝文 173					
合補 6020	京人 537					
合補 6036 正	合補 6342					
合補 6047	合補 4237					
合補 6050	北大 202					
合補 6072	合補 2479					
合補 6096	合 9198					
合補 6113	合 10584					
合補 6118	合補 3253 正	京人 267 正				

（續表）

合補 6130	合 6084					
合補 6139	合補 1842	合補 731	合 6283	旅藏 89		
合補 6141	合 4568					
合補 6168（合 14959）	合 14757	乙 5687	乙補 5738			
合補 6191 正	合 5411					
合補 6202	合補 6306					
合補 6261	已綴入《醉古集》第 100 則					
合補 6282	合補 3264					
合補 6292	已綴入《醉古集》第 102 則					
合補 6306	合補 6202					
合補 6320	英藏 848					
合補 6342	合補 6036 正					
合補 6367	北大 2187	北大 1104				
合補 6438	合 6062					
合補 6439	合 17149 正					
合補 6442 正	復旦大學博物館 R1475.1					
合補 6443	合 11173					
合補 6475（合 8250 正）	合 17031	合 11448	合 11447（合補 2811）	京津 2849		
合補 6512	英藏 476					
合補 6516	合補 3547					
合補 6533	合補 579	東文研 1105				

（續表）

合補 6558 甲乙	合 19966					
合補 6616	合 19363					
合補 6647	京人 292	京人序論 Fig.15				
合補 6654	合 20653					
合補 6659	合 20834					
合補 6660（合 4144、合 40217）	合 10514	李光前文物館 9				
合補 6662	合補 6727					
合補 6663（合 20824）	乙補 21					
合補 6678（合 21782）	英藏 1913（合 40891）					
合補 6681 正	甲 2586	甲 2558	3.2.0305			
合補 6704	上博 48704.1	合 35081	殷餘 143			
合補 6710 下（合集 21781、合集 21782、合補 6836 下）			英藏 1913（合 40891）			
合補 6717	合補 6789					
合補 6725（合 40819+合 21390）	合 21394	復旦 173（掇三 533）	英藏 1779（合 40820）			
合補 6727	合補 6662					
合補 6736	合 20664	合 20012				
合補 6789	合補 6717					
合補 6810	合 21318					
合補 6819	合 8711					

（續表）

合補 6823	合 21788					
合補 6836 下（合集 21781、合集 21782、合補 6710 下）		英藏 1913（合 40891）				
合補 6850（合補 6859）	乙 757					
合補 6859（合補 6850）	乙 757					
合補 6861	乙補 20 倒					
合補 6862	合 21025	合 20986				
合補 6884	合 22087 正	合 22086				
合補 6895	合補 11529					
合補 6898	合 22133	合 22144	乙 8845	乙補 7364	乙補 7338 倒	乙 8787
	乙 8989	乙補 7367	乙 8798			
合補 6912	合 21877	乙 1840				
合補 6915（合補 3984）	合 22221	合 19895	乙補 7394	乙 8774		
合補 6916	乙補 7371					
合補 6932 甲乙	合 20529	京人 2992				
合補 6933	合 34926					
合補 6941	合 22459	乙 635	乙補 1380	合 21887		
合補 6976	合 22817					
合補 6977	合補 7754					
合補 6998	合 22848					
合補 7003（合 23157）	合 23193					
合補 7005	合 23153					
合補 7021 甲乙	合 34582					

（續表）

合補 7040	合 25035					
合補 7044	合 5384					
合補 7049	合 23335					
合補 7054	英 2090					
合補 7069	合補 7490					
合補 7094	合 23586	存補 7.3.1				
合補 7117	合 22734					
合補 7170	合補 7826					
合補 7180（合 8182）	合補 2328（合 9631）	合 5426				
合補 7231	合 25643					
合補 7238	合補 8243					
合補 7240	合 27293					
合補 7242	合補 8366					
合補 7248（合 24382）	合 8106					
合補 7254	合補 7264					
合補 7262	輯佚 300					
合補 7264	合補 7254					
合補 7271	合補 8181					
合補 7362	合 22542					
合補 7455	合 28633					
合補 7487（合補 7523）	合 25354	輯佚 322				
合補 7490	合補 7069					
合補 7518	合補 8378（合 22758）	合 25015（北大 1203）				
合補 7543	合 25819					
合補 7551	合補 7580					

（續表）

合補 7554（合 25259+合 25092）	合 24266					
合補 7555	合 25290	合 25348				
合補 7557	拾遺 346					
合補 7561	合補 7564					
合補 7564	合補 7561					
合補 7570	合 24325					
合補 7580	合補 7551					
合補 7601	合 24259					
合補 7602	合 23766	合 25442				
合補 7617	合 26147					
合補 7683	合 25504					
合補 7685	合 25778					
合補 7728	合補 7762					
合補 7735	合 25832					
合補 7738	合 22785					
合補 7754	合補 6977					
合補 7762	合補 7728					
合補 7765	合 25032					
合補 7768	合 23152					
合補 7770	合 22993（中歷藏 1340）					
合補 7792（合 25820）	北圖 7588					
合補 7802	北圖 8022					
合補 7811	合 25341	合 25642	合 23031			
合補 7826	合補 7170					

（續表）

合補 7836（合補 7901）	合 24345（合 25800）					
合補 7860	合 23147					
合補 7878	安博 91					
合補 7884	合 25599					
合補 7898	合 25395					
合補 7901（合補 7836）	合 24345（合 25800）					
合補 7922	合 25466					
合補 7997	英藏 2214					
合補 8002	合補 8255					
合補 8014	合補 8132（合補 8044）	合 26373				
合補 8025	合 22638（合 24873、合 40929）					
合補 8044（合補 8132）	合補 8014	合 26373				
合補 8089	合補 8103					
合補 8093	合 24309					
合補 8098	合 26460					
合補 8103	合補 8089					
合補 8104	合補 8125					
合補 8125	合補 8104					
合補 8131	北圖 505					
合補 8132（合補 8044）	合補 8014	合 26373				
合補 8139	合補 8161					
合補 8161	合補 8139					

（續表）

合補 8181	合補 7271					
合補 8197	合 17066					
合補 8226	文拓 133					
合補 8227（合 26550）	合 26604					
合補 8240（甲 1055）	合 11485（甲釋 55）					
合補 8243	合補 7238					
合補 8245	合 26588					
合補 8246	合 26648	合 26652				
合補 8255	合補 8002					
合補 8310	善齋 7.11B.1					
合補 8319	合 24303					
合補 8333	合補 8341					
合補 8341	合補 8333					
合補 8342	合補 8481					
合補 8353	合補 8427					
合補 8362	合補 8382					
合補 8364	旅藏 1377					
合補 8366	合補 7242					
合補 8371	合 23845					
合補 8378（合 22758+合 25015）	合補 7518					
合補 8382	合補 8362					
合補 8408	合 23976					
合補 8412	合 23892					
合補 8427	合補 8353					

（續表）

合補 8455	合補 8543	合 23848				
合補 8481	合補 8342					
合補 8493	英藏 2022					
合補 8497	合 23051					
合補 8504	合 23380	合 25313				
合補 8511	合 23840					
合補 8516	愛 91 正	愛 92 正				
合補 8543	合補 8455	合 23848				
合補 8545	愛 58					
合補 8565	懷特 1162					
合補 8573	東文研［大卣手拓 13-1］					
合補 8583	合 22055	乙補 1534	乙 1557			
合補 8587（合補 13196）	合 23430					
合補 8589	合 23164					
合補 8596	合 25515	上博 17647.513				
合補 8615	合 22664					
合補 8640	合 31526					
合補 8642	善齋 5.53.14					
合補 8684	上博 2426.149					
合補 8690	合 22795					
合補 8745	合 27390					
合補 8760	合 31935					
合補 8769	已綴入《醉古集》第 2 則					

（續表）

合補 8773	合 41443					
合補 8777	合 29968	合 27683				
合補 8814	合 16548（旅藏 753）	合 29719	合 31626	合 31623（北大 1239）		
合補 8844	合 31416	合 31403				
合補 8866	合補 10068					
合補 8867	合 10032					
合補 8893	合 41513					
合補 8936	合補 9216					
合補 8961	合 28438	北大 95				
合補 8975（天理 494）	合補 9706（天理 492）	合 31173				
合補 8982	屯南 4200					
合補 8997	合 28956					
合補 9004	北圖 12124					
合補 9014（合 28237+合 28238）	合 27255（甲 2766）					
合補 9027（合 29249）	合 29250					
合補 9042	合 29316					
合補 9087	合 28740					
合補 9101	合 33502					
合補 9107	合 33472					
合補 9111	合補 9117					
合補 9115	合 28434					
合補 9117	合補 9111					
合補 9122	合補 9390					

（續表）

合補 9125	合補 5710					
合補 9128	合 28641					
合補 9139	上博 21569.13					
合補 9142	合 28688					
合補 9143	合 28433					
合補 9151	合 28087	甲 1592				
合補 9170	合補 9358					
合補 9173	合 29169（合 33558）					
合補 9183	合補 10378					
合補 9189	合補 9227					
合補 9210	合 28379					
合補 9211	合 31035	合補 9465				
合補 9216	合補 8936					
合補 9227	合補 9189					
合補 9228（合 28683）	合 28778					
合補 9254	合 28803					
合補 9257	合 29413					
合補 9261	合 28401					
合補 9309	合 33008					
合補 9334	合 28460					
合補 9335	合 30083					
合補 9352	2.2.0107					
合補 9358	合補 9170					
合補 9359	合 27342					
合補 9382	合 31111					

（續表）

合補 9390	合補 9122					
合補 9409	合 28859					
合補 9428（中歷藏 1175）	旅藏 583					
合補 9429	合 29984					
合補 9445	合 31144（中歷藏 1588）					
合補 9465	合 31035	合補 9211				
合補 9484（合補 10389）	甲 2514	甲 2534	合 5779			
合補 9509	合 34054					
合補 9513	合 27957					
合補 9539（合 27861+合 27862+合 27863+合 27864）	合 27867	合 27856	合 27866	合 29718	合 30927	
合補 9541	合 29165					
合補 9587	合 29705					
合補 9605	合 33691					
合補 9635	北圖 1803					
合補 9643（合 30615+合 30751）	合 30588					
合補 9699	合 27271					
合補 9701（天理 501）	合 27395	合補 9711				
合補 9705	合 27427					

（續表）

合補 9706（天理 492）	合補 8975（天理 494）	合 31173				
合補 9709	合 31079					
合補 9710	合 31287					
合補 9711	合補 9701（天理 501）	合 27395				
合補 9712	合 27428					
合補 9719	合 27399					
合補 9730	合 27361					
合補 9749	合 30300	安明 2252				
合補 9772	合 27679					
合補 9781	合 28786					
合補 9810（合補 9811）	合 33485	旅藏 1532				
合補 9811（合補 9810）	合 33485	旅藏 1532				
合補 9818	合 29258					
合補 9828（合補 10095）	合 31392	合 31380				
合補 9852	合 28938					
合補 9885	合 31565					
合補 9986（合 31358+施美士 9）	合 31318	合 31338				
合補 9999（合 31363）	合 31356（合 31365）	合補 10124	合 31330			
合補 10020	合補 10094					
合補 10058	合 29721					
合補 10060	合 31474					

（續表）

合補 10068	合補 8866					
合補 10074	3.2.0904					
合補 10090（合補 10107）	合 31518					
合補 10094	合補 10020					
合補 10095（合補 9828）	合 31392	合 31380				
合補 10107（合補 10090）	合 31518					
合補 10117	合 26706					
合補 10124	合 31330	合 31356（合 31365）	合 31363（合補 9999）			
合補 10209	合 27042 正	合 41328	甲 2556	合 41416		
合補 10212	合 30810					
合補 10213	合 30515					
合補 10218	合 33165					
合補 10222	合 27456					
合補 10277	合 27355					
合補 10280	復旦 292					
合補 10291	合 27323					
合補 10298	合 32012					
合補 10305（合 41425）	合 26911					
合補 10346	合補 10385	合 30445				
合補 10351	合 17915	合 10945 正	乙補 4696	乙補 5545	乙補 7209	合補 5370 正
	乙 6330	乙 6436	乙補 4510	乙補 5195		

（續表）

合補 10356	合 30401					
合補 10359	北圖 8235					
合補 10362	已綴入《醉古集》第266則					
合補 10378	合補 9183					
合補 10385	合補 10346	合 30445				
合補 10389（合補 9484）	甲 2514	甲 2534	合 5779			
合補 10397	合 27819					
合補 10405	合 33742					
合補 10410	安明 2686					
合補 10414	英藏 2473					
合補 10436	甲 2283	合 22484				
合補 10462	合 32233					
合補 10474	合 34090					
合補 10493	合 32846					
合補 10495	上博 48947.12					
合補 10511	合 34637					
合補 10526（合 33095）	合 33050					
合補 10529	合 32933					
合補 10535正	已綴入《醉古集》第238則					
合補 10535反	存補 3.277.2（合 35261 甲中"乙"片的反面）					
合補 10544（天理 591）	合 33817（旅藏 1894）					

（續表）

合補 10558	合 34494					
合補 10572	合 34639					
合補 10578	合 33462					
合補 10606	合 34688					
合補 10620	已綴入《醉古集》第 294 則					
合補 10626（合補 10659）	已綴入《醉古集》第 247 則					
合補 10634	合 33275					
合補 10656	合補 10667					
合補 10659（合補 10626）	已綴入《醉古集》第 247 則					
合補 10660	合 33385					
合補 10667	合補 10656					
合補 10672（合 34308）	北圖 6822					
合補 10674	合 33628	合 33383				
合補 10700	合補 10930					
合補 10704	懷特 1648					
合補 10743	掇三 853					
合補 10758	合補 10823					
合補 10762	合補 10771	合 35106				
合補 10765	村中南 161					
合補 10771	合補 10762	合 35106				
合補 10780（合 35000）	合 16911	合 34805				
合補 10786	合 32971					
合補 10819	英藏 2488					

（續表）

合補 10823	合補 10758					
合補 10835	安明 2552					
合補 10856	蘇德 329					
合補 10864	合 33001					
合補 10903	合 32548					
合補 10930	合補 10700					
合補 10952	合 38302	合補 12606				
合補 10955	合 36196 乙					
合補 10974	合補 11716	合補 11974				
合補 10977	合 35839					
合補 10985	合 35716					
合補 10989	合 36258					
合補 10993	合 35953					
合補 11000	合補 11043					
合補 11019	合 38756					
合補 11024	合補 11046					
合補 11032	山東 1827	山東 1826				
合補 11039（東文研 894）	合 36928	合 35418				
合補 11043	合補 11000					
合補 11046	合補 11024					
合補 11047	合 36022					
合補 11064	合 38248					
合補 11086	合 36039					
合補 11093（合 37835）	合 35432					
合補 11098	英藏 2521					

（續表）

合補 11107	合 36395					
合補 11108 （合 37750）	合 37772					
合補 11115	合 36567 （合 36555）					
合補 11120	合 36652					
合補 11136	合補 11144					
合補 11140	合 36744					
合補 11141	合 36957	英藏 2562 正	合 37475			
合補 11143	笏二 1277					
合補 11144	合補 11136					
合補 11185	合 38467					
合補 11225	合 37900					
合補 11239	簠雜 4					
合補 11258	存補 6.149.4					
合補 11270	合補 11361					
合補 11274	合 37574					
合補 11275	英藏 2556 （合 41763）					
合補 11283	合 36896					
合補 11298	合 37543					
合補 11303	合 37790					
合補 11307	合 37549					
合補 11316 （懷特 1856）	合補 11369					
合補 11322	合 37819					
合補 11323	合 37448					
合補 11328	合 36601	合 36718				

（續表）

合補 11330	虛 1507					
合補 11332	合 37431					
合補 11335	輯佚 813					
合補 11361	合補 11270					
合補 11362	安明 3136					
合補 11364	合補 13081					
合補 11366	合 37553					
合補 11369	合補 11316（懷特 1856）					
合補 11373	合 37706	續 3.30.1				
合補 11377	合 37764					
合補 11381	合 37055					
合補 11402	合 37183					
合補 11432	笏二 1604	笏二 1610				
合補 11433	合 36334	合 36324				
合補 11442	合 37328	合 37172	合 37312	史購 294	愛 193	
合補 11453	合補 13118					
合補 11471	合補 12712					
合補 11472	合 35663					
合補 11477（合補 11500）	合 37989					
合補 11480（合補 11576）	京人 2963	合 38026				
合補 11485	合 38081					
合補 11489	合 41860					
合補 11499	合補 11566					

（續表）

合補 11500（合補 11477）	合 37989					
合補 11513	合補 11585（合補 11562）					
合補 11517	合 37997	英藏 2586	合補 11610	合 38011		
合補 11524	合 38055					
合補 11529	合補 6895					
合補 11543 正	北大 1867	上博 2426.364				
合補 11555	合補 11557					
合補 11557	合補 11555					
合補 11561	珠 1455					
合補 11562（合補 11585）	合補 11513					
合補 11566	合補 11499					
合補 11576（合補 11480）	合 38026	京人 2963				
合補 11585（合補 11562）	合補 11513					
合補 11592	合 38035	合 38004	合補 11601			
合補 11598	上博 2426.772					
合補 11601	合補 11592	合 38035	合 38004			
合補 11610	英藏 2586	合補 11517	合 37997	合 38011		
合補 11611 倒	合補 12083	合 38089	明後 2720 倒			

（續表）

合補 11631	英藏 2578 正	蘇德 415				
合補 11634	合補 11960					
合補 11645	合 38180 （合 41863）					
合補 11652	合 36739					
合補 11666	英藏 2568					
合補 11692	北大 0484					
合補 11695	合 35596					
合補 11716	合補 10974	合補 11974				
合補 11809	合 38652					
合補 11837	合補 11940					
合補 11846	上博 2426.1276					
合補 11860	合補 11963					
合補 11884	合 35833					
合補 11897	合 35652					
合補 11920	合 35415					
合補 11937	上博 2426.1289					
合補 11940	合補 11837					
合補 11960	合補 11634					
合補 11963	合補 11860					
合補 11974	合補 11716	合補 10974				
合補 12031	英藏 2579 倒					
合補 12063	合補 12488					
合補 12083	合補 11611 倒	合 38089	明後 2720 倒			

（續表）

合補 12089（中歷藏 1644）	天理 681					
合補 12092	合補 12728	合補 12909	合補 13033			
合補 12097	合 38084					
合補 12098	合 38090					
合補 12101（掇二 410）	掇二 417					
合補 12172（北圖 7471）	北圖 8587					
合補 12188	北大 560					
合補 12202	契合 304					
合補 12226	合 36606	合 36903	合 41776	洹 131	合補 12424	
合補 12229	合補 12302（懷特 1822）					
合補 12232	合補 12440					
合補 12257	天理選録 02					
合補 12259（北圖 14947）	合補 12446（北圖 24988）					
合補 12266	合 38789	英藏 2617	合補 12333			
合補 12267	合補 12416	合 38786	合 38835			
合補 12282	合 36818	合 36457	合 36474	合 36460		
合補 12298	合補 12420	安博 247				
合補 12302（懷特 1822）	合補 12229					
合補 12308	合補 12392					
合補 12318	笏一 12	笏二 1315	東文庫 504			
合補 12333	合 38789	合補 12266	英藏 2617			

（續表）

合補 12336	安明 3120					
合補 12347	合 38787					
合補 12355	合 37950	合補 12699	合補 13034			
合補 12356	合 37958	上博 2426.1466				
合補 12358	合 38933					
合補 12361	合補 12368	合補 12496				
合補 12366	合補 12502	合補 12410				
合補 12368	合補 12361	合補 12496				
合補 12369	合 38867					
合補 12372	合補 12515					
合補 12376（天理 625）	輯佚 846					
合補 12381	合補 12403					
合補 12383（中歷藏 1321）	中歷藏 903					
合補 12392	合補 12308					
合補 12403	合補 12381					
合補 12405	合 38826					
合補 12410	合補 12366	合補 12502				
合補 12413	合 38783					
合補 12416	合補 12267	合 38786	合 38835			
合補 12419	輯佚 719	合補 12449	合補 12419			
合補 12420	合補 12298	安博 247				
合補 12421	輯佚附 71					
合補 12424	合補 12226	合 36903	合 41776	洹 131	合 36606	
合補 12425	安明 3126					

（續表）

合補 12434	合 36450					
合補 12440	合補 12232					
合補 12443	北大 1288					
合補 12446（北圖 24988）	合補 12259（北圖 14947）					
合補 12449	輯佚 719	合補 12419				
合補 12452	合 38796					
合補 12488	合補 12063					
合補 12496	合補 12361	合補 12368				
合補 12501	懷特 1878					
合補 12502	合補 12366	合補 12410				
合補 12511	懷特 1827					
合補 12515	合補 12372					
合補 12517	合 38774					
合補 12528	合 38925					
合補 12534	合 36454					
合補 12549	合 39158					
合補 12567	合 38772					
合補 12572	合 39384	合 39363	懷特 1895			
合補 12578	合 41838					
合補 12587	合補 12630	合 39101				
合補 12588	合補 12643					
合補 12598	英藏 2631					
合補 12606	合補 10952	合 38302				
合補 12609	合 37903					
合補 12610	合補 12615					
合補 12611	合 35408	合 38827				

（續表）

合補 12615	合補 12610					
合補 12617	合 39301					
合補 12630	合補 12587	合 39101				
合補 12636	合補 12650（合補 12748）					
合補 12643	合補 12588					
合補 12645	合補 12651					
合補 12650（合補 12748）	合補 12636					
合補 12651	合補 12645					
合補 12656	合 36930	合 36850				
合補 12674	笏二 1251					
合補 12680	甲詮 177					
合補 12691	虚 573					
合補 12699	合補 12355	合 37950	合補 13034			
合補 12703	輯佚 686	北大 1383				
合補 12707	合補 12987					
合補 12712	合補 11471					
合補 12714	北大 1376					
合補 12715	合 37928					
合補 12720	上博 2426.682					
合補 12728	合補 12909	合補 13033				
合補 12732	合 36895	合 36757				
合補 12733	英藏 2624					
合補 12748（合補 12650）	合補 12636					

（續表）

合補 12769	北大 1352					
合補 12784（合 36638）	合 39367					
合補 12788	合 38972					
合補 12791	合 39072	明後 2740				
合補 12792	合補 12947（合補 12999）					
合補 12813	合 39330					
合補 12830	春敬の眼 12					
合補 12838	北大 1348	北大 1351				
合補 12839	甲詮 177					
合補 12847	英藏 2622					
合補 12848	合 37932					
合補 12857	合 39201					
合補 12871	合 37875	合 37922	合 37929			
合補 12872	合 35745	英藏 2508				
合補 12877	合 36490	合 36494	英藏 2525			
合補 12881	笏二 1520					
合補 12882	合 39271					
合補 12884	虛 573					
合補 12890	旅藏 2123	合 39198				
合補 12899	珠 239					
合補 12904	合 39158					
合補 12909	合補 13033	合補 12728				
合補 12912	上博 2426.366					
合補 12915（續存上 2554 不全）	合補 13037					

（續表）

合補 12926（合 38953）	合 39112	合 38959				
合補 12927	合 35406	史購 172				
合補 12939	合 39157					
合補 12947（合補 12999）	合補 12792					
合補 12954	善齋 2.52A.1					
合補 12976	洹 24					
合補 12982	史購 277					
合補 12987	合補 12707					
合補 12989	合 38850					
合補 12999（合補 12947）	合補 12792					
合補 13004	英藏 2652					
合補 13033	合補 12909	合補 12728				
合補 13034	合 37950	合補 12355	合補 12699			
合補 13037	合補 12915					
合補 13045	合 41362					
合補 13062	合 36828					
合補 13064	合 36764	合 36639	合 37508			
合補 13074	續 3.30.1					
合補 13080	合 37775					
合補 13081	合補 11364					
合補 13088	合 39331	合 37917				
合補 13089	合 37862	合 36857				
合補 13108	東文研 943					

（續表）

合補 13112	北圖 1923					
合補 13118	合補 11453					
合補 13134	合補 13157	合 36127				
合補 13135	合 31281	合 36445				
合補 13136	合 38085					
合補 13144	合 36921					
合補 13148	合 36357	輯佚 957				
合補 13157	合 36127	合 13134				
合補 13167	合 37545					
合補 13185	英藏 207 反					
合補 13196（合補 8587）	合 23430					
合補 13266	愛 15					
合補 13311	合補 7997					
合補 13425	合 37142					
安明 145	安明 352					
安明 352	安明 145					
安明 809	冬 119					
安明 897	旅藏 274					
安明 1544	存補 3.118.4					
安明 3087	記杭州藏友收藏的甲骨文 9					
北大 397	北大 409					
北大 399	北大 412					
北大 409	北大 397					
北大 412	北大 399					
北大 601	北大 614					

（續表）

北大 614	北大 601					
北大 1176	殷遺 388					
北大 1405	山東 1243					
北大 1424	續存上 2560					
北大 1757	北大 2597					
北大 2163	明後 1798 反					
北大 2261	北大 2264					
北大 2264	北大 2261					
北大 2453	笏二 1285					
北大 2508	東文研 502					
北大 2597	北大 1757					
北圖 717	笏二 56					
北圖 1101	北圖 1201					
北圖 1201	北圖 1101					
北圖 5212	北圖 5224					
北圖 5224	北圖 5212					
北圖 5324	北圖 5336					
北圖 5326	北圖 5338					
北圖 5336	北圖 5324					
北圖 5338	北圖 5326					
北圖 7588	北圖 8061					
北圖 8061	北圖 7588					
北圖 8422	旅藏 2042					
村中南 126	村中南 215	村中南 132				
村中南 132	村中南 126	村中南 215				

（續表）

村中南 215	村中南 126	村中南 132				
存補 3.69.2	懷特 839					
存補 3.118.4	安明 1544					
存補 3.262.1	復旦 279					
冬 119	安明 809					
東文庫 49 反	東文庫 138					
東文庫 61	中歷藏 348					
東文庫 69	懷特 651					
東文庫 138	東文庫 49 反					
東文庫 373	日散 300					
東文庫 558	珠 832					
東文研 477 正	珠 1434					
東文研 502	北大 2508					
東文研 801	上博 2426.1299					
東文研 834	笏二 1504					
笏二 56	北圖 717					
笏二 80	笏二 340					
笏二 321	笏二 578					
笏二 340	笏二 80					
笏二 578	笏二 321					
笏二 579	笏二 908					
笏二 908	笏二 579					
笏二 917	笏二 1286					

（續表）

笏二 924	山東 131					
笏二 996	笏二 1279					
笏二 1011	笏二 1043					
笏二 1018	輯佚 679					
笏二 1043	笏二 1011					
笏二 1279	笏二 996					
笏二 1285	北珍 2453					
笏二 1286	笏二 917					
笏二 1365	笏二 1477					
笏二 1388	英藏 2548					
笏二 1464（東文研 729）	中歷藏 1675					
笏二 1477	笏二 1365					
笏二 1487	珠 397					
笏二 1504	東文研 834					
笏二 1598	京人 2691					
花東 6	花東 532					
花東 123	輯佚 561					
花東 207	花東 210					
花東 210	花東 207					
花東 275	花東 517					
花東 302	花東 344					
花東 332	花東 534					
花東 344	花東 302					
花東 358	花東 386	花東 559				
花東 386	花東 358	花東 559				
花東 428	花東 561					

（續表）

花東 513	花東 519					
花東 517	花東 275					
花東 519	花东 513					
花東 521	花東 531					
花東 531	花東 521					
花東 532	花東 6					
花東 534	花東 332					
花東 559	花東 358	花東 386				
花東 561	花東 428					
懷特 323	旅藏 1036					
懷特 651	東文庫 69					
懷特 839	存補 3.69.2					
懷特 959	瑞典 K.14965					
懷特 988	重慶三峽博物館藏甲骨 93					
懷特 1003	北大 1663					
懷特 1167	懷特 1170					
懷特 1169	懷特 1189					
懷特 1170	懷特 1167					
懷特 1172	懷特 1173	懷特 1192	懷特 1287			
懷特 1173	懷特 1172	懷特 1192	懷特 1287			
懷特 1189	懷特 1169					
懷特 1192	懷特 1172	懷特 1173	懷特 1287			
懷特 1275	明後 2099					
懷特 1287	懷特 1172	懷特 1173	懷特 1192			
懷特 1428	懷特 1442					

（續表）

懷特 1442	懷特 1428					
懷特 1581	京人 2289					
懷特 1771	懷特 1776					
懷特 1776	懷特 1771					
懷特 1897	英藏 2631					
洹 17	殷遺 205					
輯佚 81	輯佚 268					
輯佚 213	旅藏 616					
輯佚 268	輯佚 81					
輯佚 335	殷遺 378					
輯佚 461	英 2039					
輯佚 561	花東 123					
輯佚 563	輯佚 566					
輯佚 566	輯佚 563					
輯佚 619	輯佚 657					
輯佚 626	輯佚 627	輯佚 630	民間甲骨 1			
輯佚 627	輯佚 626	輯佚 630	民間甲骨 1			
輯佚 630	輯佚 627	輯佚 626	民間甲骨 1			
輯佚 634	拾遺 452					
輯佚 653	輯佚 665					
輯佚 656	拾遺 457					
輯佚 657	輯佚 619					
輯佚 665	輯佚 653					
輯佚 668	輯佚 671					
輯佚 671	輯佚 668					
輯佚 673	輯佚 674					

（續表）

輯佚 674	輯佚 673					
輯佚 679	笏二 1018					
輯佚 701	輯佚附 93					
輯佚 754	上博 34502.3					
輯佚 815	上博 2426.546					
輯佚 859	拾遺 606					
輯佚 954	郭 6					
輯佚附 93	輯佚 701					
記杭州藏友收藏的甲骨文 9	安明 3087					
京人 587	京人 1506					
京人 1122	京人 1129					
京人 1129	京人 1122					
京人 1506	京人 587					
京人 2691	笏二 1598					
京人 2755	京人 2773					
京人 2773	京人 2755					
旅藏 271	旅藏 383					
旅藏 274	安明 897					
旅藏 294	旅藏 1516					
旅藏 383	旅藏 271					
旅藏 555 正	殷遺 96					
旅藏 596	旅藏 618					
旅藏 616	輯佚 213					
旅藏 618	旅藏 596					

（續表）

旅藏 786	旅藏 917	旅藏 883				
旅藏 803	旅藏 859					
旅藏 859	旅藏 803					
旅藏 883	旅藏 786	旅藏 917				
旅藏 917	旅藏 786	旅藏 883				
旅藏 965	旅藏 1030					
旅藏 1030	旅藏 965					
旅藏 1036	懷特 323					
旅藏 1090	旅藏 1107					
旅藏 1107	旅藏 1090					
旅藏 1189	旅藏 1601					
旅藏 1330	旅藏 1617					
旅藏 1480	旅藏 1998					
旅藏 1516	旅藏 294					
旅藏 1601	旅藏 1189					
旅藏 1617	旅藏 1330					
旅藏 1666	旅藏 1703					
旅藏 1703	旅藏 1666					
旅藏 1998	旅藏 1480					
旅藏 2042	北圖 8422					
明後 1798 反	北大 2163					
明後 2099	懷特 1275					
前 2.16.5	中歷藏 1890					
R2656	R26635	R26634	R26655			
R26634	R26635	R26655	R2656			
R26635	R26655	R26634	R2656			
R26654	R28418					

（續表）

R26655	R26635	R26634	R2656			
R26691	乙補 3430					
R26711	R26714					
R26714	R26711					
R26803	R26822					
R26822	R26803					
R26836	R26909 部分	R33954				
R26851	ZR26692					
R26859	R29476	R39523				
R26864	R38031					
R26880	R26882	R26885				
R26882	R26880	R26885				
R26885	R26882	R26880				
R26892	R28296					
R26894	乙補 865	R28626				
R26909 部分	R26836	R33954				
R28029	R29231					
R28033	R29652					
R28296	R26892					
R28350	R28351					
R28351	R28350					
R28418	R26654					
R28518	乙 8138					
R28612	乙補 1205					
R28626	R26894	乙補 865				
R28638	R28641					

（續表）

R28641	R28638					
R28708	乙補 6293					
R28875	R44376					
R29231	R28029					
R29476	R26859	R39523				
R29497	R44407					
R29503	R44373					
R29652	R28033					
R30836	R31177					
R31177	R30836					
R33954	R26836	R26909 部分				
R37138	R38068	R38101	R44623			
R37195	乙 644					
R37249	R37735	乙 7349				
R37735	乙 7349	R37249				
R37743	R44450					
R37783	R44487					
R38031	R26864					
R38068	R44623	R38101	R37138			
R38101	R38068	R44623	R37138			
R38351	R44785	乙補 277				
R39523	R29476	R26859				
R43008	R44702					
R43134	R44574					
R44322	乙補 2704					
R44364	乙補 541	乙補 2175	乙 916			
R44373	R29503					

（續表）

R44376	R28875					
R44407	R29497					
R44410	乙 1087					
R44450	R37743					
R44487	R37783					
R44557	乙補 3727					
R44574	R43134					
R44623	R38068	R38101	R37138			
R44702	R43008					
R44740	乙補 3957					
R44785	R38351	乙補 277				
R60027	乙補 1018					
R60868	乙補 2599	乙補 2602				
R62466	乙補 1047	合 21923				
R64253	R64388					
R64388	R64253					
R64506	R64554	R64584				
R64554	R64506	R64584				
R64584	R64506	R64554				
日散 300	東文庫 373					
山東 131	笏二 924					
山東 1243	北大 1405					
上博 2426.197	上博 2426.263					
上博 2426.263	上博 2426.197					
上博 2426.406	上博 75415					

（續表）

上博 2426.1299	東文研 801					
上博 17645.99	安明 1120					
上博 17645.208	上博 49003.112					
上博 17645.645	英藏 1674					
上博 49003.112	上博 17645.208					
上博 49003.217	殷餘 12.6					
上博 75415	上博 2426.406					
拾遺 315	英藏 2154					
拾遺 452	輯佚 634					
拾遺 457	輯佚 656					
拾遺 606	輯佚 859					
史購 73	史購 74					
天理 81	英藏 160					
天理 293	蘇德 45					
屯南 6	屯南 12	H1：18				
屯南 12	屯南 6	H1：18				
屯南 17	屯南 26					
屯南 26	屯南 17					
屯南 106	屯南 4584					
屯南 118	屯南 120					
屯南 120	屯南 118					

（續表）

屯南 147	屯南 354					
屯南 163	屯南 3699					
屯南 188	屯南 220					
屯南 220	屯南 188					
屯南 269	屯南 330					
屯南 304	屯南 705					
屯南 316	屯南 1032					
屯南 330	屯南 269					
屯南 354	屯南 147					
屯南 362	屯南 3665					
屯南 486	屯南 2782					
屯南 526	屯南 531					
屯南 530	屯南 3180					
屯南 531	屯南 526					
屯南 705	屯南 304					
屯南 706	屯南 4149 倒					
屯南 779	屯南 2581					
屯南 817	屯南 3003					
屯南 880	屯南 989	屯南 1010				
屯南 887	屯南 1697					
屯南 897	屯南 2851					
屯南 938	屯南 2004					
屯南 947	屯南 2853					
屯南 958	屯南 1185					
屯南 989	屯南 880	屯南 1010				
屯南 1006	屯南 1398					
屯南 1010	屯南 989	屯南 880				

（續表）

屯南 1032	屯南 316					
屯南 1061	屯南 1255	屯南 3956				
屯南 1101	屯南 2026					
屯南 1117	屯南 2043					
屯南 1185	屯南 958					
屯南 1212	屯南 1802					
屯南 1232	屯南 2846					
屯南 1255	屯南 1061	屯南 3956				
屯南 1269	屯南 3895					
屯南 1288	屯南 1434					
屯南 1304	屯南 1531					
屯南 1398	屯南 1006					
屯南 1434	屯南 1288					
屯南 1531	屯南 1304					
屯南 1697	屯南 887					
屯南 1780	屯南 2296					
屯南 1802	屯南 1212					
屯南 1880	屯南 1101	屯南 2026				
屯南 2004	屯南 938					
屯南 2026	屯南 1880	屯南 1101				
屯南 2043	屯南 1117					
屯南 2064	屯南 2986					
屯南 2169	屯南 3895					
屯南 2181	屯南 4301					
屯南 2278	屯南 4358					
屯南 2296	屯南 1780					
屯南 2437	屯南 2472					

（續表）

屯南 2446	屯南 3204					
屯南 2472	屯南 2437					
屯南 2581	屯南 779					
屯南 2634	屯南 2638					
屯南 2638	屯南 2634					
屯南 2647	屯南 2775					
屯南 2663	棪齋甲骨展覽 12					
屯南 2735	屯南 2753					
屯南 2753	屯南 2735					
屯南 2760	屯南 4180					
屯南 2775	屯南 2647					
屯南 2782	屯南 486					
屯南 2846	屯南 1232					
屯南 2851	屯南 897					
屯南 2853	屯南 947					
屯南 2883	屯南 3042					
屯南 2939	屯南 3251					
屯南 2954	屯南 3502					
屯南 2986	屯南 2064					
屯南 2992	屯南 4169					
屯南 3003	屯南 817					
屯南 3042	屯南 2883					
屯南 3060	屯南 3277					
屯南 3180	屯南 530					
屯南 3192	屯南 3233					
屯南 3198	屯南 3533					
屯南 3204	屯南 2446					

（續表）

屯南 3229	屯南補遺 131					
屯南 3233	屯南 3192					
屯南 3244	屯南 3484					
屯南 3251	屯南 2939					
屯南 3277	屯南 3060					
屯南 3484	屯南 3244					
屯南 3502	屯南 2954					
屯南 3575	屯南補遺 255 倒					
屯南 3654	屯南 3662					
屯南 3662	屯南 3654					
屯南 3665	屯南 362					
屯南 3699	屯南 163					
屯南 3722	屯南 3880					
屯南 3746	屯南 4503					
屯南 3862	屯南 3867					
屯南 3867	屯南 3862					
屯南 3880	屯南 3722					
屯南 3895	屯南 1269					
屯南 3920	屯南 3962					
屯南 3950	屯南補遺 237					
屯南 3956	屯南 1255	屯南 1061				
屯南 3962	屯南 3920					
屯南 4050	屯南補遺 244					
屯南 4062	屯南 4297					

（續表）

屯南 4108	屯南 4217					
屯南 4149 倒	屯南 706					
屯南 4169	屯南 2992					
屯南 4180	屯南 2760					
屯南 4217	屯南 4108					
屯南 4297	屯南 4062					
屯南 4301	屯南 2181					
屯南 4351	屯南 4371					
屯南 4358	屯南 2278					
屯南 4364	屯南補遺 256					
屯南 4371	屯南 4351					
屯南 4439	屯南 4483					
屯南 4483	屯南 4439					
屯南 4503	屯南 3746					
屯南 4584	屯南 106					
屯南補遺 131	屯南 3229					
屯南補遺 237	屯南 3950					
謝文 390	劬藏 19					
甲 3866	甲編未著録 9.0.0173					
乙 563 正	乙補 181	乙 564	乙 568			
乙 564	乙補 181	乙 563 正	乙 568			
乙 568	乙補 181	乙 563 正	乙 564			
乙 644	R37195					
乙 1087	R44410					

（續表）

乙 2850	乙 2851					
乙 2851	乙 2850					
乙補 117	乙補 269					
乙補 118（乙補 117 反）	乙補 270（乙補 269 反）					
乙補 269	乙補 117					
乙補 270（乙補 269 反）	乙補 118（乙補 117 反）					
乙補 277	R38351	R44785				
乙補 399	乙補 502 倒					
乙補 502 倒	乙補 399					
乙補 541	R44364	乙補 2175	乙 916			
乙補 820	乙補 825					
乙補 825	乙補 820					
乙補 858	乙補 6605					
乙補 865	R26894	R28626				
乙補 908	醉古集 227	乙補 911				
乙補 911	乙補 908	醉古集 227				
乙補 936	乙補 939					
乙補 939	乙補 936					
乙補 1018	R60027					
乙補 1186	醉古集 12					
乙補 1205	R28612					
乙補 1883	乙 2389					
乙補 1986	乙 7187					
乙補 2032	乙補 2037					

（續表）

乙補 2037	乙補 2032					
乙補 2599	乙補 2602	R60868				
乙補 2602	R60868	乙補 2599				
乙補 2704	R44322					
乙補 2747	乙 3123	乙補 2748				
乙補 2748	乙補 2747	乙 3123				
乙補 3430	R26691					
乙補 3727	R44557					
乙補 3957	R44740					
乙補 4196	乙補 4250	乙補 4485				
乙補 4250	乙補 4485	乙補 4196				
乙補 4252	乙補 4648					
乙補 4485	乙補 4196	乙補 4250				
乙補 4506	乙補 4882					
乙補 4648	乙補 4252					
乙補 4882	乙補 4506					
乙補 5032	乙補 5000	R44558				
乙補 5375（乙 6101）	乙補 5376（乙 6102）					
乙補 5376（乙 6102）	乙補 5375（乙 6101）					
乙補 5399	乙 5686	乙 6286 倒				
乙補 6293	R28708					
乙補 6510	乙 8032					
乙補 6605	乙補 858					
乙補 6751（乙 8175）	乙補 6881 倒（乙 8317）					
乙補 6864	乙補 6872					

（續表）

乙補 6872	乙補 6864					
乙補 6881 倒（乙 8317）	乙補 6751（乙 8175）					
殷遺 96	旅藏 555 正					
殷遺 205	洹 17					
殷遺 378	輯佚 335					
殷遺 388	北大 1176					
殷餘 12.6	上博 49003.217 正反					
殷餘 20.2	殷餘 20.7					
殷餘 20.7	殷餘 20.2					
英藏 15	旅藏 1140					
英藏 75 正反	英藏 668 正反					
英藏 160	天理 81					
英藏 173 正反	英藏 610 正反					
英藏 232	英藏 246					
英藏 246	英藏 232					
英藏 293	英藏 530					
英藏 304	英藏 1133					
英藏 333	英藏 354 正					
英藏 354 正	英藏 333					
英藏 492	英藏 207 反					
英藏 530	英藏 293					
英藏 553	旅藏 548					
英藏 562	京人 892					
英藏 610	英藏 173					

（續表）

英藏 668	英藏 75					
英藏 793	英藏 1160					
英藏 1036	京津 949					
英藏 1039	北大 2091					
英藏 1117	庫 1545					
英藏 1133	英藏 304					
英藏 1160	英藏 793					
英藏 1188	英藏 1189					
英藏 1189	英藏 1188					
英藏 1424	英藏 1563					
英藏 1524	英藏 1537					
英藏 1537	英藏 1524					
英藏 1563	英藏 1424					
英藏 1674	上博 17645.645					
英藏 1766	英藏 1775					
英藏 1775	英藏 1766					
英藏 1840	英藏 2585	北珍 1878				
英藏 2007	美 161					
英藏 2039	輯佚 461					
英藏 2076	英藏補 26					
英藏 2154	拾遺 315					
英藏 2160	愛 57					
英藏 2287	英藏 2377					
英藏 2353	英藏補 41					

（續表）

英藏 2377	英藏 2287					
英藏 2401	南輔 78					
英藏 2430	庫 61					
英藏 2507	京人 2902					
英藏 2517	英藏 2520					
英藏 2520	英藏 2517					
英藏 2548	笏二 1388					
英藏 2576	安博 254					
英藏 2585	英藏 1840					
英藏 2588	英藏 2593					
英藏 2593	英藏 2588					
英藏 2646	笏二 1250					
英藏 2663	虚 370					
英藏補 26	英藏 2076					
英藏補 38	英藏補 42					
英藏補 41	英藏 2353					
英藏補 42	英藏補 38					
英藏補 44	英藏補 53					
英藏補 53	英藏補 44					
運臺 1.0137	運臺摹 1.2618					
運臺摹 1.1827	録 831					
運臺摹 1.2618	運臺 1.0137					
珍秦齋 14	中島 49					
中島 49	珍秦齋 14					
中歷藏 348	東文庫 61					

（續表）

中歷藏 697	中歷藏 893					
中歷藏 738	復旦 86					
中歷藏 817	中歷藏 931					
中歷藏 893	中歷藏 697					
中歷藏 923	中歷藏 1547					
中歷藏 931	中歷藏 817					
中歷藏 1547	中歷藏 923					
中歷藏 1675	笏二 1464（東文研729）					
中歷藏 1890	前 2.16.5					
珠 397	笏二 1487					
珠 832	東文庫 558					
愛 15	愛 16	愛 99				
愛 16	愛 15	愛 99				
愛 57	英藏 2160					
愛 60	愛 61					
愛 61	愛 60					
愛 99	愛 15	愛 16				
復旦 86	中歷藏 738					
復旦 279	存補 3.262.1					
京津 949	英藏 1036					
安博 133	安博 425					
安博 254	英藏 2576					
安博 425	安博 133					
續存上 2560	北大 1424					
龜板牛骨 4	龜板牛骨 7					
蘇德 45	天理 293					
蘇德 122	蘇德 167					
蘇德 167	蘇德 122					

（續表）

河南拓 2594	河南拓 2764	河南拓 2594	河南拓 2790	河南拓 2818		
河南拓 2608	河南拓 2981	河南拓 2608				
河南拓 2638	河南拓 2638	河南拓 2860				
河南拓 2651	河南拓 2897	河南拓 2651				
河南拓 2764	河南拓 2764	河南拓 2594	河南拓 2790	河南拓 2818		
河南拓 2788	河南拓 2788	河南拓 2963	河南拓 3127			
河南拓 2790	河南拓 2764	河南拓 2594	河南拓 2790	河南拓 2818		
河南拓 2810	河南拓 2810	河南拓 2850				
河南拓 2818	河南拓 2764	河南拓 2594	河南拓 2790	河南拓 2818		
河南拓 2826	河南拓 2826	河南拓 2951				
河南拓 2847	河南拓 2847	河南拓 2965				
河南拓 2850	河南拓 2810	河南拓 2850				
河南拓 2860	河南拓 2638	河南拓 2860				
河南拓 2897	河南拓 2897	河南拓 2651				
河南拓 2907	河南拓 2907	河南拓 2927				
河南拓 2910	河南拓 2910	録 185（河南拓 2675）				
河南拓 2927	河南拓 2907	河南拓 2927				
河南拓 2935	河南拓 3131	河南拓 2935				
河南拓 2950	河南拓 3078	河南拓 2950				
河南拓 2951	河南拓 2826	河南拓 2951				
河南拓 2963	河南拓 2788	河南拓 2963	河南拓 3127			
河南拓 2965	河南拓 2847	河南拓 2965				
河南拓 2981	河南拓 2981	河南拓 2608				
河南拓 3078	河南拓 3078	河南拓 2950				
河南拓 3127	河南拓 2788	河南拓 2963	河南拓 3127			
河南拓 3131	河南拓 3131	河南拓 2935				

附録三

殷代卜辭分類分組表

（黄天樹）

		全　稱	簡稱	相　當　時　代
村北系列王卜辭	1	師組肥筆類	師肥	武丁早期至武丁中、晚期之交
	2	師組小字類	師小	武丁早期至武丁晚期
	3	侑類	侑類	武丁中期
	4	師賓間類	師賓	武丁中期
	5	賓組戌類	戌類	武丁中期
	6	賓組一類	賓一	武丁中期
	7	賓組二類（典型賓組類）	賓二（典賓）	武丁中期至祖庚之世，主要是武丁晚期
	8	賓組三類（賓組賓出類）	賓三	武丁晚期至祖甲之初，主要是祖庚之世
	9	賓出類	賓出	武丁晚期至祖甲之初
	10	出組一類（出組賓出類）	出一	祖庚之初至祖甲之初
	11	出組二類	出二	祖甲時期
	12	事何類	事何	祖庚、祖甲之交
	13	何組一類	何一	祖甲晚期至武乙之初
	14	何組二類	何二	廩辛至武乙
	15	黄類（黄組）	黄類	文丁至帝辛
村中南系列王卜辭	16	師歷間類	師歷	主要是武丁中期，下限爲武丁晚期
	17	歷組一類	歷一	主要是武丁之物，下限爲祖庚之初
	18	歷組二類	歷二	主要是祖庚之物，上限爲武丁晚期
	19	歷草體類	歷草	主要是祖庚時期
	20	歷無名間類（歷無名間組）	歷無	祖甲晚世至武乙初年
	21	無名類（無名組）	無名	康丁（或上及廩辛之世）至武乙、文丁之交
	22	無名黄間類（無名黄間組）	無黄	武乙、文丁之世

（續表）

		全　　稱	簡稱	相　當　時　代
非王卜辭	23	子組（丙種子卜辭）	子類	武丁早期至武丁中、晚期之交
	24	圓體類（丙種子卜辭 a 屬）	圓體	武丁中期
	25	劣體類（丙種子卜辭 b 屬）	劣體	武丁中期
	26	婦女卜辭（甲種子卜辭）	婦女	武丁中期
	27	午組（乙種子卜辭）	午類	武丁早、中期之交至武丁晚期之初
	28	花東子卜辭	花東	武丁中晚期
	29	刀卜辭	刀類	武丁中晚期
	30	亞卜辭	亞類	武丁
	31	侯南子類	侯南	廩辛之世
	32	屯西子類	屯西	康丁至武乙之際
	33	殷墟以外遺址出土甲骨		合補第 4 册第 1365 至第 1468 頁《附殷墟以外遺址出土甲骨》共 316 片摹本。

附録四

本書引用甲骨著録書簡稱表

（依刊布時間爲序）

1903年　劉鶚《鐵雲藏龜》——鐵
1913年　羅振玉《殷虚書契》——前
1914年　羅振玉《殷虚書契菁華》——菁
1915年　羅振玉《鐵雲藏龜之餘》——餘
1916年　羅振玉《殷虚書契後編》——後
1917年　明義士《殷虚卜辭》——虚
1917年　姬佛陀《戩壽堂所藏殷虚文字》——戩
1921年　林泰輔《龜甲獸骨文字》——龜、林
1925年　葉玉森《鐵雲藏龜拾遺》——拾
1925年　王襄《簠室殷契徵文》——簠拓、簠典、簠雜、簠游、簠人
1928年　董作賓《新獲卜辭寫本》——寫
1931年　關百益《殷虚文字存真》——真
1931年　下中彌三郎《書道全集》——書道
1933年　容庚、瞿潤緡《殷契卜辭》——契
1933年　郭沫若《卜辭通纂》——通
1933年　羅振玉《殷虚書契續編》——續
1933年　商承祚《殷契佚存》——佚
1933年　商承祚《福氏所藏甲骨文字》——福
1935年　黄濬《鄴中片羽初集》——鄴初
1935年　方法斂、白瑞華《庫方二氏藏甲骨卜辭》——庫
1935年　明義士《柏根氏舊藏甲骨文字》——柏
1935年　金祖同《郼齋藏甲骨拓本》——郼齋

1937年　郭沫若《殷契粹編》——粹
1937年　黄濬《鄴中片羽二集》——鄴二
1938年　方法斂《甲骨卜辭七集》——七
1938年　孫海波《甲骨文録》——録、文録
1939年　金祖同《殷契遺珠》——珠
1939年　李旦丘《鐵雲藏龜零拾》——鐵零
1939年　方法斂《金璋所藏甲骨文》——金
1939年　唐蘭《天壤閣甲骨文存》——天
1939年　曾毅公《甲骨叕存》——叕
1940年　孫海波《誠齋殷虚文字》——誠
1940年　梅原末治《河南安陽遺寶》——寶
1941年　李旦丘《殷契摭佚》——摭
1942年　黄濬《鄴中片羽三集》——鄴三
1945年　胡厚宣《甲骨六録》——六
1948年　金祖同《龜卜》——龜卜
1948年　董作賓《殷虚文字甲編》——甲
1948年　董作賓《殷虚文字乙編》——乙
1950年　曾毅公《甲骨綴合編》——綴
1950年　李亞農《殷契摭佚續編》——摭續
1951年　胡厚宣《戰後寧滬新獲甲骨集》——寧
1951年　郭若愚《殷契拾掇》——掇一
1951年　胡厚宣《戰後南北所見甲骨録》——南輔、南誠、南上、南明、南師、南坊
1953年　郭若愚《殷契拾掇》二編——掇二
1954年　胡厚宣《戰後京津新獲甲骨集》——京、京津
1955年　郭若愚、曾毅公、李學勤《殷虚文字綴合》——殷合
1955年　胡厚宣《甲骨續存》——存
1956年　董作賓《殷虚文字外編》——外

1956年 饒宗頤《日本所見甲骨録》——日見

1957年 張秉權《殷虛文字丙編》——丙

1958年 饒宗頤《海外甲骨録遺》——海

1959年 陳邦懷《甲骨文零拾》——甲零

1959年 貝塚茂樹《京都大學人文科學研究所藏甲骨文字》——京人

1959年 松丸道雄《日本散見甲骨文字蒐彙》——日彙

1961年 屈萬里《殷虛文字甲編考釋》附綴合圖版——甲釋

1966年 伊藤道治《故小川睦之輔氏藏甲骨文字》——小川

1966年 金祥恒《臺灣國立中央圖書館所藏甲骨文字》——中圖

1967年 《冬飲廬藏甲骨文字》——冬

1970年 李棪《北美所見甲骨選粹》——北美

1970年 劉體智《善齋藏契》——善

1972年 許進雄《明義士收藏甲骨文字》(加拿大皇家安大略博物館出版)——安明

1972年 明義士、許進雄《殷虛卜辭後編》——明後

1973年 明義士《輔仁大學所藏甲骨文字》——輔

1975年 嚴一萍《甲骨綴合新編》——綴新

1976年 周鴻翔《美國所藏甲骨録》——美、美藏

1978年 郭沫若主編《甲骨文合集》——合、合集

1979年 渡邊兼庸《東洋文庫所藏甲骨文字》——東文庫

1979年 許進雄《懷特氏等收藏甲骨文集》——懷、懷特

1979年 《謝氏瓠廬殷墟遺文》——谢文

1980年 中國社會科學院考古研究所《小屯南地甲骨》——屯、屯南

1980年 松丸道雄《散見於日本各地的甲骨文字》——散

1983年 松丸道雄《東京大學東洋文化研究所藏甲骨文字》——東文研、東大

1984年 嚴一萍《商周甲骨文總集》——總集

1985年 李學勤、齊文心、艾蘭《英國所藏甲骨集》——英、英藏

1985年 李學勤、齊文心、艾蘭《英國所藏甲骨集·圖版補正》——英補、

英藏補

1985年　雷煥章《法國所藏甲骨録》——法藏

1987年　《天理大學附屬天理參考館藏品甲骨文字》——天理

1988年　胡厚宣《蘇德美日所見甲骨集》——蘇德

1995年　鍾柏生《殷虚文字乙編補遺》——乙補

1995年　《小屯南地甲骨補遺》——屯補、屯南遺補

1996年　胡厚宣輯（王宏、胡振宇整理）《甲骨續存補編》——存補

1996年　荒木日吕子《中島玉振舊藏の甲骨片について》——中島

1997年　雷煥章《德瑞荷比所藏一些甲骨録》——德瑞、德瑞荷比

1998年　劉敬亭《山東省博物館珍藏甲骨墨拓集》——山東

1999年　彭邦炯、謝濟、馬季凡《甲骨文合集補編》——合補

1999年　蔡哲茂《甲骨綴合集》——綴集

1999年　李學勤、齊文心、艾蘭《瑞典斯德哥爾摩遠東古物博物館藏甲骨文字》——瑞、瑞典

1999年　《路東之夢齋藏甲骨文》——路藏

2001年　《河南省運臺古物甲骨文專集》——運臺

2001年　中國歷史博物館《中國歷史博物館藏法書大觀》——中歷博

2001年　傅春喜《安陽散見殷虚甲骨》——安散

2003年　中國社會科學院考古研究所《殷墟花園莊東地甲骨》——花東

2004年　蔡哲茂《甲骨綴合續集》——綴續

2005年　郭若愚《殷契拾掇》三編——掇三

2006年　郭青萍《洹寶齋所藏甲骨》——洹

2006年　李宗焜《當甲骨遇上考古——導覽 YH127 坑》——導覽

2007年　中國國家博物館編《中國國家博物館館藏文物研究叢書・甲骨卷》——國博

2008年　段振美、焦智勤、党相魁、党寧《殷墟甲骨輯佚——安陽民間藏甲骨》——輯佚

2008年　李鍾淑、葛英會《北京大學珍藏甲骨文字》——北珍

2008年 《北京大學珍藏甲骨文字》——北大
2009年 濮茅左《上海博物館藏甲骨文字》——上博
2009年 焦智勤《殷墟甲骨拾遺(續五)》——續五、拾遺
2009年 宋鎮豪、朱德天《雲間朱孔陽藏戩壽堂殷虛文字舊拓》——朱孔陽
2009年 宋鎮豪主編《張世放所藏殷墟甲骨集》——張世放
2009年 史語所《史語所藏購甲骨集》——史購
2010年 黄天樹主編《甲骨拼合集》——拼集
2011年 黄天樹主編《甲骨拼合續集》——拼續
2011年 蔡哲茂《甲骨綴合彙編》——綴彙
2011年 林宏明《醉古集——甲骨的綴合與研究》——醉古集
2011年 宋鎮豪、趙鵬、馬季凡《中國社會科學院歷史研究所藏甲骨集》——中歷藏
2012年 中國社會科學院考古研究所《殷墟小屯村中村南甲骨》——村中南
2012年 《奥缶齋·殷器别鑒》——奥缶齋
2013年 黄天樹主編《甲骨拼合三集》——拼三
2013年 林宏明《契合集》——契合
2013年 宋鎮豪、瑪麗婭《俄羅斯國立愛米塔什博物館藏殷墟甲骨》——俄、俄藏、愛
2014年 宋鎮豪、郭富純《旅順博物館所藏甲骨》——旅、旅藏、旅博
2015年 宋鎮豪、焦智勤、孫亞冰《殷墟甲骨拾遺》——殷遺
2015年 周忠兵《卡内基博物館所藏甲骨研究》——卡内基
2015年 蕭春源《珍秦齋藏甲骨文》——珍藏、珍秦齊
2016年 宋鎮豪、黎小龙《重慶三峡博物馆藏甲骨集》——重藏
2016年 趙鵬《笏之甲骨拓本集》——笏
2016年 黄天樹主編《甲骨拼合四集》——拼四
2017年 李宗焜、何碧琪《典雅勁健——香港中文大學藏甲骨集》——港藏
2017年 張惟捷、蔡哲茂《殷虛文字丙編摹釋新編》——丙摹
2017年 故宫博物院《大隱於朝:故宫博物院藏品三年清理核對成果展》——

大隱於朝

2018年　馬季凡《徐宗元尊六室甲骨拓本集》——尊六室

2018年　宋鎮豪編著《符凱棟所藏殷墟甲骨》——尊集

2018年　施湧雲《甲骨文詮釋》——甲詮

2019年　馬季凡《繪園所藏甲骨》——繪園

2019年　馬季凡《殷虚書契四編》——四編

2019年　安陽博物館《安陽博物館藏甲骨》——安博

2019年　葛亮編著《復旦大學藏甲骨集》——復藏、復旦

2019年　王宇信《〈甲骨文合集〉第十三册拓本搜聚》——搜聚

2019年　黄天樹主編《甲骨拼合五集》——拼五

2020年　《劬藏遺珍》(《書法》2020年4期)——劬藏

2020年　張宇衛《綴興集：甲骨綴合與校釋》——綴興

2020年　孫亞冰《中國社會科學院古代史研究所藏甲骨文拓》——文拓

2020年　蔣玉斌《殷商子卜辭合集》——子集

2022年　《故宫博物院藏殷墟甲骨文·馬衡卷》——宫藏馬

2022年　《故宫博物院藏殷墟甲骨文·謝伯殳卷》——宫藏謝

以下爲甲骨拓本和現藏簡稱：

曾毅公、李學勤《甲骨文攗》——文攗

《甲骨文集》——《甲骨文集》

中國社會科學院歷史研究所藏拓本——歷拓